陈莱姬 编著

电竞资本论

Esports
Capital

华东师范大学出版社
·上海·

图书在版编目（CIP）数据

电竞资本论/陈莱姬编著.—上海：华东师范大学出版社，2021

ISBN 978-7-5760-2105-9

Ⅰ.①电…　Ⅱ.①陈…　Ⅲ.①电子游戏—运动竞赛—体育产业—概况—中国　Ⅳ.① G898.3

中国版本图书馆 CIP 数据核字（2021）第 168326 号

电竞资本论

编　　著	陈莱姬
责任编辑	顾晓清
审读编辑	张梦雪
责任校对	周爱慧　时东明
装帧设计	揪口

出版发行	华东师范大学出版社
社　　址	上海市中山北路 3663 号　邮编　200062
网　　址	www.ecnupress.com.cn
客服电话	021-62865537
网　　店	http://hdsdcbs.tmall.com

印 刷 者	上海颛辉印刷厂有限公司
开　　本	787×1092　16 开
印　　张	29.5
字　　数	377 千字
版　　次	2022 年 1 月第 1 版
印　　次	2022 年 1 月第 1 次印刷
书　　号	ISBN 978-7-5760-2105-9
定　　价	128.00 元

出 版 人	王　焰

（如发现本版图书有印订质量问题，请寄回本社市场部调换或电话 021-62865537 联系）

目 录
Contents

第一章　电子竞技与文化产业

一、电子竞技的概念

（一）竞技

"竞技"一词源自体育领域，指的是为了战胜对手、取得优异成绩，进行科学、系统的训练和竞赛。竞技最早出现在史前时代早期的人类生活中，这种以争取胜利为特点的原始、古朴的体育比赛形式，在人类文明诞生之初已经存在。后来的人们将这种活动称之为"竞技"。

从原始的马拉松，到现代奥林匹克运动会这种世界级的赛事，竞技在社会文化发展的同时，在理论和执行上日臻完善，最终成为可以跨越语言、文化、种族与阶层的特殊社会活动、社会现象，同时，也成为一场全球盛事。

竞技的魅力，一方面在于它突破了由各种差异带来的藩篱，用一种人类共享的社会现象、社会活动，达到沟通交流的目的；另一方面在于竞技结果的不确定性，不到最后一刻，没有人能够确切地知道胜利者是谁。当两方或者多方选手在外界的激励并在约定的规则之下，各自依靠着自己的技能、谋略与运气，争取胜利的时候，观众可以享受竞技活动主体的艺术性，同时也享受由结果不确定性所带来的心理变化。

（二）电子竞技

什么是"电子竞技"？在电子竞技（Electronic Sports 或 E-Sports，以下简称电竞）一词中，"电子"指玩家操作的方法，即通过电子设备（电脑、游戏主机）与对手进行对抗，而"竞技"则是电竞最为核心的环节，即通过电子游戏进行比赛。

在 2006 年国外刊登的电竞研究论文中，电子竞技体育被认为是传统体育发展与培养精神、身体能力的活动加上信息及通信科技（Information and Communication Technology，ICT）应用的延伸。同年，迈克尔·G. 瓦格纳（Michael G. Wagner）提出，要定义电子竞技（E-Sports），必须将焦点放在"E"的内容上，将活动中哪些部分必须是由电子、计算机做媒介的内容制定出来，这样才能为"电竞"和"电子活动"、"电竞"和"传统运动"划分出明确的边界。电竞和传统运动最大的区别在于"决定比赛结果的内容发生于何处"，尽管电竞选手也在现实中进行操作，传统体育也会使用电子系统协助赛事进行，但传统体育赛事过程确实发生在现实世界，两者在这一内容上有着决定性的不同。因此，瓦格纳为电竞做出如下定义：电竞是由电子系统形成体育的主要内容、通过人机互动接口来实现选手和队伍的操作的体育形式。当然，这些"电竞"的定义都不是决定性的，因为世界各国目前对此仍未有通用的解释。①

2015 年，中国国家体育总局信息中心电子竞技项目部负责人对电子竞技做出了定义：

---

① Wagner M G. On the Scientific Relevance of eSports [C]. International Conference On Internet Computing. 2006: 437-442.

电子竞技就其本质来说就是以现代电子技术和电子设备作为运动器械，在信息技术营造的虚拟环境中，采用统一的竞赛规则，在有限时间内进行人与人之间的对抗，既是智力运动，同时也正成为身心合一的运动。①

根据上述定义，电子竞技将电子游戏比赛拓展至"竞技"层面。2003 年 11 月 18 日，国家体育总局正式批准，将电子竞技列为第 99 个正式体育竞赛项。2008 年又将电子竞技改批为第 78 个正式体育竞赛项。电竞产业的蓬勃发展态势也引起了国家相关部门的重视，包括文化部、体育部以及教育部等相继出台电竞产业相关政策，为行业的发展提供规范引导。2017 年 10 月 31 日，国际奥林匹克委员会宣布，认证电子竞技运动为正式体育项目。②

目前，我国已经成为世界上最具影响力和最有潜力的电子竞技市场，随着市场的不断被开拓，电竞赛事的竞争呈现白热化，2018 年国内热门电竞赛事超过了 500 项。电子竞技的产业发展，是以电子竞技为基本手段，加上高度职业化、专业化和商业化的新兴产业，通过电竞产生的内容，是职业电竞向社会所提供最为重要的文化创意产品。职业电子竞技赛事，是职业电子竞技联盟、职业电子竞技俱乐部共同运作的一种商业模式，所以赛事不应该被视为一个简单、孤立的活动，应该被看成融合经济和文化、社会的活动，具有独特的社会意义和商业价值。

（三）电子竞技与网络游戏

电子竞技作为竞技项目中的新兴内容，它的基础是竞技游戏。玩家

---

① 李金霞. 全力推动电子竞技运动健康规范发展 [N]. 中国体育报，2015-06-11（001）.

② 中商情报网. 2019 年中国电子竞技产业市场现状分析及发展趋势预测 [OL]. (2019-07-31). https://finance.sina.cn/stock/relnews/hk/2019-07-31/detail-ihytcitm5880202.d.html?from=wap

们可以通过以资讯技术为核心的软硬件设备，在信息技术营造的虚拟环境中，在统一的规则下进行对抗，体现电子游戏的竞技性。

游戏在演变成电子竞技的过程中，经历了单机游戏和网络游戏两个阶段。在单机游戏阶段，玩家只需要拥有游戏机这样的设备即可体验游戏，但无法联网进行多人在线游戏。随着互联网的发展，单机游戏开始加入局域联网，发展到多人游戏的阶段，为后来网络游戏的崛起奠定了基础。之后，网络游戏不再局限于局域网，游戏类型也变得丰富多样，游戏形式也加入了网页、客户端甚至是移动端。其中，竞技游戏一直是一个重要的游戏类型，这类游戏除了原有娱乐性，"竞"的元素凸显，射击、战斗等技术性强的游戏开启了玩家的竞争意识。

20世纪末，游戏业和爱好者之间开始流行线上或线下的比赛，比赛中的获胜者仅仅被称为"专业玩家"。进入21世纪以后，电子竞技开始从带有批判性意味属于年轻人亚文化，进入到更广大群众的视野中，原来玩家的比赛开始吸引越来越多的爱好者参与观看，电子竞技文化逐渐受到认同。诸多游戏开发商看中电竞赛事的商机，开始进行比赛的设计和赛事的开发。同时，电竞比赛开始向体育靠近，专业的电子竞技比赛开始赋予参加者"选手/运动员"身份，团队比赛的"战队"意识，以及随之而来的团队使命感和荣辱感凸显。

电竞的游戏内容从网游发展而来，两者的关系密不可分。首先，二者同属电子游戏，均以互联网和电子信息设备为媒介，玩家通过游戏客户端实现多人在线游戏体验；其次，二者在游戏类型上有重合之处，电竞项目大多为第一人称射击游戏（FPS类游戏）、多人在线战斗竞技场游戏（MOBA）以及体育电子游戏（Sports Video Games）等热门网络游戏类型。

然而，电竞和网游又存在一定的区别性：

第一，网游面向的受众相对而言较广泛。网络游戏注重大众化，力求在画面、声音、剧情等方面吸引更多的玩家，在竞技性以及所带来的游戏体验与电竞截然不同。电子竞技突显"竞技"的概念，对玩家在专业性、职业化的操作上要求更高。就故事背景而言，对于角色扮演类的网游来说是重点，故事情节需要精心设置以及故事所衍生的游戏副本，以增强玩家沉浸式体验。部分电竞游戏也存在角色背景介绍和剧情塑造，但不作为游戏主线，电竞更注重玩家比拼过程的刺激感和目标的达成。

第二，电竞与网游在游戏设备配置上有差异。当电竞加入了专业化、职业化的比赛成分时，对游戏周边配置及电子媒介的要求更高，而电子网络游戏强调休闲娱乐的需求，可以在多种平台，甚至跨平台进行，如游戏机、手机、平板电脑等。

第三，电竞对游戏公平性的要求较网游更严格。与传统体育赛事类似，电竞要保证参赛双方的公平、公开和公正性，双方必须处于同一起点，有共同的游戏目标，依靠个人或团队战术玩法获取胜利。网游中的每个玩家由于在线时间的差异，产生了等级、经验、资源方面的差距。简单地说，网游中的高等级玩家与低等级玩家可以在同一场合进行对抗，电竞游戏必须保证双方起点相同。

二、电子竞技的特征

电子竞技的特征，指的是电竞与一般网络游戏最大的差异，在于其公平性、竞技性、观赏性、娱乐性。

1. 公平性

公平性包括初始资源的公平、游戏目标的一致以及游戏过程的公正。初始资源的公平体现在游戏开局前，玩家双方所配置的装备、武器或道具等不存在巨大差距，游戏角色技能有所侧重但实力相当。游戏目标的一致性，顾名思义是双方为了同一个结果相互竞技，如在 MOBA 中，双方的目标均为推倒对方的水晶塔，而第一人称射击游戏的获胜目标同为击杀对方所有队员。游戏过程的公正与规则相关联，日常竞技中的公正性由游戏开发者制定，电竞游戏过程中的公正性，有时还需借助裁判组的介入判定。

2. 竞技性

竞技性是电子竞技的核心特征，主要体现在电子竞技所包含的胜负荣辱观。在传统体育赛事中，运动员往往代表某个团队或国家地区进行对抗，比如奥运会中代表某个国家或地区的运动员。电子竞技把这一对抗的概念，引入到信息技术环境中，借助鼠标和键盘等操作来定输赢。

此外，竞技性的存在，使得国内外俱乐部探索出了不同的选手培养方式，核心概念还是离不开选手对抗能力的培养。比如选手在主攻单个角色的某一技术时，需要适应不断变化的规则和游戏版本进行调整。目前，热门的电子竞技游戏多为团战，选手必须全方位提高竞技能力，配合团队获得竞赛的胜利。

从全球电竞赛事类型分布情况来看，FPS 类游戏和 MOBA 类游戏比例超过一半，主要原因在于这两类游戏的竞技性强，在赛事上的表现效果好，同时这两类游戏用户规模也更大。[①]

3. 观赏性

与传统体育赛事不同，电子竞技的观赏性大多呈现在荧幕中。观众通过电视、网络直播平台等媒介收看电竞赛事，实时观看游戏角色的走位和操作。一方面，观赏性从某种程度上源于竞技性，一般来说，竞技性越高的游戏观赏性越高。例如，竞速类赛车游戏主要靠单人控制，玩家比拼游戏难度；MOBA 游戏需要团队配合，每一名玩家操控的英雄具有不同的技能，双方在前期、中期、后期进行对抗，甚至大后期的对抗竞技性更高，吸引的受众也更广。另一方面，电子竞技的观赏性来自于其人文价值。电竞游戏通过背景音乐、角色造型、技能招式等静态和动

[①] 伽马数据. 2018 电子竞技产业报告（赛事篇）[EB/OL]. (2018-8-27). http://www.199it.com/archives/765208.html

态设计呈现内容，参赛的选手通过个人战术发挥和团队配合俘获观众，满足受众观赏性。

对于不同观众而言，观赏的侧重点仍有所差异。其一，电竞用户中有许多是游戏年龄较长，游戏忠诚度较高的深度玩家，他们在观看电竞赛事时，注重玩法探索、角色技能挖掘等具专业性的部分，通过观看或体验学习技术成长，这一类玩家所追求的观赏实为技术性观赏；其二，对于更广大的电竞爱好者而言，他们观看电竞比赛的目的并不一定是追求游戏目标的获取，而是强调其社会性功能，例如通过观看游戏进行社交，通过仪式性的参与达到粉丝和偶像之间的连结，或是与同好进行互动。这一部分玩家所追求的观赏实为社会性观赏。

4. 娱乐性

娱乐性源自观看选手之间高水平的竞技状态，随着专业赛事的不断增长、奖金的提高，吸引了越来越多高水平的玩家投身职业选手，电子竞技观众规模也随之不断提升。以全球最受欢迎的三款电竞游戏《英雄联盟》《反恐精英》和《DOTA2》来说，有高达 42% 的电竞赛事观众不会玩自己观看的电竞游戏。换句话说，他们将观看电竞比赛当作一种娱乐活动。此外，电竞还吸引到更大的非电竞用户人群。根据 Newzoo 统计，2020 年全球观看电竞赛事的人数达 4.36 亿人，这些人可以分为"电竞爱好者"和"一般观众"，人数分别为 2.15 亿人和 2.21 亿人。如今，电竞已成为像 NBA 球类运动一样，具有可看性的娱乐项目了。[①]

古罗马时期的竞技活动，当时并没有传播技术的支持，人们必须要到现场才能观赏比赛，同时还受到时间、空间、地域、身份阶层限制。

---

① Newzoo.Global Esports & Live Streaming Market Report 2021 | Free Version [OL]. (2021-03-09). https://newzoo.com/insights/trend-reports/newzoos-global-esports-live-streaming-market-report-2021-free-version/?utm_campaign=GEMR%202021&utm_source=older%20content%20to%202021%20free%20report&utm_content=free%20report

像 Twitch、斗鱼 TV、虎牙直播等新兴游戏直播平台的出现，可以实时转播全球热门的电竞比赛，解决了电竞爱好者受限于时间和地域无法到场观看比赛的问题。根据统计，一场电竞比赛大约可吸引上万人看在线直播，还有数千万用户是观看比赛之后的回放。随着直播的兴起，电竞过去以重度的游戏玩家为核心，现在已经变成一种观赏式的大众化娱乐了。另外，赛事直播是否能够提供高画质的画面、客制化的内容和呈现更具可看性的解说，都是吸引电竞用户看比赛的重点。[①]

三、电子竞技的发展历程

（一）电子竞技在全球的发展

电竞运动根植于规模庞大的电子游戏产业。在过去的 40 年里，电子游戏迅速崛起，成为世界上规模最大的娱乐产业之一。20 世纪 70 年代，当街机和家用游戏机在日本和欧美兴起时，电子游戏比赛开始萌芽。1972 年，《太空大战》（Spacewar!）系列是最早的电竞比赛项目，这一年也是电竞元年。在电子游戏发展早期，包括雅达利、任天堂，以及卡普空等游戏厂商都举办过电竞赛事。1974 年，日本电子游戏公司世嘉（Sega）在东京举办了全日本电视游戏锦标赛，旨在提高人们对电子游戏的兴趣，并营造一种类似体育比赛的电子竞技氛围。[②] 1979 年，美国达拉斯举办了首届电子游戏奥林匹克竞赛，比赛项目包括：《雅达利足球》（Atari Soccer）、《双人游戏》（Double Play）、《三猎手》（Triple Hunt）和

---

① Taylor T L. Watch me play: Twitch and the rise of game live streaming [M]. Princeton University Press, 2018.

② 吕洲翔 . 游戏与社会 | 中国电竞运动极简史 [OL]. 澎湃新闻 .（2018-12-18）. https://www.thepaper.cn/newsDetail_forward_2746367

《太空大战》。一年后，雅达利举办的《太空入侵者》(Space Invaders) 全美锦标赛吸引了上万名游戏爱好者。1981 年，为期三天的全美电子游戏锦标赛在芝加哥举行，赛况空前浩大。1990 年，任天堂在美国洛杉矶举办了首届"任天堂世界锦标赛"。此后，越来越多的欧美和日本电子游戏公司开始利用游戏比赛的方式推广他们的产品，促进了早期电竞运动的发展。

20 世纪 90 年代末期，《雷神之锤》(Quake)、《星际争霸》(StarCraft)、《反恐精英》(Counter-Strike) 等各种不同类型的 PC 竞技游戏诞生，大量电竞赛事由此展开。世界三大电竞赛事应运而生：世界电子竞技大赛 (World Cyber Games, WCG)、电子竞技职业联盟 (Cyberathlete Professional League, CPL)、电子运动世界杯 (Electronic Sports World Cup, ESWC)。早期电竞赛事多为第三方组织，在取得游戏商的授权后，通过提供奖金吸引玩家参赛。值得一提的是，起源于韩国的世界电子竞技大赛将电子竞技这个词带入了人们的视野。从 2000 年开始，随着个人电脑 (PC) 和互联网的迅速发展，电脑游戏成为理想的竞技平台，玩家们通过局域网 (Local Area Network, LAN) 和电话拨号上网进行对战，多人竞技开始真正实现。2005 年，暴雪娱乐首次举办暴雪嘉年华、带动太平洋游戏网和联业游戏大联盟等第三方赛事单位陆续兴起，随后加上拳头游戏、维尔福、战争等来自世界各地的开发商及软硬件商的支持，让越来越多玩家与民众参与，才真正使电竞产业蓬勃发展，但在 2010 年以前，电竞产业的商业价值并未被完全开发。

2010 年，国际市场中出现了多款竞技类游戏，游戏商为了推广自己旗下的游戏纷纷开始主办电竞赛事。2011 年，《DOTA2》和《英雄联盟》为了推广游戏知名度、吸引流量，开始不计成本推广赛事，电子竞技赛事的规模和影响力在国内外达到一定程度。《DOTA2》是游戏商维尔福集团 (Valve Corporation) 旗下的产品。国际邀请赛 (The International DOTA2 Championships, 简称 TI) 是《DOTA2》最重要的一项全球性电子竞技赛事，2011 年由维尔福主办，2019 年 TI9 移师上海。2011 年，《英雄联盟》第一季全球总决赛在瑞典举办，随着此项最顶级赛事的建立，游戏商拳头游戏（Riot Games）逐步推出 S 系列赛事，供高水平参赛队伍进行各项比赛。2013 年，拳头游戏正式推出职业联赛，开始构建自己的官方比赛体系。目前，全球已形成多个电竞赛事：《英雄联盟》S 系列赛、《DOTA2》国际邀请赛、《反恐精英：全球攻势》（Counter-Strike:Global Offensive）Major、《绝地求生》（Playerunknow's Battlegrounds）全球邀请赛、《守望先锋》（Overwatch）联赛等，部分赛事的奖金池和观看人数甚至超过篮球、台球等传统体育赛事。2015 年，《英雄联盟》S5 全球总决赛的独立观众有 3600 万人，规模已远超当年美国广播公司（ABC）NBA 总决赛的平均收看人数 1994 万人。2016 年《DOTA2》国际邀请赛的奖金池为 2074 万美元，全面赶超篮球、台球等中小型传统体育赛事。[①]

对比传统体育赛事，电子竞技的商业化存在巨大的增长空间。随着头部电竞赛事的影响力已经比肩传统体育赛事，热门电竞赛事数量不断增加，电竞赛事商业化进度加速。根据 Newzoo 发布的报告显示，2024 年全球电竞收入将达到 16.18 亿美元。[②] 欧美电竞项目相对多元，各类赛事亦相对丰富，可以吸引强大的品牌赞助以及较大媒体公司竞相争取转播权。相较之下，赛事能够直接带来的收入较低，出售转播权是电竞赛事的一个重要变现方式，这种方式不仅能够直接为电竞赛事创造收入，还能够进一步提升赛事影响力，触及更多用户。在电竞赛事转播授权方

① 青山资本.电竞到底是如何吸金的？[OL].(2018-08-24).https://36kr.com/p/5149898
② Newzoo.Global Esports & Live Streaming Market Report 2021｜Free Version [OL].(2021-03-09).https://newzoo.com/insights/trend-reports/newzoos-global-esports-live-streaming-market-report-2021-free-version/?utm_campaign=GEMR%202021&utm_source=older%20content%20to%202021%20free%20report&utm_content=free%20report

面，两极分化比较明显，能获得高额授权费用的多为知名度高的热门游戏赛事，如《英雄联盟》《守望先锋》等全球知名头部电竞游戏，每年相关赛事的转播授权金达数千万美元。

目前，流媒体是电竞用户观看比赛和相关内容的主要渠道。2018 年，全球两大平台 Twitch 和 YouTube 的前四大电竞赛事播放量合计 1.9 亿小时。2018 年 11 月 3 日，在韩国仁川举办的《英雄联盟》S8 全球总决赛，来自中国 LPL（英雄联盟职业联赛，League of Legends Pro League）赛区的 IG 战队以 3：0 拿下欧洲老牌强队 FNC 战队获得英雄联盟全球总决赛冠军。据专业网站数据显示，S8 总决赛全球同时在线观看人数超过了 2 亿人，其中，中国观众最高峰值也超过了 2 亿人。[①] 2019 年 11 月 10 日《英雄联盟》S9 全球总决赛在法国巴黎举行，同样是来自中国的 FPX 战队以 3：0 击败西班牙的 G2 战队获得冠军。据《英雄联盟》赛事官方数据显示，决赛打破了收视纪录，平均每分钟收视人数达到 2180 万人，巅峰时更有高达 4400 万同时观看。[②] Newzoo 在报告中预估 2022 年全球电竞观众可达 6.45 亿人，同时，中国将拥有最多核心电竞爱好者，预计达到 5 亿人，拉美、中东、非洲、东南亚等新兴市场的电竞用户也会大幅度增加。[③]

[①] ESports Charts.Worlds 2018 — 200 million viewers at once [OL]. (2018-11-04). https://escharts.com/blog/worlds-2018-final

[②] LOL Esports Staff. 2019 World Championship Hits Record Viewership [OL]. (2019-12-18). https://nexus.leagueoflegends.com/en-us/2019/12/2019-world-championship-hits-record-viewership/

[③] Newzoo.Global Esports & Live Streaming Market Report 2021 | Free Version [OL]. (2021-03-09). https://newzoo.com/insights/trend-reports/newzoos-global-esports-live-streaming-market-report-2021-free-version/?utm_campaign=GEMR%202021&utm_source=older%20content%20to%202021%20free%20report&utm_content=free%20report

（二）电子竞技在中国的发展

电子游戏在 20 世纪 80 年代被引入中国，但游戏赛事一直缺席。直到 20 世纪 90 年代末，随着电脑机房和网吧如雨后春笋般出现在全国各地，成为游戏玩家的聚集地，电竞运动才开始在中国萌芽。《命令与征服：红色警戒》（*Command & Conquer: Red Alert*, 1996）和《帝国时代》（*Age of Empires*, 1997）是这一时期最为流行的即时战略游戏。

《星际争霸》（1998）成为中国电竞史上一个新的里程碑，该游戏采用了完善的多人对战平台，玩家可通过互联网在动视暴雪（Activision Blizzard）提供的战网平台上与世界各地的玩家进行对战。这款游戏将中国的玩家、电竞组织、赞助商和观众凝聚在一起，催生了一种独特的电竞文化。从 1999 年起，游戏玩家、电子游戏网站、电脑报社和计算机硬件 / 软件公司开始组织《星际争霸》赛事：1999 年 8 月，北京 263 战网组织《星际争霸》在线冠军赛；2000 年 6 月，中国职业玩家联盟在暴雪战网平台上组织《星际争霸》国际友谊赛；2000 年 1 月，高信达电脑学校在北京组织"高信达杯"星际争霸赛，冠军奖金为 1000 元人民币；同年，电脑商情报（Computer Business Information，CBI）主办《全国星际争霸大赛》，冠亚军得主可前往韩国参加 WCG 挑战赛。①

尤为重要的是，政府的态度对电竞产业的发展起着关键作用，有关部门在规范街机和家用游戏机市场的同时，对电脑游戏采取了相对宽容的态度，希望通过电脑游戏促进电脑和信息产业的发展。2002 年，由国家信息产业部主办的首届中国电子竞技大会（China Internet Gaming，CIG）在全国 32 个省市自治区举行，比赛项目包括《FIFA 2002》、《星际争霸》、《反恐精英》和网络棋牌；2004 年 6 月，国家体育总局和中华全国体育总会联合举办了首届中国电子竞技运动会（China E-Sports Games，

---

① 吕洲翔. 游戏与社会 | 中国电竞运动极简史 [OL]. 澎湃新闻 .（2018-12-18）. https://www.thepaper.cn/newsDetail_forward_2746367

CEG）；2005 年 10 月，第十届全国运动会将电子竞技列为表演项目。

2004 年，国家广播电视总局（以下简称国家广电总局）下发了《关于禁止播出电脑网络游戏类节目的通知》，要求各级广播电视播出机构一律不得开设电脑网络游戏类栏目，也不得播出电脑网络游戏节目，电子竞技的发展受到了一定程度的限制。2011 年开始，电子竞技赛事的规模和影响力在国内外逐步提高，特别是从 2014 年开始，直播平台的崛起使赛事的影响力进一步扩大。2015 年 7 月国家体育总局颁布了《电子竞技赛事管理暂行规定》，文件明确提出电子竞技赛事不需要审批，可以自行依法组织和举办。

目前，中国电子竞技产业正处于高速发展阶段。除了电竞内容日益丰富外，移动电子竞技（Mobile E-Sports，以下简称移动电竞）的发展也进一步拓宽了电竞的受众群体。在之前的电竞比赛中，选手使用的游戏平台通常是电脑。而移动电竞则指基于平板电脑、手机、PSP 等移动电子设备的比赛。2015 年是国内移动电竞的爆发年：移动电子竞技行业得到了国家体育总局体育信息中心的关注，与此同时，腾讯游戏、网易游戏、巨人网络各大厂商开始纷纷布局移动电竞游戏及赛事，吸引了大批移动电竞爱好者。2018 年，中国电竞市场规模为 834.38 亿元[1]，其中半数以上份额来自移动电竞所占份额，约为 450 亿元[2]，因为有《王者荣耀》与《绝地求生：刺激战场》等现象级游戏的出现，移动电竞成为主要增长引擎。

中国电子竞技产业爆炸式发展，主要受到以下几个因素推动：

1. 早期第三方电竞赛事培育了坚实的观众基础。在众多顶级的第三方赛事中，中国诞生了第一批电竞明星。2001 年马天元（ID：MTY）和

---

[1] 中国游戏工委. 2020 年中国游戏产业报告 [OL]. (2020-12-18). http://www.cgigc.com.cn/gamedata/22132.html

[2] 桑梓. 2019 中国移动电竞市场发展概况与前景分析 [OL]. (2019-05-25). https://www.iimedia.cn/c460/64524.html

韦奇迪（ID：Deep）在 WCG 世界总决赛上为中国拿下首枚金牌；李晓峰（ID：Sky）蝉联 2005 年和 2006 年两届 WCG 总决赛的冠军。中国选手在国际赛事中屡次夺冠，引爆了人们对电竞赛事的关注。

2. 随着国内直播平台兴起，直播平台在扩大了电竞赛事影响力的同时，也解决了电竞变现的问题，提高了职业选手、游戏主播等群体的收入。流媒体技术在资本和政策的双重推动下开始出现，2014 年 1 月，斗鱼 TV 成立，同年，战旗直播、虎牙直播等流媒体平台先后上线，促使电竞游戏直播转向网络。流媒体平台的崛起，催生了网络电竞直播的兴起及电竞游戏节目的蓬勃发展，2016 年游戏直播间涌入大量用户，截至 2020 年 3 月，我国游戏直播用户规模达到 2.6 亿人。①

3. 国家对电竞的态度从限制转为鼓励。国家不仅增加了对电竞的正面报道，而且还举办了多个国家级乃至世界级的电竞赛事，起到了巨大的示范作用。特别是从 2016 年公布系列法令开始，将电竞产业归为体育休闲类产业，同时引导游戏公司进入电竞产业、组织地方赛事，让科技、文化和旅游休闲相结合，电竞成为年轻人一种新的休闲活动。

2011 年万达正式进入电竞领域，组建 IG 电竞俱乐部；2014 年红杉资本投资电竞游戏原创内容平台映霸传媒（Imba TV）；从 2015 年起百度公司、阿里巴巴集团、腾讯公司也开始布局，百度游戏以游戏渠道商身份加入中国移动电竞联盟；2016 年阿里体育设立电子体育事业部并启动原创电竞赛事世界电子竞技运动会（World Electronic Sports Games，WESG），同年，腾讯互娱新设泛娱乐业务矩阵板块"腾讯电竞"。据《2016 体育创业白皮书》统计，从 2015 年 1 月至 2016 年 3 月，电竞领域共取得 34 次融资，金额达 35.8 亿元人民币，仅次于体育媒体。②

---

① 中国网信网. 第 45 次《中国互联网络发展状况统计报告》[OL]. (2020-04-28). http://www.cac.gov.cn/2020-04/27/c_1589535470378587.htm

② 中国日报网.《2016 体育创业白皮书》发布健身、电竞和足球项目成"吸金王"[OL]. (2016-05-18). http://china.chinadaily.com.cn/2016/05/18/content_25347157.htm

目前，国内电竞产业已发展出相互支持的经济生态系统，从上游到下游出现了明确的分工，发展出包括游戏厂商、俱乐部、赛事承办、营销赞助、内容制作、直播平台等在内的一个完整产业链。如果产业规模持续扩大，每一个环节都应建立独立的商业模式。国内电竞市场规模主要包括电竞游戏收入（电竞游戏用户付费）、电竞衍生收入（俱乐部、直播平台等）、电竞赛事收入（门票、周边、赞助等）。2016 年，国内电竞市场规模为 730.5 亿元（同比增长 44.8%），2018 年达到 834.4 亿元（同比增长 14.2%）；国内电竞用户增长率由 2015 年的 2.18 亿人增长至 2018 年的 4.28 亿人。[①] 根据艾瑞咨询调查报告显示，2019 年，中国的电竞市场整体规模为 1175.3 亿元，电竞生态市场占比持续增长至 24.7%，2021 年有望达到 33.5%。[②]

未来电竞产业在赛事商业化方面仍需要强力推动，同时需要有更多的上中下游企业的加入，只有这样才可能发展出产业独有的商业特征，进一步扩大电竞生态。目前游戏产业在数字商业模式、数字市场营销、虚拟货币和虚拟经济的运用上领跑其他行业，有些创新业者已经开始通过游戏为用户提供区块链的服务了。

（三）电竞产业商业模式的发展

商业活动的基本概念是指开发商品和服务的属性使得商业化成为可能。商业模式是为实现客户价值最大化，把企业运行的内外各要素整合，以形成一个完整高效、具有独特核心竞争力的运行系统，并通过最优实现形式满足客户需求、实现客户价值，同时使系统达成持续盈利目标的整体解决方案。

---

① 中国游戏工委. 2018 年中国游戏产业报告（摘要版）[OL]. (2018-12-20) http://www.cgigc.com.cn/gamedata/20752.html

② 艾瑞咨询. 2020 年中国电竞行业研究报告 [OL]. (2020-04-30). http://report.iresearch.cn/report_pdf.aspx?id=3573

电子竞技所具备的观赏性和娱乐性原来只限于现场观看，在先天上有场地和时间的局限性，由于计算机网络技术的突破，电子竞技的内容通过流媒体的实时播出，扩大了观众的规模和商业价值，以及提升了观众基数，增加了媒体版权、广告业务、商业赞助等活动，电子竞技的商业范围不断延伸。李树（2016）提出以电竞赛事运营与电竞游戏销售的"双边市场相互作用"来解释电竞产业的商业模式，即游戏运营商或其他受众趋近的赞助商通过赞助电竞赛事以维持及扩大游戏项目的影响力，保障游戏用户活跃程度，同时获得稳定的广告投放渠道；赛事运营方则在吸收投入的基础上，提高赛事水准以吸引更多用户，同时打造自身赛事品牌。[1]

根据 Newzoo 的《2021 年全球电竞市场报告》，除去直播平台的广告收入，全球电竞产值预期在 2024 年达 16.2 亿美元。全球电竞产业主要分布在中国和北美，且约三分之一的产值来自中国。目前，全球电竞产业的营收渠道主要有六类，按 2021 年市场收入从高到低分别为：赞助、媒体版权、游戏授权、特许商品和门票、数字收入和直播。[2] 如今，电竞产业已经发展成为独立的产业，从上游到下游出现了明确的分工，包括上游的游戏厂商、中游的俱乐部、赛事承办和整合营销以及下游的直播平台和主播经纪等在内一个完整的产业链。同时，每一个环节都应该能建立商业模式，产出效益的方式和途径包括直播、周边产品、商业表演比赛、赛事奖金、赞助等。

---

[1] 李树. 双边效应：我国电子赛事运营产业商业模式初探 [J]. 中国网络传播研究，2016（1）：255-364.

[2] Newzoo.Global Esports & Live Streaming Market Report 2021 | Free Version [OL]. (2021-03-09). https://newzoo.com/insights/trend-reports/newzoos-global-esports-live-streaming-market-report-2021-free-version/?utm_campaign=GEMR%202021&utm_source=older%20content%20to%202021%20free%20report&utm_content=free%20report

四、电子竞技文化产业

电子竞技隐含着两种属性，第一是电脑和互联网属性，对应的是内容端游戏商授权提供的电子游戏内容；第二是竞技属性，对应的是传统体育竞技和赛事。电子竞技比赛出现规模化的特征，主要源于游戏产业的大力推动，这个时候电竞以游戏电竞为主。电子竞技在国内开始受到政策的支持，产业生态的发展也渐趋成熟，电子竞技更趋向体育竞技。

在国外，传统体育开始利用与电子竞技的交叉优势加速向电子竞技领域进军，例如美国艺电公司（Electronic Arts，EA）整合了国际足联终极团队冠军杯（FIFA Ultimate Team Champions，FUT）和国际足联互动世界杯（FIFA Interactive World Cup，FIWC）赛事体系，与国际足联合作推出"eWorld Cup"系列赛事。越来越多的传统体育媒体设立电竞频道或者进行电竞节目制作或直播，如 ESPN 频道。同时，还有相当数量的传统体育俱乐部开始收购电竞战队、招募电竞选手。

然而，从电子竞技产业发展脉络来看，现在的电子竞技产业不属于游戏产业，也不应该被归类为体育产业。对于电子竞技产业的研究应该从一个更为宏观的角度来探索，这样产业生态的发展才能不断突破局限性。电竞产业具有明确的第三产业（指不生产物质产品的行业，即服务业）属性。根据 2017 年发布的《文化部"十三五"时期文化产业发展规划》，我国将电子竞技明确划分为文化产业。[①]

（一）文化产业

大卫·思罗斯比（David Throsby）认为，文化产业就是"在生产中

---

① 产业发展司. 文化部"十三五"时期文化产业发展规划 [OL]. (2017-04-20) https://www.mct.gov.cn/whzx/ggtz/201704/t20170420_695671.htm

包含创造性，凝结一定程度的知识产权并传递象征意义的文化产品和服务"。① 此外，思罗斯比还提出了文化产业的同心圆模型，即以文化及创意产品为核心，以文化产品与其他产业/产品结合产出更多细分的产业/产品，再不断向外扩散的外延模型。针对这个模型，思罗斯比对文化产品做出如下界定："在生产中包含创意成分，带有知识产权价值，并能传递符号象征意义。"除艺术、戏剧、舞蹈、雕塑等为最核心的文化产品以外，还有由"生产文化与非文化产品的产业"所组成的外延部分。它们的文化产品输出与核心内的文化产品输出交相互动，构成了一个文化产业。大卫·赫斯蒙德霍夫（David Hesmondhalgh）认为，文化产品的概念应建立在更宽泛的文本认知上，并且这些概念能够被不断地、开放地诠释。在文化产业范畴的划分和归类中，赫斯蒙德霍夫把文化产业分为核心文化产业和边界产业，核心文化产业包括广播电视产业、电影产业、音乐产业、印刷与电子出版、视频与计算机游戏、广告公关与市场营销、网络设计，边界产业包括电子消费产品、信息技术、时尚和体育产业。②

随着科技不断进步，全球文化产业迅猛发展。从经济发展的角度来看，文化产业通常被视为文化经济，并与过往大量机器生产的模式有所不同。20世纪80年代初，新经济在西方经济主体中上升到举足轻重的位置。新的文化经济，由计算器和数字化技术构成，虽然广泛使用电子技术，但这个领域的生产活动还是以密集劳力为主，对脑力和手工劳动的要求很高。思罗斯比认为，文化产业在这个时期呈现出三个特征：

1. 相关活动在生产中涉及某种形式的创意；

2. 涉及象征意义的产生和传递；

3. 产出至少潜在地体现了某种形式的知识产权。

---

① Throsby D. Economics and Culture [M]. Cambridge University Press, 2001, p112.

② David H. The Cultural Industries (2nd ed.)[M]. SAGE, 2007.

如果进一步定义电子竞技产业的话，可以说它是以信息产业为基础，涉及体育、软件、娱乐等行业的一种新兴产业。

创意产业

很难区分文化产业和创意产业两者的不同。文化创意产业，有别于原先的文化产业。它是西方国家为了创造经济，将原来以媒体产业为主的文化产业定义的进一步扩大。以英国为例，为了活络经济，从20世纪90年代末期开始通过制定政策扩大文化经济的范畴，让文化产业相互结盟，进而成为带动国家经济发展的主要力量。约翰·哈特利（John Hartley）认为，在新知识经济和新媒体发展脉络下，创意产业以更宽广的文化产业范畴为那些具有互动性格的新兴消费者提供艺术生产。[①]

总而言之，"文化产业"是以生活方式、价值信仰、社会情境、历史文物、自然景观为素材，并予以系统化与价值化，从而创造经济效益的产业，例如民俗工艺、旅游观光、休闲娱乐和艺术成品等。"创意产业"则是在"文化产业"的大范畴下，以高阶思维的想象，应用科技技术，创造高附加经济价值的产业。

过去创意产业多半以艺术为基础，技术含量低且劳力密集，现在知识经济提供了不同于以往的开发和改良新产品的出路。文化创意产业以科技作为商品贩卖与传递的载体。在文创产业中，创意是核心，强调借由知识与创意对文化商品进行创造。约翰·霍金斯（John Howkins）认为，创意产业的产品应该在知识产权法的保护范围内，由专利、版权、商标和设计四个部门共同保障。[②]

电竞文化的塑造强调社交性，尤其仰赖粉丝文化。在新经济时代，杰森·波茨（Jason Potts）等学者认为，复杂的社交网络在创意产业中扮演着如价格信号（price signals）般重要的角色，因为创意产业的生产

---

① Hartley J. Creative industries [M]. Blackwell Publishing Ltd, 2005.

② Howkins J. The creative economy: How people make money from ideas [M]. Penguin UK, 2001.

和消费都处于复杂的社交网络中，创意产业比其他社会经济活动都更依赖口碑、品味、文化和"人气"，也就是个人的选择在创意产业中并非仰赖天生的喜好或价格，而是被社交网络中流动的信息所支配的。虽然这体系建立和维持要仰赖社交网络的服务（如广告、建筑、媒体、信息软件和通信技术），更重要的是，这个系统也通过创意内容（电影、电视、音乐、时装和设计等）在社交网络创造价值。因此，创意产业可以被定义为，一系列包含了创意、社交网络运作和价值生产的经济活动。与一般文化产业不同的是，这类创意产业通常会根据社交网络的评价，做出生产与消费的抉择。[①]

（二）电子竞技产业的特点

电子竞技作为新兴的文化载体，具有全球化、城市化以及年轻化三个特征。

1. 全球化

全球化是指全球联系不断加强，人类生活在全球规模的基础上发展及全球意识的崛起。国与国在政治、经济贸易上相互依存。当全球资本流动日益增加、通信发明带来技术革新以及在全球市场的框架下，各国经济的相互依赖不断增强，对文化产品的生产与消费也产生了深远的影响，思罗斯比指出，西方文化产业政策的发展在第二次世界大战以后呈现出全球化的趋势。

曼纽尔·卡斯泰尔（Manuel Castells）在《网络社会的崛起》（*The Rise of the Network Society*）中讨论了信息经济中的基础建设、信息劳动力与网络的整合关系，它改变了原来以西方国家为中心和非西方国家为边陲的偏见，一方面，原来位在边陲的城市，通过信息网络连接、整

---

① Potts J, Cunningham S, Hartley J, et al. Social network markets: a new definition of the creative industries [J]. Journal of cultural economics, 2008, 32(3): 167-185.

合进全球新经济中，在全球市场中的地位获得提升。①另一方面，在全球化中已经具有竞争优势的城市在这波新经济的改革与发展之下将领先优势进一步拉大。

早期媒体全球化指的是西方媒体产业在全球市场中的经济力量。西方传媒公司因为掌握先进的技术和拥有雄厚的资金，因而在新闻、电影、书籍和音乐等娱乐文化产业中具有优势。尽管现在西方传媒公司也掌控着部分文化产品，但是文化产品在制作以及进入地方市场时也需要融入地方文化元素，呈现出文化"混融性"的特点。因此，文化产品如果要进入更广大的全球市场，它的内容设计不会只针对某个国家的品味和消费特征。同时，现在文化产品的生产也不限于某个地方，而是依地区的产业竞争优势。目前，文化产业的生产也形成了全球产业链的分工。之所以出现全球性的文化产品，是因为文化的"混融性"很难被定义为哪一个国家的文化产品，而是呈现出一种新的文化产品制作方式和表现形式。

电竞产业不同于一般的文化产业，传统的文化产业以文化价值、社会情境、历史文物概念为基础，依托文本开发其商业价值。电竞文化结合多种领域的知识为新经济时代的产物，包括应用计算机数字科技、网络技术、游戏、电子竞技、媒体传播和体育营销赞助等。竞技的内容源自国外游戏商所开发的游戏类型，如 MOBA 游戏、第一人称射击游戏、即时战略游戏等。另外，如《英雄联盟》和《守望先锋》等电竞赛事的制定和举办开始朝主场化、联盟制发展，这是参考了 NBA 职业篮球赛事的运作模式而产生的。

当电竞文化开始在全球得到认同，这些源自美国的电竞内容在电竞产业的发展有了先发优势，特别是游戏商在内容授权上。相较其他地区，电竞产业在北美市场的商业化发展也更为成熟。目前拳头游戏的《英雄联盟》和维尔福公司的《DOTA2》，这两款 MOBA 游戏在全球市场都受

---

① Castells M. The Rise of the Network Society [M]. Blackwell Publishers: Oxford, 1996.

到电竞爱好者的高度关注。直到 2018 年《DOTA2》依然是世界上赛事奖金最高的电竞游戏，奖金数超过 4000 万美元。①

案例 1-1 《英雄联盟》、《DOTA2》赛事的举办

《英雄联盟》、《DOTA2》都是 MOBA 类电竞游戏，后者是电竞化最成功的游戏类型，由于此类电竞游戏的可看性，使其积累了越来越多的比赛观众。对于开发商和运营商而言，举办赛事作为重要的运营手段可以提高游戏的关注度，同时，这也促使比赛主办方去构建与完善一个成熟的比赛体系。赛事的主办分官方赛事与第三方赛事，官方赛事也称第一方赛事，第一方赛事由游戏厂商主办，例如腾讯主办的《英雄联盟》赛事、维尔福公司主办的 TI 赛事等。第三方赛事是由除游戏厂商以外的其他机构主导赛事，如瑞典公司Dream Hack，专门组织和运作电子竞技比赛和其他游戏大会。作为两款最为热门的 MOBA 游戏，《DOTA2》和《英雄联盟》的电竞赛事代表了两种不同的赛事主办理念，《DOTA2》的游戏商维尔福对比赛的授权采取比较宽松的做法，《英雄联盟》由游戏商拳头开发并完全控制比赛的举办。

2011 年，第一季《英雄联盟》全球总决赛在瑞典举办，全球总决赛代表着最高的荣誉、最高的含金量和最高的竞技水平。随着《英雄联盟》最顶级赛事的建立，拳头游戏逐渐以此为基础，推出 S系列赛事供高水平队伍进行系列比赛。2013 年，拳头游戏正式推出职业联赛，这意味拳头游戏从第三季全球总决赛（S3）起开始建立官方比赛体系。

拳头游戏划分赛区，让各个赛区内的职业俱乐部能规范地进行

---

① Esports Earnings. Overall Esports Stats For 2018[OL]. (2018). https://www.esportsearnings.com/history/2018/games

官方联赛。如《英雄联盟》在欧洲（2013—2018 年）和北美地区的 LCS（League of Legends Championship Series）联赛、在中国大陆地区的 LPL 联赛。只有在各赛区的职业联赛中表现出色的队伍才有资格参加总决赛，每个赛区可以晋级总决赛名额，依据各个赛区的规模和水平而有所不同。全球 12 个赛区及联赛分别是：中国 LPL（League of Legends Pro League）、韩国 LCK（League of Legends Champions Korea）、欧洲 LEC（League of Legends European Championship）、北美 LCS（League of Legends Championship Series）、独联体 LCL（League of Legends Continental League）、巴西 CBLOL（Campeonato Brasileiro de League of Legends）、东南亚 PCS（Pacific Championship Series）、拉丁美洲 LLA（Latin America League）、土耳其 TCL（Turkish Championship League）、大洋洲 OPL（Oceanic Pro League）、日本 LJL（League of Legends Japan League）、越南 VCS（Vietnam Championship Series）。

《英雄联盟》各赛区的职业联赛除了能晋级全球总决赛的顶级联赛外，还包括次级联赛（发展联赛），如中国除了 LPL 联赛，还有英雄联盟发展联赛（LOL Development League，LDL），韩国除了 LCK 联赛，还有挑战者联赛等，联赛分为春季赛和夏季赛。另外，拳头游戏为了避免赛区与赛区之间联系的阻断、缺乏交流，在 2013 年推出了全明星赛。全明星赛每年年中举行一次的跨区域比赛，方便各赛区进行交流，填补 S 赛之前的国际赛空缺，首届全明星赛是在上海举行的。

拳头游戏逐步推出了季中冠军赛、洲际系列赛、德玛西亚杯等赛事。季中冠军赛是拳头游戏在 2015 年增加的国际性赛事，当时的赛事中文名称为季中邀请赛，2016 年更名为季中冠军赛，每个赛区春季赛的季后赛冠军才能获邀参赛。洲际系列赛是由一系列地区对抗赛组成的国际赛事，由来自 14 个赛区的队伍分为五个大赛区，举行亚洲对抗赛、南美对抗赛、欧美对抗赛、俄土对抗赛、太平洋对抗赛。例如，韩国 LCK、中国 LPL、中国港澳台 LMS 职业联赛春季赛与季后赛前四强的参赛队伍，即可参加亚洲对抗赛。北美 LCS、欧洲 LCS 职业联赛春季赛季后赛前三强的参赛队伍，即可参加欧美对抗赛。德玛西亚杯由《英雄联盟》在中国的发行商腾讯主办，汇集了中国国内 LPL 和 LDL 两大联赛中顶尖职业战队作为参赛队伍的杯赛。[1]

《英雄联盟》一系列赛事形成了相对成熟完整的《英雄联盟》电竞比赛体系，包括各赛区的职业联赛、德玛西亚杯赛、季中冠军赛、全球总决赛、全明星赛、洲际系列赛等。[2] 其中，季中冠军赛、全球总决赛、全明星赛三项赛事被并称为《英雄联盟》全球三大赛。

《DOTA2》与《英雄联盟》不同，其大部分赛事皆是第三方赛事，只有一些较为重要的赛事如 TI 国际邀请赛为游戏发行方主办的官方赛事。TI 国际邀请赛是《DOTA2》最重要的一项赛事，始于 2011 年，为全球性的电子竞技赛事，每年一届，由维尔福公司主办，奖杯为特制冠军盾牌，每一届冠军队伍及人员将记录在游戏泉水的冠军盾中。

参加 TI 国际邀请赛参赛的队伍来自之前《DOTA2》一系列的比赛：预选赛与职业巡回赛。《DOTA2》职业巡回赛之前会举行预选赛，以决定参加甲级联赛与乙级联赛的参赛队伍，预选赛中表现优秀的队伍即可参加甲级联赛，否则只能参加乙级联赛。甲级联赛又称为 Major 赛，乙级联赛又称为 Minor 赛，甲级联赛与乙级联赛中的参赛队伍会根据其参加比赛获得的积分进行排名，积分排行榜前几位的即可被直邀进入 TI 国际邀请赛。

---

[1] 兔玩网. 从 S1 到 S7 赛季：LOL 全球总决赛发展大事件回顾 [OL]. (2018-10-01). http://lol.tuwan.com/188002_all/

[2] 英雄联盟官网链接：https://lol.qq.com/main.shtml

日期	赛事类型	举办地	奖金	积分	主办方
赛程安排　战队排名					
Oct 29-Nov 4	乙级	瑞典	$300,000	500	DREAMHACK
Nov 9-18	甲级	马来西亚	$1,000,000	15000	PGL
Jan 7-13	乙级	罗马尼亚	$300,000	500	PGL
Jan 17-27	甲级	中国	$1,000,000	15000	STAR LADDER
Mar 4-10	乙级	乌克兰	$300,000	500	STAR LADDER
Mar 14-24	甲级	瑞典	$1,000,000	15000	DREAMHACK
Apr 22-28	乙级	克罗地亚	$300,000	500	DOTA PIT
May 2-12	甲级	法国	$1,000,000	15000	MDL
June 10-16	乙级	乌克兰	$300,000	500	STAR LADDER
JUNE22-30	甲级	俄罗斯	$1,000,000	15000	EPICENTER
最后更新于：2019年5月13日					

图 1-1　2018—2019 赛季 DOTA2 职业巡回赛赛程图 [①]

来源：17173

　　甲级联赛比乙级联赛可以获得更多的积分与更多的奖金，因此，通过预选赛进入甲级联赛是参赛队伍的首要目标。一般而言，在预选赛之后是乙级联赛，在乙级联赛中取得冠军的参赛队伍即可参加接下来进行的甲级联赛。另外，无法通过职业巡回赛的队伍可以通过参加地区预选赛争夺进入 TI 国际邀请赛的资格。

　　以 2018—2019 赛季的《DOTA2》职业巡回赛为例，各大战队会前往全球各地参加各项《DOTA2》职业巡回赛，包括 5 个甲级联赛和 5 个乙级联赛，联赛为战队提供巡回赛积分，以此决定参加 TI 国际邀请赛的 12 个直邀名额。国际邀请赛的其他参赛名额将由地区预

① 米店.V 社更新赛季安排表 公布两个新 Minor 赛事 [OL]. (2018-11-18). http://DOTA2.
17173.com/news/11182018/142430358.shtml

选赛决定（各地区 1 个名额）。

以官方赛事为主的《英雄联盟》，游戏发行方拳头游戏与腾讯制定了完整严密的电竞比赛体系，使其环环相扣，观众能以稳定的频率收看电竞赛事，这样做不仅有利于维持英雄联盟游戏本身的影响力，而且也使电竞赛事更成为公司重要业务的一部分，由此可以带来稳定的收入。而《DOTA2》虽然也制定了一系列紧密联系的赛事，但这些赛事既有由游戏开发商维尔福举办的官方赛事，也有占比极大的第三方赛事，游戏开发方维尔福公司可以通过授权给第三方赛事承办权而获得授权费收入。

阿里体育电子体育部总经理张锐表示，现在第一方厂商赛事在市场上占据主导力量，已经形成了一个利益闭合链，通过赛事带来更多用户，用户反哺到游戏当中产生更多的收入，然后加大投入带来更大的赛事，这已经变成了一个循环链。①

不管是官方赛事还是第三方赛事，作为 MOBA 类游戏的发行方，拳头游戏和维尔福都通过策划组织彼此之间紧密联系的赛事以建立一个完善的赛事体系，保持游戏及其比赛的新鲜度，以提高比赛观众的黏着度，因为安排越紧凑的比赛，越能牵动观众。

2. 地域化

电竞文化有地域化的发展趋势。电竞文化的基础建立在游戏的观赏性上，当电竞文化在世界范围内形成趋势，电竞的内容势必融入地方，进而和当地的粉丝建立深度联系。亚洲游戏公司也开始结合各自的基础以及地区玩家的喜好开发出自己的电竞内容。以腾讯为例，该公司现在已成为国内乃至全球移动电竞模式的推动者，旗下电竞手游《和平精英》

---

① 新浪游戏. GDES · 澳门 · 2019| 对话阿里体育电子体育部总经理张锐：阿里巴巴的新电竞经济形态 [OL]. (2019-11-21). http://games.sina.com.cn/y/n/2019-11-21/ihnzahi2406428.shtml

及其国际版《PUBG Mobile》,《王者荣耀》及其海外版《Arena Of Valor》在市场上有极大的影响力。① 2017 年,《王者荣耀》国际版在韩国首尔举办了首届全球总决赛（Arena of Valor International Championship，AIC），总奖金高达 50 万美金，赛事吸引了全球超过 3600 万人观看。② 2018 年 10 月相继拓展了韩国赛区、以及中国赛区和东南亚赛区，国际化的区域赛事成型。③

2017 年，韩国游戏公司蓝洞开发及发行的多人制大逃杀游戏《绝地求生》，玩家人数节节高升，最高同时在线人数超过 300 万人，热门程度在 Steam 游戏排行榜中一度排到第一位，超过了《DOTA》和《反恐精英：全球攻势》（CS:GO）。④ 2017 年 8 月，电子竞技联盟（Electronic Sports League，ESL）在德国科隆国际游戏展上举办了绝地救生邀请赛，总奖金 35 万美元。⑤ 2018 年，蓝洞开始举办赛事，官网公布了全球职业赛事计划，将全球分为 9 个赛区，统一采用 64 人 FPP 的比赛规则。

随着文化产业的全球化程度不断提高，阿尔让·阿帕杜莱（Arjun Appadurai）讨论了全球化中"去地域化"的概念，全球化带来的"去地域化"使得全球呈现出一个相似现代化的面貌。但是，文化产业在不同城市的发展除了呈现浓郁的都市色彩外，也包含了强烈的地方特性。对文化产业的阐述和理解还是要取决于当地的语境，这是因为文化产业的

---

① DUG 出海研究院. DUG：2019 全球手游 APP 市场报告——中国篇 [OL]. (2020-01-14). https://www.cyzone.cn/article/571517.html

② 玩加赛事. 腾讯 MOBA 手游举办最高级别国际赛事领跑全球移动电竞 [OL]. (2017-12-04). https://sports.qq.com/a/20171204/029415.htm

③ 新华网. KPL 第三届了，将推"世界赛"升级国际赛区 [OL]. (2019-03-07). http://www.xinhuanet.com/sports/2019-03/07/c_1124203875.htm

④ 人民网. 蓝洞公布《绝地求生》2019 全球赛事计划 [OL]. (2018-11-08). http://game.people.com.cn/n1/2018/1108/c40130-30388663.html

⑤ 游戏葡萄.《绝地求生》将举办首场线下赛事，奖金高达 35 万美元，但他们可能另有目的 [OL]. (2017-07-26). https://www.sohu.com/a/160167704_204824

应用场所主要集中在城市。^①

尽管电子竞技带有全球化的概念，但是电竞文化想要落地到不同城市，还需要各地电竞的发展与城市文化和当地生活紧密结合起来，这是因为当地的群众基础与粉丝，才是支撑当地电竞市场发展重要的力量。根据 Newzoo 发布的《2018 年全球游戏市场报告》，影响电竞市场规模的三个因素分别是"联盟化"、"粉丝属地主义"和"电竞战队的经营"。^②2018 年，《英雄联盟》北美赛区及《守望先锋》大型电竞联赛相继转为联盟化运作。联盟化取消了季赛的降级制度，增设奖励制度来提高比赛水平，同时确保有大批粉丝基础的战队不会突然从比赛中消失，这种联盟化运作不仅对赞助厂商更具有投资吸引力，也为粉丝提供了更具观赏性的联赛。

目前国内有许多城市正在积极发展电竞文化，由于电竞具有数字文化和全球文化的特性，如何让地方性的城市支持主场的战队并不是一件容易的事情，发展的重点是找出地方特色，想办法让电竞文化融入当地的文化圈和亚文化社群中。如何建立电竞的属地性，可采取的相关措施包括：电竞俱乐部的落地、长期举办地方性电竞赛事和建立城市主场战队。在扩大电竞市场规模上，一个城市可以为主场战队提供大量的资金支持和粉丝援助，从而促进俱乐部在主场获得更大的发展，由此衍生出场馆、战队周边等多种商业模式，促进新型体育经济的发展。

3. 城市化

目前，全球有不少城市开始结合自身优势打造电竞之都，比如美国的洛杉矶和华盛顿、韩国的首尔。在我国，除了上海，重庆、西安和杭州等

---

① Appadurai A. Modernity at large: Cultural dimensions of globalization [M]. University of Minnesota Press, 1996.

② Newzoo.Global Games Market Report 2018 | Light Version [OL]. (2018-06-14). https://newzoo.com/insights/trend-reports/newzoo-global-games-market-report-2018-light-version/

城市也竞相规划，想成为新的电子竞技中心。而目前成功发展为电竞都市的只有洛杉矶、首尔和上海，这些城市本身就具备了发展电竞产业的优势。

艾伦·J. 斯科特（Allen J. Scott）研究了城市对文化产业发展的重要性，不同产业基于本身的组织体系有其特殊的经济结构。他从对地理经济的研究中发现，某些城市与产业发展之间存在相关性。由于资本主义产业体系的核心要素是生产者以网络的形式组织起来，以密集、错综复杂的关系连结在一起的，所以有些生产商会结合起来，倾向汇聚在有地缘吸引性的区域，以确保产业的邻近性，使交易可以更加有效地完成，这就是产业的群聚现象。交易的概念也不会只局限在商业联系中，社会中的交互作用会加强商业文化的基础，如果是根植于特定地点的共同体利益，他们之间的合作会进一步加强。产业群聚具有三个优点：第一，减少了产业之间交易的成本；第二，提升了产业体系内流动资本和信息流溢的速度；第三，增强以交易活动为基础的社会凝聚模式。[①]

如果市场持续成长可能会出现广泛性、深入性更强的社会劳动分工，扩大集聚效应，使局部区域经济呈现多样化，同时增强产业的协作能力。这时，新的劳动技能可能出现，产业的地域性氛围将会加强，他们所产生的商业社群会因为其独特的习俗和惯例呈现出可辨识的文化属性，信息交换和学习效应更为紧密，技术创新和商业创新得到加速发展，区域经济内的优势也因这些相互增强的关系确保了发展的轨道，这种特征被称为锁入效应。

细数真正的电竞城市，都有非常完善的产业链，特别是美国的电竞中心——洛杉矶，具备从游戏开发、资本投资、视频分销到建设场馆、设立比赛、建立战队的产业要素。洛杉矶是最具影响力的游戏产品输出

---

① Power D, Scott A J. Cultural industries and the production of culture [M]. Routledge, 2004.

地，从拳头游戏、暴雪到 Infinity Ward 工作室，都位于这个城市。据"电竞收入网"统计，2017 年奖金排名前 10 位的游戏中，有 6 款游戏出自这三家公司，商业力量是推动电竞文化发展的关键力量之一。[①]

此外，洛杉矶还是数家电竞组织的基地所在地，ESL、FACEIT 和美国竞技游戏联盟（Major League Gaming）等电竞赛事组织机构在洛杉矶设有办公室。2017 年暴雪娱乐的电竞馆（Blizzard Arena Los Angeles）在洛杉矶落成，成为当地重要的电竞赛场和地标建筑。这个竞赛场馆将用来举办包括《守望先锋》《风暴英雄》《魔兽世界》《星际争霸 2》和《炉石传说》等比赛，专供职业选手、电竞粉丝及所有热爱重大赛事的支持者齐聚一堂。在电竞比赛视频分销领域，在线游戏视频巨头 Twitch、YouTube、Facebook 以及 Twitter 等公司的总部也设立在洛杉矶，为洛杉矶吸引全球电竞爱好者提供了重要的传播渠道。

洛杉矶的文化产业具有不同程度的重叠性，它能够提供多样化的文化产品和服务，其中最有活力的产业应属娱乐产业。洛杉矶的娱乐产业通过协同效应和不断创新使商业活动的范围和规模不断扩大。洛杉矶成功的文化产品具有高技能、高报酬和强市场吸引力的特点。除了娱乐产业外，这种商业模式也体现在其他文化产业上，如主题公园、广告设计等。

这些娱乐活动一般倾向于垂直非一体化的发展模式，所以电影、电视节目、音乐唱片和多媒体等产品的制作被分解成由专业企业和转包商完成，这些专业的生产商集聚在各种交易、项目所构成的社会网络中，以不断的合作商讨和合资的方式连结在一起，并通过灵活的机制把文化产品销售到全球市场，然后将资金回收到当地的生产体系中。尽管这些商业活动多数为跨国媒体集团所控制，但是从商业化的角度来说，跨国公司能够更有效地把洛杉矶生产的文化产品推向全球市场。

---

① Esports Earnings. Overall Esports Stats For 2017 [OL]. (2017). https://www.esportsearnings.com/history/2017/games

案例1-2　电子竞技文化在西安落地发展

西安有近二十年的电竞发展历史，曾是耀眼的电竞中心，由于后续缺乏发展动力，出现了将近十年的蛰伏期。2017年开始，西安的电竞产业，在政策、资本、人才等多重作用的推动下重获新生。这一年是西安电竞发展的重大转折点：2017年11月"电竞产业峰会"在西安召开，与量子电竞产业城、英雄互娱以及电竞游戏公司签署合作协议；同年，《穿越火线》2017世界总决赛都在西安正式开赛。

西安不同于上海具有国际化都市的优势，西安属于内陆的西部城市，尽管在电竞全球化的发展脚步相对滞后，但是中国本身具有发展电竞产业的优势。西安在发展规划上，一方面除了紧跟电竞产业全球化的特性，另一方面根据本身在历史发展、人口特性上的优势，打造出属于自己的电竞文化，在数字娱乐上创造了独特的商业价值。

历史转折。早在2000年初，西安的电竞行业就已初露头角，小到网吧赛事，大到"电竞奥运会"之称的WCG都曾在西安举行。2005年，由英特尔、LG等知名厂商共同赞助的全球游戏大赛Acon5落户西安，正式开启西安的电竞时代。5万美元的奖金吸引了来自中国、美国、英国、日本等21个国家和地区成千上万名参赛选手。有"中国电竞第一人"之称的李晓峰在Acon 5总决赛《魔兽争霸》中夺冠，这是中国选手统治《魔兽争霸》项目的开端。

政策支持。2018年8月，作为西安市电竞产业的核心发展区，曲江新区印发了《曲江新区关于支持电竞游戏产业发展的若干政策（试行）》，针对落户的电竞企业给予办公用房、财税奖励、游戏开发补贴、独角兽企业奖励、俱乐部落户、赛事补贴、宽带资费等十余项资金支持。曲江新区还成立了30亿元的电竞游戏产业发展基金，确保对电竞产业人力、物力、财力的全方位支持。2018年12月，西安市电子竞技协会成立，并与陕西动漫产业平台、超竞教育等签署合作协议。

2019年，曲江新区推出了《曲江新区电子竞技产业发展规划（2019—2030）》，计划建成量子晨电竞产业园（包括一个1500座专业电竞馆）、WE电子竞技俱乐部基地（包含一个1000座专业电竞馆）、规划容纳3000座和10000座的综合性场馆，完善电竞赛事场馆的配套建设。

赛事落地。从2018年开始，各大赛事落户西安，包括《穿越火线》世界总决赛、《炉石传说》黄金联赛、2018《英雄联盟》职业联赛夏季赛、2018《英雄联盟》全球高校冠军杯总决赛、《英雄联盟》德玛西亚杯、2019《王者荣耀》春季总决赛、WCG 2019总决赛等。其中，《王者荣耀》职业联赛决赛门票不到10小时全部售罄；停办五年的WCG也选择以西安作为起点重新出发。

WE战队落地。2018年5月WE俱乐部落户西安，举行了最高礼遇的开门仪式。WE电竞俱乐部2003年在西安创立（原名lion），2005年4月，WE在上海成立WE总部，上海是全国电竞产业最发达城市。WE找到IGE、技嘉科技、英特尔、金士顿和艾芮克（i-Rocks）等厂商的赞助。[1] 因为有赞助商的支持，WE可以持续经营，2012年，WE电子竞技俱乐部为中国赢得了《英雄联盟》历史上第一个世界冠军（第五届IGN职业联赛世界总决赛冠军），并在国内赛事中取得了48连胜的战绩，与EDG电子竞技俱乐部、RNG电子竞技俱乐部合称"御三家"。WE电竞俱乐部粉丝名为"60e"寓意全球60亿人都是WE的粉丝。在上海发展12年后，WE俱乐部迁回原来发展的城市，伴随着声势浩大的"入城式"，重返西安、落户曲江新区。

当地资源。目前，西安有电子游戏企业100多家，32所高校拥

---

[1] 张子龙.电竞产业20条出炉：布局电竞，上海为何如此"着急"？[OL]. (2019-6-13). https://www.sohu.com/a/320394995_226897

有电竞协会。

4. 年轻化

电竞文化是新经济时代的文化产品，它结合了计算机网络、数字科技和虚拟现实技术，呈现游戏、竞技和娱乐等概念，已成为城市年轻人的消费活动。在 90 后、00 后粉丝的支持下，电竞产业在全球的影响力与日俱增。未来在中国第三产业经济模块中，电子竞技的价值贡献有望与影视、游戏形成三足鼎立之势。

电竞产业的价值在于人群年龄和用户时长，电竞文化的内容尤其吸引年轻群体长时间投入使用。根据企鹅智库、腾讯电竞及《电子竞技》杂志共同发布的报告，2019 年全国电竞用户达到 3.5 亿人，主要集中在 25 岁到 30 岁之间，男性占七成，而在"年轻人指数"这一指标中，中国 24 岁以下用户达到 100%，中国年轻电竞用户占比超过其他国家。[①] 根据 IHS Markit 的统计显示，全球用户观看电竞游戏视频的总时长早在 2016 年就超过 60 亿个小时，其中，中国用户观看电竞游戏视频的总时长占比 57%。[②]

电竞文化以互联网为载体，玩家可以在虚拟场域内进行竞技，以年轻人为主要消费群体。年轻人的聚集和消费是未来城市发展的动力来源，因此，在全球各地发展电竞产业时，电竞之都的概念是城市年轻化。对于正处于消费升级背景下的中国而言，在经济发展到一定阶段后，需要找到更新颖的方式、新的标签刺激年轻人消费，吸引年轻人落户。电竞产生的新型消费方式，不仅带有群体性特征，又能通过这种群体性的消费方式，让生活在城市中的年轻人形成更紧密的联系，获得更强的归

[①] 企鹅智酷，腾讯电竞，电子竞技. 世界与中国：2019 电竞运动行业发展报告 [OL]. (2019-6-20). https://tech.qq.com/a/20190626/005223.htm#p=1

[②] Business Wire. Global Market for Esports Video is Booming, with China Leading the Way, IHS Markit Reports [OL]. (2017-5-9). https://www.businesswire.com/news/home/20170509005380/en/Global-Market-Esports-Video-Booming-China-Leading

属感，也使得外地移入的年轻人对该城市产生更高的关注度。

城市必须打造出独特的吸引力，这是对新经济产业的吸引，也是对人才的吸引。思罗斯比认为，文化产业持续发展的动力来自核心目标的准确定位，具体包括：

● 为年轻群体提供新的机会，他们能够运用新技能和知识，通过生产活动获得足够的收入；

● 通过不同群体间所拥有的社会资源、文化资源、经济资源和物质资源共同促进本地经济发展；

● 为知识驱动的社会提供多样化的人力开发与能力培养的策略。

目前，韩国被认为是电子竞技行业较为发达的国家。这项文化由韩国开始，进而传播至全世界。金融危机后，韩国政府开始扶持电竞项目，2000 年韩国成立职业电子竞技协会（Korea esports Association，KeSPA），该协会像一个官方中介，把俱乐部、选手、赛事方等各方利益相关者进行统筹，负责韩国电竞赛事的举办、新电竞项目的立项、电竞选手的合同以及电竞在韩国的宣传工作，建立了完善的职业电竞体系，打造出了包括《星际争霸》《DOTA2》《英雄联盟》等 20 多个电竞项目。

电子竞技行业在韩国取得社会认可，2014 年，《纽约时报》曾刊文介绍韩国电竞产业，认为电竞在韩国已成为一种"国民娱乐"[①]。韩国首都首尔被打造成电竞之都，电竞在首尔已经超越体育竞技，成为由韩国年轻人打造的主流文化，这体现在：

（1）政府出资建场馆。2016 年 4 月，由首尔市政府、韩国文化体育观光部、首尔产业振兴院、CJ E&M 公司共同出资 600 亿韩元建设的首尔

---

① Paul Mozur. For South Korea, E-Sports Is National Pastime [OL]. (2014-10-19). https://www.nytimes.com/2014/10/20/technology/league-of-legends-south-korea-epicenter-esports.html

OGN 电竞体育馆开业。

（2）设立电竞名誉殿堂（eSports Hall of Fame）。2018 年 8 月，由韩国体育文化部和韩国文化振兴院支持的"电竞名誉殿堂"在首尔开馆。

（3）首尔还设立了全球首家电竞培训学院。在电竞文化中，具有天赋的年轻选手是发展的核心，由于电竞深植韩国主流文化，所以它可以吸引年轻人全心投入。

电竞文化为什么能够成功地融入年轻人并成为韩国的新兴文化，除了政府的大力推动、大企业的支持外，还有以下几个原因：

（1）网咖成为新文化发展的温床。1990 年至 2000 年，韩国约有两万间网咖，年轻人们聚集在网咖，彼此交流，学习战略游戏。电子竞技初代扎根于韩国，韩国青年开始打造属于自己的文化。

（2）《星际争霸》的推波助澜。《星际争霸》拥有完整的职业联赛制度，在韩国尤为盛行。韩国两个主要的电视游戏频道 OnGameNet（OGN）和 MBC Game 分别承办一套职业联赛（Ongamenet Starleague，简称 OSL；MBCGame StarCraft League，简称 MSL），拥有数百万的观众和爱好者。自 2002 年以来，韩国职业星际选手皆加入战队，战队获得了如三星、SK Telecom、KT 等大型公司赞助。

（3）年轻人的专注投入。韩国的年轻人认同电竞文化，愿意全心投入电竞职业生涯，他们认为电竞付出的努力和认真不一定比读书少。练习时间从上午 9 点到晚上 23 点是正常的，一天有 14 个小时在训练。

（三）电竞文化产业的运作

文化产业的发展有着复杂的社会意义。在表意层面上，它涉及文学、艺术、教育、风俗、历史等领域，与属于社会"上层结构"的政治法律、价值信念、文化成规以及总体意识形态等有着既张弛又呼应的关系。在生产实践层面上，由原创制作、发行营销、映演贩卖到集体消费，需要庞大的资金运转和复杂的人员分工，更与相关产业（如音乐、电影、电视、动漫、广告、信息科技等）以及产销地缘位置有着密切关系。文化产业是"下层基础"的一环，也是社会生产体系的一部分。

思罗斯比强调，文化商品的开发应该具有文化资本的特质。文化资本可以被定义为一种资产，除了可能拥有经济价值外，文化资本还应体现、贮存并提供文化价值。同时，区分存量和流量都是开发文化经济的重要工作，从某种意义上说，文化资本的存量是指在某一特定时间点存在文化资本的数量，可以用实物或总价值衡量。这种资本存量随着时间的推移引起服务流量，产生的服务流量可以用于消费，或用于进一步生产商品和提供服务。因此，文化资本可以被定义为是同时拥有经济价值，以及蕴涵和提供文化价值的资产，其中包括如建筑物、艺术品等和有形资产类型的一种以族群共有观念、习惯、信仰和价值存在的无形资产。

英国学者雷蒙德·威廉斯（Raymond Williams）从文化概念的角度来解释文化产业，他认为文化的概念指的是通俗化的生活方式，因此文化产业的突显性在于试图建立一个可以被传达、再生产和拓展的社会秩序。[1] 与之不同，赫斯蒙德霍夫从经济的角度具体解释文化产业的运作是必须经由机构完成的，这些组织机构除了大部分是营利的公司外，还包括政府组织非营利团体，通过这三股力量才能联动运行。[2]

1. 政府的政策推行

文化产业产生的价值对国家和文化之间的关系具有重要的影响。同时，产业是否可以持续发展，除了市场的需求、资源的取得、技术的突破外，政治环境和法令政策等社会条件也是重要的因素。文化产业政策的出现有其特定的政治经济条件，在政策考虑方面应该包含经济性和政治性两个部分。思罗斯比认为，政策首要考虑的是文化资本的可持续性，所谓的可持续性指的是经济发展不会减慢或消失，会在某种意义上永续

---

[1] Raymond W. Culture [M]. London, Fontana, 1981.

[2] David H. The Cultural Industries (2nd ed.)[M]. SAGE, 2007.

进行。其次要考虑的是发展生态上的可持续性，通过在产业生态的运行，使一系列产业活动的价值得以延续和增加。

政策的制定必须有经济的依据，文化产业必须具有明确的经济考虑。政府为了刺激和鼓励文化产业的发展，可以使用以下政策：

- 补贴政策，即在结构失衡或出现供给"瓶颈"时，提供各种形式的财政补贴，以保护特定产业及地区经济的发展。
- 投资激励，指有利于投资者的鼓励投资措施，特指东道国政府为吸收外国投资而给予的各种优惠政策和优惠待遇，包括国内税减让、关税减让、补贴和投资转让等方面。
- 税收减免，主要是指对某些纳税人和征税对象采取减少征税或者免予征税的特殊规定。根据国家一定时期的政治、经济、社会政策要求，对生产经营活动中的某些特殊情况给予减轻或免除税收负担。
- 规章制度，公司用于规范全体成员及所有经济活动的标准和规定，它是公司内部经济责任制的具体化呈现。
- 信息提供，实际上是传播信息、交流信息、实现信息增值的一项活动。
- 教育和培训，提供教育体系和系统的训练课程，使受训者掌握某种技能。

同时，相关部门应该考虑政府提供资助是否符合市场经济模型。市场经济模型是政策制定者为文化产业相关领域提供资金支持是否符合市场经济运行的一种简单模型。首先，政府资助应当发挥适当的作用，避免个人或企业的寻租行为，使他们无法利用资助。其次，在证明政府干预行为的必要性之前，也需要证明从干预中所获得的边际收益是否会超过边际成本。

另外，注重以创新为核心的文化创意产业。一方面，创新的概念是将新事物纳入一个既有的领域、程序或过程中，因此创意可以被视为创新行为的构成要素，如电竞产业或数字游戏设计；另一方面，需要考虑如何把原来的文化产业变为尖端产业。如果从社会福利的角度出发，波茨等学者认为，社交网络的定义更符合演化经济学，培育勇于创新与承担巨额成本的组织与企业，选择最适当的社交网络分摊风险，降低不确定性。因此相关政策应朝向演化经济学发展。[①]

2. 文化创意的商业运作

据《2016 体育创业白皮书》统计，从 2015 年 1 月至 2016 年 3 月这十五个月中，电竞领域共完成 34 次融资，融资金额达 35.8 亿元，仅次于体育媒体。资本的大量涌入为行业生态圈的构建提供了强劲动力。

文化产业的运作是通过商业生产模式将文化内容商品化的过程。文化商品最大的特性在于其独特性。文化商品带来的经济效益不同于一般劳力成本，它是以创意为核心技术的。因此，知识产权和版权销售成为销售主体。除了文本内容产制的概念外，文化还要与经济挂钩。另外，营销是文化产业中很重要的环节，在开发文化商品或相关服务的同时，还要考虑如何增加消费行为。

赫斯蒙德霍夫定义文化产业为制作文本的产业，具有高风险、创意与商业的对立，高生产成本、低复制成本等特点。

●**高风险产业**：受众对文化商品的使用方式具有高度不稳定性与不可预测性。

●**创意与商业的对立**：创意和商业的对立有助于为大部分创意工作者创造相对的、暂时的自主权，同时这也增加了文化企业所处环境的困难和不确定性。

●**高生产成本、低复制成本**：大部分文化商品都具有高固定成本和低

---

①   Potts J, Cunningham S, Hartley J, et al. Social network markets: a new definition of the creative industries [J]. Journal of cultural economics, 2008, 32(3): 167-185.

可变成本的特点。

随着电子竞技赛事的不断丰富，电子竞技 IP 内容价值也随之增长，与其他体育项目相比，电子竞技与游戏直播深度关联，在内容形式、受众、传播渠道等方面拥有较好的产出和消费基础。因此，具备一定 IP 价值的电子竞技可以通过与其他形式内容的融合，加深对粉丝的影响。

电竞文化除了商业组织的运作和政策的推动外，更重要的是电竞粉丝的支持，这是一种自下而上的参与活动。国外有些电竞活动是通过民间力量发起而成为持续的活动的。另外，在分析影响电竞产业发展的重要因素上，根据 Newzoo 在 2018 年发布的报告，影响未来电竞产业发展有九大关键因素，而这可进一步归为三大类：增长维度，包括特许经营权的确立、当地粉丝的支持、电竞俱乐部的盈利能力；增长要素，包括移动电竞的发展、加密货币和区块链、新游戏的推出；行业规范建立，包括电竞经济、巨头以及资本的介入以及行业协会和政府机构的作用。[①]

（四）电子竞技产业链

目前电子竞技产业已经形成了一个从游戏商到赛事举办再到直播平台播出的一条完整产业链。产业链是产业经济学中的一个概念，是各个产业部门之间基于一定的技术经济关联，并依据特定的逻辑关系和时空布局关系客观形成的链条式关联关系形态。

早期游戏产业的产业链较为单一，往往由游戏厂商开发游戏，玩家通过一次性购买或计时收费模式、包时卡收费模式等方式获得游戏产品的使用权。后期慢慢发展出从游戏 IP 到游戏开发与发行，并通过分发平台将产品分发至用户手中的产业流程，但整体仍然偏向线性。随着游戏产业的飞速发展，游戏的卖点不单是本身的游戏功能所决定的，伴随

---

① Newzoo. 2018 Global Esports Market Report [OL]. (2018-05-01). https://newzoo.com/ insights/trend-reports/global-esports-market-report-2018-light/

着其他产业的融合，以往游戏单兵作战的分散模式被时代淘汰，游戏 IP 的开发和长线运营已成为大多数游戏公司的主要战略。

电竞产业出现，建基于传统游戏产业之上，但转而以赛事与生态产业为核心，逐渐扩散至整个行业。如图 1-2 所示，中国电竞文化产业的参与机构可以分为两大类，一是对产业进行监管的政府机构，另一类是与游戏和赛事相关的商业机构。就商业机构而言，整个电竞产业链包括两大部分，分别为核心产业链和泛电竞衍生行业。如图 1-3 所示，电竞的核心产业链包括上游、中游、下游三个部分。其中，上游为内容授权部分，包括游戏开发和游戏运营；中游为电竞赛事部分，包括赛事承办方和赛事参与方；下游为内容传播，包括电视、互联网等媒体平台。泛电竞衍生行业，包括围绕电竞核心产业构建起来的电竞社区、电竞教育等。

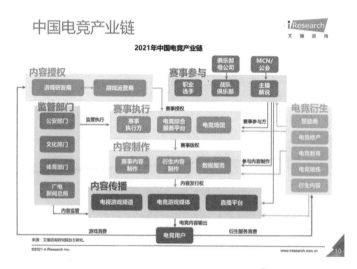

图 1-2　2021 年中国电竞产业链[①]

来源：艾瑞网

① 艾瑞网. 2021 年中国电竞研究报告 [OL]. (2021-4-30). http://report.iresearch.cn/report_pdf.aspx?id=3770

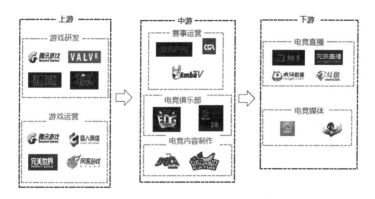

图 1-3　电子竞技的核心产业链 ①

来源：鲸准研究院

　　电竞产业的商业模式是生产赛事内容吸引流量（观众），再通过门票、周边商品（线下）和版权费用、广告、赞助（线上）等形式实现变现。在这个新兴的产业中，形成电子竞技、媒体直播、综艺等多维度泛娱乐布局，使得游戏产品实现了跨行业的传播融合，不仅满足了玩家多领域的兴趣，还激发了潜在用户的游戏欲望，为游戏带来新的资源和活力。

　　产业链的各个环节在电竞产业中所占的地位，可具体反映于其产值贡献之上。在中国，电竞游戏变现占据主导地位。2017 年中国电竞游戏市场实际销售收入为 2036.1 亿元，其中腾讯收入 978.83 亿元，网易营收为 362.82 亿元，二者规模合计达到市场的 66%，在其他电竞链条中，电竞直播、电竞赛事分别拥有整个产业 38% 和 30% 的份额。② 在 2021 年艾瑞网发布的电竞产业报告中，电竞市场被划分为两大部分，一是电竞游戏市场，包括端游电竞（电脑电竞游戏）和移动电竞，对应电竞产业链的上游部分；二是电竞生态市场，包括赛事、俱乐部、直播等收入，对应电竞产业链的中游、下游和衍生部分。如图 1-4 所示，2018 年至 2020 年，电竞

① 鲸准研究院. 2018 电子竞技行业研究报告 [EB/OL]. (2018-07-16). https://www.jingdata.com/report/411.html

② 夏然. 电竞产业迎爆发 游戏市场空间巨大 [N]. 证券时报，2018-11-14(A07).

游戏分别占年度电竞市场的 85.1%、78.0%、75.4%，收入比重依然最大。但值得注意的是，自 2018 年起，电竞游戏的主导性处于逐年下降趋势，预计在 2022 年将占中国电竞市场总收入的近三分之一。

Newzoo 发布的《2021 全球电子竞技市场报告》显示，全球电子竞技产业收益中贡献最大的是赞助费，年收入为 6.41 亿美元，占比约 60%；其次是媒体转播授权，年收入为 1.93 亿美元，占比约 18%；第三名为第三方赛事收入，即游戏发行商委托独立电竞赛事机构承办赛事并向其支付的收入，占比约 12%；其余的份额包括门票及周边商品（约 6%）、战队数字内容（约 3%）和直播（约 2%）。此外，从增长态势看，2020 年细分市场增长最快的是战队数字内容部分，即基于电竞战队 IP 或签约选手制作数字内容，并由此产生的收益，增幅高达 50%，其次是直播、第三方赛事和赞助部分，增幅均为 20% 以上（见图 1-5 和图 1-6）。

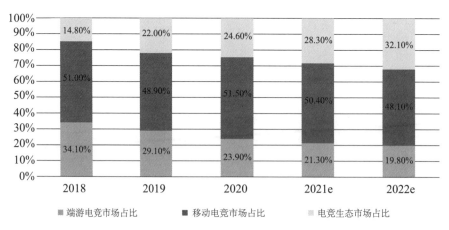

图 1-4　2018—2022 年中国电竞市场细分规模占比 [①]

来源：艾瑞网

---

① 艾瑞网. 2021 年中国电竞研究报告 [OL]. (2021-4-30). http://report.iresearch.cn/report_pdf.aspx?id=3770. 根据该报告界定，电竞生态部分是指"赛事门票、周边、众筹等用户付费以及赞助、广告、版权等企业围绕赛事产生的收入及电竞俱乐部及选手产生的收入，以及游戏直播内容及游戏主播、电竞陪练服务等赛事之外的产业链核心环节产生的收入"。

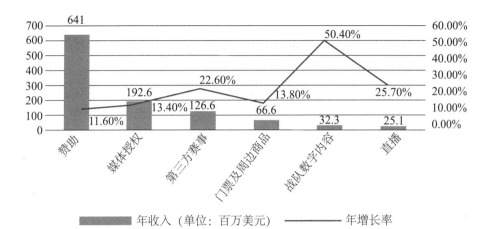

图1-5 2020年全球电竞收入来源[①]

来源：Newzoo

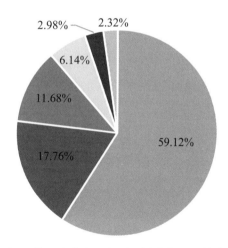

■赞助 ■媒体授权 ■第三方赛事 门票及周边商品 ■战队数字内容收入 ■直播

图1-6 2020年全球电竞收入细分市场概览[②]

来源：Newzoo

① Newzoo.Global Esports & Live Streaming Market Report 2021 | Free Version [OL]. (2021-03-09). https://newzoo.com/insights/trend-reports/newzoos-global-esports-live-streaming-market-report-2021-free-version/?utm_campaign=GEMR%202021&utm_source=older%20 content%20to%202021%20free%20report&utm_content=free%20report/

② Newzoo.Global Esports & Live Streaming Market Report 2021 | Free Version [OL]. (2021-03-09). https://newzoo.com/insights/trend-reports/newzoos-global-esports-live-streaming-market-report-2021-free-version/?utm_campaign=GEMR%202021&utm_source=older%20 content%20to%202021%20free%20report&utm_content=free%20report

迈克尔·E.波特（Michael.E.Porter）在 1985 年提出价值链（Value Chain）的概念，他认为，"每一个企业都是在设计、生产、销售、发送和辅助其产品的过程中进行的种种活动的集合。所有这些活动可以用一个价值链来表明"[①]。关于产业链的研究，从价值的角度来分析每一次商业活动可以为最终的产品和服务增加多少价值（也就是利润）。[②] 一个企业的价值链越有竞争力，其整个产品的价值就越高，同时也能实现更大的利润。因此，一种商业模式是否有竞争优势取决于其规模，所以要不断向纵深方向组合尽可能多的价值链。

从价值链来看，电子竞技产业链的变现，应该围绕赛事本身以及俱乐部/选手进行，头部赛事内容与明星电竞选手具备导流作用与粉丝效应，电竞赛事、游戏直播、电竞俱乐部是发展电子竞技产业的关键者。在北美市场，产业链中最大的商业价值来自电竞赛事（这一点与传统体育产业如足球篮球等十分相似）。职业电竞赛事提供了行业中的最优质内容，衍生出了赛事参与、赛事执行、内容制作、内容传播以及电竞赛事等相关产业环节，是整个电竞价值链得以延长的根本。虽然电竞赛事本身作为体育竞技赛事，并非文化项目，但是其衍生出的这些相关产业，却与文化产业的许多分支重叠交错。

---

① 迈克尔·波特.竞争优势 [M].北京：中信出版，2014.
② 陈飞.腾讯实行"IP"全版权开发的相关研究 [D].上海社会科学院，2017.

第二章　电子竞技产业政策

　　文化产业是通过人们创造性的劳动，把知识、信息和意象等文化资源转化为具有交换价值的文化娱乐产品和服务的产业。在现代社会，随着文化消费需求的不断增长，以知识、信息、休闲、娱乐为主要特征的文化产业快速发展，在促进经济社会发展中的作用日益突出。^①

　　发达国家政府和学术界所论及的文化和文化产业，其核心理念是创新（创造性）。在"创新"这个核心理念的引导下，激发个人创造、发展新型服务业（主要指文化与科技融合的服务业）、提供完善的服务、提升城市品质、增强吸引力和集聚能力是当前发展的主要任务。

　　全球文化产业的兴起和繁荣是人类经济发展转型升级的结果，同时也为全球文化交流和国际政治、经济领域的竞争带来了新的因素——文化产业作为新的文化生产、传播与消费方式，不仅影响着各国的经济和社会发展，同时也以文化软实力影响着国际政治。

　　在这样的背景下，各国政府十分重视文化产业的发展，出台了各种促进本国文化建设和文化产业繁荣的政策。

　　2016年，国家发改委等24部门联合下发的《关于印发促进消费带动转型升级行动方案的通知》中明确提出，将电子竞技纳入"教育文化信

---

① 白雪冰.文化产业发展中的政府角色研究 [D]. 中国人民大学，2009.

息消费创新行动"，通过积极发挥新消费的引领作用，加快培育新供给，在更高层次上推动解决供需矛盾，为经济社会发展增添新动力。[①]

一、文化产业与政策

（一）我国对文化产业的定义

国内学者在研究中对"文化产业"、"文化创意产业"、"创意产业"等词汇往往交错使用，缺乏统一定论。有学者认为三者之间大同小异，在概念的内涵与外延上大致相同；[②]另有学者则指出其侧重点不同："创意产业"更侧重于以创意要素为核心或主导作用的产业，"文化产业"则是"通过市场机制和运作，将文化制品及文化服务，转换为商品与服务，实现货币化的产业，文化内容要素为核心或主导作用"。[③]在中国的政策文本中，一般会选用涵盖范围更广的"文化产业"作为概念，将"创意产业"和"文化内容产业"都包括其中，并在"文化产业"的基础上发展其他相关的产业。

国内政策对文化产业的概念经历了一系列的演变。2003年9月，我国文化部制定下发的《关于支持和促进文化产业发展的若干意见》中将文化产业界定为："从事文化产品生产和提供文化服务的经营性行业。文化产业是与文化事业相对应的概念，两者都是社会主义文化建设的重要组成部分。文化产业是社会生产力发展的必然产物，是随着中国社会主义市场经济的逐步完善和现代生产方式的不断进步而发展起来的新兴产

---

① 国家发展改革委.关于印发促进消费带动转型升级行动方案的通知 [OL]（2016-04-15）. http://www.ndrc.gov.cn/fzggw/jgsj/zhs/sijudt/201604/t20160426_973746.html

② 张斌，马斌，张剑渝.创意产业理论研究综述 [J].经济学动态，2012（10）：87-90.

③ 张蕾.中国城市文化创意产业现状、布局及发展对策 [J].地理科学进展，2013（08）：1227-1236.

业。"①

2004 年国家统计局会同中央宣传部等部门研究制定了《文化及相关产业分类》《文化及相关产业统计指标体系框架》，国家统计局对"文化及相关产业"的界定是：为社会公众提供文化娱乐产品和服务的活动，以及与这些内容有关联的活动的集合。②自此，我国开始建立起符合国情和文化产业发展的统计制度，逐步形成了较为完善的概念表述和统计规制。

根据这一定义，文化产业的生产活动范围包括以下两部分：

1. 以文化为核心内容，为直接满足人们的精神需要进行的创作、制造、传播、展示等文化产品（包括货物和服务）的生产活动，具体包括：新闻信息服务、内容创作生产、创意设计服务、文化传播渠道、文化投资运营和文化娱乐休闲服务等活动。

2. 为实现文化产品生产活动所需的文化辅助生产和中介服务、文化装备生产和文化消费终端生产（包括制造和销售）等活动。

2012 年国家相关部门又进一步明确了文化产业的核心要素，即人才、资本、市场、管理、科技、文化资源、政策等。同时明确了文化产业的门类，包括：广播影视、演艺、新闻出版、休闲娱乐、动漫游戏、广告会展、创业设计、民族民间工艺品等。③

在相关政策制定的同时，其他各方面要素，如资本市场、人才资源、互联网科技等不断更新，使国内文化产业发展十分迅速。2012 年至 2016 年间，中国文化产业总值从 18071 亿元增加至 30785 亿元，由占国内生产总值（GDP）的 3.18% 增加至 4.14%。④随着科技和互联网行业的快速

---

① 文化部关于支持和促进文化产业发展的若干意见 [N]. 中国文化报，2003-10-18.

② 国家统计局设管司. 文化及相关产业分类（2012）[OL]. (2012-07-31). http://www. stats.gov.cn/tjsj/tjbz/201207/t20120731_8672.html

③ 和肖毅. 文化产业的内涵、特点、发展趋势研究 [J]. 产业与经济论坛，2017（04）：12-13.

④ 贺依婷. 我国文化产业发展现状、问题与对策 [J]. 经营与管理，2019（03）：111-113.

发展，原先文化产业中的主流，如报刊、广播电视、出版等产业也开始转型。根据《2018年中国传媒产业发展报告》显示，2011年新兴媒体市场份额开始超过传统媒体，2017年移动互联网的市场份额接近一半，传统媒体总体规模仅占五分之一，其中，报刊图书等平面媒体的市场份额不到6%。① 根据中国音数协游戏工委与伽马数据发布的《2018年中国游戏产业报告》显示，中国游戏产业在2018年的市场规模达到2144亿元，电竞游戏市场规模达到880亿元。②

2018年4月，国家统计局印发《文化及相关产业分类（2018）》的通知，文件修订了文化产业的分类。新的分类沿用文化产业及相关产业的定义，文化产业指为社会公众提供文化产品和文化相关产品生产活动的集合。同时，国家统计局和中共中央宣传部发布《关于加强和规范文化产业统计工作的通知》，文件从国家文化产业统计角度指出各地区要坚持以文化属性定位定向，继续统一使用文化产业概念，不宜简单以新概念代替文化产业概念、自行扩大统计口径。所以，中国对文化产业的界定是文化娱乐的集合，区别于国家具有意识形态性的文化事业。

（二）政策与文化产业

改革开放以来，文化产业的定位发生了惊人的变化和根本性的提升：从"文化搭台，经济唱戏"（1980年），到"文化也是生产力"（2002年），到"文化产业应该成为支柱产业"（2007年），再到"文化产业是经济转型升级的引擎"（2011年）。文化产业的地位从边缘到中心，逐渐成为中国经济社会、文化发展的一项重要支柱。③

所有产业的发展都需要科学体系的管理和政策的引导和支持，由于

---

① 崔保国. 中国传媒产业发展报告（2018）[M]. 北京：社会科学文献出版社，2018.
② 中国游戏工委. 2018年中国游戏产业报告（摘要版）[OL]. (2018-12-20) http://www.cgigc.com.cn/gamedata/20752.html
③ 李思屈. 中国文化产业政策研究 [M]. 杭州：浙江大学出版社，2012.

文化产业发展不仅涉及经济层面，还涉及文化建设、国民素质提升等方面。因此，文化产业政策的指向性也比其他产业更为复杂，需要考虑文化资源状况、文化环境、科技水平、文化管理体制和政策等因素，这样才能有效提升文化产业的发展。

发展文化产业，既是国民经济升级转型的需要，也是促进人类精神文明进步、推动民族文化传承和保障国家文化资源的需要。因此，文化产业的发展以及产业政策的地位和作用往往超过一般产业。对于像中国这样文化资源丰富的国家，文化产业政策更具有特殊的地位。政府政策的支持包括通过财政投入维护公民的基本文化权益、保护文化遗产和文化多样性、鼓励文化创造、扩大公民的文化参与等等。尽管我国文化产业起步较晚，但只要进一步扩大文化领域的对外开放，完善文化政策，调动产官学各方面的积极性，文化产业将会比制造业更快进入国际高端领域。

产业政策追求的主要目标是推动经济的有效增长、维护市场机制与资源的有效配置。文化产业政策是国家产业政策的一部分，主要作用在改变文化产业间的资源配置，对社会的投资方向、人才流动和产业的组织形式和行为方式进行干涉，以实现社会经济的健康发展。各国对市场经济的实践和对经济运行的研究证明，良好的经济运行机制必须实现市场作用这只"看不见的手"和政府作用这只"看得见的手"的有机结合。文化产业发展中政府的角色不仅是主导文化产业的发展格局，更重要的是政府要加强与市场的良性互动，主导和引导文化产业的健康发展。

文化产业的二重性决定了文化产业政策干预的目标，即必须平衡经济效益与社会效益两大系统。因此，在文化产业政策的制定思路上，必然存在两种不同的逻辑点：一是偏重经济发展的目标，从经济开发及效益预测在社会文化方面可以达成的效果出发，进而评价这种波及效果的价值；二是偏重文化价值与社会效益的目标，把文化产业的经济效益视为文化发展和社会开发的经济力量，进而探讨人的幸福感和生命意义的提升，以及理想社会环境的建设问题。

（三）政策在文化产业发展中的作用

政策的制定和实施可以有效的引导市场发展。由于文化市场存在基本规律。所以，对文化产业的经济规律进行研究可以立足于不断变化的社会背景下，进而促进文化产业的协调发展。

1. 从微观的角度看，政策对文化市场的导向和控制主要表现在三个方面：① 制定文化资源开发和文化产业的发展方向；② 优化文化资源和文化产业良性发展的社会环境；③ 规范和控制文化资源开发和文化产业发展的秩序。[①]

2. 从生产的角度看，政府通过执行直接投资、国家控股等政策，直接创制公共物品和公共服务，改革开放初期这种作用非常明显和直接。

3. 从交换的角度看，政策影响文化资源的发展和产业形态的流通。从消费的角度看，当国家内部出现通货紧缩时，政府必然会制定相应政策刺激国内消费的需求，扩大文化资源的利用及产品形态的消费。

4. 从分配的角度来看，政府本身就是社会资源和社会利益的分配者，所以政府会根据文化市场的实际需求调节社会资源。[②]

（四）文化产业政策的内涵

文化产业政策实际是我国各级政府针对文化产业发展状况和战略目标而制定的政策，旨在鼓励、推动和调控产业发展。对文化产业政策内涵的界定，主要有三种倾向：文化视角、经济学视角、科技视角。

从文化的视角上看，文化产业政策是文化政策的一部分，是政府根据文化和国民经济发展的要求，以及一定时期内文化产业发展的现状和

---

① 谢丽君. 我国文化产业政策推进与发展研究 [D]. 辽宁大学，2013.
② 本刊编辑部. 政策——文化产业发展的驱动力 [J]，体育世界，2013（09）：3.

变动趋势，以市场机制为基础，规划、引导和干预文化产业所形成和发展的文化主张体系。这一概念体现了政府在文化产业的政策制定和发展中起到了管理者重要的角色。[①]

从经济学视角上看，我国国家统计总局对文化及相关产业分类进行了明确的划分与调查统计，将文化产业政策置于国家宏观经济产业政策之中，倾向强调文化产业政策的经济或产业性质。当文化产业不断发展，越来越多的资本入局后，政府有义务出台政策进行规范和引导，防止行业的野蛮生长。

从科技的视角来说，科技的发展也使得文化产业的政策制定悄然变化。2016 年文化部发布的《关于推动文化娱乐行业转型升级的意见》中明确提出，鼓励游戏游艺设备生产企业积极引入体感 AR、VR 等技术，促进这些技术在游艺、电竞产业的推广与普及。2017 年 4 月，文化部在印发的《文化部"十三五"时期文化产业发展规划》中提出："大力培育基于大数据、云计算、物联网、人工智能等新技术的新型文化业态，形成文化产业新的增长点"。从 56k 拨号上网到 20M 无线网，再到全民 4G 时代、5G 商用时代，IT 产业的发展与颠覆直接影响了文化产业和电竞行业的发展水平，作为 IT 发展的衍生产业，电竞产业逐渐成为百亿规模的新兴产业。

目前，国内对文化产业政策内涵的界定更强调国家、政府在政策中的主体性，以及文化产业政策在政府管理和产业发展中的工具性作用，这显示了我国文化产业政策研究的实用性倾向。

（五）文化产业政策的制定与延续

文化产业政策的制定除了考虑政治和经济的二元性外，还要考虑如

---

① 李义杰.理论建构与实用立场——中国文化产业政策研究现状与问题 [J]. 创新，2014（06）：93-97.

何引导企业资金进入文化产业帮助其发展，以及文化产业全球和地方市场布局的异同。以韩国为例，在政策的制定上，一方面引入大企业的加盟推广，确立电竞产业的发展模式，另一方面，将韩国的电竞文化推向全世界，形成一定程度上的文化输出。

1. 文化产业政策的制定

2012 年国家体育总局发布《关于鼓励和引导民间资本投资体育产业的实施意见》，该文件指出应鼓励民间资本进入电子竞技等新兴体育产业领域[①]；2017 年 4 月，文化部发布的《文化部"十三五"时期文化产业发展规划》中也提出了对民间资本的支持，鼓励和引导民间资本进入文化领域，这是深入贯彻党的十七届六中全会精神，推动社会主义文化大发展、大繁荣，进一步兴起社会主义文化建设新高潮的重要举措。

在文化产业政策中，加入鼓励和引导民间资本的条目可以达到以下社会作用：有利于完善社会主义市场经济体制，充分发挥市场在文化资源配置中的积极作用；有利于优化国民经济结构、创造更多就业机会，增加城乡居民收入；拓宽文化资金来源渠道，促进投资主体多元化；有利于进一步解放文化生产力，调动社会各方面积极性，整合各种资源，凝聚各方力量，激发全社会文化创造活力。

2017 年文化部"十三五"发展规划中，结合当下我国经济发展水平，提出"健全投融资体系"的专栏，通过规划文化金融创新工程、文化领域，政府和社会资本合作示范、文化与金融合作示范区创建等具有引导性的政策，逐步引入市场化运作模式。同时，加大对具有较好市场前景、战略性、先导性的文化产业创新创业项目的支持力度。

文化产业政策的制定需要遵循产业自身发展规律，尊重各地由于文化底蕴、经济水平、技术普及等方面的差异。在制定政策的过程中，应

---

① 文化部关于鼓励和引导民间资本进入文化领域的实施意见 [OL]. (2012-06-28). http://www.gov.cn/gongbao/content/2012/content_2245515.htm

充分考虑文化产品生产和文化服务的特点，尊重其自身发展的规律，有助于促进文化产业自身发展，有利于增强文化产业的"造血"功能。以电竞产业发展为例，将地方资源转化为电竞产业的开发过程需要从多个维度把握当地电竞产业的政策制定与发展。

2. 文化产业政策的延续

文化产业政策的延续分为横向政策和纵向政策两种类型：

横向政策延续，主要是指政府与文化产业相关的周边产业的扶持政策。文化产业是一个交叉型产业，与诸多产业密切相关，产业政策的制定应兼顾文化制造、艺术品投资、建筑等周边产业，这些产业的发展能够为文化产业的发展提供支撑作用。[①]

2016年国家发改委联合24部下发了《关于印发促进消费带动转型升级行动方案的通知》，其中将"电子竞技"列入转型升级消费行为之一。政策发布后，文化部、国家体育总局、教育部、新闻出版广电总局等多个部门相继出台了促进电竞产业发展的相关政策，这充分体现出横向的政策延续。

纵向政策延续，主要是指产业政策的持续性和周期性。持续、稳定的产业政策和相关扶持措施是决定我国文化产业能走多远、走多快的重要因素。同时，文化产业所具有的特殊性决定了政策在内容方面需要加强对文化产品生产和运营的引导和规范，加大对产业的扶持力度，建立完善的配套政策，以及完善管理体制、提升发展水平。

2016年文化部提出《关于推动文化娱乐行业转型升级的意见》。2017年，在文化部"十三五"的规划中，对文化产业、电竞行业提出了更加细致的行业规划，除了政策内容的细化与延伸，还体现了从中央到地方的纵向延续。

---

① 丁俊杰. 发挥政府对文化产业的推动作用 [N]. 人民日报，2009-11-17(007).

二、中国电竞产业政策的发展历程

由于早期互联网普及率低、网民人口少，直至 1998 年，以个人计算机作为媒介的电竞游戏才伴随互联网进入中国。自 1999 年发展至今，中国的电子竞技产业主要由民间爱好者推动，在社会将电子竞技视作"洪水猛兽"的年代，政府主要执行监督和规范的职责。从 2006 年开始，随着电子竞技产业在国际市场逐渐成型，并且形成一定的规模效益，政府开始放宽中国电子竞技产业政策，并且鼓励以电子竞技赛事为中心的文化创意产业发展。

（一）限制期

2002 年以"为电子游戏正名"为口号，以超越"电子竞技"诠释游戏全新理念，国家信息产业部主办的首届中国电子竞技大会（China Internet Gaming，CIG）在全国的 32 个省区举行，比赛项目包括《FIFA2002》《星际争霸》《反恐精英》和网络棋牌。2003 年 11 月，国家体育总局宣布电子竞技为我国正式开展的第 99 个运动项目，电竞行业逐渐受到关注。

2004 年 6 月，国家体育总局和中华全国体育总会联合举办了首届中国电子竞技运动会（China E-sports Games，CEG）。同年，国家广电总局下发《关于禁止播出电脑网络游戏类节目的通知》，要求各级广播电视播出机构一律不得开设电脑网络游戏类栏目，也不得播出电脑网络游戏节目。[①] 这一年，WCG 首次离开韩国在美国旧金山举办电子竞技总决赛，但由于"911 事件"，许多在 WCG 中国区预选赛获得出线权的选手被拒签，最终成行的仅仅只有《FIFA》和《星际争霸》项目的两名选手，中国队

---

① 央视国际. 保护未成年人 国家禁播电脑网络游戏类节目 [OL]. (2004-05-31). http://www.cctv.com/teleplay/special/C12312/20040531/101150.shtml

在 WCG2004 总决赛中全军覆没。电竞行业热度再次冷却。

2004 年广电总局下发电子竞技播放禁令，导致刚刚起步的中国电子竞技进入发展停滞阶段。2005 年至 2008 年间，中国电子竞技呈现出"墙内开花墙外香"的现象。2005 年 10 月，第十届全国运动会将电子竞技列为表演项目，同年 11 月 20 日，在新加坡举办的 WCG 电子竞技总决赛上，中国电子竞技选手李晓峰获得《魔兽世界 3》的世界冠军，并于第二年继续蝉联冠军。WCG 起步于 2001 年，2005 年的 WCG 已经成为电子竞技国际化赛事，李晓峰也因此成为"中国电子竞技第一人"。

（二）扶持发展期

2006 年 9 月，国家体育总局印发《电子竞技运动项目的管理规定》，具体包括《全国电子竞技竞赛管理办法》（试行）、《全国电子竞技裁判员管理办法》（试行）、《全国电子竞技运动员注册与交流管理办法》（试行）、《全国电子竞技运动员积分制度实施办法》（试行）和《全国电子竞技竞赛规则》，电竞产业开始进入良性发展。2007 年亚洲室内运动会引入电子竞技为正式比赛项目，电子竞技运动第一次被列为国际综合性体育运动会的正式比赛项目，尝试与传统体育竞技项目融合，但当时仍未获得传统体育竞技播放平台的认可。

直至 2008 年，中国电子竞技仍处于发展初期，主要由民间爱好者推动，官方的赛事引导主要体现在以国家信息产业部、人民邮电报社集团，以及互联网运营商为主导的赛事举办上。总体而言，因为官方的管控，中国电子竞技产业发展并不完善，游戏类型单一，俱乐部管理落后，电竞选手缺乏规范的培养与管理机制，同时存在商业化程度低、缺乏盈利手段等问题。

2008 年，国家体育总局将电子竞技重新定义为第 78 个体育项目，打破了中国电子竞技发展停滞的僵局。2008 年后中国互联网行业进入高速发展阶段，网民数目增长明显，主流电竞项目渐渐去局域网化。热门游戏的兴起带动了整个电竞市场的发展，热门资本开始进入电竞领域，中国游戏公司与外国游戏公司开始共同完善电竞赛事体系的建立。

2009 年，电子竞技的主管部门被正式确定为国家体育总局信息中心。同年 11 月 11 日至 15 日，WCG 电子竞技世界总决赛在成都举办，中国电子竞技开始进入高速发展阶段。2013 年国家体育总局组建电子竞技国家队并参加了第四届亚洲室内和武道运动会，电子竞技正式成为区别于电子游戏的体育竞技项目。

（三）产业化引导期

2015 年，我国电竞市场整体规模达到 270 亿元，2016 年起，政府各部门纷纷出台电竞产业的相关政策，在政府鼓励扶持、游戏企业深度布局以及大量资本涌入的助力下，国内的电子竞技产业进入全面爆发的"黄金时代"。

2016 年 1 月，中国文化娱乐行业协会成立电子游戏竞技分会，电子竞技分会的在立有利于增强电子竞技行业的市场监管，统一市场主体，提高行业自律与协同。同时，也有利于拓展业务范围，及时发现行业发展中的问题，推动监管政策的优化成熟。2016 年 3 月，国家体育总局鉴于移动电竞的发展趋势成立了中国移动电竞产业联盟。同年 4 月，国家体育总局体育信息中心与大唐电信联合主办了首届全国移动电子竞技大赛（China Mobile E-Sports Games，CMEG）。此外，国家发改委等 24 个部委联合印发的《关于促进消费带动转型升级的行动方案的通知》中明确提到将电竞赛事纳入十大转型升级消费行动之一，提出在做好知识产权保护和对青少年引导的前提下，以企业为主体，举办全国性或国际性电子竞技游戏游艺赛事活动。

国家发改委明文提出要鼓励电竞赛事和电竞项目的发展，这又一次表现了国家对电竞产业鼓励扶持的态度，为电竞赛事的开展提供了支持。此后，体育局、文化部、教育部等多部门迅速响应，相继出台了鼓励电竞产业发展的相关政策。

2016 年 7 月国家体育总局发布的《体育产业发展"十三五"规划》中指出："以冰雪、山地户外、水上、汽摩、航空、电竞等运动项目为重点，引导具有消费引领性的健身休闲项目发展。"同年 9 月，文化部提出将电子竞技作为游戏产业整体转型升级的重要内容和驱动力量，通过电竞产业生态的成长、成熟促进游戏行业产品的研发推广，推动电竞业态转型升级和形象优化提升。同时，教育部发布的《关于做好 2017 年高等职业学校拟招生专业申报工作的通知》中将"电子竞技运动与管理"作为增补专业，促进电竞人才发展。

2017 年，电子竞技行业被纳为文化产业转型升级的任务之一。文化部印发的《文化部"十三五"时期文化产业发展规划》中指出，推进游戏游艺等行业转型升级，推动网络游戏、电子游戏等游戏门类协调发展，促进移动游戏、电子竞技、游戏直播、虚拟现实游戏等新业态发展。2020 年，中国游戏市场实际收入达到 2786.87 亿元，成全球最大的游戏市场。①

2018 年是中国电竞的丰收年，电竞产业已经形成了以赛事和直播为核心的产业链。从上游游戏商的授权，中游赛事的举办，下游电竞的直播，到线下电竞场馆的布局，电竞的每一个环节都被紧密连接起来。2018 年，北京动漫游戏产业协会、中国文化产业发展集团、国美零售、完美世界等业内领先机构共同成立了"北京动漫游戏产业协会电竞产业联盟"并落户亦庄。苏宁、新浪、英雄互娱等众多上市公司、资本都在加速布局，改进着电竞产业的生态发展。同时，各大城市也出台了相关政策打造"电竞之都"。

2019 年 4 月，中国人力资源与社会保障部、市场监管总局、国家统

---

① 中国游戏工委. 2020 年中国游戏产业报告 [OL]. (2020-12-18). http://www.cgigc.com.cn/gamedata/22132.html

计局联合发布了 13 个新职业，其中，包括就电子竞技运营师、电子竞技员等，这标志着电子竞技产业的人才培养制度进入新阶段。同年国家统计局发布的《体育产业统计分类（2019）》中提出，电子竞技属于体育竞赛项目，肯定了国内电竞产业的发展态势。

经过国家一系列的政策引导与规划，以电子竞技赛事为中心，辐射电子科技、教育、文化、娱乐的全产业链开始建设。与初期发展相比，这个阶段出现了赛事直播平台、电竞媒体、数据公司等新兴周边行业，资本开始进入电竞领域，创建俱乐部，培养电竞选手参加电竞比赛，以赛事为中心的产业链渐趋完善：上游为游戏研发、发行厂商；中游为赛事的主办方、承办方、电竞俱乐部以及广告商、赞助商；下游为媒体与直播平台；最后是作为消费者的观众。①

资本的大量涌入、政策环境的日益宽松以及社会主流的持续关注与认可，极大地推动了电子竞技产业的爆发式成长。由政府部门牵头，或由游戏商组织的大型电竞赛事吸引了越来越多的参与者加入电竞产业，电竞产业的发展逐渐成为我国新常态。

三、从中央到地方：电竞政策落地

国家政策的倾斜常被各地政府视为风向标，对电子竞技产业的宏观政策扶持让不少城市看到发展的新机遇，这其中包括举办电竞赛事以及引进电竞产业。

---

① 李树. 双边效应：我国电子赛事运营产业商业模式初探 [J]. 中国网络传播研究，2016（1）：255-264.

（一）电竞赛事的举办

目前，电竞比赛已经成为年轻人共同的娱乐活动，具有一定规模的电竞赛事会吸引包括赛事组织者、顶尖选手、观众等在内的数万人参与。随着电竞爱好者线下观赛需求的高涨，城市通过举办大规模的电竞赛事不仅能够吸引大量媒体的曝光，还能够进行有目的的营销，推高旅游需求，这无疑会刺激当地旅游业、游戏业、酒店服务业的发展，为赛事举办地带来新的经济增长点。

举办全球性电竞赛事是宣传和营销城市的重要手段。2019年，《DOTA2》国际邀请赛主赛事（TI9）在上海举行，有18支来自世界各地的战队参赛，决赛场次的门票在27秒内完售。通过举办大型电竞比赛，全球玩家可以更直观地了解赛事举办地。然而，对于单一城市而言，光靠举办赛事是难以推动经济协调发展的，还需要通过完善产业链的布局来稳固电竞发展的根基，保证电子竞技对城市发展发挥最大的作用。这也意味着区域经济发展水平会直接影响电竞产业的长期发展，城市想要通过赛事获得一定的知名度还需要基础设施建设到位，这样电竞产业才有"后劲"。

主客场对战模式的实施标志着电竞文化开始向其他城市扎根。2018年，《英雄联盟》推出职业联盟化，中国赛区有14支队伍，OMG、LGD和Snake三支战队分别在成都、杭州、重庆建立主场，这是《英雄联盟》迈向线下化、地域化发展的关键一步。赛事经济是促进城市产业升级的新动力，在加快战略性新兴产业布局、推进经济转型升级和产业结构调整等方面发挥着举足轻重的作用。一场电竞赛事的举办，涉及服务、交通、旅游、广告、装饰、餐饮、通信和酒店等多个领域的支持。因此，电竞产业的发展不仅可以培育新兴产业集群，还能够直接或间接地拉动和形成一系列的产业联动。

（二）电竞产业的引进

电竞产业与其衍生出的游戏设计、外设硬件生产售卖、俱乐部的建立和电竞馆的经营、电竞直播等行业形成了一块丰厚的"蛋糕"，国内各个城市也开始积极布局，纷纷出台各种优惠政策，期待游戏公司、顶级赛事以及各大俱乐部可以落户。从战略部署上看，电竞产业要做好人才、企业、项目和制度储备，离不开前期地方政策的支持，只有前期政策的有效引导与支撑，电竞项目才有机会发展成产业，从而带动经济的转型升级。

经过近几年的发展，上海、成都、杭州等地已经成为我国电竞产业最发达的地区。尽管西北宁夏地区也较早进行了电竞产业的发展部署，但受限于区域经济发展水平，电竞产业整体建设进程缓慢。经济较为发达的广东地区，在近两年开始规划电竞产业，虽起步较晚，但潜力巨大。2019 年 4 月，广州启动总投资超过 36 亿元的重大工程建设，其中，包括广州嗨猫电竞科技小镇项目的建设。该项目总面积 1.02 万平方米，计划打造粤港澳大湾区国家级电竞比赛馆、优质电竞硬件展销馆、国家级电竞产业孵化器等多块能板块为一体的综合性电竞科技小镇。①

1. 电竞都市

目前全球电竞产业蓬勃发展，许多国家和地区纷纷推出了推动电竞发展的政策。例如，美国电竞之都诞生，华盛顿特区将成为美国首座官方赞助电竞战队的城市。当地体育组织 EventDC 表示：计划将打造一个预算 6500 万美元、共 4200 座位的大型主题式场馆，专司体育、电竞赛事使用。② 城市想要转型为真正的电竞城市，必须有非常完善全面的产业

---

① 王德培. 这个逾 10 亿美元的产业将改变城市 [OL]. (2019-04-18). https://www.yicai.com/news/100165318.html

② Matthew Handrahan.Washington D.C. pushing to be "the capital of eSports"[OL]. (2017-03-13). https://www.gamesindustry.biz/articles/2017-03-13-washington-d-c-pushing-to-be-the-capital-of-esports

链，比如美国电竞中心——洛杉矶，具备从游戏开发、资本投资、视频分销到建设场馆、设立比赛、建立战队的产业要素，是最具电竞文化影响力的输出地。①

各城市文化产业政策的制定需要符合经济发展水平，在打造电竞城市中，上海具有得天独厚的条件，在电竞产业发展上，吸引了国内大部分俱乐部的加入，汇聚了中国大批电竞内容公司、职业俱乐部，城市电竞氛围在全国最为浓烈。在上海不断出台电竞利好政策推动产业发展的同时，华南城市如广州、西北城市如西安也都竞相出台政策，吸引企业的落地和人才的加入。

案例 2-1　上海：如何打造全球电竞中心

上海是我国知名的"电竞之都"，拥有国内80%以上的电竞公司、俱乐部和明星资源，每年有超过41%的电竞赛事在上海举办。目前，上海已经汇聚了全国最密集的电竞资源，国内知名电子竞技俱乐部中，超过半数总部都设立在上海，包括IG、EDG等顶级俱乐部，上海还拥有全民直播、火猫直播等游戏直播平台，可以进一步将电竞内容向用户深度传播。②

上海除经济发展条件好外，电竞产业的政策发展一直在国内位于前列，所制定的电竞产业政策涵盖产业上下游，包括人才引进、场馆建设、赛事财政支持等方面。由于高度发达的城市规模和得天独厚的发展条件，上海成为电子竞技发展的先锋梯队。许多项目和俱乐部在上海落户，此外，上海拥有举办电子竞技大型赛事的丰富经验，使得上海成为电子竞技发展的首选之地。上海政府对电子竞

---

① Blizzard Entertainment.Blizzard Arena Opens In Log Angeles [OL]. (2017-09-07). https://news.blizzard.com/en-us/blizzard/21045530/blizzard-arena-opens-in-los-angeles

② 张子龙.电竞产业20条出炉：布局电竞，上海为何如此"着急"？[OL]. (2019-6-13). https://www.sohu.com/a/320394995_226897

技政策的积极引导，包括基础设施的完善、人才的培养和赛事的支持等，目前已形成密集的产业群聚，可以吸引更多的赞助商和媒体关注度。

（1）积淀：电竞产业生长的沃土

中国电竞产业发展初期，上海除了经济发展领先、地理和网络条件便于参与国际赛事等诸多客观优势外，还聚集了游戏风云、七煌电竞、星游娱乐、牛视网等富有号召力的电竞企业。早期电竞产业链，涉及电竞游戏内容提供、电竞游戏媒体、战队运营、电竞场馆、电竞内容制作等多领域，为日后电竞产业的高速发展打下了扎实的基础。

2012年，ACE联盟成立并落户上海，各地区电竞俱乐部向上海迁移，上海逐渐发展成为全国电竞俱乐部的聚集地。

2015年，随着《关于推广中国（上海）自由贸易试验区可复制改革试点经验的通知》的颁布，微软、索尼等主机游戏厂商通过上海自贸区内与中方公司联合注册公司的方式进入中国，上海成为中国发展主机游戏的前沿。

2017年，上海网络游戏市场进入结构调整、技术升级阶段，移动网络游戏的市场份额持续增加，客户端和网页端游戏厂商积极削减过剩产能、创新技术、减量增质。同一时期，中国电子竞技游戏市场实际销售收入达到730.5亿元，其中，上海电子竞技游戏产值约117.5亿元，约占上海网络游戏总产值的20.6%。

（2）地方政策核心："电竞中心"的兴起与布局

上海市为了打造成为"全球电竞中心"先后出台了一系列有关宏观布局、人才培育、产业建设相关的政策条例。

2017年12月，上海市政府发布的《关于加快本市文化创意产业创新发展的若干意见》（以下简称"文创50条"）中提出，政府要在政策、资金、人才等各方面加大对电竞产业的扶持力度。① 同时，到 2030 年，文创产业增加值占上海生产总值比重将达到 18% 左右；到 2035 年，上海将全面建成具有国际影响力的文化创意产业中心。

2018 年 8 月，上海市人民政府印发的《关于加快本市体育产业创新发展的若干意见》中提出，打造电子竞技高水平职业赛事，支持电子竞技等时尚运动项目的发展。2018 年 10 月，上海市教委授牌群星职业技术学校"上海市职业教育电子竞技专业试点学校"，迈出了探索电竞教育的第一步。2018 年 11 月，上海推出《上海市电子竞技运动员注册管理办法（试行）》，电竞选手可申请成为上海市电子竞技运动员，享有国家报备，政策奖励，参与国际大赛等权益，但不得重复在其他省、区、市有关部门、协会注册。

2019 年 6 月，上海出台了促进电子竞技产业健康发展的 20 条意见，计划将在 3 至 5 年内建成"全球电竞之都"，其中，包括提升电竞内容创作和研发能力、搭建电竞赛事体系、加强电竞媒体建设等九个方面，全面促进电竞产业发展。同年 7 月，上海举行首批电竞注册运动员颁证仪式，未来将通过上海市体育总会协助进行电竞运动员注册、裁判员注册等规范化管理工作。

（3）地方政策的延续：逐区推进

围绕建设全球电竞之都的目标，2016 年上海市静安区率先提出规划，2018 至 2019 年，各区政府也纷纷出台相应政策。

①上海市静安区

2016 年，上海市静安区分布了电竞产业发展规划，宣布打造"灵石中国电竞中心"，静安区内以灵石路成为核心电竞企业的聚集区，覆盖了上游游戏厂商到中游赛事、俱乐部、制作公司以及下游直播平台、周边产品，构建起一套较为完整的产业链条，汇聚了

---

① 关于加快本市文化创意产业创新发展的若干意见 [N]. 解放日报，2017-12-15(005).

《英雄联盟》、《王者荣耀》、《DOTA2》等多项专业电竞赛事，吸引了多家企业入驻静安区灵石路附近。

2019 年 1 月《上海市静安区促进电竞产业发展的扶持政策（试行）》出台，政策明确规定：静安区将搭建产业发展高端平台，引导企业发挥自主能动性，全方位支撑区内电竞产业持续升级，打造"灵石中国电竞中心"引领上海电竞产业发展。上海市静安区通过项目资助的方式，大力支持企业原创游戏、直播平台、运营平台、公共技术服务平台等项目的开发，扶持的项目资助比例为开发投资额的 30%，支持金额最高不超过 500 万元，重大项目的支持金额最高不超过 1000 万元。此外，静安区还将支持承办和参与电竞赛事等活动，对承办国际国内电竞赛事的企业给予一次性补贴，对在重大赛事中获得前 3 名的俱乐部给予奖励，对业内举办的重大活动给予补贴。同时，静安区提出促进国内外电竞企业和优秀人才落户静安，给予经认定的企业购租房补贴及装修补贴、对俱乐部的战队培训费用给予支持，并针对电竞的优秀人才落实相关的人才优惠政策。

2019 年 1 月，上海市静安区人民政府与上海报业集团签署了《关于共同推进电竞产业发展的战略合作框架协议》，以电竞产业发展为切入点，加强与上海报业集团的合作，在大数据基地、产业研究中心、电竞教育中心、文化体验设施等载体空间建设方面，与集团共享优质资源、提升配置能力、共谋产业发展，带动电竞周边产业规模化发展，树立上海中心城区电竞新地标。

②上海市浦东新区

2018 年 8 月，上海市浦东新区成为"上海电子竞技产业发展核心功能区"，浦东把电竞产业作为区域功能规划、产业发展和经济提升的重要引擎，进一步巩固了上海电竞产业的优势地位。为支撑电竞产业发展，上海市浦东新区运用产业链、价值链、资本链、服务链的概念，打造出了"三个平台"与"三个链条"的发展模式。"三个平台"分别是产业资本平台、电竞企业平台和综合赛事展会平台。在产业资本平台的建设上，浦东新区依托金融方面的优势，充分发挥资本市场的撬动作用；在电竞企业平台建设上，浦东新区将集聚电竞龙头企业，让浦东成为全球电竞市场的重要枢纽之一；在综合赛事展会平台建设上，浦东新区将进一步引进和培育一系列重大赛事活动，整合和打造综合性的赛事平台和展会平台。"三个链条"分别指人才培育链条、产业服务链条、政策环境链条。

人才培育链条：浦东新区打造以战队选手为核心的电竞人才培养模式，与市体育局、市教委等部门进行合作，夯实人才培育的基础；

产业服务链条：发挥产业集群优势，除了关注游戏头部企业外，同时扶持直播平台、电竞教育、电竞装备、电竞 IP 衍生等相关产业链条，形成综合的产业生态圈；

政策环境链条：进一步发挥自贸试验区的先行先试、改革创新优势，贯彻落实上海"文创 50 条"，出台扶持文创企业的产业政策，重点扶持电竞产业等板块。

2018 年 11 月，一批电竞重点项目选择落户上海市浦东新区，包括腾讯电竞、网易赛事公司、完美世界集团、珠江投资、网竞科技、柒羽互娱、熊猫互娱文化、狮吼网络科技等。透过腾讯、网易、完美世界等在国内电竞市场主流地位的产业巨头齐聚浦东，可以进一步夯实浦东打造电竞产业的基础，集聚上下游资源，提升浦东发展电竞产业的水平。例如，腾讯通过"电竞运动城市发展计划"准备配合上海打造"全球电竞之都"。完美世界不仅将在浦东新区继续举办《DOTA2》、《反恐精英：全球攻势》等世界顶尖职业赛事，还将举办高校联赛、城市精英赛等业余比赛，为职业赛事输送人才，同时，还将推动游戏平台蒸汽平台（Steam China）落户浦东新区。此外，完美世界与相关院校合作开展电竞教育，培育专业人才。

③上海市闵行区

2018 年 7 月，上海市闵行区发布《闵行区文化创意产业发展三年行动计划（2018—2020）》，将"超竞电竞产业园"列为 14 个重点项目之一。项目建设用地约 350 亩，建筑面积约 65 万平方米，总投资 65 亿元，包括电子竞技赛事区、游戏研发展销区等八大功能区，总面积 3 万平方米，可容纳 6000 人同时竞技。

④上海市徐汇区

2019 年 1 月，上海市徐汇区也提出要加快游戏和电子竞技产业布局，打造电子竞技产业集聚区，加快电竞产业链各环节头部企业和优秀企业的引进，计划包括：徐浦大桥外环绿地项目作为电竞业态集聚区建设，引入电子竞技训练、小型比赛、艺人经纪、赛事组织等企业；加快电竞场馆布局，打造以西岸艺术中心、上海体育馆、上海体育场等为核心的专业竞技场馆。同时，加大引进电子竞技赛事组织承办、转播、选手培训、周边开发等公司入驻，承接国内和国际知名的电子竞技比赛，通过与网易、腾讯等头部企业合作，引进中型、大型赛事落地徐汇区。

案例 2-2　成都：西部电子竞技中心

成都作为手游《王者荣耀》的发源地，是继上海之后国内电子竞技产业最为集中的城市。2016 年成都电子信息产业规模达 4800 亿元，其中，51 家游戏企业实现营业收入 120.5 亿元，同比增长 43.5%。

连续多年全国性赛事的举办经历奠定了成都作为新兴电竞产业高地的地位。2009 年，WCG 世界总决赛在成都举办；2017 年，第四届全国电子竞技公开赛总决赛落户成都；2019 年，2018 全国电子竞技公开赛总决赛在成都举办。

2011 年起，成都市高新区开始推动手游和移动互联网产业的发展，依靠端游时代积累的游戏制作经验和大量优秀游戏制作人的资源，以及电子科技大学 40% 以上留在成都的优秀毕业生，成都的手游行业逐渐比肩北京、上海，跻身国内手游第一梯队。

目前，成都市政府并没有颁布明确的电竞利好政策，但是长久以来积累的政策和制度，给了成都电竞行业生长的坚实的空间。早在 2012 年 9 月出台的《成都高新区加快移动互联网产业发展的若干政策》便通过租房及创业资金补贴等形式，吸引了大量创业团队加入成都。每一年成都市政府不断更新和完善相关制度，为成都的互联网创业团队提供了政策保障和资金支持。

2. 电竞小镇

随着多项相关政策的推广与落地，"电竞小镇"的概念开始受到重视，国内诸多地区都将电竞小镇的建设作为一项重要的发展规划。发展电竞小镇不仅有助于引进电竞产业，特别是电竞俱乐部的入驻和推进具有地方特色、标志性的电竞馆建立，还有助于有效地树立电竞品牌，提高电竞用户关注度，吸引知名电竞赛事的入驻，可以进一步带动场馆周边经济，帮助产业建立良性循环的运营环境。

2017 年以来，浙江杭州、重庆忠县、安徽芜湖、江苏太仓、辽宁葫芦岛、山东青岛等地相继加入电竞小镇的建设队伍。建设电竞小镇是各地针对电竞产业发展的一项重要措施，当地政府主要通过对小镇内相关电竞企业的税收奖励，赛事举办奖励措施和宣传力度，奖励入驻电竞俱乐部，成立扶持基金和行业组织等方面对电竞小镇进行扶持建设。除了获得当地政府的大力支持之外，还有众多相关企业通过合作运营等方式参与电竞小镇的建设。

表 2-1　电竞小镇统计

项目名称	项目地址	所属地 GDP（亿元）	所属地常住人口规模（万人）	游客数量（万人）	项目与省会城市距离（公里）	预计投入资金（亿元）
腾讯电竞小镇	安徽芜湖	2609.44	367	4006.9	150	—
太仓电竞小镇	江苏太仓	1155.13	712	524.65	254	25
关山电竞小镇	湖南宁乡	1098.35	126.56	1911.24	15	150
杭州电竞数娱小镇	浙江杭州下城区	825.55	40.27	17300	0	—
孟州电竞小镇	河南孟州	288.7	38.37	457	104	20
三峡湾电竞小镇	重庆忠县	240.7	71.67	358.89	100	50

来源：综合新闻报道

（1）源起

2016 年 7 月，住房和城乡建设部、国家发改委、财政部下达《关于开展特色小镇培育工作的通知》，决定在全国开展特色小镇培育工作，计划到 2020 年培育 1000 个左右各具特色的小镇。

一般而言，特色小镇就是具有地方产业特色的经济区域。在国家政策支持下，各种名目的特色小镇纷纷涌现，其中，有不少以电竞产业为重点的电竞特色小镇。理论上，建设电竞小镇不仅能够弥补电竞赛事发展过程中专业电竞场馆不足的问题，满足电竞赛事的发展需求，还可以将电竞小镇作为载体，承载电竞综艺、电竞教育、电竞场馆或电竞影视等线下产业的外延。

对于地方规划者而言，电竞小镇是搭上政策快车吸引更多投资的一个机会。例如，重庆忠县在电竞小镇的建设规划中宣布投资14亿元，但是借此撬动了超过36亿元社会资本进入电竞小镇。

2017年，借助"特色小镇"的政策东风，全国多个地区公开宣布"电竞小镇"计划。重庆忠县、河南孟州、安徽芜湖、江苏太仓、湖南宁乡、浙江杭州、辽宁葫芦岛、山东青岛等地先后筹备电竞小镇，一些地区甚至将电竞产业视为城市转型的关键因素。

（2）政企合作，发展电子竞技

电竞小镇的建设均采用"政企合作"模式，即政府提供建设用地、负责场馆建设，专业的电竞企业、赛事运作机构等负责电竞小镇的实际运营工作。除了电竞场馆外，其他电竞文化主题公园、电竞孵化、培训中心、电竞内容制作传播等，几乎是所有小镇的"标配"。

从地理位置看，目前东中西部地区均有电竞项目落地，但数量上以长三角地区为主，包括杭州、太仓和芜湖。电竞小镇在长三角的聚集和区域内电竞产业发展程度、GDP总量、人口密度等经济指标密切相关。在中西部地区分布着三座电竞小镇，与东部地区相比，这里的电竞基础并不发达，需要更多的配套措施才有可能拉动电竞产业的发展。

在电竞小镇运营初期，政府扶持的持续性和支持力度将是关键因素。从已经公布的地区看，湖南宁乡的关山电竞小镇投资额度最高，计划5年总计投资150亿元。投资额度最少的为河南孟州电竞小镇，仅计划投资20亿元。

造成投资额差异的原因：一是小镇原有条件，如杭州的电竞小镇不需要产生额外的规划开支，对比重庆忠县的电竞小镇在建设前，面临拆迁、交通基建等繁重任务；二是小镇规划建设的规模，如重庆忠县和湖南关山电竞小镇计划投资专业场馆。其中，总投资50亿元的忠县电竞小镇，其场馆目标的建设资金就达到了14亿元。

案例 2-3 浙江杭州

杭州市"电竞小镇"成立于 2017 年 6 月，占地总面积超过 17000 平方米，建造过程花费约 20 亿元人民币，LGD 俱乐部在这里建立了办公室和会馆场所。"海蓝电竞国际数娱中心"也是小镇的领头项目，包括专用办公室、专业电竞比赛场馆、配套公寓、多功能展厅、配套商业区等场所。

2018 年，杭州市下城区推出了电竞数娱产业扶持新政《杭州市下城区人民政府关于打造电竞数娱小镇促进产业集聚发展的实施意见（试行）》（以下简称电竞 16 条）。[①] 电竞 16 条以电竞数娱小镇为核心，计划"打造 100 万平方米的电子竞技产业发展平台，集聚 1000 家以上的电竞核心产业链企业及机构，吸引 10000 名以上电竞创新人才，引进和培育 10 家以上国内外知名电竞俱乐部，组织举办 1000 场次各类电竞赛事，接待游客 200 万人次。"[②]

"电竞 16 条"涵盖电竞数娱产业链上下游，内容涉及资金扶持、用地规划、招商、运营补贴、人才培训等。下城区政府为促进电竞数娱发展的措施包括：为电竞数娱小镇产业发展提供专项资金 1 亿元；对经核准入驻小镇的电竞数娱初创企业的核心人才、精英骨干，三年内给予房租金补贴；对在小镇内承办各级电竞赛事的企业，补贴总奖金最高可达 1000 万元。另外，下城区政府对电竞研发也给予资金补助。

杭州电竞数娱小镇的前期规划，包括建设电竞综合产业园、智创产业园和电竞主题生态公园三部分。完善的电竞产业发展政策有

---

① 霍翟羿，柳景春.下城区跨贸小镇和电竞数娱小镇"两镇合一"为杭州数字经济发展播种"实验田"[OL]. (2019-08-04). https://tsxz.zjol.com.cn/xwdt/201908/t20190804_10725721.shtml

② 霍翟羿，柳景春.下城区跨贸小镇和电竞数娱小镇"两镇合一"为杭州数字经济发展播种"实验田"[OL]. (2019-08-04). https://tsxz.zjol.com.cn/xwdt/201908/t20190804_10725721.shtml

利于杭州电竞小镇吸引电竞各级产业链的相关企业和解决电竞相关企业的核心诉求，同时也有利于实现小镇构造电竞数娱综合生态圈的既定目标。另外，相关部门计划在2022年完成至少90亿元的固定资产投资，打造百万平米的电竞发展平台和庞大的产业链，引入万名以上电竞精英，至少10家电竞俱乐部，并举办千场余次电竞赛事。目前，小镇已经成功引入了125家企业，在14个项目上总投入超过154亿元。

案例2-4 江苏太仓

太仓市不仅高度重视电竞产业发展，还将其写入"十三五"规划中，大力培育发展电子竞技及相关配套产业。凭借靠近电竞中心上海的区位优势，太仓电竞小镇拥有丰富的举办电竞比赛的经验和吸引着相关电竞公司相继入驻。

截至2018年5月，太仓天镜湖电竞小镇已集聚具有强竞争力的电竞企业57家，业务覆盖电竞赛事运营、节目制作、俱乐部运营、主播经纪、游戏开发等领域，入驻电竞俱乐部8家，下属战队近30支，集聚从业人员约1700人。2018年8月10日，国家体育总局官网公布了《第一批运动休闲特色小镇试点项目名单》，全国96个特色小镇上榜，太仓市天镜湖电子竞技小镇也名列其中。

目前，太仓已经孕育出龙珠直播、量子体育VSPN等一系列电竞品牌，其中量子体育VSPN在近年内包办了腾讯旗下的《王者荣耀》职业联赛、《英雄联盟》职业联赛，成为国内最具经验的电竞赛事主办方。无论从软件还是硬件条件来看，目前太仓的电竞小镇都是国内最为成熟的一个。

值得注意的是，毗邻上海虽然成就了太仓电竞小镇，但也无形中为太仓的电竞产业划定了"天花板"。尽管有多家战队入驻，但目前太仓的电竞赛事多以线上赛为主，线下的总决赛选址多集中在一线城市，因此太仓本地的赛事资源难以为电竞小镇带来相应的经济效益。目前，太仓的电竞基础设施对当地举办赛事体量仍有所限制。

（3）厂商主导电竞小镇

自带流量的腾讯电竞比赛如能进驻电竞小镇，对当地的电竞产业会有极大的带动作用。然而，除了一二线城市，目前大部分电竞小镇基本都不在腾讯考虑范围内，这也给电竞小镇的发展前景蒙上了一层阴影。

腾讯电竞表示，腾讯一系列电竞赛事的选址只有一个标准，即当地的电竞人口，一个地区的电竞受众越多，腾讯赛事入驻的几率也就越高。从现有情形来看，人口集中的一二线城市会成为腾讯电竞的主要关注点，当地的配套设施也会成为部分考虑因素。另外，腾讯电竞推出主客场赛制，2017年和2018年，《英雄联盟》职业联赛和《王者荣耀》职业联赛相继采取主客场制度，这也会对全国各地的电竞小镇造成进一步冲击。

目前，已知的主场城市有杭州、西安、成都等地，以此来看，当前分散在全国各地的电竞小镇有可能迎来新一波洗牌：靠近电竞主场的小镇有机会按照"太仓模式"获得发展，远离电竞主场的小镇生存危机将更加严峻，"高开低走"似乎会成为大部分电竞小镇的最终结局。

电竞行业从线上转到线下所催生出的电竞小镇，发展的核心命题依旧是地理思维，其中涵盖了一个城市所拥有的政策、人口、交通、商业等各个因素。比如上海是国内的电竞之都，完善的配套设施、庞大的电竞从业人口，均是促成电竞产业进一步发展的支撑条件，缺少发展条件的电竞小镇会在市场的竞争中步履维艰。

案例 2-5　安徽芜湖

2017年5月，芜湖市政府与腾讯公司签订框架协议，共同打造以电子竞技为主题的产业园项目——腾讯电竞小镇。根据框架协议，电竞小镇将依托芜湖市良好的文化互娱产业发展基础和腾讯公司强大的游戏产业优势资源，建设电竞主题公园、电竞大学、文化创意园、动漫产业园、创意街区、腾讯科技创业社区、腾讯云大数据中心等新业态于一体的特色小镇，同时，引进举办"企鹅电竞动漫游戏嘉年华"（QQJOY）和"QQ手游全民竞技大赛"（QGC）等一系列电竞品牌赛事活动。[①]

相比于重庆忠县、河南孟州，安徽芜湖本身已经拥有一定程度的电竞资源，这源于众多知名电竞主播以及职业电竞选手出自当芜湖，例如芜湖大司马（韩金龙，《英雄联盟》主播）、芜湖神（王胜，虎牙直播平台主播）、文森特（鲍飞，游戏主播）、瓶子（张康，企鹅电竞主播）等，以及获得2012年WCG的《DOTA》全球总冠军的同福战队。

即便芜湖拥有一定基础，但电竞小镇项目的落地也依旧不如预期。自签订框架协议以来，芜湖的电竞小镇项目几乎没有任何推进，镜湖区雨耕山文创产业园内只有不足十家电竞相关企业进驻，而成立的电竞企业也只从事电竞人才培训业务。

由于芜湖缺少电竞赛事场馆，腾讯方面希望地方政府建设相应的比赛场馆，芜湖市政府希望电竞小镇可以稳步推进，采取了从"产业园——产业群——电竞小镇"的三步计划。目前，电竞场馆的建设还没有具体的开工计划，腾讯电竞小镇项目在事实上处于停滞状态。2017年，QGC夏季赛总决赛落户芜湖，此后再未有赛事总决赛在芜湖举行。

（4）影响电竞小镇长远发展的主要因素

目前国内电竞小镇的主要模式可概括为"产、学、研"模式：以

---

① 每日经济新闻.电竞之都"攻城略地"，电竞小镇却在洗牌 [OL]. (2019-11-27). http://www.nbd.com.cn/articles/20191127/1389494.html

比赛、内容制作、主题公园构成的"电竞娱乐产出"模式，以人员培训构成的"电竞教育"模式，以及以游戏设计构成的"电竞研发"模式。电竞小镇的主要收入来源于电竞娱乐和电竞教育两部分。电竞娱乐主要通过赛事的广告收入、内容版权收入和主题公园的门票收入获得，而电竞教育的收益则来自学费。电竞研发由于存在不确定性不纳入考虑中。

作为实体项目，无论是赛事举办还是其他文娱项目，电竞小镇需要持续的客流量做支撑，这也是一个特色小镇项目能否持续运营的关键。

位于东部地区的三座电竞小镇无疑将享受长三角地区丰厚的"流量经济"。比如，杭州作为全国重要的旅游城市，2016年游客数量超过1.7亿人次，电竞小镇也在其中受益。从区位条件看，尽管太仓市距离江苏省省会南京市较远，但却在上海市1小时的经济圈内，这对电竞小镇的发展也是较为有利的。

案例2-6　电竞小镇为什么只开花难结果

2017年3月，重庆忠县率先宣布将投资40亿元到50亿元，打造辐射全国的电竞小镇，同时，忠县还宣布与大唐网络旗下的天天电竞公司签订合作协议。2017年到2021年间连续五届CMEG（全国移动电子竞技大赛）总决赛落户忠县，以CMEG为契机吸引相关企业落户，形成以电竞场馆、电竞学院、电竞孵化园等多业态整合的电竞产业链。

为了吸引更多企业与资本入驻，重庆忠县政府在政策上给予很大的便利，专门出台了《忠县促进电竞产业发展的若干政策意见》（以下简称黄金19条），凡落户忠县的电竞企业均可享受企业引进、人才培养、专项扶持等优惠。[1] 除此之外，还设立了游戏上线奖、论

---

[1]　北力.重庆忠县："成为"电竞小镇的938天[OL]. (2019-11-08). https://new.qq.com/omn/20191108/20191108A0PNDH00.html

坛峰会赛事优惠租赁场馆、战队俱乐部获奖配套奖励、企业升规奖、成果交易奖等。目前，忠县已引进电竞相关企业20多家，涵盖了电竞游戏研发、电竞投资基金、电竞赛事举办推广、电竞俱乐部等上中下游企业，其中，美国Fort游戏开发商落户忠县，天天电竞公司、重庆新唐互娱公司已开展电竞赛事的推广运营。同时，忠县与曲速资本合作设立了2亿元重庆曲速光年股权投资基金，积极引进电竞上下游产业企业入驻。

在此之前，忠县与电竞几乎没有任何交集。按照忠县政府的规划，长江南岸的水坪社区将成为电竞小镇的所在地，地方政府将负责修建赛事园、孵化园等核心项目，其余的电竞产业区、滨江游乐区、配套服务区、科普园、教育园、装备园、体验园等将引进社会资本投资。电竞小镇共占地3.2平方千米，"三区六园"的布局规划也将形成文旅、商业与电竞相结合的生态产业圈。目前，由忠县政府投资14亿元建设的三峡港湾电竞馆已基本完工，2017年CMEG总决赛也顺利在忠县举办。忠县发展电竞让更多外地人了解了忠县的文化魅力，2018年忠县接待游客700.5万人次，而2017年游客仅479万人次。

但随之而来的交通不便、赛事缺乏等问题也摆在了忠县面前。重庆忠县赛事举办方为CMEG，但是在赛事火热程度上，与游戏厂商主导的LPL、KPL等官方赛事与CMEG等第三方赛事相比，影响力呈现严重的两极分化现象：前者门庭若市，后者门可罗雀。因此，在最顶尖的第三方赛事都自顾不暇的情况下，想要以普通的第三方赛事撑起一个电竞小镇的经济发展可能性微乎其微。距离重庆两个半小时车程、没有相关产业基础、缺少比赛成为忠县的现实问题，对电竞小镇的发展极为不利。

基于上述不利条件，忠县提出了四大工作重点：整体开发电竞小镇、大力发展赛事经济、全力打造服务平台和加快培养专业人才。

在开发电竞小镇和发展赛事经济上，2019年8月，忠县与腾讯签订战略协议，双方将围绕IP打造、品牌推广、赛事合作、电竞人才培养、数字产业学院合作办学等方面开展合作，加快电竞小镇打造。2019年11月，忠县与上海无锋网络科技有限公司签约，推动"互联网＋直播"产业发展。同时，在培养专业人才上，忠县开工建设重庆数字产业职业技术学院，培养专业的电竞产业管理人才。

目前主推电竞小镇的一些地区存在着较为严重的大企业依赖情形，即手握电竞赛事资源的企业在电竞小镇中拥有较高的话语权，若这类企业选择退出，当地的电竞小镇项目就有夭折的风险。

电竞小镇没有明确的定位，接不到好的赛事资源，就会一直处于亏损状态。同时，在经济欠发达的区域，电竞产业没有那么多人才缺口和需求，也缺乏系统的培训体系。部分地方因缺乏赛事支撑，导致场馆空置，一些项目甚至中途夭折，只开花难结果。电竞场馆的建设也可能成为一项赔本的生意。空置的场馆不仅难以产生经济效益，物料的折旧损耗，甚至会让当地政府的巨额投资打水漂。以目前电竞赛事最为火热的上海地区来看，能够容纳6000人的比赛场馆单日费用在5万元到8万元，万人标准的比赛场馆价格为15万元到20万元每天。其他偏远地区如忠县租赁费不会高于上海，忠县的电竞馆占地面积约75000平方米，可容纳6000多名观众，体量和传统体育馆相当，内部安装了包括灯控、音频、声控、LED屏幕系统一系列先进设备，很多设备都从国外引进的。由于周边缺少配套的商业，因此场馆租赁费几乎是该项目的唯一收入来源，即便以单日费用10万元天的租赁费用来计算，即使每天向外出租，14亿元的投入回收期也需要至少38年。

就整个西部地区而言，在建立电竞赛事体系、吸引电竞战队落地的过程中，重要的网速"瓶颈"问题仍未获得解决。根据宽带发展联盟发布的《2019年第一季度中国宽带速率状况报告》的数据显示，全国 4G 网络下载平均速度为 23.01Mbit/s，东中部地区分别为 23.64Mbit/s 和 23.04Mbit/s，西部地区普遍低于全国平均为 22.52Mbit/s。对于电竞选手来说，上网速度对电子竞技有非常重要的影响，网速稍有延迟，对战的局势可能就会陷入被动。①

（三）电竞人才的培养

电子竞技产业正在围绕"赛事—俱乐部—选手"这条核心的产业链发展。2019 年中国电竞整体市场规模突破 1000 亿元，预计于 2021 年超过 1600 亿元，中国电子竞技市场已经成为世界上最具影响力和最有潜力的市场了。② 然而，伴随着电子竞技产业的迅速发展，电竞赛事规模的逐步提升，产业上中下游对于相关人才需求的增强，快速发展的电竞产业正遭遇缺乏专业人才的瓶颈。电子竞技人才指的是参与各种电子竞技项目比赛、陪练、体验以及表演的人员，目前我国仅有十万人参与这个行业。

随着《电子竞技运动员注册管理办法》的发布和落地，电竞产业的人才培养将实现系统化、规范化，进一步推进电竞产业走向成熟。

上海市《电竞运动员注册管理及赛事发展计划》的颁布表明，上海市体育局将借鉴传统体育项目行业管理模式，支持上海电竞协会发挥行业龙头作用，试点开展电竞运动员注册管理，建立和完善电竞运动员的注册管理制度，为电竞运动健康有序发展探索一条新路。与此相应，上海市教委也制定了加强电竞人才一条龙培养体系的建设方案，目前，全市已经在 3 所高中阶段学校、3 所高职以及一些本科院校设置电竞相关的

---

① 李果. 争夺电竞之都，消费升级背后的城市吸引力大战 [OL]. (2019-06-29). http://www.21jingji.com/2019/6-29/zNMDEzODFfMTQ5NTMzNQ.html
② 艾瑞咨询. 2020 年中国电竞行业研究报告 [OL]. (2020-04-30). http://report.iresearch.cn/report_pdf.aspx?id=3573

专业人才培养通道。

广东地区也在加紧开展电竞人才培养计划。2018 年 5 月，广东省技工院校首批电竞人才培养基地正式授牌，省内电竞人才培养体系将以学历教育、职业教育、大众教育三个维度为核心，为行业培养一线人才，向社会传播正确的电竞理念。

根据人力资源和社会保障部公布的《新职业——电子竞技员就业景气现状分析报告》显示，电子竞技员主要从事五方面工作：参加电子竞技项目比赛；进行专业化的电子竞技项目训练活动；收集和研究电竞战队动态、电竞游戏内容，提供专业的电竞数据分析；参与电竞游戏的设计策划和体验电竞游戏并提出建议；参与电竞活动的表演。[①] 目前，中国电子竞技员的整体从业规模超过 50 万人，大多数都聚集在沿海经济高度发达的地区。根据调查显示，电子竞技人员年龄普遍较低，有 80% 的从业人员年龄在 30 岁以下，其中，60% 的人高中毕业，30% 的人专科毕业，只有 10% 的人大学毕业。

电竞产业中最核心的人员是电子竞技员，这些人员从事包括不同类型的有关电竞的工作，例如，竞技、陪练、体验及活动表演等，涵盖了电竞选手、电竞教练、电竞数据分析、电竞项目陪练等核心岗位。其中，职业电竞选手是指专门从事电子竞技训练和竞赛，拥有人力资本所有权的高水平电子竞技运动员，他们是职业电竞内容生产过程中最重要的生产要素，也是赛事内容的生产者。[②]

理查德·佛罗里达（Richard Florida）认为，创意阶层包括两个部分：超级创意核心人士和专业创意人士。创意阶层以创造新理念、新技术或新内容为职能，具有共同的创意精神，即重视创造力、个性、差异性和

---

① 人社部. 新职业——电子竞技员就业景气现状分析报告 [OL]. (2019-06-28). http://www.mohrss.gov.cn/SYrlzyhshbzb/dongtaixinwen/buneiyaowen/201906/t20190628_321882.html

② 中商产业研究院 .2019 年中国电子竞技产业市场现状分析及发展趋势预测（附产业链）[OL]. (2019-07-31). https://www.askci.com/news/chanye/20190731/1036561150629.shtml

实力。他们和其他阶层的主要区别在于获得酬劳的主要方式，劳工阶层和服务阶层主要通过执行规定来获得酬劳，而创意阶层主要通过创造来获得酬劳，拥有更大的自主性和灵活性。①

2019 年中国公布了 13 个新职业，这是自 2015 年版国家职业分类大典颁布以来发布的首批新职业。新职业主要集中在高新技术领域，由职业分类专家按照新职业评审标准和程序，从有关申报单位提交的新职业建议中评选出来。近年来，社会发展带来了行业的结构性调整，其范围不仅涉及产业行业，也涉及职场本身。②新的就业机会创造了巨大的市场，也提高了就业的质量，而电子竞技员和电子竞技运营师就包括在新职业内。

电竞产业的从业人员具有职业化、专业化和商业化的特征。

职业化：以文化创意产业工作者的创造型劳动成果为核心，将其投入生产要素中，劳动力的投入是重要的组成部分，包括劳动力与创造力的结合。在电子竞技赛事中，作为参与者的职业电竞选手，主要通过电子竞技赛事获得报酬，也是一种追求事业与谋生的主要手段。除此之外，电子竞技赛事的其他参与者，包括教练、裁判等也是核心参与人员，在各方面都体现了职业电子竞技人员与业余电子竞技人员的区别。

专业化：一方面，电子竞技产业通过游戏生产与游戏运营带动了电子竞技赛事的发展，随着中下游越来越多专业人才的加入，快速推升了电子竞技产业的成长。电子竞技产业的工作内容有许多属于创意型劳动，具有高度的专业性。另一方面，电子竞技赛事是产业中所有资源和能力的集中之处，也是最核心的业务。电子竞技赛事在电子竞技产业所相关的经营领域中占据了主导地位，以电子竞技赛事的运营组成了电竞产业的基本骨架，相关组织机构专注于行业价值链中某一环节的业务，体现

---

① 理查德·佛罗里达.创意阶层的崛起 [M].司徒爱勤，译.北京：中信出版社，2010.
② 新华网.人社部、市场监管总局、统计局三部门联合发布数字化管理师等 13 个新职业 [OL]. (2019-04-03). http://www.xinhuanet.com/tech/2019/04/03/c_1124322854.htm

出了业务的专业化。

商业价值：电子竞技与商业的结合，为电子竞技产业的发展提供了强大的经济支持和必要条件，使得电子竞技得以在短期内迅猛发展。

电子竞技的商业化特质，主要表现在：首先，电子竞技赛事的数字化内容产品作为文化服务，进行内容买卖以及货币等价交换，同时，电子竞技的基础在于电子游戏的授权以及内容的衍生方面，具有高度的市场价值；其次，电子竞技赛事通过冠名权、转播权、广告发布权等形式，赛事的商业媒介价值可以得到实现；最后，电子竞技职业选手在赛场地表现是体育劳务的一种，具有使用价值。在电子竞技产业中，选手的体育劳务价值以及本人作为商业媒介的商业价值在电子竞技的选手交易市场中可以得到体现，体现了电子竞技产业的商业化。

（四）新经济产业的工作特性

电竞行业里的人员流动十分普遍，选手因为合约制的聘用关系，电竞俱乐部的选手都处于一种流动的状态，随着电竞走向联盟化和客场制，这种趋势会加速选手的流动性。1996 年，美国组织学家斯蒂芬·R. 巴利（Stephen R. Barley）提出了"劳动分工更加横向化"的看法，指的是在新经济时代，整个经济从纵向的劳动力流动方式，逐渐被横向的流动方式所替代，这一点在创意产业里非常明显。这一新型劳动力市场最显著的特点，就是工作者不再像以往那样长期待在一家公司，而是横向地从一家公司跳槽到另一家公司，追逐他们想要的工作。收入可能不是他们换工作的首要原因，追求更加自由和舒服的生活状态，和从事理想工作的满足感，才是他们流动的根本原因。[①]

在新经济产业中，横向的人员流动更有助于人员不断地学习、更新

---

① 中商产业研究院.2019 年中国电子竞技产业市场现状分析及发展趋势预测（附产业链）[OL]. (2019-07-31). https://www.askci.com/news/chanye/20190731/1036561150629.shtml

知识与开拓创新，快速的人事更迭，会导致相关知识资源隐藏在人际的网络里，而不存在于任何单一的公司组织之中。佛罗里达认为，这种新型劳动市场的特点，是工作者倾向于效忠自己的职业而非所供职的公司，部分原因在于工作已经变成特定领域知识的汇集处。另外，工作的流动性和微型组织是文化产业中常见的现象，企划项目的形式被视为组织内部的运作策略，也就是项目被交付给特别成立的小组，这样的工作形式具有弹性和效率，对劳动市场和学习会产生深刻产生影响。目前，电竞产业紧缺的职位，包括公关 / 市场销售类、专业内容制作类、技术服务类和赛事支持类，这些都是具有以上特性的工作。

电竞从业人员是典型的创意阶层，他们形成的社会网络围绕着电竞赛事运作。这种社会网络可以被定义为具有社交和媒体网络基础设施的社会形态，使其在各个层面（个人、群体、组织和社会）具有主要的组织模式。社会网络的范围，既是全球的也是地方的。一方面，在信息和通信技术的帮助下，实际存在的坐标可以被超越，以创造虚拟的时间和地点。以电竞选手为例，他们通过不同的服务器连结，选手之间的竞技可以随时发生在虚拟的场景中，不再与特定时间和地点联系在一起。另一方面，选手转换不同的俱乐部工作，也是通过电竞的社会网络进行转会，选手的流动也是跨地域的。如曾在 S8 得过冠军的 IG（Invictus Gaming）俱乐部上单选手姜承録与中单选手宋义进就是韩国籍。

1. 电竞岗位的相关专业

电子竞技产业主要在围绕"赛事—俱乐部—选手"这条产业链进行运作。目前，中国电子竞技产业链相关岗位种类保守估计已超过 100 个。相比于万中难以挑一的电子竞技选手或者教练来说，其他与电竞相关的岗位类型是未来电竞就业的主要工种群体。电子竞技产业需要的人才，并不取决于"游戏水平是否高超"、"是否就读于电子竞技专业"以及"是否了解电子竞技发展历史"，而取决于专业知识与能力，能否应用在这个产业的岗位中，同时产生价值。目前，电子竞赛事产业在中下游所产生的岗位，包括：中游环节的赛事发行、运营以及活动的赞助和推广、电子竞技俱乐部的管理和运营；下游环节的直播平台、媒体与内容制作团队和电竞衍生领域等。

与传统体育赛事相同，知名选手在比赛中的比拼是吸引用户关注的重要因素。目前，国内在运动员管理方面基本上处于缺位状态，电子竞技选手认证及其他体系建设不完善，影响电竞选手的发展，导致选手在赛事中无法发挥最佳状态以及无法参加比赛的情况时有发生。一方面，电竞选手无法受到主流观念的认同，影响电竞选手数量的增加，进而影响电竞产业的发展。另一方面，赛事解说以及赛事组织等岗位缺乏专业人才，也会影响电竞赛事的举办质量，降低赛事观众的参与度，不利于电竞产业影响力和赛事知名度的提升。

2016 年 9 月，电子竞技运动与管理被教育部确立为 13 个增补专业之一，并从 2017 年开始执行。政策上的推动让电竞教育从单纯的学院培训开始进入正规的教育体系中，包括山西体育职业学校、锡林郭勒职业学院和中国传媒大学在内，全国各地先后有多所高校开设了电竞相关专业。2019 年 4 月，人力资源与社会保障部公布了 13 个新职业，其中电子竞技员正式成为一门职业纳入从事不同类型电子竞技项目中，包括比赛、陪练、体验及活动表演等。2017 年全国有 19 所高职高专院校招收"电子竞技运动与管理"专业学生，2021 年增长至 64 所。[①]

目前大多数高校开设的电竞专业以培养产业需要的各类专业人才为主。比如，上海体育学院在播音与主持艺术专业增加电子竞技解说方向，上海戏剧学院开设电子竞技舞台设计方向等。上海体育学院播音与主持艺术专业负责人朱俊河解释，电竞解说方向的教学和训练体系建立在学校现有的体育解说训练模式上，第一学年以传统的基础课程为主，如

---

① 统计结果来自中国教育在线（https://gkcx.eol.cn/special/928?special_type=3&sort=1&province= ），数据采集日期为 2021 年 4 月 10 日。

语音发声、节目主持等。在他看来，电竞虽然是新鲜事物，但对于解说的认知、如何准备、解说水平如何评判、如何练习等都可以从传统的播音教学中取经。①

此外，校企合作是高校目前开展电竞教育的普遍方式。四川电影电视学院、上海戏剧学院等分别与当地电竞教育培训企业建立合作。另外，中国传媒大学南广学院于 2017 年开设电竞本科专业，与电竞企业合作培养电子竞技数据分析、赛事组织管理、电子竞技节目制作等方向的人才。

电子竞技产业对于相关人才的需求催生了众多新兴产业和培训机构。目前，针对电竞相关的职业教育机构开始涌入市场，这些机构大多以对电竞选手、主播、教练、解说等职业培训为主，部分教育机构还提供艺人经纪的业务，培训机构在对学员进行培训后，签约具有发展潜力的学员，推荐到各大直播平台、电竞俱乐部等。专业的教育机构既能够有针对性地培养专业电竞人才，满足电竞市场的需求，同时还能为学生就业问题提供新的方向，增加电竞产业的细分市场，推动整个电竞行业的可持续发展。

现阶段，电竞教育有学历教育和职业培训两种。电竞学历教育要培养学生的综合能力和可持续发展能力，除了电竞行业专业技能知识外，还需要学科基础理论和素质修养，一般由高校教师和具有一线从业经验的老师共同授课；短期电竞培训课程以就业为导向，追求实用和速成，课程以实践为主，师资来源于电子竞技产业的一线工作人员，能够提供实用的教学内容。

---

① 新京报.“打游戏”专业趋热 电竞教育面临课程、师资难题 [OL]. (2018-09-17). http://www.xinhuanet.com/tech/2018/09/17/c_1123438698.htm

表 2-2　全国高校电子竞技专业及培训机构（不完全统计）

序号	学校	专业	学历	学费
1	上海七煌电竞培训学校	专项电竞培训机构	2个月为基础	具体不详
2	北大青鸟育星电竞学院	专项电竞培训机构	从实践班到职业班	具体不详
3	南京恒一文化电竞学院	电竞职业培训班	1—2 年	具体不详
4	上海戏剧学院	电子竞技解说主持舞台设计	本科 4 年	24000 元
5	上海体育学院	电子竞技解说方向	本科 4 年	10000 元
6	中国传媒大学	数字媒体艺术（数字娱乐方向）	本科 4 年	8000 元
7	中国传媒大学南广学院	艺术与科技专业（电子竞技分析方向）	本科 4 年	16500 元
8	北京吉利学院	电子竞技运动与管理	专科 4 年	19800 元
9	北京华嘉专修学院电竞教育	电子竞技运动与管理	专科 2.5 年	18800 元
10	天津体育学院	文化传媒电子竞技方向	本科 4 年	具体不详
11	山东蓝翔电竞学院	电子竞技管理班	专科 3 年	免费试学
12	锡林郭勒盟职业学院	电子竞技运动与管理	专科 2—3 年	4500 元
13	南昌工学院	电子竞技运动与管理	专科 3 年	12500 元
14	四川电影电视学校	电子竞技运动与管理	专科 3 年	15000 元
15	四川传媒学院	电子竞技运动与管理	专科 3 年	18000 元
16	四川科技职业学院	电子竞技运动与管理	专科 3 年	8000 元
17	湖南体育职业学院	电子竞技运动与管理	专科 3 年	4600 元
18	信阳涉外职业技术学院	电子竞技运动与管理	专科 3 年	5700 元
19	合肥共达职业技术学院	电子竞技运动与管理	专科 3 年	7000 元

序号	学校	专业	学历	学费
20	安徽体育运动职业技术学院	电子竞技运动与管理	专科 3 年	具体不详
21	哈尔滨科学职业技术学院	电子竞技运动与管理	专科 3 年	具体不详
22	黑龙江商业职业学院	电子竞技运动与管理	专科 3 年	6000 元
23	长春健康职业学院	电子竞技运动与管理	专科 3 年	10500 元

就细分就业方向而言，目前国内专科大学院校的电子竞技与管理更倾向俱乐部从业方向培养，比如选手、教练、领队战术分析师、大数据分析师等，本科院校则更加侧重解说、主播、导播等方向培养。

国外电竞专业院校开设的专业，多以电子竞技金融、电子竞技管理为主，强调培养综合性的人才，在专业课程的设计上，以管理内容占据了较大板块，等于在传统体育项目培养基础上的转型与进化，能够适配到行业的每一个环节，包括俱乐部管理、电竞明星经纪人、电竞投资机构管理等。在这样的培养模式下，毕业生在就业时也能更加游刃有余。

2. 选手的培养与人才落地

内蒙古锡林郭勒职业学院率先开设了电子竞技专业课程并开始招生。根据学校公布的招生简章，电子竞技专业为两年学制。课程设置上，除了基本的语文、数学、英语三门科目外，第一年学习电子竞技理论知识，第二年学习 MOBA 类、射击类和卡牌类游戏的专业课程。同时，学校还提供电竞专业教材，邀请游戏高手和职业玩家为学生授课。

电竞教育在目前的专业发展模式下，仍然是以培养应用型人才作为主要方向。大部分高校是与电竞企业、俱乐部合作办学，开设的电子竞技方向课程主要集中在这几类：通识类课程／专业方向（如电子竞技运动与管理）、解说与主持类、数字媒体类、文化传播类、舞台设计类。一般情况下，院校所设的电竞专业／方向或课程，依托于原有的学科体系，与原有学科课程结合紧密。以《电竞文化产业概论》课程为例，内容偏向理论化，授课主要围绕电竞产业发展、赛事与俱乐部、电竞媒体与 IP 内容及周边产业等。

从表面上看，通过专业、正规的学校教育培养职业电竞选手，为电竞产业输送更多专业人才是一个很好的路径。然而，处于试验探索阶段的电竞专业教育很难体现自身的专业性优势。高校的电竞教育毕竟无法解决市场对电竞职业选手的需求问题，随着电竞赛事数量的逐渐增多，电竞产业对于职业选手的需求日益增加。一方面，电竞选手的职业生涯较短且多在 25 岁以前结束，高校毕业生很难成为职业选手；另一方面，高校中存在电竞相关专业教学资源匮乏、专业性不足以及缺乏成熟的教材等情况，高校的电竞相关教育目前仍处于尝试性阶段。

与学校教育不同，电竞俱乐部在赛事成绩的压力下，构建了较为成熟的青训体系，这成为当前培养职业电竞选手的主体，如 WE 电子竞技俱乐部青训和 EDG 电子竞技俱乐部青训。职业俱乐部在招聘过程中，虽然会青睐有电竞专业背景的人员，但大部分都要从底层做起，这意味着电竞专业学生虽然有更多机会，但在起步上并没有多少优势。

案例 2-7 韩国的电子竞技产业

韩国的电子竞技产业是全球起步较早、体系较为健全的产业，同时韩国也是电子竞技最为成功的国家，电子竞技产业不仅得到了韩国政府充分的重视与支持，同时也受到了全国民众的肯定和喜爱。在韩国，电子竞技产业不仅是国家支柱产业，而且还成为韩国的国技，为韩国三大体育竞技项目之一（其他两项为足球、围棋）。

2014 年，韩国电子游戏年产值高达 33.6 亿美元，位居全球第六。韩国游戏出口额占整个"韩流"文化输出的 50%，成为国民经济的支柱之一。韩国电竞的崛起是一种自上而下的全国效应，韩国电竞产业发展之所以能够成为国民经济的支柱产业离不开政府的扶持。

韩国政府从 1993 年开始布局文化产业，文化产业政策开始系统化。1997 年，面临金融危机的韩国抓住了电子竞技游戏市场。1998 年，金大中政府提出文化立国战略，韩国开始把游戏作为独立的产业。适逢美国暴雪公司推出《星际争霸》，游戏在韩国迅速扩张。1998 年韩国仅有 3000 间网吧，因为《星际争霸》的需求，1999 年网吧数量迅速增长到 15150 间。最后，出现了以参加《星际争霸》比赛为工作的职业玩家。

韩国电竞产业政策发展

1999 年，韩国将《音乐与视频法》改为《音乐、视频与游戏法》，成立了游戏产业发展与促进研究中心，电子竞技产业开始拥有独立的政策制定和执行机构。同年，第一个专业游戏电视台在韩国诞生，韩国职业电子竞技协会宣告成立。KeSPA 成立的初衷是依托其政府资源与背景，对新生的电竞产业进行监管，引导电竞职业化的发展。① 这个组织以中间人的身份，连接俱乐部、选手、赛事组织方，使得这几方既能相互沟通，也能相互妥协。通过严格条例的制定与执行，KeSPA 确定了韩国电竞的选秀模式联赛体系，帮助政府监督各个环节的同时，也保证了俱乐部和选手的商业利益，目前，KeSPA 由包括三星、LG、KT 在内的多个执行委员会成员组成。② 在韩国政府与各方民间资本的大力支持下，电子竞技走入主流文化，电竞名人堂也应运而生，电竞在韩国成为支柱性产业。

在 1999 年到 2005 年间，文化立国思想落实到实践中，具体做法包括：

---

① ESCL 赛车电竞联盟. 浅析韩国电竞发展历史 1 中国电竞任重道远 [OL]. (2019-01-28). https://buzzly.net/p/Q2jnJwvG/

② DoNews. 英雄联盟 S7 总决赛成为韩国内战背后的推手——KeSPA [OL]. (2017-11-13). http://www.donews.com/news/detail/3/2973120.html

（1）设立游戏产业主管部门；

（2）设立游戏产业振兴基金；

（3）设立优秀游戏选定制度；

（4）实施国家职业资格证书制度；

（5）制定游戏产业振兴中长期计划。

2005年韩国建造了第一个电竞馆——位于首尔的龙山电竞馆，随着电竞与游戏人口的增加，韩国政府认为电竞馆需要再升级以符合现有需求，2015年韩国政府出资1400万美元，建造了有史以来最大的电竞馆，可容纳1000人以上，其中包含了主舞台的800个座位，以及副舞台的200个座位，以此推动游戏与电竞产业的持续发展。

2006年后，韩国政府和社会开始反思游戏产业造成的社会问题和负面效应，韩国政府开始着手加强对游戏产业的监管。除了制定《游戏产业振兴相关法律》外，2008年韩国政府发表了第二次革新游戏产业的中长期计划。2009年韩国成立全球游戏综合中心。2010年韩国出台了《电子竞技中长期发展计划（2010—2014）》。此外，韩国政府还颁布了功能性"交互式"游戏开发的支持政策。

韩国电竞产业在推广与深化过程中离不开媒体的助力。1999年初，OGN以独立专业游戏电视台的姿态成立，并且坚定地支持电竞职业化的发展。OGN争取到赞助商的资金支持，将比赛放到大型场馆举行，请来世界最优秀的玩家参加比赛。世界超一流水准选手的对抗不仅提高了电视台的收视率，还让赞助商看到了其中巨大的商机，进而投入更多资金。如今，韩国的电竞俱乐部均有财团支持，比如，SK Telecom、KT背靠韩国电信两巨头SK、KT。电竞的职业化被认可，媒体的宣传也使得成功的职业选手成为明星，提升其社会地位和发言权。

随着市场的不断成熟，MBCGame、ITV、GhemTV等相继开始转播职业联赛。2000年初，Ongamenet Star League、MBCGame Star

League 和 ProLeague 是代表韩国最高水平的职业联赛，每年都有若干赛季，每周都会进行现场直播。重要赛事如半决赛、决赛现场更是吸引了数以万计的玩家到场观战。

媒体的传播作用使电竞跃身成为韩国的基础体育运动，而且随着早期个别职业玩家的明星效应凸显，职业俱乐部应运而生，电竞的职业化程度更加完善。2016 年韩国的电子竞技产业规模达到了830.3 亿韩元，同比增长 14.9%。同时，电子竞技赞助相关市场规模达到了 212 亿韩元，排在在足球和棒球之后，位列第三。赛事直播在韩国电子竞技市场中占比最大，占整体的 44.8%，总值达到 372.3亿韩元。

韩国电竞人才培养

韩国的电竞人才培养最早始于 1996 年，2000 年后逐步实现正规化，目前已经形成从高中到研究生的多层次人才培养体系。韩国的电子竞技运动选秀大会类似于美国 NBA 篮球联赛的选秀模式，与我国相比，韩国的联赛更显正规、职业化，也为韩国职业电竞俱乐部挑选人才提供了便利的渠道。

韩国电竞能不断地吸引人才投入，其中包括：选秀模式的建立、较高的经济保障以及完善的训练系统。

KeSPA 开创了电竞选秀模式和联赛体系。目前，KeSPA 进行的业务，包括：《星际争霸 2》《英雄联盟》《星际争霸》在内的与电竞行业相关的管理和服务，为职业选手提供资格证明，联合直播电视媒体举办联赛以及组织韩国选手参加国际比赛，为韩国电子竞技选手争取权益。早在 2005 年，KeSPA 旗下的 SPL 联赛就有固定的选秀，常规赛、季后赛、教练制度，这种选秀模式和联赛体系成为许多国家和地区的电竞联赛的模板。

据公开数据显示，KeSPA 的 SPL 联赛选秀自 2005 年 3 月 24 日开始，每年举办春秋两季（3月和8月）。参加选秀的玩家必须持有职业选手执照，每次只能有8名选手从数以千计的海选中脱颖而出得到选秀资格，《星际争霸》最后的三皇都是选秀出来的。

较高的经济保障吸引了众多韩国青年选择投身电竞事业。一般大型比赛的冠军奖金能达到20万元人民币，职业选手的年收入远远超过韩国普通白领。2017年职业选手的年收入达到9770万韩元，同比上涨52.5%。主要是因为：从海外归来的选手们和现有明星级选手的年薪多数达到了上亿韩元，带动了平均年薪的上涨。另外，韩国的电竞职业俱乐部拥有不同等级的赞助商，俱乐部有充裕的能力提供选手训练、生活条件，并支付选手工资。选手通过职业联赛获得的奖金也将与俱乐部分成。此外，由于职业选手的社会影响力较大，他们也经常会出席各种商业活动。

目前，韩国电子竞技协会注册的职业选手将近200人，其中50多名电竞选手年收入在3万美元到4万美元之间，还有10名顶尖选手收入达到天文数字。韩国电竞选手不仅收入颇丰，而且一旦获得电竞半职业或职业选手的资格证书，就能获得韩国大学的优待。成绩特别突出的选手可以优待享受免试入学、获得奖学金的待遇；入伍后可以继续参加电竞比赛，并享受荣誉假；电竞协会与韩国（唯一国有银行）友利银行签约，提供个人资产管理，保障电竞选手的未来；协助退役电竞选手的职业生涯规划，成为电竞主播或赛评等。因此，韩国很多父母尊重并支持孩子成为电竞职业选手，人才的充盈也为韩国电竞产业的发展打下了坚实基础。

以先进的培养教育模式打造选手。韩国人坚信，任何一名想要参与电竞的普通玩家都可以通过训练培养成为可以上场的职业选手。其中，教练是核心人物，他掌握话语权。此外，韩国每个战队都有不只一名战术分析师。早在《星际争霸》时代，韩国各大俱乐部研究院便着手研究各种竞争力，比如对于人族机械化开局的理解，对于多线操作的理解等等。韩国电子竞技教练系统和数据分析双管齐下，挖掘和培养了许多真正有潜力的选手。

韩国格外注重选手心理素质的培养，以保证在赛场竞技时发挥稳定的水平。在《星际争霸》比赛时代，他们就已经有心理辅导师随行了，即便面对嘲讽和比赛处于下风时，韩国电竞选手的表现依旧冷静。除了俱乐部，在新赛季开赛前，韩国电竞协会还会对职业选手进行素养教育，素养教育围绕三个主题：电竞反舞弊教育、退役后的出路教育、矫正坐姿及自我诊断教育。由于韩国电竞教育和训练产业完善，电竞选手的综合素养普遍较高。

另外，韩国电子竞技是政府主导下的产物，对于电子竞技产业，韩国政府每一年都会提供大量财政支持，构建人才培养体系，投入基础设施建设，同时营造社会氛围等，形成了支持电子竞技产业发展的完整机制。在韩国人看来，电子竞技是个竞争激烈的严肃体育赛事，普通人对电子竞技的认知度也相对较高，针对普通民众进行电竞认知度和乐趣相关的调查结果显示，非常熟悉（13.4%）、基本了解（34.8%）两项所占比重达到了整体的48.2%。普通民众对于电子竞技的看法，基本上是有助于缓解压力、有趣等。

由于电竞行业每年给韩国带来巨大的经济收益，还培养了大批收入丰厚、形象健康的职业选手，因此，源源不断地吸引着年轻人梦想投入电竞行业，想成为下一个体育明星、全民偶像，这为韩国电竞人才的培育持续输入新生力量。在电竞产业繁荣发展的背后，离不开政策的引领、媒体的作用和行业的职业化经验。总体来说，韩国电子竞技产业目前已形成了覆盖人才培养、竞赛体系、项目管理、科研创新等方面的完整体系，可供我国电子竞技产业发展借鉴。

第三章　电子竞技游戏

　　"电竞游戏"是从游戏中衍生出的竞技活动，尽管电竞在内容项目、比赛形式上的发展日益完善，但学界对其定义的阐述各有偏重，要么偏重游戏内容，要么偏重竞技特性，始终未能形成统一的定论。但追本溯源，电竞游戏本质上是一种有组织的、竞争激烈的电子竞技类游戏。电子游戏的发展对电竞游戏的诞生和产业的壮大具有至关重要的推动作用，因此，探讨电竞游戏，了解电子游戏的文化、发展脉络仍然是十分有意义的。

一、电竞游戏的平台

　　电子游戏以游戏平台为标准进行市场划分，主要包括街机游戏、主机游戏、计算机游戏、掌机游戏和手机游戏。

　　早期电子游戏受限于技术问题，使用的设备比较笨重，如街机、主机等，需要有较大的空间。随着日新月异的技术翻新，掌机、计算机应运而生，电子游戏展演的平台也变得多样了，游戏平台体积缩小，更为轻便。之后，网络技术出现，玩家操作游戏和更新内容的速度变快，以及通过手机下载游戏，玩家可以走到哪玩到哪。

（一）大型游戏机

大型游戏机，即"街机"，是设置在大型娱乐场所、酒吧、咖啡厅、汽车加油站等处用于娱乐的机器，其雏形是 1888 年德国人斯托威克根据自动售货机投币原理发明的第一台投币游戏机"自动产蛋机"。

早期因为技术的局限，大型游戏机大都采用机械或简易电路结构。第二次世界大战后，电子计算机技术有了突飞猛进的发展，晶体管代替笨重的真空管装置，后来还出现了集成电路和大规模集成电路等技术。电子技术的成熟，为大型游戏机的游戏类型、题材和玩法的开发打下了基础。尽管目前大型游戏机已经被主机游戏、电脑游戏和手机游戏所取代，不可否认的是，街机游戏在前期奠定了许多游戏的设计基础，部分游戏在长期的发展中，竞技性的玩法逐渐成熟，并成为重要的电竞游戏类型。

1. 弹球类游戏

1971 年，诺兰·布什内尔（Nolan Bushnell）设计了第一款面向大众发售的商业大型游戏机《电脑太空战争》（Computer Space）。但因游戏操作存在让人费解的地方，所以在商业的运作中并不成功。

后来，布什内尔创立了雅达利公司（Atari），公司的游戏设计师艾尔·奥尔康（Al Alcorn）创造出第一款成功的商业化大型游戏机游戏《乒乓》（Pong）。《乒乓》是一款 2D 图像构成的网球式体育游戏，游戏目标是在模拟的网球比赛中以更高的分数击败对手。

《乒乓》成功地推动了大型游戏机的时代发展，在随后的两三年里，出现了许多模仿《乒乓》的弹球类大型游戏机游戏，比如《胜利者》（Winner）、《领先者》（Leader）等。它们的设计是在游戏荧幕中央出现有趣的弹跳和具有反弹效果的障碍物，以此获得游戏的乐趣。[①]

---

① DeMaria R, Wilson J. High score! The illustrated history of electronic games [M]. McGraw-Hill, Inc., 2002.

2. 迷宫、赛车、决斗和射击游戏

1974 年，弹球类游戏的市场逐渐饱和、溃散，大型游戏公司开始寻找新的游戏题材，迷宫游戏、赛车游戏、一对一决斗游戏和目标射击等游戏兴起。[①] 雅达利推出了划时代巨作《坦克大决战》(*Battle of the Bulge*)，这是第一款使用只读存储器（ROM）读取图形资料的产品。其游戏画面是一座迷宫，由一到两名玩家操作着坦克在迷宫中穿梭。1975 年，美国游戏发行商美德威（Midway）公司开始推出了以《赛车》(*Racer*)为首的一系列赛车游戏，由此领跑赛车游戏机台。同年，美国从日本进口了第一台游戏机，美德威公司签下了 Taito 的一对一决斗游戏《枪战》(*Gun Fight*)。至此，日本电子游戏开始逐渐渗透进美国市场。Taito 是最早跨入大型游戏机产业的日本公司之一，很早就与美德威结成配销联盟，成为与雅达利争夺美国市场的重要力量。[②]

1978 年，美德威发行了一款改变市场的目标射击游戏《太空入侵者》，游戏画面上出现不断进攻的外星人和《大白鲨》版的催眠音效，创造了全新的挑战和紧张气氛。另外，它还引入了一个和胜利相似的新概念——积分制，这款游戏在 20 世纪 80 年代初扮演着重要的角色。

1979 年，艾德·罗格（Ed Logg）创作的《陨石大战》(*Asteroids*)击败了雅达利的《登陆月球》(*Lunar Lander*)，它除了射击，还要求玩家运用策略操作游戏。同时期，南梦宫（Namco）推出了第一台彩色大型游戏机《小蜜蜂》(*Galaxian*)。

3. 平台和动作游戏

20 世纪 80 年代初期，大型游戏机进入发展巅峰期。据统计，美国和

---

① DeMaria R, Wilson J. High score! The illustrated history of electronic games [M]. McGraw-Hill, Inc., 2002.

② DeMaria R, Wilson J. High score! The illustrated history of electronic games [M]. McGraw-Hill, Inc., 2002.

日本推出了百款种类丰富的游戏^①，大型游戏机主要以平台游戏和动作游戏为主，这些游戏设计奠定了许多内容和玩法的新标准。

经典的平台游戏有《疯狂爬梯者》（*Crazy Climber*）、《大金刚》（*Donkey Kong*）和《汉堡时间》（*Burger Time Delux*）等。《大金刚》的游戏设计是木匠人必须通过一连串的工业设施追捕大猩猩，拯救出被掳走的女友。这一游戏题材在后来被称为"拯救公主"，后期广泛应用于《塞尔达传说》（*The Legend of Zelda*）和《波斯王子》（*Prince of Persia*）等游戏中。

动作游戏以赛车类、角色扮演类和射击类为主。

《迷魂车》（*Rally X*）、《顶尖车手》（*Pole Position*）、《间谍猎人》（*KGB Hunter*）等都是大型机赛车类游戏中的经典代表。1980年在全美游艺机协会（American Amusement Machine Association，AAMA）展览中，《迷魂车》击败了《吃豆人》（*Pac Man*），被选为最出色的游戏机台。与当时其他游戏相比，它的优势在于其画面呈现是由彩色图形和卡通化的动作俯视视角组成的，并且首创了加分关的构想。《顶尖赛车》和《间谍猎人》分别以加入赛道感觉、着重营造驾驶的真实感以及加入拟真的射击元素而闻名。^②

射击类游戏有《终极战区》（*Battlezone*）、《宇宙海盗》（*Defender*）、《宇宙射击》（*Gorf*）、《大蜈蚣》（*Centipede*）、《星际大战》（*Star Wars*）等。值得一提的是，《终极战区》不同于《夜间司机》（*Night Driver*）和《雷霆炮手》（*Tail Gunner*）的第一人称视角，因为玩家能够在游戏中自由移动这一特色被认为是史上第一款第一人称射击游戏。

另外，《宇宙海盗》不仅需要眼观六路、耳听八方，射击外星人的登陆艇、轰炸机等，还要拯救被绑架的人类。这项设定在后来第一人称射

---

① Killer List of Video Game (KLOV) [EB/OL]. https://www.arcade-museum.com/

② DeMaria R, Wilson J. High score! The illustrated history of electronic games [M]. McGraw-Hill, Inc., 2002.

击类游戏中成为常见的玩法之一。《宇宙射击》设定了5个任务作为单独的游戏，基于这种多重关卡的故事情节，又加入了运用官阶奖励完成任务的玩家，也被认为是第一款带有角色扮演概念的游戏。

除了《宇宙射击》，《吃豆人》及其续集《超级马里奥兄弟》（*Super Mario Bros*）也是角色扮演类大型游戏机游戏。《吃豆人》的发行早于《宇宙射击》，虽然没有《超级马里奥》造型简单、明确的角色属性，但是《吃豆人》的游戏过程赋予了其独特的想象力。玩家需要操纵吃豆人在充满豆子的迷宫中上下左右移动，吞食迷宫内的244颗豆子，每一回合，会出现4个幽灵怪物追捕吃豆人，每被捉住一次，玩家就丧失一次生存机会，当生存机会为零时，游戏结束。美国游戏发行商美德威将《吃豆人》引进美国市场时引起了全球游戏风潮，在发行的第一年里就卖出了超过10万台街机，还诞生了以其为主题的动画片和歌曲。

4. 格斗游戏

1984年大型游戏机产业已经跌落谷底，好游戏的比例锐减。此时，格斗游戏《空手道》（*Karate Champ*）和《拟真拳击赛》（*Punch Out*）以及弹珠游戏《疯狂弹珠》（*Marble Madness*）表现较为亮眼。其中，《拟真拳击赛》游戏角色卡通化，需要玩家混合各种拳路，运用防御技巧，在K.O.（击倒）灯亮起来时了结对方。由此，《拟真拳击赛》在当时备受年轻人的欢迎。

（二）主机游戏机

主机游戏机是由游戏机生成可操作的图像和音像，通过电视或类似的设备，提供玩家交互式体验的多媒体。这也决定了主机游戏机包含两种设备：一是专用于进行游戏操作的手持控制设备，比如按钮和操纵杆等，也被称为控制器；二是用于运行游戏软件，进行视觉、听觉呈现的设备系统。

"视频游戏之父"拉夫·贝尔（Ralph Baer）认为游戏和电视是为彼

此产生的，因此，如何通过电视呈现游戏内容是验证观点关键的一步。1966 年，贝尔使用频道 3 和频道 4，通过天线输入的方式传送信号，将游戏机与电视连接起来，这种连接方式一直延续至今。后来，贝尔与鲍勃·柴伯雷（Bob Tremblay）建造了能够在荧幕上产生两个可移动光点的真空装置，这两个光点被视为"狐狸"和"猎人 / 猎犬"。从严格意义上来说，这还不是视频游戏。1967 年，贝尔团队以此为基础，设计出了"光枪"游戏。一名玩家以屏幕上快速、随机地移动的光点为射击目标，另一名玩家可使用玩具枪射击光点，射击游戏由此诞生。

贝尔团队还制造了承载双人《乒乓》的程序化游戏系统，史称"棕盒子"（Brown Box）的主机。以此为起点，家用视频游戏机的发展主要分为八代。在长达 40 多年的发展过程中，从盒式磁带到光盘，再到硬盘驱动器，从电晶体和二极管发展到 32 位，存储介质和处理器的不断升级，使得更精美的图像和音频在游戏中成为可能，并影响了后来的电脑游戏制作。[①]

1. 第一世代与卡匣式家用系统

1972 年，首代家用视频游戏机奥德赛（Magnavox Odyssey）诞生，其游戏系统简单，通过 40 个电晶体和 40 个二极管构成透明的彩色板，呈现三个白点和一条垂线的游戏画面，没有音效和得分显示。另外，它使用 6 个未含有任何电子零件的插入式卡匣，作用类似于跳线，这决定了游戏设定时所使用的电子系统。[②]

1976 年，仙童（Fairchild）推出内含曲棍球和网球游戏的"视频娱乐系统"（Video Entertainment System，VES）。在转手给 Zircom 前，

[①] Fullerton T. Game Design Workshop. A Playcentric Approach to Creating Innovative Games [M]. CRC Press, 2008.

[②] Loguidice B., Barton M. Vintage Game Consoles: An Inside Look at Apple, Atari, Commodore, Nintendo, and the Greatest Gaming Platforms of All Time [M]. CRC Press. 2014.

VES 共推出了 21 款卡匣，其中包含《井字棋游戏》(*Tic Tac Toe*)、《太空大战》等游戏。但最终因销售状况不佳被雅达利的下一代系统"视频电脑系统"(Video Computer System，VCS)所取代。

2. 第二世代与视频电脑系统

20 世纪 80 年代，正值街机游戏繁荣时期，以大型游戏机发家的雅达利先投入了第二代家用视频游戏机的研发和生产，最为著名的是雅达利 VCS，该系统后来改名为雅达利 2600。从某种意义上来讲，第二代家用视频游戏机实际上是大型游戏机发展下的衍生物。

事实上，在仙童推出 VES 前，诺兰团队已经意识到制作每款游戏都需要特制的晶体。史蒂夫·麦尔(Steve Mayer)发明了能够处理图形、提供理想系统所需速度与多用途的晶体。雅达利最终选用 6507 芯片后开始组建新的研发团队，团队包括声音设计师、数学家暨游戏程序设计师和工程师等，研发一套将可交换卡匣整合起来的先进系统，即代号 Stella 的初代 VCS。[①]

除了减少硅晶用量以控制成本外，VCS 还舍弃了画面缓冲器(Frame Buffer)，节省了一大笔在记忆体上的昂贵费用。在其他系统中，游戏所有的图素都会对应一大块记忆体区块，并通过特殊电路的高速扫描，驱动显示画面。在每个图素需要 8 位的条件下，一个 640×480 图素的画面就需要 307200 位组记忆体。Stella 的高速微处理器和可产生两行影像的特制芯片，仅有 128 组记忆体。虽然，它只能存储像《乒乓》和《坦克大决战》这类画面简单的游戏。但也因此在设计多样化的游戏上，VCS 比其他系统更有余力。

随着 VCS 一同进入市场的游戏，主要有《坦克大决战》的变体《坦克作战》(*Combat*)、《空海一体战》(*Airsea Battle*)、《街头飙车》(*Street*

---

① DeMaria R, Wilson J. High score! The illustrated history of electronic games [M]. McGraw-Hill, Inc., 2002.

Racer）等 9 款游戏。另外，和过去的家用电视游戏机相比，VCS 的游戏画面色彩更丰富，同时在控制器上和游戏中分别增加了摇杆和难度设定等全新设计。截至 1979 年年底，雅达利 VCS 已卖出 600 万台。次年，《太空入侵者》的 VCS 卡匣版发行，雅达利 VCS 销量再创新高，从此雅达利开启了黄金时代。

在 VCS 盛行时期，雅达利有一些设计师出走并成立了动视（Actvision）和梦想家（Imagic）等公司开启与雅达利的竞争关系。动视将 VCS 的能力发挥到了极限，在技术与设计上表现出色，推出了一系列畅销游戏。以《小鸡过街》（*Freeway*）和《森林探险家》（*Deep Rock Galactic*）为例，前者是首个能让 24 个角色同时动作的 VCS 游戏，后者则是 VCS 最著名的游戏，以能跑能跳的英雄为主角，开创了横向卷轴的新游戏形态。同时，《森林探险家》也是第一个平台式的动作游戏，对后来《超级马里奥》（*Super Mario*）等主机游戏的设计产生了很深的影响。

20 世纪 80 年代，ColecoVision 的出现对雅达利 VCS 造成了不小的威胁。Coleco Vision 是 Coleco 公司的第二世代家用电子游戏机，产品不仅在图形表现上卓越，还制作了有史以来第一个跨平台转接器。利用"扩充模组 #1"（Expansion Module#1）的特殊转接器，ColecoVision 兼容了雅达利 VCS 的卡匣游戏，还扩充了系统的游戏库，加之 Coleco 签下了《大金刚》游戏，推动了 Coleco 走向巅峰。

1984 年产业巨头雅达利错误预估了产品的销量，积压了大量软件，在恶性价格竞争下，游戏机产业大崩溃。至此，游戏机产业的鼎盛时代也落下了帷幕。

3. 第三世代与 8 位主机

家用视频游戏机和大型游戏机市场遭受重创后，尽管电脑游戏产业不断扩张，但因消费群体太小，电脑游戏仍然无法支撑起游戏产业的发展，而真正令游戏机产业起死回生的是日本著名游戏公司任天堂的加入。

1983 年，任天堂在日本推出了家用视频游戏机红白机（Family

Computer，FC），但当时因为美国市场的游戏机产业崩溃，游戏机难以即时在美国推出。为了说服经销商，将红白机与名为 R.O.B.（Robot Operating Buddy）的玩具机器人搭配售卖，其中还包括《超级马里奥兄弟》等游戏。美国推出的红白机就是任天堂现在的娱乐系统（Nintendo Entertainment System，NES），即"美版红白机"。截至 1989 年，任天堂"美版红白机"已完全掌控了美国市场。

4. 第四世代与 16 位主机

任天堂的成功为游戏机产业打开了新思路，世嘉（Sega）随后也推出了 Sega Master System。但世嘉研发的产品在初期就遭遇原创游戏不足的困难，且大部分协力开发的厂商已经被任天堂通过独占合约绑死，因此，世嘉只能通过移植自己在大型游戏机开发的热门游戏中寻找出路。后来，世嘉也推出了许多原创游戏，其中最经典的作品就是角色扮演游戏《梦幻之星》（*Phantasy Star*）。

1987 年，NEC 公司推出了 PC Engine（北美版称 TurboGrafx-16），号称是世界上第一台 16 位的家用视频游戏机。处理器虽然仍是 8 位，但它具有强大的图形处理能力，并且能利用信用卡尺寸大小的 HuCard 和光盘执行游戏。这是第一台配备光盘机的家用视频游戏机，此后数百款游戏应运而生，挑战了任天堂的垄断地位。

1988 年，世嘉推出了真正的 16 位家用主机 Mega Drive（北美版称 Sega Genesis）。尽管这款产品在日本不如 PC Engine 的影响大，但 Sega Genesis 为美国玩家量身打造了一系列游戏来力压 TurboGrafx-16 原封不动移植的游戏，这一操作使世嘉在美国市场站稳了脚跟。

尽管任天堂受到了来自 PC Engine 和 Mega Drive 的挑战，但任天堂依然能够坐稳游戏机市场的头把交椅，并在 20 世纪 90 年代发行了超级任天堂（Super Famicom）。至此，TurboGrafx-16、Sega Genesis 和 Super Famicom Genesis 三分游戏机市场，此时经典游戏作品有《刺猬索尼克》（*Sonic the Hedgehog*）、《魂斗罗》（*Contra*）、《超级马里奥世界》

（*Super Mario World*）等。

5. 第五世代与 32 位主机

第五世代主机游戏机在存储介质和游戏画面上发生了较大的变化。一方面，主要的存储介质从盒式磁带转变为光盘。光盘存储量大、生产成本相对较低的特点使游戏设计有了更多的发挥空间。[①]另一方面，因为游戏机处理器不断改进，2D 画面转向 3D 画面。[②]任天堂旗下的游戏设计商 SNK 公司曾在 1990 年推出了 16 位家用视频游戏机 Neo-Geo，但因为售价昂贵和游戏市场小众，并未引起较大关注。

1994 年，世嘉发布了 32 位家用视频游戏机土星（SEGA Saturn，SS）。但因游戏 3D 画面效果不佳和游戏量过少、缺乏吸引力等原因惨遭市场滑铁卢。而后推出的 Sega Dreamcast（DC）销量也不尽如人意，世嘉在 2001 年宣布退出家用视频游戏机市场。

同期，索尼公司的 PlayStation（PS）开始发售。索尼通过争取第三方游戏制造商的战略，使 PS 拥有了《古墓丽影》（*Tomb Raider*）、《最终幻想7》（*Final Fantasy VII*）和《合金装备》（*Metal Gear Solid*）等众多著名游戏，在游戏数量上占据明显优势。加上 PS 的 3D 芯片图像能力强大，它成为第五世代中最具竞争力的一款家用视频游戏机。

6. 第六世代与互联网

随着互联网的发展，虽然早期的家用视频游戏主机也提供在线功能，但第六世代主机的研发重心逐渐转移到社交功能上，内容下载、社交和多人在线游戏等功能被引入。其中，最具代表性的是 2001 年微软发行的家用视频游戏机 Xbox，特别开发了 Xbox Live 平台，专用于 Xbox 多人在线对战。2003 年，Xbox Live 平台还提供即时在线服务，包括多人联

---

① Rollings A. Adams E. Andrew Rollings and Ernest Adams on Game Design [M]. New Riders Games, 2003.

② Rollings A. Adams E. Andrew Rollings and Ernest Adams on Game Design [M]. New Riders Games, 2003.

网游戏、语音在线聊天、玩家积分排行榜等。

7. 第七世代与体感操作

微软的 Xbox360、任天堂的 Wii 和索尼的 PlayStation3 是第七世代主机里的三大经典之作，其代表游戏颇受玩家青睐，至今仍在更新中，比如《实况足球》（*Pro Evolution Soccer*）、《使命召唤》、《战神》（*God of War*）、《初音未来：歌姬计划》（*Hatsune Miku Project Diva*）、《杀戮地带》（*Killzone*）等。

最值得一提的是，任天堂在 Wii 的控制器 Wii Remote 上做了改进，引入"体感操作"的概念。除了按钮控制的功能，Wii Remote 一方面能像光线枪和鼠标一样控制屏幕上的光标，进行指向定位，另一方面能进行动作感应，侦测三维空间中的移动和旋转。

8. 第八世代

2010 年至今是家用视频游戏机的第八世代。至此，家用视频游戏机市场大致稳定，任天堂、索尼和微软各自凭借 Wii U、Playstation 4、Xbox One 代表机型形成三雄鼎立的局面。

随着存储技术的成熟，这些游戏机大多是对游戏画面的呈现进行精细化的研发。著名的游戏作品有《使命召唤：幽灵》（*Call of Duty: Ghosts*）、《战地 4》（*Battlefield 4*）、《刺客信条 4：黑旗》（*Assassin's Creed IV: Black Flag*）、属于足球系列作品的《FIFA 14》、《极品飞车：宿敌》（*Need for Speed: Rivals*）等。

（三）电脑

电脑是最早的电子游戏载体。从大型计算机到小型计算机，再到个人计算机，电子游戏在画面、音效上的呈现一直有所发展，特别是在打造射击游戏、角色扮演游戏和策略游戏上有推动性的作用。

1. 大型计算机

早期的电脑游戏大多出自学术研究机构和实验室。这些电脑游戏主要是为了学术研究或展示计算机的技术发展，游戏参与者仅限于学者和研究人员，娱乐性和商业性不足。

多伦多大学的约瑟夫·凯茨（Josef Kates）在 1950 年研发的《大脑伯蒂》（*Bertie the Brain*），计算机高度超过 4 米，配有九宫格形状的面板和灯光网格。玩家在面板上移动位置，计算机随之采取行动，二者交替点亮 X 和 O 形灯，玩家获胜时，代表玩家的 X 或 O 形灯会和"WIN"一起点亮。

1952 年，英国剑桥大学的 A. S. 道格拉斯（A.S.Douglas）开发出类似的井字棋游戏《圈叉游戏》（*Noughts And Crosses*），玩法与《大脑伯蒂》相似，但两者的区别在于这款游戏写在最早储存程序的计算机——电子延迟存储自动计算器（Electronic Delay Storage Automatic Calculator，EDSAC）中，它是通过三个小阴极射线管的屏幕显示游戏状态的。[①]

2. 小型计算机

20 世纪 60 年代起，计算机技术得到改进，晶体管的速度比电子管更快、更小，这类运用了晶体管的大型计算机，后来被称为"小型计算机"。这种大型计算机克服了原先分时的缺陷，将计算资源分配给数十个用户的同时，可即时创建和运行程序，技术的改进放宽了对计算机编程访问的限制。

1961 年，麻省理工学院的学生马丁·格雷茨（Martin Graetz）、韦恩·惠特妮（Wayne Witaenem）与史蒂夫·拉塞尔（Steve Russell）合作开发了游戏《太空大战》。这款游戏不仅具备了今天电子游戏的基本特征，而且也是已知首个能够在多个电脑中安装的电子游戏。

20 世纪 60 年代后半期，诸如 BASIC 之类的高级编程语言开始能够

[①] David W. Noughts And Crosses — The oldest graphical computer game. Pong Story [EB/OL]. http://www.pong-story.com/1952.htm

在多种类型的计算机上运行，这使原来以文字为主的电子游戏得到适度的发展。1968年由道格·戴门特（Doug Dyment）开发的《汉谟拉比》（*Hamurabi*），最初是一款文字版管理战略游戏，后来使用FOCAL语言被编写成电脑游戏。玩家作为古巴比伦国王汉谟拉比，执行管理粮食、规划种植、购买土地、处理瘟疫等事务，进而养活国民。游戏由10个回合组成，这款游戏影响了后来的策略游戏和模拟游戏，是模拟城市策略游戏的先驱。

20世纪70年代初，组合语言程序设计师威廉·克罗塞（William Crowther）根据勘探洞穴的经验开发了一套电脑奇幻游戏，这款游戏后来成为著名的《巨洞冒险》（*Colossal Cave Adventure*）。克罗塞将游戏简化，采用最早的双字句型，这套简单的游戏程序很快传到世界各地的校园与国防部承包商的电脑中，深深影响了整个时代冒险游戏的设计。迄今为止，《巨洞冒险》仍被视作纯文字冒险游戏的始祖。

3. 个人计算机

20世纪70年代末，微处理器功能越来越强大，市场上出现了一种更小、相对便宜，以微处理器为中央处理器的计算机——微型计算机。通常，许多微型计算机配备了键盘和屏幕后也被视为个人计算机。

1977年，Apple Ⅱ、Commodore PET和TRS80开卖并创下佳绩，吸引了雅达利在内的众多公司进入个人电脑行业。20世纪80年代，个人计算机游戏开始发行。国际商业机器公司（International Business Machines Corporation，IBM）研发的个人计算机推出了游戏《微软冒险》（*Microsoft Adventure*），IBM描述为将玩家带入洞穴和充满宝藏的奇幻世界，但此时个人计算机采用的彩色图形适配器（Color Graphics Adapter，CGA）、分辨率和扬声器声音效果还很差。

20世纪80年代后期，磁盘制作成本下降，内存增大，同时，增强图形适配器（Enhanced Graphics Adapter，EGA）、显示绘图阵列（Video Graphics Array，VGA）接连产生，声音合成技术出现，大大提升游戏图像分辨率和声音效果，家用磁盘操作系统（Disk Operating System，DOS）计算机也因此取代商用计算机，成为最重要的游戏平台。

1990 年，DOS 占据了计算机游戏市场的 65%，阿米加（Amiga）以 10% 的占比排名第二。1992 年《计算机游戏世界》报道称，DOS 占 1991 年计算机游戏销售的 82%，而 Amiga 却跌至 5%。

1996 年，Microsoft Windows 简化了设备驱动程序和内存管理系统，运用范围日益普及，是现今使用最广的计算机系统之一。同时，Microsoft 不断改进图形加速器和中央处理器（Central Processing Unit，CPU）技术，提高了计算机游戏的真实感，推动了射击游戏和角色扮演游戏等游戏类型的发展。

（四）掌上游戏

随着技术的发展，主机游戏的控制器和视频、音频设备可以合并到小型游戏机中。这类游戏机因体积小、携带方便，被称为"掌机"，例如任天堂发行的 Game Boy 就备受市场欢迎。掌机与手机两者都是由街机、主机及计算机进化而来的缩小型游戏平台，轻便容易携带，尤其是现在智能手机的出现，使手机游戏的类型和内容更趋多样化了。

1. 缩小版的家用视频游戏机

掌机可简单理解为缩小版的家用视频游戏机，不仅机器组成上相似，发展的路径上也大致相似。在任天堂的 Game Boy 和其他现代掌机系统出现前，一台掌机只能开发一款游戏。

Waco1972 年生产的《电子井字游戏》（*Electronic Tic-Tac-Toe*）是目前已知最早的掌机实体机。这个简单的闪灯式井字棋游戏可让玩家在灯泡上滑动红色或绿色的塑料方砖，代表他们在方格中落子。1976 年，真正全部使用固态电子组件的掌机出现在美泰公司（Mattel）。美泰开发的《飞弹大战》（*Missile Attack*）、《赛车》（*Auto Race*）和《美式足球》（*Football Frenzy*）等游戏均使用了简单的音效和一排排发光二极管

（Light Emitting Diode，LED）作简单的显像。以简单的 LED 运动游戏机起家的还有 Entex 公司，它以畅销的大型游戏机游戏为蓝本，推出了一系列的对战游戏，还生产了两部可换卡匣的游戏机 Select-a-Game 和 Adventure Vision，但销售情况不理想。[1]

Milton Bradley 公司的 Microvision 是第一款可换卡匣的掌机系统。这款掌机只有一个 16×16 图素的液晶显示屏（Liquid Crystal Display，LCD），但它却含有《太空入侵者》（*Space Invaders Extreme*）等 12 款游戏。1978 年，Milton Bradley 推出的《记忆回路》（*Simon*）大获成功。早期的掌机制造商 Tomy 公司在 20 世纪 80 年代也开始采用真空荧光显示屏（Vacuum Fluorescent Display，VFD）和 LCD 显示器制作掌机，值得一提的是，其中一款立体望远镜型游戏机可发出的立体音效。

1980 年，任天堂打造出世界上首台液晶屏幕游戏掌机 Game & Watch，可以呈现出黑色图像。任天堂在 3 年后推出的改进版，掌机上十字键和 AB 键的组合，与任天堂的红白机一同奠定了电子游戏主机的手柄雏形。20 世纪 70 年代末到 20 世纪 80 年代，掌机在游戏机市场中极为流行，但功能完整的掌机直到 20 世纪 80 年代末才出现。雅达利、NEC、世嘉和任天堂都进入掌机市场展开竞争，但任天堂成为最后的赢家。[2]

1989 年，雅达利发行的 Atari Lynx 是有史以来第一款拥有彩色画面的掌机，带有背光屏幕等多种功能和设置，但因为价格较高、机型笨重、电池消耗快及缺乏引人注目的游戏等缺点，掌机反响平平。相比之下，NEC 的 Turbo Express 在功能和画面上都堪称是最棒的掌机，它具有 TurboGrafx-16 的系统，可使用相同的 HuCard 游戏软件，彩页液晶屏幕能够呈现出清晰利落的画面。Turbo Express 产品价格偏高，主要目

[1] DeMaria R, Wilson J. High score! The illustrated history of electronic games [M]. McGraw-Hill, Inc., 2002.

[2] 杨亮. 湮没的历史：掌上游戏机兴衰史 [OL]. (2014-06-13). http://tech.sina.com.cn/i/2014-06-13/00349433743.shtml

标群体是拥有 TurboGrafx-16 主机的玩家，因此并非市场的首选。世嘉的 Game Gear 在掌机市场竞争中也不尽理想。Game Gear 虽然具备彩色屏幕和一些优质的游戏，但却有两个重大的缺陷：一是机器过于耗电；二是缺乏协力游戏商的支持。

与上述三款掌机形成鲜明对比的是任天堂在 1989 年发行的 Game Boy。尽管 Game Boy 是单色屏幕，但任天堂购买了《俄罗斯方块》的游戏版权，与 Game Boy 打包发行，成为电子游戏市场的新星。1994 年，任天堂推出了超级任天堂的附加装置 Super Game Boy，将 Game Boy 的游戏变成彩色版。1998 年，Game Boy Color 问世，这款产品利用大型游戏库和先前系统的安装基础，扩大了游戏库存。2001 年，Game Boy Advanced 上市，兼具了 Super Game Boy 和 Game Boy Color 的优势，具有更丰富的画面色彩和更复杂的游戏内容，代表游戏有《精灵宝可梦金与银》（*Pokémon Gold and Silver*）、《恶魔城》（*Castlevania*）等。

2. 手机游戏

在功能手机、智能手机等移动设备上操作的游戏，被统称为手机游戏。由于智能手机行业标准的建立，手机制造拥有成本快速下降以及规模经济驱动的特点，手机制造商的技术也随之迅速成熟，同时手机显示、储存、网络宽带和操作系统功能的改进和升级使手机游戏变得越来越复杂。1994 年，Hagenuk MT2000 设备上的《俄罗斯方块》是已知最早的手机游戏。1997 年，瑞典诺基亚推出《贪吃蛇》（*Snake*），这是首款用于手机的双人游戏。

1999 年，日本 NTT DoCoMo 公司推出的 I-mode 平台是首次需要付费下载的手机游戏的平台，在随后几年里，手机游戏延伸至亚洲、欧洲和北美市场。此时的手游市场仍不成熟，即移动运营商和第三方门户网站必须通过短信或运营商收费才可下载游戏产品。

有日本公司将照相手机技术应用于移动游戏中，利用照相手机和指纹扫描仪技术，开发益智游戏、虚拟宠物游戏，以及具有极高质量图形的 3D 游戏，此举使得手游在日本的手机文化中得到了普及。^① 例如，2003 年南梦宫公司发布了一款格斗游戏，玩家可以使用手机上的相机根据个人资料创建角色，通过拍摄的图像确定角色的速度和力量，然后，玩家再将角色发送到朋友的手机上进行战斗。同年，松下发布了一款虚拟宠物游戏，当宠物饿了的时候，玩家需要根据手机显示的"食物"照片，拍摄颜色相近的照片来对宠物进行喂养，同时，玩家也可以通过红外线连接把"食物"发给朋友手机里的宠物。^②

早期移动电话上的游戏通常是预装或嵌入式的，仅限于呈现粗略的单色点阵图形（或文本）和单信道音调，指令通过设备的键盘按钮输入。21 世纪初期，无线应用协议和其他早期移动互联网协议允许在线托管客户端，用户在缺乏下载和运行离散应用程序能力的设备下，可以通过 WAP 浏览器播放游戏。随着功能手机（以前称为"相机手机"）的出现，搭配了彩色屏幕、多声道声音以及最重要的下载和存储应用程序（以 J2ME 和 BREW 等跨行业标准实施），加速了移动游戏的市场化进程。

2008 年苹果推出了 iOS App Store 系统，智能手机用户开始下载移动应用程序，改变了消费行为并拓宽了手机游戏的应用市场。一方面，智能手机利用应用程序商店，通过开放式互联网在线设备，如 GetJar 和 Handango，连接游戏运营商商店或第三方商店，扩充了玩家的游戏选择；另一方面，移动开发人员可直接将应用程序上传到 App Store，无需与发布商和运营商进行冗长的谈判，使移动游戏开发速度更快、更加有利可图。^③ 早期 App Store 成功案例有《愤怒的小鸟》（*Angry birds*）、《罗兰

① Alfred Hermida. Japan Leads Mobile Game Craze [EB/OL]. (2003-08-28) http://news.bbc. co.uk/2/hi/technology/3186345.stm

② 青年参考. 日本手机玩疯了 [EB/OL]. (2003-09-03). http://japan.people.com.cn/2003/ 9/4/200394133734.htm

③ Behrmann M., et al. Mobile Games Architecture: State of the Art of the European Mobile Games Industry [EB/OL]. (2011-12-21) https://cordis.europa.eu/docs/projects/ cnect/2/288632/080/deliverables/001-MobileGameArchD3121122011PU.pdf

多》(*Rolando*)、《涂鸦跳跃》(*Doodle Jump*)等。这些游戏不仅吸引了数百万新玩家进入手机游戏，还推动了开发商和发行商一起进入新市场。

随着 iOS 和 Android 等移动设备标准操作系统的出现以及性能更高的硬件设备的研发，手机已成为重要的游戏应用平台。这些游戏可以利用移动设备的特征，在设备设计上，Apple 的 iPod Touch 和 iPhone 去掉物理键盘，配备了大型触摸屏，这个应用模式也被 Android 操作系统采用，成为手机游戏最常用的输入方式；在功能上，手机还能利用全球定位信息和相机设备，支持增强游戏的虚拟现实功能。

二、电竞游戏的类型

电竞游戏以玩法作为分类标准，可以分为：即时战略游戏、第一人称射击游戏、集换式卡牌游戏和多人在线竞技场游戏（MOBA），由于这些游戏具有较强的竞技性，所以成为电竞游戏中的典型类别。

（一）即时战略游戏

即时战略游戏是电竞游戏中历史最悠久的游戏类型，但"即时战略"这一名词直到 20 世纪 90 年代才由布雷特·斯佩里（Brett Sperry）推销《沙丘 2》(*Dune II: The Building of a Dynasty*) 时正式确立。[①] 如今"即时战略游戏"是战略游戏的子类型，其基本玩法是玩家利用收集来的资源创建地图单元和建筑，并以此做战略布局，确保保留己方地图区域的同时摧毁对手的资产。

即时战略游戏作为电竞中的重要类型，游戏的竞技性主要通过战略

---

① Bruce Geryk. A History of Real-Time Strategy Games [OL]. GameSpot.（2008-03-11）. https://web.archive.org/web/20110427052656/http://gamespot.com/gamespot/features/all/ real_time/

性和实时性展现出来。战略性是所有战略游戏进行竞技的核心手段。玩家通过不同策略的安排获取资源、生产武器和进攻敌方，以获得最终的胜利。① 策略游戏的前身是棋盘游戏，因此早期的即时战略游戏延续了棋盘游戏的一贯风格，将资源、地形、补给和单位等多种元素进行战略组合和部署。

实时性是指玩家在同一时间内为取得胜利而进行各自的操作，一方的停止并不会影响另一方的进行，直至一方攻克另一方取得胜利为止。② 这一点与回合制策略游戏形成了鲜明的对比，在回合制策略游戏中，玩家依次进行策略实施。早期的计算机策略游戏延续了棋盘游戏回合制的概念，使玩家在必要时有一定的时间，在对手行动前计划他们的轮次部署。布鲁斯·格里（Bruce Geryk）认为，实时性的加入改变了战略游戏的时间观，通过时间的限制，使游戏更接近现实——"如果你浪费了你的（时间），对手可能会利用他们的优势。"③

由于战略性和实时性的结合，即时战略游戏避免了玩家轮流操作的耗时，加快游戏节奏，缩短了游戏的时间，不仅能够带给玩家更刺激的游戏体验，也比回合制战略游戏更适合联机对战。在网络技术的加持下，即时战略游戏的流行度很快超过了回合制战略游戏。④

有人认为，即时战略游戏是回合制战略游戏的"廉价模仿"，因为游戏竞技输赢的判断标准往往不是战略，而是速度，能更快利用鼠标对单位下达命令的一方即为胜者，由此形成了"按键保姆"（button babysitting）这个名词。按键保姆玩家在游戏中花费大量时间，盯守下次

---

① 钟令青. 论即时战略游戏的平衡性 [J]. 中国校外教育，2012（09）：59.

② 钟令青. 论即时战略游戏的平衡性 [J]. 中国校外教育，2012（09）：59.

③ Bruce Geryk. A History of Real-Time Strategy Games [OL]. GameSpot. (2008-03-11). https://web.archive.org/web/20110427052656/http://gamespot.com/gamespot/features/all/real_time/

④ Salen K, Tekinbaş K S, Zimmerman E. Rules of Play: Game Design Fundamentals [M]. MIT press, 2004, 236.

点击按键的机会，或在不同单位和建筑物之间交替点击按钮。

另一种声音认为，即时战略游戏中的"战略"就是利用"冲"（rushes）的技能，玩家试图在掌握活动的优势后，尽快地击败对手。最典型的例子就是即时战略游戏《星际争霸》中的虫族战术（Zergling rush）。"Rush"指的是以尽可能快的速度生产机动单位或者混合部队来攻击敌方基地，并造成对方损伤的战术。跳虫作为异虫的一个兵种，产兵速度优于人族和神族，因此这一战术更有利于异虫玩家。异虫玩家会将其中一个起始工作者（或产生的第一个）变形作为产卵池，并利用他们所有的资源来制造跳虫，一旦他们有足够的力量压倒早期防御，它们的攻击性就会变得很强。①

新推出的即时战略游戏试图降低鼠标在游戏中的重要性，使玩家将更多的注意力集中在游戏战略本身上。例如，生产序列允许玩家一次分配多个生产任务，而不是每次都要等到一个战斗单位生产完成之后再下达另一个生产指令。同时，路径设置允许玩家一次性地向一个单位下达多个指令。

随着游戏模式的多样化，实时性和回合制也出现了合二为一的趋势。比如，即时战略游戏《国家的崛起》（*Rise of Nations*）和《全面战争》（*Total War*）系列游戏就以实时性为主要计时系统融入回合概念，允许玩家暂停游戏发布命令。另外一种融合方式是在游戏中将实时性和回合制设定为两种游戏模式，比如在《指环王：中土世界之战 II》（*The Lord of the Rings: The Battle for Middle-Earth II*）中，玩家在"魔戒之战"里既可以实时对战，也可以进行回合制战略游戏。

---

① Bruce Geryk. A History of Real-Time Strategy Games [OL]. GameSpot. (2008-03-11). https://web.archive.org/web/20110427052656/http://gamespot.com/gamespot/features/all/real_time/

（二）第一人称射击游戏

第一人称射击游戏是射击游戏的子类型，基础玩法是玩家以第一人称视角为中心，以枪支或其他武器进行战斗。在第一人称射击游戏中，第一人称视角和枪战是其主要特征，这两个特征是由游戏设计的拟真性和竞技性决定的。一方面，玩家通过角色的视角观察对手和游戏环境。第一人称射击游戏与第三人称射击游戏区别明显，在第一人称射击游戏中，玩家视角通常是从他们所控制的角色出发，这对游戏的图形有技术要求。第一人称射击游戏的流行在很大程度上仰赖电子图像技术的发展和革新，特别是3D图形技术。另一方面，玩家枪战轨迹不可预测。和大多数的射击游戏一样，枪支是第一人称射击游戏的主要工具，但与其他射击游戏相比，玩家在第一人称射击游戏中可以更自由地行进。以同样是第一人称视角的光枪游戏《VR特警》（*Virtua Cop*）为例，玩家在游戏过程中通常具有"轨道上"（脚本）运动，而诸如《毁灭战士》、《反恐精英》等典型的第一人称射击游戏的枪战轨迹则由玩家意志甚至是团队合作需要决定的。这也使得游戏的对抗性和刺激性更强，是其能够成为电子竞技表演项目的先决条件。

这种不可控性对第一人称射击游戏的地图设计有不小的挑战，为此，游戏设计师引入"阻塞点"的概念。阻塞点也被称为控制点（Control Point）或者堵塞区（Bottleneck），即地图上进攻方到达目标之前，遭遇防守方抵抗的区域。以《反恐精英》为例，不管是爆破模式中的匪徒，还是营救模式中的警察，作为进攻方，玩家必须攻克阻塞点才能到达目标区域，否则就必须撤退或更换进攻路线。对于第一人称射击游戏而言，阻塞点是地图的核心。① 在此基础上，游戏设计师会通过建筑结构、掩体

---

① Alex Galuzin. CS:GO 6 Principles of Choke Point Level Design [OL]. (2013-12-17). https://www.worldofleveldesign.com/categories/csgo-tutorials/csgo-principles-choke-point-level-design.php

位置、路径连接等多种元素的组合，控制地图内玩家的走向、游戏的节奏和平衡。

更具体来说，游戏设计师会关注以下 5 个内容的设计：一是区域划分，涉及玩家移动属性、冲突点发生、区域功能和尺寸；二是动线规划，比如连接区域的路径、区域内玩家可能发生的运动路线及交战点等；三是关键点设定，诸如优势阵地的必经之路或扼守目标点的阵地都是玩家动线上的关键所在；四是局部战术设计，这主要是利用不同区域的优势和风险，例如，《绝地求生》中一些房子适合狙击手狙击，而另一些区域则更适合隐蔽作战；五是引导性设计，包含地标物体设计、结构和美术设计等。[①] 其中，结构和美术设计较为复杂，一般分为结构对称设计、优势对等设计和非对称设计。不同的设计，游戏呈现出来的平衡性也不一样。如《守望先锋》的抢点图是结构对称设计，采用的是镜像平衡。《使命召唤》更多采用的是优势对等设计，双方都具有优势点位，但这些点位又不尽相同，这种地图的平衡难度相对较大。非对称设计的典型是《反恐精英》中的沙漠地图，防守方要比进攻方更靠近目标区域，双方有各自的优势阵地和动线。[②]

（三）MOBA 游戏

多人在线战斗竞技场游戏（MOBA），也被称为即时战略动作游戏（Action Real-Time Strategy，ARTS），源于即时战略游戏，同时结合了动作游戏和角色扮演游戏的元素。这类型游戏有相对明确、固定的路线划分，每一路玩家控制单个角色与对方玩家竞争，通过抢夺中立资源、击杀小兵或敌方玩家等方式提高自身角色的战斗能力，进而帮助团队实现整体战略，最终攻下对方基地。

① 孙一鸣. FPS 游戏设计入门 [OL]. (2018). https://gameinstitute.qq.com/course/detail/10148
② 孙一鸣. FPS 游戏设计入门 [OL]. (2018). https://gameinstitute.qq.com/course/detail/10148

从玩法上看，不难发现，这类游戏的特点与即时战略游戏相类似，实时性和战略性是其竞技输赢判断的主要标准。但与即时战略游戏不同的是，MOBA游戏在单轮游戏中没有回合制的概念，并且战略对游戏竞技输赢有决定性的作用。其战略主要体现在团队或玩家对地图的利用及英雄角色能力成长的把控，这些能力的量化标准都取自动作游戏和角色扮演游戏。

值得注意的是，MOBA游戏作为电竞游戏的一个重要分支，其起步和发展与地图的定制有着密不可分的关联。从《星际争霸》的定制地图"万世浩劫"（Aeon of Strife，AoS），到早期的DOTA（Defense of the Ancients），再到羊刀（Guinsoo）创作的《英雄联盟》，每一次更新MOBA游戏都是建立在新地图上的。

目前，这类型游戏大致分为上中下三路，每条路上分布了相同数额的防御塔，三路汇合的两边尽头是双方的基地；地图中央有河道，以河道和上中下路划分为四片野区，野区中分布着大小野怪等中立资源和草丛树林。另外，除了整体地图以外，界面右下方还有缩略小地图，玩家可利用小地图提醒队友己方进攻位置及敌方位置。

英雄角色能力成长的把控分为个人和团队两个层面。从玩家个人来说，玩家可以通过抢夺资源、击杀小兵和敌方英雄获得英雄角色经验值的增长和金钱收益。等级越高、装备越好，单线战斗能力，甚至是团队增益作用就越强。从团队战斗来说，英雄角色属性各有所长，玩家需要配合团队战略选择英雄角色，甚至在选择过程中做出一定的退让。以《英雄联盟》中的辅助位为例，他在团队中承担着指挥和保护射手的作用，辅助要帮助射手完成补刀，促使团队攻击能力发挥出最大化的优势。

不管是地图的设计还是英雄角色的属性都会影响游戏的平衡性。长期以来，MOBA游戏地图基本定型，但在英雄角色的设计上，游戏设计者通过观察进行微小的调整以保持游戏的平衡。以《英雄联盟》为例，为了保持对玩家的吸引力，每个月至少增加一个新的英雄，从最初的40

个英雄，到 2021 年已经扩增至 150 多个。同时，每年都会针对不同的英雄进行能力的削弱或加强，以保持游戏的平衡性。

（四）集换式卡牌游戏

集换式卡牌游戏，又称可收集纸牌游戏。这类游戏的玩法是：玩家获取卡片，从中创建定制的卡片组，在比赛中挑战其他玩家以获得最终的胜利。[①] 对集换式卡牌游戏而言，资源和规则被认为是该游戏设计的关键。

大部分集换式卡牌游戏都围绕这个资源系统进行设计，从而控制游戏的节奏。构成玩家牌组的卡牌和特定卡牌是两种常见的资源，对于前者来说，不仅使用和抽取频率被严格控制，卡牌的相对优势也要通过指定的资源数量和类型进行平衡。在此基础上，规则体系应运而生，通过对类型、设置、原始材料等特定元素的文字解释用以描述玩家目标、卡牌类别和交互方式。比如《万智牌：竞技场》（*Magic: The Gathering Arena*）就含有许多代表奇幻背景的生物和魔法咒语，龙被描述为爬行动物，通常具有飞行能力和强于小生物的战斗属性。另外，卡牌数量也是游戏规则控制的变量之一。以《万智牌：竞技场》为例，该游戏会限制一张牌可包含多少张副本，迫使玩家在选择纸牌和决定游戏策略时进行思考。

案例 3-1　地图的设计

提起游戏地图，玩家最先想到的一定是《魔兽争霸 3》《DOTA》和《英雄联盟》。但事实上，游戏地图的历史比我们想象中的要久。

在电子游戏诞生以前，不管是跳格子、桌游还是棋牌，都带有潜在的、原始的游戏地图。以桌游《龙与地下城》为例，游戏带有一个平面地图，玩家所代表的角色通过轮流投掷骰子，对其他角色

---

① Frank J. Role-playing Game and Collectible Card Game Artists: A Biographical Dictionary [M]. McFarland, Incorporated, Publishers, 2012, p10.

发动攻击，直至其中一方获得胜利为止。在这里，游戏地图看似可有可无，但是隐含了游戏设计对互动、规则和目标不同偏向的选择，这一点在电子游戏的发展过程中也有所体现。

早期囿于图形化技术和设备运算能力的限制，地图上要依据玩家的即时操作做出变化，给设备技术带来很大的挑战。因此，早期大部分游戏大多选择抛弃地图设计，以平台和互动为主。早期的街机游戏《太空侵略者》的画面上只有杂兵和破碎的掩体可以刷新，而游戏地图是不变的。

随着2D画面的普及，卷轴式2D地图开始风行，这种形式使地图具有前所未有的连续性，还解决了机能要求高的问题，地图的设计开始有了明确可行的意义。任天堂FC红白机上最流行的《超级马里奥兄弟》，可以说是2D地图的最佳范本。在运算资源稀缺的情况下，《超级马里奥兄弟》游戏通过卷轴式地图，合理分配互动元素，安排隐藏道路，设立场景机关进行场景转换，以此达到了很好的游戏效果。

随着3D图形技术的成熟，游戏地图设计打破了以高亮方式体现资源和互动的约束，以一种更为拟真的效果呈现，从此开创了地图设计的先河。这起源于《星际争霸》的地图设计，虽然只是一款2D游戏，但通过立体战场的打造，使地形成为游戏竞争里追求胜负目标的手段，比如，有高地优势的人族，可轻松抵挡人口高于自己几十倍的虫族的攻击。

更重要的是，暴雪娱乐公司首次在制作并发行的游戏中绑定了地图编辑器。一位名为Aeon64的玩家以此制作出了所有MOBA游戏雏形的自定义地图——"万世浩劫"。[①] 这个地图与现今的《英雄联盟》类似，分为三条兵线连接敌我两方基地。玩家控制单个英雄，

---

① Josh Calixto. Proving Grounds: The Geography of the MOBA Map [EB/OL]. (2016-09-22). https://killscreen.com/themeta/proving-grounds-geography-moba-map/

与电脑控制的敌方团队进行作战，以攻破对方基地为获胜目标。[①] 同样出自暴雪娱乐公司的《魔兽争霸3：冰封王座》（Warcraft Ⅲ：The Frozen Throne）也推出了地图编辑器。

2003年地图编辑者Eul受AOS启发，创作出了名为"Defense of the Ancients"的地图，即早期的《DOTA》。在这个游戏里，一方面对战双方均由5名玩家形成团队，各自控制单个英雄在三线地图上展开战斗，并在战斗的过程中实现英雄的升级；另一方面，三条兵线之间的野区加入了野怪的设置，这一设计的改变，成就了新的游戏玩法和游戏类型MOBA，因而也被赞誉为唯一被暴雪娱乐公司官方认可的"魔兽争霸RPG地图"。

与此同时，还有其他游戏开发者在游戏中增加了不同的新英雄、物品和特性，进而把这些派生地图和原始地图中的英雄汇集起来便形成了"Defense of the Ancients: Allstars"（DOTA Allstars）。《DOTA》在地图编辑者冰蛙（Ice Frog）的指导下，对部分英雄进行了削弱，英雄成长要素也被修改了，物品合成规则和战局演变得更加丰富，解决了DOTA Allstars地图失衡的问题。[②] 此举吸引了大批的玩家，并由此揭开了《DOTA》的辉煌时代。

2009年，冰蛙加入维尔福公司，与开发团队开发《DOTA2》。同年，"DOTA Allstars"作者羊刀在《DOTA》地图的基础上，创作出著名的MOBA游戏《英雄联盟》。

对比《DOTA》和《英雄联盟》，二者玩法相似，但在地图和英雄系统上有所差异。地图上长期被战争迷雾所覆盖，"战争迷雾"这一概念的设计最早来自策略游戏中的探索行为，是指景观经常被笼

① 宋昱恒. 全民电竞时代 | MOBA游戏研究报告 [EB/OL]. (2018-01-17) . https://36kr. com/p/5112767

② 火猫. DOTA发展简史：混沌时期的百花齐放 [EB/OL]. (2017-7-17). http://DOTA2. uuu9.com/201707/548856.shtml

罩在黑暗中，只有当该区域设有防御塔、出现小兵、玩家进入或是使用插眼等照明手段时，才能破除黑暗。这样的设计使得敌方有条件进行突袭或是己方进行蹲伏攻击，增加了游戏的战略性元素。

在此基础上，《DOTA》沿袭了《魔兽争霸3》的基本地形设置，保留了河流、低地、高地、高架、悬崖和山谷等立体地貌，玩家可利用这些立体地貌将自己隔挡在别人的视野范围之外，消失在迷雾中（在游戏中常被称为"卡视野"）。而《英雄联盟》将地图纬度降低，去掉了树木和复杂的阴影规则，只设有草丛用来"卡视野"，《英雄联盟》在地图设置上的调整意味着玩家视野机制的改变。

《DOTA》和《英雄联盟》地图上的可利用资源，主要分为两种：一是中立资源，比如《DOTA》中的"肉山"（Boss Roshan）和在树林中的野怪，《英雄联盟》中的石头人、男爵和小龙等；二是带有特定功能性的建筑，比如《DOTA》和《英雄联盟》中都设有置防御塔，以及《DOTA》独有的出兵建筑。当所有出兵建筑被击溃时，敌方士兵就会变成超级兵；在《英雄联盟》里也有类似的设计，当一方高地外围的小水晶被击溃，就会召唤出另一方的超级兵。

尽管双方在地图的设计有所不同，但《英雄联盟》仍然备受抄袭质疑。这也恰恰说明了一点：至少对 MOBA 游戏来说，地图代表的是游戏规则。因为《DOTA》和《英雄联盟》胜负判定的规则在于哪方水晶先行被攻破，所以在玩法上提出派兵攻打的设计，衍生出防御塔，逐步发展成多层防御的结构。为了增加游戏的娱乐和冲突性，在路线设计上产生多路贯通，划分出野区，通过设置中立资源，激发双方人马发生冲突，在争夺和战斗中实现英雄的成长和角色的分化。[①] 在英雄系统的设置上，《英雄联盟》去除了种族属性和部分

---

① IT 世界. DOTA 演变历史你不知道的地图元素 [EB/OL]. (2010-06-09). https://games.qq.com/a/20100609/000530.htm

英雄，将《DOTA2》的推进、先手、后期、爆发、控制等英雄标签，改为战士、刺客、法师、射手、坦克和辅助。

虽然地图比起英雄没有过多的互动点，但是地图的设计包含了地形和资源，通过对地形运用和资源整合，英雄实现了胜利转换的载体。归根结底，地图才是游戏的基础。

除了 MOBA 游戏，地图对第一人称射击游戏平衡游戏的娱乐性和偶然性具有重要意义。在地形层面，第一人称射击游戏通常是"掩体 + 路径"的形式，例如，高楼、树木、山坡、断墙等都属于掩体，房屋内的走道等则为路径，为玩家提供了掩护、潜伏和走动的可能，增加了游戏的变化性。

值得注意的是，不管是 MOBA 游戏还是第一人称射击游戏，大部分都配有俯视视角的"小地图"。在《英雄联盟》中，小地图能够展现己方队友位置、未隐藏的敌方位置；第一人称射击游戏《绝地求生：大逃杀》（*Player Unknown's Battle Grounds*）的"小地图"相对简单，只显示毒圈和己方位置，旨在提醒玩家适时"跑毒"求生。

案例 3-2　多人在线战术竞技游戏中的"英雄"角色

回溯 MOBA 游戏的发展史，不难发现，游戏的雏形源自地图，内容的迅速发展来自丰富的英雄角色所带来的游戏体验。当时的地图"万世浩劫"，其中有 5 个经典元素沿用至今——具有 3 条线路的地图，玩家控制英雄角色 5V5，以金钱、物品概念为代表的游戏基础资源和以摧毁对方主基地为胜的游戏目标。①

受限于地图编辑器的功能，当时的 AoS 并不具备竞技性，主要呈现在两方面：一是游戏中的英雄角色无法升级，也没有花样繁多

---

① 执行者 No.II. MOBA 游戏的起源与发展 [EB/OL]. (2018-10-11). https://gameinstitute. qq.com/community/detail/127814

的装备系统；二是玩家对抗的目标是电脑控制的团队。[①]

具有竞技意义的 MOBA 游戏的鼻祖是《DOTA》。值得注意的是，现在的《DOTA2》指的并不是最初的《DOTA》版本，而是源自 DOTA Allstars。自 2002 年《魔兽争霸 3：混乱之治》（*Warcraft III: Reign of Chaos*，RoC）的地图编辑器发行以来，《DOTA》版本一直在更新，其中诸如 RoC DOTA 系列和 2003 年《魔兽争霸 3：冰封王座》（*Warcraft III: Frozen Throne*）后的 FT DOTA 系列等，都为 DOTA Allstars 的整合及诞生奠定了重要的基础。

在现代版《DOTA》逐步发展的过程中，地图制作者们也开始制作新的英雄角色，打造和完善庞大的英雄角色系统。2005 年初 Neichus 接管 DOTA Allstars，制作了十几个新的英雄角色、物品合成配方说明和动物信使。其中，最具代表性的英雄角色是影魔和屠夫，屠夫在《DOTA2》中被玩家使用了将近 5 亿次。

DOTA Allstars 经过诸多版本的更新，其中的英雄角色也经历了多次的修改和移除，竞技性逐渐突显。大约在 2009 年左右，冰蛙加入维尔福公司，冰蛙为游戏加入了大量的新特性，其中包括各种英雄以及游戏设定。2011 年《DOTA》进入《DOTA2》时代，部分英雄、物品和神符被移植。同年 8 月的首届《DOTA2》国际邀请赛，仅有 46 个英雄可供选择。维尔福公司利用旗下的 Steam 平台，继承和发扬《DOTA》社区文化，不断移植英雄、完善画面、优化操作、更新模型、开创玩法。截至 2019 年 8 月，《DOTA2》更新到 7.22 版本，英雄角色和物品数量分别增加至 117 个和 128 件。

《DOTA》的另一重要人物——羊刀制作了另一款风靡全球的 MOBA 游戏《英雄联盟》。在《DOTA》地图的基础上，《英雄联盟》

---

① Gamelook. MOBA 发展简史：从游戏地图到现象级成功 [EB/OL]. (2014-09-02). http://www.gamelook.com.cn/2014/09/178508

通过明确英雄定位、重新设计英雄属性和道具类别的设计思路调整，将玩家体验重心向英雄上聚拢。[①] 这在一定程度上带动了地图遮蔽规则的修改，比如《英雄联盟》去除树木和复杂的阴影规则、增加草丛这种容易利用的元素等，通过一系列的设计变革，《英雄联盟》大幅度地提高了玩家的准入度。[②]

（1）英雄角色与背景故事

不管是《DOTA》还是《英雄联盟》，两款游戏除了具有强烈的竞技性外，其中蕴涵的巨大的游戏背景也让玩家着迷不已。

虽然《DOTA》官方并没有发布具体的背景故事，但几乎可以确定的是，游戏背景来自《魔兽世界 3》。相比之下，《英雄联盟》的故事背景相对完整，背景设定在名为"符文之地"的行星上，对于"在符文之地魔法就是一切"来说，瓦罗然是魔法能力最丰沛的大陆，住有两种主要的生命形态——人类和约德尔人，以及一些奇特生物。这些居民通过使用魔法技能和魔法符文，展开长时间的战争，瓦罗然的领导者疯狂使用原始魔法力量，军队用法术和符文武装自己，英雄们打造魔法物品率领部队彼此厮杀。

为了解决不断恶化的情况，瓦罗然的大法师们组织"英雄联盟"，决定所有的政治争论都必须在正义之地以决斗的方式处理。持有不同政见的召唤者们各自召唤英雄，由这些英雄带领没有心智意识的小兵进行战斗，达成任务目标即取得胜利。在这样的背景下，每个英雄的背景故事与技能、属性相关，却不会影响技能的平衡性。同时，通过英雄背景故事的串联，游戏建立起了英雄与英雄之间的联系，丰富了游戏的协作性。

---

① 执行者 No.II. 多维度深入分析：DOTA 与 LOL 的设计区别 [EB/OL]. (2018-03-29). https://www.gameres.com/799354.html

② 新浪游戏. 从寒武纪到黄金时代 MOBA 游戏发展浅述 [EB/OL]. http://games.sina. com.cn/r/yyt002/index.shtml

（2）英雄角色的设定

英雄角色的设计对游戏玩法、游戏体验和游戏深度都有极为重要的影响，让每一个英雄呈现独一无二的特性和趣味性是游戏设计的关键。《英雄联盟》的游戏设计师 Certainly T 表示，拳头游戏的游戏设计师一般从玩法设计（Design）、背景故事（Narrative）和艺术设定（Art）三个方面进行构思，被统称为"DNA"，与此对应的概念是由三个设计团队共同参与设计的。[①]

英雄角色的玩法实际上是游戏规则的具体表现。在实时战略游戏中，英雄的选定、优先权等是为了不同的对抗策略[②]，这种英雄选择的战略思路延续到了 MOBA 游戏中，英雄定位、属性、技能、符文天赋和物品相辅相成，形成了 MOBA 游戏独特的英雄体系。

（3）英雄定位

英雄定位指的是英雄分类。《DOTA》随着版本迭代，逐步形成了以战术为出发点的定位，分为后期、推进、控制、先手和爆发等。[③] 这些定位各有特点，比如，后期英雄对装备利用率高，能放大装备效用；推进偏向于清线和推塔；控制侧重控制敌方，给团队更好的输出空间；先手的技能范围广、控制力强；爆发指英雄技能伤害高。这个定位体系对《DOTA2》和《英雄联盟》产生了重要的影响。

以《DOTA2》和《英雄联盟》两款游戏为例，英雄可从属性、路线位置、职业和团队作用四个维度进行分类。[④]

① Terlanks. 如何在 MOBA 类游戏中制作一个"英雄"？要考虑哪些要素？[EB/OL]. (2017-07-07). https://www.zhihu.com/question/59917752/answer/194808581

② 执行者 No.II. 多维度深入分析：DOTA 与 LOL 的设计区别 [EB/OL]. (2018-03-29). https://www.gameres.com/799354.html

③ 执行者 No.II. 多维度深入分析：DOTA 与 LOL 的设计区别 [EB/OL]. (2018-03-29). https://www.gameres.com/799354.html

④ 游资网. 浅谈两类 moba 游戏的差异与利弊 [OL]. (2018-10-15). https://www.gameres.com/824490.html

《DOTA2》主要以属性作为分类标准，分成力量、敏捷和智力三种。《DOTA2》的英雄在发育过程中，其英雄属性的成长尤其明显。比如，力量英雄发育完全后，生命值和生命回复能力要比敏捷和智力属性更强（如图3-1所示）。

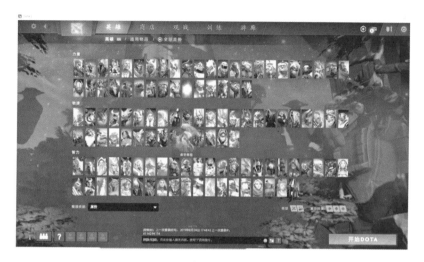

图3-1 《DOTA2》英雄选择界面

来源：《DOTA2》客户端界面

从路线位置来说，《DOTA2》的英雄位置分为 1 至 5 号位，其中 1、2、3 号位属于核心英雄，4、5 号位为辅助英雄。1 号位一般走优势路，即天辉的下路和夜魇的上路。这个位置的英雄一般在前期较弱，需要辅助保护发育到后期，才具有较强输出能力。2 号位一般走中路，后期拥有较强输出能力，但需要等级来提高输出能力，同时对边路有一定的支持能力。3 号位一般走劣势路，即天辉的上路和夜魇的下路，这个位置的英雄需要在前期抗压，在中后期发挥一定作用。4 号位的辅助比 5 号位更需要资源，在中后期有更多的发挥空间。5 号位则负责买更多的"眼"（有侦查的作用），负责布局地图的视野。

《英雄联盟》着重以路线位置对英雄进行分类，分成上单英雄、打野英雄、中单英雄、核心英雄和辅助英雄。上单和打野一般为战士；中单一般为法师或者刺客，通过中路单线高等级的提升来提高爆发能力。核心英雄一般会选用射手，因为射手拥有长射程的输出，但是这些英雄在前期大多都需要辅助援助和保护。此外，辅助在为队友提供输出环境的同时，还要担任视野的布局。

通常来说，英雄职业的分类也与路线位置相关。根据英雄属性，英雄可分为坦克（肉盾）、战士、法师、刺客、射手等。一般而言，坦克（肉盾）和战士比较能抵抗物理和魔法伤害，法师和射手分别用于魔法伤害和物理伤害，刺客相对灵活，也可以进行魔法伤害或物理伤害。英雄的数量搭配类型可以根据游戏情况做出不同的选择。

受到《魔兽世界3》的影响，MOBA游戏中的技能保留了明显的"魔兽"特征：每个英雄的技能有明确的作用以及不可替代性。[1]这意味着，英雄角色技能形成的差异化使得英雄之间有更清晰的团队定位。

（4）《DOTA》强调英雄属性

每个英雄角色都有各自的主属性，在使用主属性装备或者天赋时会有额外的加成。在大多数情况下，英雄的主属性决定了英雄的定位和出装，这一点在《DOTA2》的英雄角色设计上尤其明显。

《DOTA2》的英雄分为力量、敏捷和智力三种属性。力量和英雄的生命值及生命回复相关，力量属性的英雄以肉盾、半肉战士和刺客为主。敏捷属性会增加英雄的攻击速度和少量护甲，一般以射手、刺客和战士等物理输出型英雄为主。智力属性增加主要适合法师，可增加魔法值和魔法回复速度。

这种以属性为主的英雄角色设计思路，让《DOTA》的英雄定位

---

①   Chen L C. The value chain in the Asian online gaming industry: A case study of Taiwan [D]. University of Westminster, 2009.

更加灵活多样。在大量切入道具和生存道具的存在下，即使是近战英雄，也能承担物理输出的位置；同时，辅助英雄在大量生存、逃生道具的支持下，也能有更多的操作空间。复杂的机制同时也加高了游戏的门槛，玩家除了要理解英雄的技能和物品的特效之外，还有驱散机制（一种用于移除正面或负面状态）的运用。

（5）《英雄联盟》强调英雄技能

相较之下，《英雄联盟》的设计没有像《DOTA2》一样强调英雄属性，而是利用技能自带的加成，例如，提升英雄物理伤害、魔法伤害或生命值等，透过突出其中一种属性，英雄可以在不同的位置发挥最大的团队效益。

技能是指在一定条件下，针对制定角色、道具、非玩家角色、地图坐标等实现一定效果的游戏指令。MOBA 游戏的角色技能系统，可以归纳为技能释放条件和技能效果。其中，技能释放包含了技能释放方式、距离和作用范围，技能效果则包含动作效果、伤害和释放形态。

《英雄联盟》的角色技能分为：主动技能、被动技能和召唤师技能三种，每个英雄技能的构成具有规律性。一般而言，英雄技能是 1 个被动技能加 4 个主动技能，玩家在每局游戏中可以根据英雄或定位需要，选择 2 个召唤师技能。召唤师技能是《英雄联盟》的一大特色，每个玩家有两个召唤师技能的技能栏，每个召唤师技能能够独立计算技能冷却时间（Cool Down，在游戏中常被称为 CD），不需要任何消耗手段。

（6）英雄角色与艺术设定

曾经设计了锤石、婕拉、亚索和卡莉斯塔等英雄的《英雄联盟》设计师 Certainly T 曾经表示，"大多数英雄的创作都是从玩法机制开始设计，再赋予英雄具体形象和背后隐藏的故事。但是在设计过程中，我们却意识到，一个英雄的设计应该始于形象或者故事创作"。[①]

角色的具体呈现是英雄形象的重要艺术设定，不仅需要准确体现游戏的特定情境，还要突出角色的性格特征和情感特色，以丰富角色的实体感。在大型游戏中，一般会设计英雄站立、行进、攻击、防御和表演的动画效果。[②]

《英雄联盟》的每一位英雄因为形象不同，站立姿态的特征略有差异。比如，祖安狂人蒙多医生被设计成上身魁梧的英雄，重心比较居中，上半身、手臂或提武器时动作明显，让人感觉稳重有力量。像影流之主劫和战争女神希维尔两个角色同样被设计成俯身弓步，前者以男性形象出现，两腿朝向外侧，后者则双腿向内扣，呈现出女性阴柔的特质。

竞技性游戏中的角色跑跳、攻击动作较多，动画设计师通过步伐大小、走路姿势、节奏快慢等对角色特征进行区分。[③]《英雄联盟》中的盲僧李青是一位武术大师，他在行走时身体呈下俯或是摆出预备招式的姿态，每个技能动作带有中国功夫太极的味道，与其技能特征、形象设定很切合。

除了视觉效果，英雄角色的艺术设定也包含听觉设计。事实上，英雄的声音和某些技能音效作用不输于视觉传达效果，主要表现在两方面：一是利用声音强化英雄特性，让英雄形象更具体；二是一些技能最重要和最具辨识度的音效，会与英雄的技能挂钩，也就是音效交代了玩法机制，每种声音的作用在强化某位英雄独特的主题

---

① Terlanks. 如何在 MOBA 类游戏中制作一个"英雄"？要考虑哪些要素？[EB/OL].
 (2017-07-07). https://www.zhihu.com/question/59917752/answer/194808581
② 孔芳菲. 论大型游戏中角色动画的艺术魅力——以《英雄联盟》为例 [J]. 西部皮革，
 2018, 40（18）: 135.
③ 孔芳菲. 论大型游戏中角色动画的艺术魅力——以《英雄联盟》为例 [J]. 西部皮革，
 2018, 40（18）: 135.

性，例如，玩家听到布里兹出钩或者克烈大招的声音时，就能对游戏情况做出判断。[①]

三、电竞游戏的玩法

一般来说，电子竞技的玩法指的是玩家与游戏互动所产生的体验，玩法主要用来引导和激发玩家达成游戏目标。[②]玩法依赖玩家在游戏中的自主认知和体验，形成一套目标达成的操作或套路。好的游戏玩法代表游戏的基本核心，通常被认为是比游戏更为重要的外围元素（例如图像质量、游戏故事或叙事）。[③]

一方面，玩法和和规则存在一定的联系。首先，游戏从设计到公测，开发者先根据游戏体系及内容设计出游戏规则，投入内测和正式公测后，玩家在体验过程中会不断探索新的玩法。第二，玩家的玩法对游戏规则也有一定的作用，游戏设计者或开发者根据玩家反馈再适当调整游戏规则，使玩家获得更好的游戏体验。简言之，规则界定游戏体验难度，玩法主导游戏体验深度，玩法受规则和目标的制约。

另一方面，玩法和规则存在一定的区别。首先，规则侧重保证游戏的公平性，通过定义游戏目标、指示玩家行为，包括允许和限制的操作。玩法侧重激发和引导玩家达到游戏目标，玩家通过对游戏的主观理解及掌握，利用不同操作达成游戏目标。例如，《英雄联盟》在官方网站中对

① 《英雄联盟》运营团队.《英雄联盟》音效背后的故事 [OL]. (2018-07-06). https://lol. qq.com/webplat/info/news_version3/152/4579/4580/m3106/201807/740480.shtml

② Ermi L, Mäyrä F. Fundamental components of the gameplay experience: Analysing Immersion [J]. Worlds in play: International perspectives on digital games research, 2005, 37(2): 37-53.

③ Marshall D, Coyle D, Wilson S, et al. Games, Gameplay, and BCI: The State of the Art [J]. IEEE Transactions on Computational Intelligence and AI in Games, 2013, 5(2): 82-99.

匹配模式、排位赛、游戏胜利条件和匹配系统进行了规则说明，在匹配模式中告知玩家，可以选择"单人"或者"组队"模式；系统会根据玩家以往的游戏成绩评估其游戏水平，再根据水平匹配合适的对手以保证游戏的公平性；在玩法介绍中，每周会推荐上单、中单、打野、游戏定位、辅助的英雄"星玩法"，介绍英雄在初阶、中期的思路和团战等时期的玩法，借此引导玩家取得胜利。

此外，规则是游戏开发者进行设计和制定的，玩法不是通过直接设计的，而是来自玩家与游戏之间的互动，但是，游戏开发者可以通过游戏的交互设计达到对玩法的控制。[①] 玩家进入游戏后，所进行的操作及对游戏的反应，构成了玩家自身的玩法和体验。

与一般的网络游戏类似，电竞游戏也分为不同的类型，目前大致可分为：第一人称射击、MOBA、格斗、实时战略游戏和体育电子游戏等。[②] 当电子竞技从玩家之间单纯的娱乐，发展为体育对抗项目和表演赛性质项目时，就说明电子竞技不再是单纯意义上的"玩游戏"，而是进入专业选手之间为目标而展开对抗的层面。

电子竞技最初的赛事从实时战略游戏开始，要求玩家或选手深入游戏背景，了解游戏构建的虚拟世界观，在这个时空平台中发挥所选择角色的最大效用，以此开展对抗或合作。早年的《星际争霸》被视为发展电子竞技重要的时间点，玩家从战略布局到策略实施再到资源争夺的过程中，以基本的鼠标和键盘等进行操作，手脑配合获取游戏胜利。目前，电子竞技已经发展出多种游戏类型，推出了更方便快捷的系统提示或系统推荐，但是电子竞技内容仍脱离不开三大要素：规划、资源和操作。

---

① Salen K, Tekinbaş K S, Zimmerman E. Rules of Play: Game Design Fundamentals [M]. MIT press, 2004.

② Funk D C, Pizzo A D, Baker B J. eSport Management: Embracing eSport Education And Research Opportunities [J]. Sport Management Review, 2018, 21(1): 7-13.

（一）规划

规划指的是玩家在游戏中面对不同环境和局势做出的思考和应对。在休闲类游戏中，玩家以放松身心和娱乐为主，游戏规划的体现相对较弱；在竞技类游戏中，玩家以团战形式进行对抗。如果是以战队形式对抗，教练会针对既定游戏进行赛前规划，包括战略和战术上的决策安排，以确保队伍获胜。一般而言，战略规划主要是指教练对比赛的安排，对选手在比赛的操作安排属于战术规划。

1. 战略规划

教练负责的战略规划，是指为战队确定风格、搜集对手数据以及制定作战计划。简单来说，教练主要的任务为：赛前准备战术、赛中英雄选择（BP）、赛后复盘找问题。

（1）赛前制定计划

制定赛前计划是战略部署的一种，对以战术主导的 MOBA 类游戏尤为重要。训练期间，教练和分析师会收集对方队员近期的表现状态和常用英雄列表（英雄池），从而推断出对方在比赛中可能会选择哪个英雄，同时，教练也会根据敌方队伍每个队员近期的能力数据，包括队员战绩、战术强弱项等，以此制定针对性的措施和打法，即游戏比赛中的"套路"。

战术教练需要及时更新战术、调整训练计划，给予选手最佳的建议和帮助。教练团通过数据，研究对战方选手的杀敌、死亡和助攻数（Kill/Death/Assist，简称为 KDA）。这些针对性的破解策略，包括准备多套英雄组合和团队阵容以压制对手。尤其在关键性比赛时，除去常规"套路"，出奇制胜的"奇招"也必不可少。此外，战术教练还需要观察和分析全球的职业比赛，根据从其他队伍收集来的新信息，重新构建适合自己队伍的打法。

（2）赛中英雄选择

赛中英雄选择（BP）是 BAN & PICK 的简称，是 MOBA 类项目中常见的比赛术语。BAN 的意思为禁用，PICK 的意思为选择，是正式比赛前双方选择英雄角色的环节，属于战略决策的一种，也可以算是兵力分配和队员安排。以《英雄联盟》为例，每队五名队员在选择自己的英雄的同时，以 BAN 禁用的方式限制对方选手使用英雄，在发挥自己优势英雄时克制对方阵容。BP 环节允许一位教练在旁边帮助选手做选择，教练使用何种阵容出战可以体现出其把控全局的能力。

在现场比赛的时候，教练的主要职责是根据平时收集的对手数据做出相应的临场组合搭配，比较强势的教练会强制要求队员遵循自己制定的战术，包括根据体系选出上路、中路、下路具体使用的英雄，相较灵活一点的教练会和选手沟通，尽量让选手们选择自己有自信操作的英雄，同时，又可以搭配出"能攻能守"的阵容。但有时自主性较强的选手，可能会发生不服从教练 BP 安排的情况。

（3）赛后复盘战况

赛后复盘指的是电竞比赛结束后还原比赛过程，拆分成己方和敌方的每一个冲突点，找出对方的漏洞和应对方法，以避免犯重复的错误，提高自己的竞技水平。复盘是每个电竞教练必须做的工作，甚至在三局两胜（Best of 3 Games，BO3）或五局三胜（Best of 5 Games，BO5）赛制的赛场上，主教练会在每局比赛间给选手做复盘，以调整第二场比赛 BP 阵容。

电竞比赛中双方团战一触即发，短短几秒内便打得不可开交，选手操作速度极快，很多时候观众还没有反应过来对战已经结束。复盘就是通过暂停、慢放等技术，把比赛中看不清的细节清晰地展现出来。在教练的帮助下，选手可以经由赛后复盘重新思考，自己当时的决断和操作是否存在问题，操作的成功可以作为经验继续使用，失败则需要分析原因与解决之道。复盘对教练和选手而言是思想的激荡，是新思路、新套路和新战术产生的过程。

2. 战术规划

战术规划指的是对攻击力的安排，针对对手的强项和我方的胜算，灵活运用各种方式，以在不同战斗中出奇制胜。战斗力的要素包含以下几项[①]：

攻击力：给予敌人损伤的能力；

机动力：个人或团队能以多快的速度移动，有时也会以"攻击力 × 机动力"来表示战斗力；

防御力：能够抵挡敌人多大程度的攻击；

指挥能力：可分为统率力、指挥力和煽动力。统率力为领导整个团队活动的能力，指挥力为正确使用团队的能力，煽动力为提升士气的能力；

情报力：得知敌我双方战斗力、位置、战况有利与否的能力。

电竞比赛中的战术规划，主要分为三个方面：策略规划、地理规划和路径规划。

（1）策略规划

策略规划主要指对游戏全局的把控和谋划，"不谋全局者不足谋一域"。策略规划是玩家进行游戏时的方向性布局，现家通过预判和应对，达到在具体操作时的得心应手。策略规划主要包括战略部署、兵力分配和队员安排三个方面。

战略部署：战略部署在实时战略游戏中应用得最为明显。实时战略游戏的过程是实时进行而不是回合制，实时战略游戏会有资源采集、基地建造、科技发展等元素，游戏不只是在战斗，在采集、建造、发展的过程中也采取实时制。以《星际争霸2》为例，游戏中竞争的种族包括人族、虫族、神族三类。首先，人族要确保己方基地中的农民不断生产，虫族则要确保主基地有一只雄蜂不断生产，以此为基地创造更多资源用

---

① 山北笃.电竞必备作战指南：游戏原创战斗 & 战略事典 [M].赵鸿龙，译.台北：枫树林出版社，2017.

于后期战斗。其次，要把握人口创造速度，在达到人口上限的同时不阻碍兵力和科技的发展。最后，要确保资源迅速合理地消耗，即多造兵、多造兵营和扩张基地。玩家必须从游戏前期进行分工完成部署。

兵力分配：兵力分配多见于 MOBA 游戏和实时战略游戏。在 MOBA 游戏中，英雄对于战局的影响远超一般小兵，具有能够左右战场动向的优秀技能，包括打野、攻击、治疗、坦克等。《DOTA2》的游戏设计中有三条路线，每条路线由玩家自主操作，将五个英雄分配到三条路线称为分路（如图 3-2 所示），常见的分路有 212 式、311 式、221 式。《王者荣耀》每个英雄都有默认分路，召唤师也可根据英雄属性调整分路搭配。当召唤师分路搭配不合理时，系统会自动弹出提示提醒召唤师。属于实时战略游戏的《星际争霸 2》，双方对战时可通过对散兵和炮的安排，对左右翼骑兵进行排兵布阵。

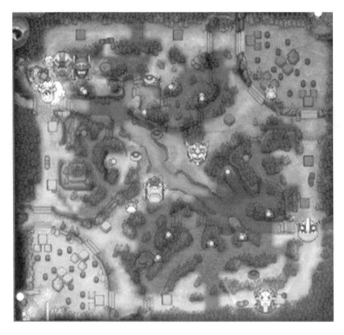

图 3-2 《DOTA2》分路游戏界面

来源:《DOTA2》

队员安排：队员安排主要见于体育电子游戏中，如《NBA 2K》系列、《实况足球》、《在线足球》（FIFA Online）。该类游戏具有拟真性，与现实比赛高度相似，团队需要在赛前对比赛阵型进行部署，对前锋（或前卫）、中锋、后卫、边锋及守门员等队员应进行合理安排。例如在《实况足球》中，玩家可以在游戏选项中设置全队阵型并储存战术，在己方控球时由整队安排改为集中控制某个球员，确保进球得分。

除上述规划外，还有一种特殊的策略规划，多见于休闲性较高的电竞游戏。例如，在棋牌策略类游戏《炉石传说》中，玩家分配到的英雄以卡牌的形式呈现，分为随从卡、法术卡、武器卡、英雄卡以及专家级卡牌，玩家根据战术需要安排卡牌、组建套牌，以应对其他玩家的出牌。

（2）地理规划

地理规划主要指玩家在游戏中应对不同地理环境做出的规划。玩家深入了解游戏后，会在游戏开局针对地理环境进行预判，并采取相应的操作。地理规划分为地图、地形，前者要求玩家主动掌握游戏地图，后者特别针对第一人称射击游戏中的地形，属于被动式规划，玩家必须能通过地牢或建筑物才能和其他玩家相遇或逃离。

在地图规划中，游戏界面会出现小地图，玩家可通过小地图掌握个人位置和敌方位置，判断下一步战术及操作。例如 MOBA 游戏的小地图，在高水平玩家对战的高端局中很重要，需要玩家随时查看，若不掌握小地图进行盲打，则无法跟进队友警告以及敌人动向。

在地形规划中，第一人称射击游戏的玩家，需要对海、陆、空三种地形有全面的了解，以确保可以在每种地形中行进和射击。例如，《绝地求生》的玩家从高空通过降落伞加入游戏，在降落过程中需要规划落点，避免造成落地即阵亡。玩家在陆地行进时，需要对山坳、丘陵等地形做好规划，避免遭到高地狙击或埋伏；在跳崖躲避或逃亡时，要确保下方有水可游泳，又要确保在体力消耗殆尽前能够上岸继续战斗。

体育类的赛车游戏也需要对地形进行规划。如《跑跑卡丁车》

（*CrazyRacing Kartrider*）在地图中设置了沙漠、海水等减速地带，玩家在控制赛车高速行驶时，可利用弹跳等技能突破这些地形。

（3）路径规划

路径规划指的是在游戏进行中，对玩家的移动、走位路线进行安排。在多对多的竞技模式中，路径规划尤为重要，关系到个人贡献以及游戏局势开展。与策略、地形规划不同，路径规划是从相对微观的角度进行战术考虑的。

具体而言，路径规划属于主动式的规划，主要分为：基础行进路径规划、进攻路径规划和球员走位规划三种。

基础行进路径：基础行进路径主要指玩家在游戏中利用基本操作完成移动，玩家根据地形不同，需要做出直行、蹲伏、绕道等决策和规划。基础行进路径在每一类电竞游戏都会用到，相对而言，格斗类游戏的路径是最简单的。

第一人称射击游戏的路径，根据玩家地点的不同而有所不同，主要路径包括户外空地、山地、水中、室内，室内又可细分为走廊、隧道、房间等，玩家要针对不同路径因地制宜：若处于户外空地，要确保周围有掩体以便于自保；若处于室内，要警惕道路尽头有敌方埋伏。

MOBA 游戏的基础路径规划，主要在游戏前期，玩家必须在基地附近移动积累资源，资源充足后才可以向敌方发动攻击。实时战略游戏与MOBA 游戏类似，基础行进路径规划都在游戏前期的基地建设，不同之处在于，实时战略游戏的玩家需要对所选种族的行动路径进行安排，如基础资源的挖掘和基地扩张等，为交战打下基础。

体育游戏类的赛车游戏也需要对行进路径进行规划，譬如遇到常规道路和捷径时，玩家需要做好预判，确保赛车顺利、赛道路程缩短等规划。

进攻路径：进攻路径需要明确进攻的路径，多见于 MOBA、格斗以及实时战略三类游戏中。游戏双方可实时掌握对方行进状态和位置，玩家根据双方相对位置可做出规划发起进攻。

MOBA 游戏的进攻路径与兵力分配密不可分，在分路完成英雄安排后，每个英雄要确保在各自分路上能够应对敌方攻击。英雄所在分路位置是否靠近商店也对战斗力有一定影响，若靠近商店可及时补充装备或补给，否则只能放弃分路回城休养。

格斗类游戏中双方相对位置较近，可视为开局即进攻。这类游戏主要依靠玩家按键操作，选择跳跃或直接完成击杀。实时战略的进攻路径与双方基地建筑以及兵种有关，在《帝国时代 3》(*Age of Empires III*) 的对战中，应该尽量将对战地点拉近己方建筑或空旷地带，如果对战地点靠近敌方建筑可能会造成火力分散，无法完成进攻。

球员走位：球员走位特别应用在体育电子游戏中，与实际比赛类似，每名球员的走位影响传球及攻防。这类游戏的便捷之方在于，对走位的安排不用精确到每名球员的每一步，玩家进行走位路径规划后，没有集中控制的球员会按照既定路线移动。

除了上述路径规划外，第一人称射击游戏还有一个特殊规划，即视角切换。玩家在行进的时候可选择第三视角的后背视角，射击的时候可切换成第一视角的枪支瞄准点。根据战局或行进跑动时切换不同视角，玩家可以有效地掌握游戏局面。

（二）资源

为了在竞技中维持战斗力，提供必要物资和设施的准备能力也很重要，战斗力也要根据资源做出合理评估。资源指电子竞技中涵盖的实物和技能要素，包括可控制资源和不可控制资源。可控制资源指可进行获取、传递和丢弃等操作的资源，包括金钱、装备、交通工具、技能等；不可控制资源指游戏环境中固有的基础设施，这类资源不会带来实际的帮助，或许还会阻碍游戏的进行，但是玩家若能充分利用地形特性，也可能发挥出作战优势或抵御攻击的重要作用，譬如楼房、山坳、战争迷雾、雷区、边界等。与资源有关的玩法涉及资源获取、资源利用两个方面。

1. 资源获取

资源获取主要指游戏开局及进行过程中，玩家对可控制资源的采集、捕获、打造、修炼等。资源的获取可以帮助玩家提高竞技能力，有利于个人或所在团队取得胜利。不同的游戏类别，资源获取的方式和内容是不同的。

通过购买或采集的方式获取资源，常见于第一人称射击游戏。如《反恐精英》的玩家，在开局前会分配到定额的初始资金购买装备，购买武器有一定时间限制，在规定时间内通过键盘 B 键或 O 键组合数字，完成购买包括：手枪、霰弹枪、微型冲锋枪、步枪、狙击枪、机枪和子弹配件等。玩家通过输赢可获得不同额度的资金加成，可以用于下局游戏中继续购买武器。若剩余资金充足，且未限定单人携带装备数量，可以通过扣款直接增加装备（如图 3-3 所示）。部分物品有数量限制，若已持有同类装备，之前所持有的装备将自动丢弃。

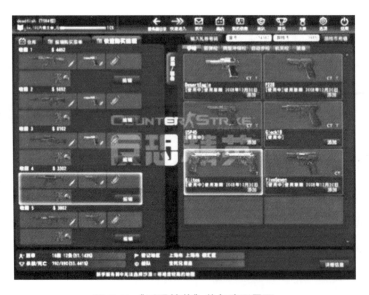

图 3-3 《反恐精英》装备购买界面

来源：《反恐精英》

玩家在游戏进行过程中，可以通过杀敌或捡拾敌人装备的方式获取资源。如《绝地求生》的玩家，赤手空拳进入战场，可以通过室内和户外搜寻采集资源，包括武器装备和疗伤物品等，资源获取具有随机性。

电子体育游戏中的球类和棋牌类游戏，一般在开局前就划分好双方资源，赛车类游戏会在赛道上随机设置加速包、减速包等道具，玩家如果开过道具所在赛道可以获得资源，同时也要注意避开赛道上的阻碍。

以收益换取资源常见于 MOBA 游戏。玩家在交战过程中一般不直接获取武器装备和物品，所得收益体现在金钱及经验值上。收益获取方式分为系统收益和战斗收益，前者指交战进行时系统会提供少量金币，积攒到一定程度可以购买装备；后者指通过击杀对方的小兵、野怪、英雄或摧毁对方基地获得金钱和经验值，玩家的战斗贡献度不同，所得金钱和经验值也有差异。

在早期 MOBA 类游戏《DOTA2》中，除了击杀英雄、推塔和系统收益外，在游戏的不同时期还可以通过正补和反补获得收益。英雄对敌方小兵最后一次攻击获得经验和金钱，称为正补；将己方小兵打掉让对手无法获得金钱与少量经验，为反补。在一般的团战中，游戏前期通过正补和反补获取收益，以购买相应的装备，确保游戏进入中、后期时，有一定的经济基础和装备实力，可以对敌方进行击杀、偷袭和推塔等行动。

除此之外，所选的英雄如果经验值累积到达界限时可以升级，进一步解锁新技能或技能升级，有利攻击敌方或进行防御。与装备的即买即用不同，技能的使用有冷却时间，玩家每次使用后，要等待冷却时间结束才可再次使用。一般而言，越强大的技能冷却时间越长。

以建造形式获取资源常见于实时战略游戏。实时战略游戏是 MOBA 游戏的前身，不同的是，实时战略游戏的玩家以后方决策者的身份进行调兵遣将。以《魔兽争霸》为例，游戏角色分为人族、兽族、不死族和暗夜精灵四种。在这四个种族中，人族玩家人数最多。游戏开局时，人族的资源主要靠建造获得。人族的主要建筑物，包括城镇大厅、主城、农场、国王祭坛、伐木场、哨塔等，建筑物可以安排农民建造，然后可以安排农民从事采矿、搬运等工作，建筑物的完成、兵种的升级和高科技技能的获取有利于抵挡敌方入侵。

还有一种极端的资源获取方式为资源占领，比如占旗、占点、大本营占领、基地扩张等，常见于第一人称射击和实时战略游戏。

2. 资源利用

资源利用主要指玩家对可控制资源和不可控制资源的发挥，以达到加速、躲避、助力、生存等目的。资源利用方式，主要包括资源传递、资源选择、设施利用等。

大部分游戏都设有资源传递功能，玩家自身所携带的资源可传递给队友或丢弃以携带更高一级的资源。在第一视角射击游戏《绝地求生》中，每个玩家都可通过搜索和采集获取背包，用于携带武器、药品和其他道具，然而每种背包都有一定空间限制，达到上限后想要装配道具，需要选择放弃现有道具。放弃的道具可传给队友或直接丢弃。

对于电子体育游戏，资源传递是不可或缺的，尤其是球类体育游戏。在《在线足球》中，玩家可以是一个或者多个可切换控制的运动员，比赛时将足球传递给不同队员，或是拦截对方传球抢回主动权，在跑动和传球中争取进球得分。

资源选择关系到玩家的游戏进程，实力水平，战术制定等，玩家如何利用可变因素提升游戏体验，达到游戏目标，资源选择是重要的因素之一。一般而言，游戏中可选择的资源，主要包括角色、装备、补给、技能、设施五类。第一视角射击游戏中最重要的资源为装备及补给，包括枪支、弹药、疗伤物品和辅助设备，譬如在远程狙击过程中，使用带瞄准镜的枪支可提高击杀敌人的准确性；在以一敌多的情况下，使用手榴弹比枪支更能提高歼敌效率。

在MOBA游戏中，资源选择主要体现在角色和技能使用上。比如，《英雄联盟》中的辅助角色风暴之怒·迦娜，前期可利用飓风呼啸（Q）技能击飞敌方，到了中期可轮流使用飓风呼啸与和风守护（W）进行敌方骚扰击杀，这样可以充分发挥英雄的能力。

格斗类游戏技能偏少，选择角色后主要靠玩家操作控制，技能的使用主要体现在战斗白热化阶段，可使用某些连招技能击倒对方。实时战略游戏中的资源选择主要体现在设施选择上，例如《命令与征服：红色警戒3》（*Command & Conquer: Red Alert 3*）中，玩家完成基础设施建造后，可以根据战况或敌方属性选择新建造或升级建筑。

赛车类游戏也会涉及到技能选择，如《跑跑卡丁车》，当对手赛车与玩家赛车距离越来越近时，玩家可通过放置减速包等妨碍型道具迫使对手减速，或在即将到达终点时使用加速包提高赛车时速。

设施利用主要指玩家对游戏界面中固有基础设施的利用，分为可控制设施和不可控制设施。可控制设施包括第一视角射击游戏的交通工具和 MOBA 游戏的战争迷雾。玩家可利用交通工具进行躲避、埋伏，也可搭乘交通工具追击、逃亡；战争迷雾包括地形黑雾和视野迷雾，前者意味着游戏边界或未探索区域，后者可蒙蔽玩家视线，玩家要靠近该区域才能发现野怪或敌方的存在。

在某些第一人称射击游戏中，可以对不可控制设施进行破坏，从而加以利用。比如《彩虹六号》中，室内有可破坏的墙面、天花板等，玩家可以加以利用来取得比赛优势。

（三）操作

操作在电竞游戏中，指的是玩家运用键盘和鼠标控制游戏主体的行为。游戏操作是保证游戏进行的基本条件，通过操作发挥游戏主体的能动性，完成行进、进攻、防御等基本行为，以及出招、技能召唤、正补、绝杀等特殊行为，以此获得游戏胜利。玩家可控制的游戏操作包括个体操作和团队配合两部分。

1. 个体操作

个体操作指的是玩家运用键盘和鼠标控制游戏主体的行为。玩家先对游戏进行初步探索，比如游戏背景、角色属性等的了解，接着通过对不同快捷键的掌握，包括鼠标、键盘的配合，能够掌握更高层次的操作技巧，以便更好地控制角色。个体操作主要包括基本操作和整体控制。

（1）基本操作

个体操作是玩家控制游戏角色的行为。主要操作形式有基本动作控制、技能召唤以及道具操作三个方面。个体操作主要用于第一人称射击游戏、MOBA 游戏以及格斗类游戏和部分体育电子游戏。尽管这五种游戏类型都有基本的动作控制，但是每种游戏的控制内容和技巧有别，有些游戏加入了力度、重力感应等控制，以增加玩家的沉浸式体验效果。

第一人称射击游戏和格斗游戏主要靠键位变换，实现移动、出击、后退或蹲、跳、跑等基本动作。MOBA 游戏需要鼠标和键盘配合操作，鼠标进行位移，键位实现动作变换。赛车游戏的基本操作主要为加速、跳跃和漂移。

技能召唤的设计主要出现在 MOBA 游戏和格斗类游戏中，根据英雄或角色的不同设置不同的键位实现技能召唤。

道具操作主要用于第一人称射击游戏和 MOBA 游戏，前者的道具操作主要包括打开降落伞、手刹、切换随身物品等，后者的道具操作主要包括物品购买及使用。赛车游戏也有道具操作，仅使用键位方可实现。

（2）整体控制

整体控制指的是玩家控制至少一个游戏角色的行为，换句话说，玩家既可控制一支军队或球队，也可集中控制某个炮兵或球员。整体控制多见于实时战略游戏和体育电子游戏，主要包括兵力的控制和阵型的控制。

实时战略游戏前期和 MOBA 游戏类似，通过鼠标和键位完成人物移动及基地建造。后期进入战争需要排兵布阵时，通过鼠标安排兵种站位，并保证后方基地持续的升级和资源的穷尽利用。

体育电子游戏如同真实比赛，游戏开局前玩家对前锋、中锋、后卫人员进行安排，比赛进行时也可暂停换人。同时，玩家可以根据场上比赛状况，对某个球员进行辅助，如《实况足球》，玩家可以控制进攻和防守，前者有直塞、加速、射门、长传、策略短传等，后者有加速、控制守门员、围抢、铲球、逼抢等。

2. 团队配合

团队配合指的是玩家运用键盘和鼠标控制所属角色的同时，与其他玩家共同协作，达成游戏目标。早期的团队合作，玩家只能通过战场的配合或地图查看的方式，目前大多数的多人游戏都设置了文字对话框和语音系统，玩家与队友可实时交流，提高团队效率。

团队配合依据游戏类型可分为三个方面：击杀/摧毁、救援、得分。团队配合主要见于第一人称射击游戏和MOBA游戏中。

（1）击杀/摧毁

第一人称射击游戏在击杀方面的操作体现在，每位玩家尽可能击杀更多的敌人。比如《反恐精英》的人质、敌人共处一个空间时，玩家的协作需要达到，有人击杀、有人侦察、有人拆包等工作。MOBA游戏在摧毁的配合方面从游戏开局就需要协作，如《王者荣耀》，有"后羿+张飞"、"刘禅+孙尚香"等搭配，不同英雄在技能上需要达到相互彰显和充分发挥，这样才能有效地推进游戏。

（2）救援

救援主要指第一人称射击游戏中的队友救援和人质解救。玩家一方面通过资源传补给队友达成形式救援；另一方面通过团队协作解救困在敌方手中的人质，获取胜利。如《守望先锋》的辅助英雄天使，除了拥有治疗和伤害的技能，也能够复活阵亡的队友。若玩家选择天使角色，发动天使之仗技能时，队友每秒可恢复50点体力；发动守护天使技能时，玩家会飞向队友或队友灵魂的位置助其复活。

（3）得分

得分是电子竞技游戏中最为关键的部分，也是决定电竞比赛是否取得胜利的标准，主要表现形式有两种：一是在多局游戏中，玩家通过团队配合获得胜局的数量或获得累计的积分。比如以《英雄联盟》游戏规则的五局三胜制为例，英雄通过合作和战术的配合，率先推倒对方水晶塔即可获得局分 1 分。在《绝地求生》中，以团队为单位，最终幸存者所在队伍可以获得相应的积分，比赛名次由累计积分决定。

二是作为单局游戏中决定胜负的判断标准。第一人称射击游戏《守望先锋》就是典型的例子，在占点地图中，双方队伍抢夺地图中央指定的目标点。同一团队的玩家聚集在该目标点的同时，还要防止对方进入。当占领程度达到 100% 时，即可获得 1 分，全局比赛先获得 2 分的队伍胜出。

（四）时长

电竞比赛项目繁多，比赛时长与游戏属性、游戏版本、比赛赛制、战队风格等多种因素相关，没有统一的标准与限制，仅选取《英雄联盟》、《DOTA2》和《守望先锋》这三个游戏的顶级赛事以供参考。

1.《英雄联盟》

一局《英雄联盟》时长多在 20 到 40 分钟之间，但是 15 分钟推平对方基地的比赛或者双方缠斗 1 个多小时依旧相互牵制的情况也时有发生。

根据《英雄联盟》赛事数据显示，2019 年 LPL 春季赛场均时长最短的队伍是 IG 战队，平均 30 分钟就能结束战斗；场均时长最长的队伍是 BLG 战队，平均 35 分钟完成一场比赛。[1] 这种是因为两队竞技风格不同，IG 战队是一支擅长团战和抓机会的战队，依靠选手强大的能力，在游戏的中前期就能打出优势，速战速决。BLG 战队是 LPL 最擅长运营的

---

① VPGAME. 2019 年 LPL 春季赛常规赛数据报告：前八无弱旅 [OL]. (2019-04-04). http://lol.dj.sina.com.cn/2019-04-04/hvhiewr3196520.shtml

几支战队之一，即注重对线期的运酿，擅长依靠优势"滚雪球"，将比赛拖长到后期和大后期。

不同赛区间的风格差异在场均时长也有所体现（如图 3-4 所示），2019 年 LPL 春季赛场均用时为 31 分钟 52 秒，LCK 春季赛场均用时为 33 分钟 05 秒，结果符合人们的既定印象：LPL 赛区总体节奏偏快；LCK 赛区整体风格稳健。

队伍	场均时间	场均胜利时长	出场总时长	出场次数
IG	0:30:00	0:29:18	13:00:04	26
OMG	0:31:22	0:34:45	13:35:50	26
TOP	0:31:26	0:30:20	14:40:16	28
VS	0:32:15	0:31:33	13:58:33	26
RW	0:32:23	0:33:54	15:39:20	29
FPX	0:32:23	0:31:41	17:16:33	32
RNG	0:32:27	0:31:27	13:32:33	25
SS	0:32:38	0:35:49	17:57:19	33
SDG	0:32:54	0:35:52	14:15:32	26
JDG	0:33:32	0:33:45	17:19:43	31
WE	0:33:36	0:35:12	14:00:18	25
LGD	0:33:47	0:34:02	16:53:47	30
VG	0:34:32	0:37:29	18:25:26	32
SN	0:34:48	0:32:04	18:33:36	32
EDG	0:35:11	0:34:38	14:39:50	25
BLG	0:35:17	0:33:55	15:17:32	26

图 3-4　2019 LPL 春季赛常规赛阶段场均数据

来源：《英雄联盟》赛事数据官方微博

2019 LPL 春季赛数据 （66场）

场均时长：31分52秒
场均一血/一塔时间：5分08秒/13分56秒
场均20分钟推塔：2.02
场均20分钟击杀：5.02
分均插眼/排眼：3.20/1.38

2019 LCK 春季赛数据 （45场）

场均时长：33分05秒
场均一血/一塔时间：6分34秒/15分23秒
场均20分钟推塔：1.27
场均20分钟击杀：3.73
分均插眼/排眼：3.85/1.75

图 3-5　2019 春季赛 LPL VS LCK 场均数据

来源：《英雄联盟》赛事数据官方微博

2.《DOTA2》

同为 MOBA 类游戏，《英雄联盟》的游戏机制较《DOTA2》来说相对简单。前者每场游戏时间大约为 25 至 55 分钟，后者的游戏用时弹性较大，最短对局 15 分钟，最长对局可以拉到几个小时。职业电竞比赛的选手个人能力与战队整体实力相对平均，极少出现极端数据。以 TI8 为例，淘汰赛平均每场不到 40 分钟，比赛节奏较快，赛事观赏性强。

TI 8 最长比赛用时和最短比赛用时都出现在小组赛阶段。最长比赛时间为 1 小时 21 分钟 52 秒，FNC 战队对阵 Mineski 战队的第一局。最短比赛时间是 16 分 59 秒，OG 战队和 VGJ.T 战队在小组赛的第二局。[①]

3.《守望先锋》

《守望先锋》为新晋 FPS 类游戏，攻守双方互换为一局，每局总时长在 15 到 20 分钟左右。《守望先锋》联赛开始于 2018 年，2019 年第二赛

---

① VPGAME. TI8 大数据回顾：共 110 个英雄登场，每分钟产生 1.6 次击 [OL]. (2018-08-26). https://dota2.sgamer.com/news/201808/169222.html

在加州的暴雪竞技场拉开帷幕。一开赛就在直播平台 Twitch 上成为收视率排名第一的电竞比赛。

2019 年 7 月 15 日，中国战队上海龙之队在《守望先锋》联赛（The Overwatch League）第三阶段复赛总决赛中，以 4∶3 击败旧金山震动队，取得冠军，是中国首个在联赛中夺冠的战队。以这场比赛为例，上海龙之队连胜三小局率先来到赛点，旧金山随后扳回三局，比赛打满 7 局四胜（BO7），最终上海龙之队赢得胜利。7 场比赛除去中场复盘，正赛总时长为约 2 小时。

表 3-1　2019《守望先锋》联赛第三阶段复赛总决赛部分数据

BO7	对战成绩 （上海龙之队旧金山震动队）	比赛用时
第一局：绿洲城	2∶1	13∶54
第二局：努巴尼	3∶2	16∶10
第三局：月球基地	4∶3	24∶04
第四局：哈瓦那	0∶2	16∶33
第五局：伊利奥斯	1∶2	12∶24
第六局：艾兴瓦尔德	3∶4	18∶20
决胜局：多拉多	2∶1	11∶25

来源:《守望先锋》联赛赛事视频

案例 3-3　李相赫和传闻中"重做"的英雄瑞兹

流浪法师瑞兹是《英雄联盟》初创的 40 个英雄之一。这个英雄因为不弱的对线、稳定强大的输出和优秀的坦克能力，从 S3 全球总决赛开始就是各大赛事中选手的热门之选。2019 年季中赛后，《英雄联盟》首席设计师安德烈·范·隆（Andrei Van Roon）在北美论坛上表示，"拳头游戏正在进行实验性重做瑞兹，希望通过改动使得英雄在游戏中更加平衡"。[1]

瑞兹是《英雄联盟》重做次数最多的英雄。从2009年上线至今，为了游戏平衡，瑞兹经历了两次大规模重做和多次重大改动。2011年，设计师对瑞兹首次进行"游戏玩法更新"，修改了其技能伤害数据，自此瑞兹被戏称为"法术机关枪"。2015年，瑞兹再次进行"游戏玩法更新"，"超负荷"（Q）从指向性变成了非指向性技能，增加了强大的被动技能"奥术专精"，瑞兹成为进阶版的"法术机关枪"，范围攻击伤害高且控制力强。在S5全球总决赛中，韩国SKT战队的中单李相赫（ID：Faker）在瑞兹的使用上表现非常亮眼。2016年瑞兹完成"视觉及游戏玩法更新"，四个技能都做出了调整。

此前的瑞兹一直是上单霸主，是Faker在S5全球总决赛期间带动了瑞兹的中单流玩法（如图3-6所示）。在S4全球总决赛上，中国的OMG战队凭借着上单高地平（ID：Gogoing）的一手瑞兹以3：0横扫韩国NSJ战队。据数据显示，S5赛季时期，瑞兹在各大赛区的夏季赛中高居禁用上单英雄排名榜榜首。

---

[1] 玩加电竞. 逐帧解析：Faker瑞兹毕业论文 [OL]. (2015-11-24). https://www.wanplus.com/article/328.html

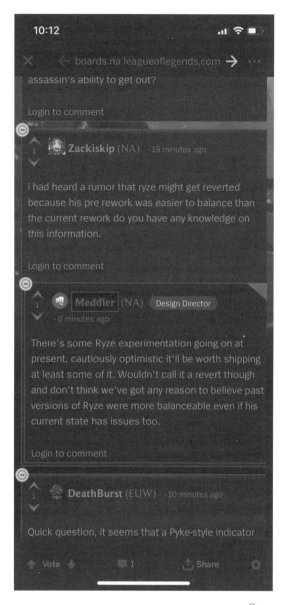

图 3-6 《英雄联盟》首席实验性重做瑞兹 [1]

来源：reddit.com

---

[1] u/TrobbyTrobs. Ryze changes coming! [OL]. (2019-05-17). https://www.reddit.com/r/RyzeMains/comments/bprrxk/ryze_changes_coming/

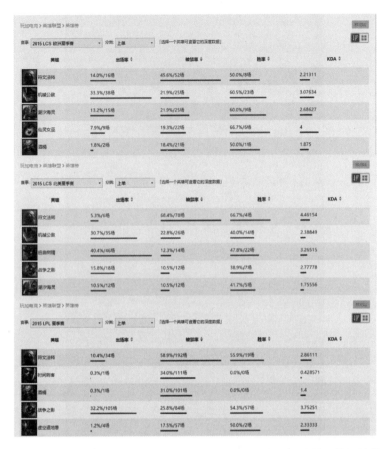

图 3-7　S5 夏季赛时期，LCS、LPL 和 LCK 三大赛区上单禁用英雄榜单

来源：玩加电竞

实际上，在 S5 全球总决赛的游戏版本中，瑞兹如果走中路，对玩家的走位和对线能力有很高的要求。当时，一般的中单选手更青睐于选择沙漠皇帝·阿兹尔、机械先驱·维克托和发条魔灵·奥莉安娜等强势的"手长"英雄。面对这些射程较远的英雄，瑞兹的射程技能一直被削减，在英雄特性上不仅不占优势，还很容易在对线的过程中被压制。

Faker 在 S5 全球总决赛上一共选用了 5 次瑞兹，胜率达到 100%，亮眼的数据背后是他对瑞兹特性的独到理解。Faker 根据瑞兹的属性和团队需要，选定更偏向提升法术伤害的符文、天赋和装备，使得瑞兹在中后期的伤害输出极高。当时，瑞兹具有大量技能冷却时间缩短的被动效应，这种优势使其连招具有极强的爆发性。

2016年3月拳头游戏设计师在论坛宣称为瑞兹制定重做计划，在改动玩法的同时，还进行外观调整（即"视觉玩法更新"）。同年7月，瑞兹重新上线，名称从"流浪法师"改为"符文法师"，背景故事同时进行了修改，最为重要的是，除Q（超负荷）技能和E（法术涌动）技能在原有的基础上进行了调整外，还颠覆性地重做了被动技能和R（扭曲界域）技能玩法。

表3-2 2016年6月《英雄联盟》瑞兹技能修改表

技能	修改内容
被动技能	原先的被动技能改为"基于瑞兹的额外法力值提升技能伤害，每100AP增加5%最大法力值"。
超负荷（Q）	1. 技能冷却时间从4秒延长至6秒。 2. 增加被动效果，释放（符文禁锢）技能成E技能可重置Q技能冷却时间，并获得1层"符文"充能，上限为2层。 3. 修改了主动效果的额外法力值加成，并设定"符文"充能的消耗。凡叠加满2层"符文"，可获得保护盾和提高移动速度，持续时间为2秒。
符文禁锢（W）	1. 技能冷却时间从14秒调整为13/12/11/10/9秒。 2. 禁锢时间固定为1秒，法术强度和最大法力值加成被削减。
法术涌动（E）	1. 技能冷却时间从7秒改为2.25秒。 2. 增加标记目标的设计，被标记目标被击杀后，会扩散到附近的敌方目标上，对下个技能造成额外效果： （1）Q：造成额外伤害，并弹跳到附近被E技能标记的其他单位上； （2）W：禁锢持续时间延长到2秒； （3）E：使魔法球扩散到附近敌方目标。

技能	修改内容
扭曲界战（R）	1. 技能冷却时间从 80/60/40 秒改为固定的 120 秒。 2. 施放该技能后，瑞兹将开启定位 1500—3000 码的传送门。2 秒后，附近的友方英雄将传送到指定位置。 3. 如果施法途中瑞兹无法施法或者移动，R 技能将会被取消。

来源：17173

值得注意的是，改版后的瑞兹清兵能力和支持能力尤其突出，前者是因为 E 技能的"涌动标记"特性，瑞兹可以施放法术涌动，让小兵身上的涌动效果可以扩散给附近的目标（通过优先击杀被标记涌动效果的小兵，实现涌动效果的扩散）；后者是集体传送。这些特点使得瑞兹在 S6 全球总决赛的赛场上仍然是热门的中单英雄，在 S6 全球总决赛上，瑞兹出场率和禁用率分别为 24.7% 和 35.1%，分列榜单第三和第二名（如图 3-7 所示）。

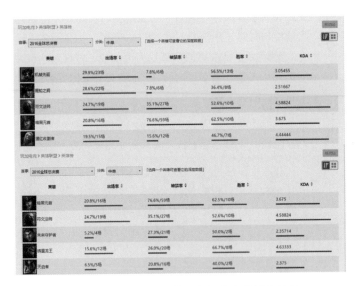

图 3-8　S6 世界大赛英雄出场率和禁用率榜单

来源：玩加电竞

在中单英雄胜率上，瑞兹排名第七（如图 3-8 所示）。其中，前七名胜率较高的中单英雄里还包含冰晶凤凰·艾尼维亚、冰霜女巫·丽桑卓和惩戒之箭·韦鲁斯，这三个英雄出场数均未多于 5 场，存在一定的偶然性。出场数超过 10 场的中单英雄中，瑞兹胜率达到 52.6%，位列第四名。

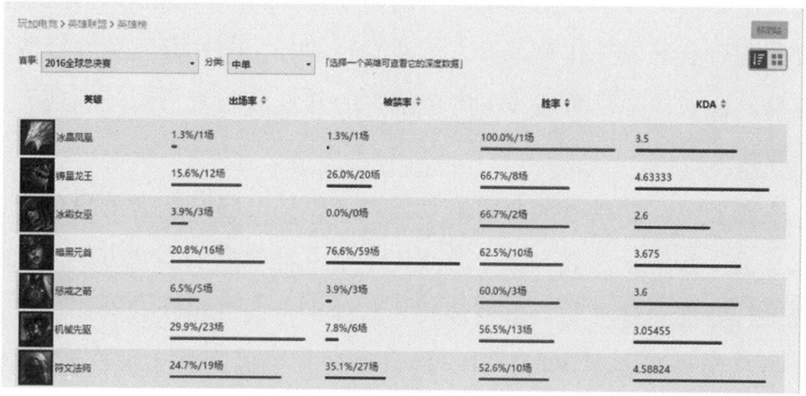

赛事：2016全球总决赛　分类：中单　[选择一个英雄可查看它的深度数据]

英雄	出场率	被禁率	胜率	KDA
冰晶凤凰	1.3%/1场	1.3%/1场	100.0%/1场	3.5
铸星龙王	15.6%/12场	26.0%/20场	66.7%/8场	4.63333
冰霜女巫	3.9%/3场	0.0%/0场	66.7%/2场	2.6
暗黑元首	20.8%/16场	76.6%/59场	62.5%/10场	3.675
惩戒之箭	6.5%/5场	3.9%/3场	60.0%/3场	3.6
机械先驱	29.9%/23场	7.8%/6场	56.5%/13场	3.05455
符文法师	24.7%/19场	35.1%/27场	52.6%/10场	4.58824

图 3–9　S6 全球总决赛英雄出场率、被禁率、胜率和 KDA

来源：玩加电竞

S6 赛季后，瑞兹的小技能经历了多番调整，仍然是赛场上的中坚力量。除了 Faker，姜承録（ID：TheShy）、宋义进（ID：Rookie）和金泰相（ID：Doinb）等其他韩国选手都玩得一手让人叫绝的瑞兹。对设计师来说，如何真正平衡这位掌控符文的大法师，似乎是一个艰难又漫长的考验。

四、电竞游戏的商业模式

游戏开发商、发行商和运营商处于电竞产业价值链的上游位置。游戏开发商主要从事游戏构思、创造和编程，是游戏的原创者，享有游戏版权。部分游戏产品会售卖给游戏发行商，经过重新编码后，应用于游戏设备平台。在这个过程中，游戏发行商发现，为游戏重新编码成本较低，有利于形成价格优势。

电竞游戏开发商和发行商既可以独立存在，又可以二者兼并，譬如著名的暴雪娱乐公司，开发和发行了《守望先锋》、《炉石传说》等著名电竞游戏。大部分大型电竞游戏厂商为了降低游戏重新编码的成本，会通过收购游戏开发工作室或开发游戏发行业务，兼并开发和发行两个经营范畴，比如，手机游戏《王者荣耀》的开发商和发行商分别是天美工作室和腾讯公司。

一般来说，游戏运营商即游戏代理商，是市场开拓者的角色，主要工作是推广和维护游戏。基于游戏代理是一种双赢的经营方式，大多数游戏发行商都会选择与社群资源较丰富的平台商进行代理合作。双方以自身最具优势的资源进行互补，通过授权和分成的方式进行盈利结算。这样一来游戏发行商不必单独培养自己的客户群体，有利于实现推广成本的可控；二则是平台商能增加用户黏性，能够提高收益。

在产业的角度上电竞与游戏产业有显著的差异。在产业构成上游戏产业的中心是游戏厂商。厂商通过游戏版权及游戏变现（通过计时收费、包时卡收费、广告支持与道具收费等变现方式）实现收入。而电竞产业的核心则是职业电竞赛事，由电竞赛事地组织带出电竞直播、电竞周边产品、电竞媒体等相关产业，产生出赞助、广告、衍生产品、直播等一系列收入，游戏厂商在电竞产业中处于产业链上游，同样占有一席之地。

基于电竞产业以职业电竞赛事为核心，目前产业规模初具雏形或相对完善的电竞游戏，分别有出自暴雪娱乐的《星际争霸》、《魔兽争霸》、《守望先锋》、《炉石传说》，维尔福公司的《DOTA2》、《反恐精英：全球攻势》，拳头游戏的《英雄联盟》、《绝地求生》，以及腾讯公司的《王者荣耀》等。

（一）盈利模式

上游研运商的盈利模式主要有：游戏收入、出售赛事版权以及广告赞助商。游戏收入是上游产业链乃至整个电竞产业收入中占比最大的，游戏收入即游戏玩家购买相关虚拟道具等收费服务所得的利润。对电竞产业来说，游戏厂商开发的电竞游戏产品无疑是电竞产业的根本，令竞技赛事成为可能，而电竞赛事则能够吸引更多玩家对游戏的兴趣，发挥导入流量与提高用户黏性的作用。但从营收角度来讲，对游戏厂商的贡献并不明显，更多发挥了锦上添花的作用。

游戏付费：游戏收入主要是由玩家在游戏中购买道具等组成的费用。该项收入是上游产业链乃至整个电竞产业收入中占比最大的部分，位于主导地位。

由于早期的游戏受限于设备平台，因此早期游戏的付费方式主要是购买游戏设备和磁盘等存储工具。然而，随着互联网的发展，网络游戏迅速崛起，使得游戏的发展跳脱载体的局限，游戏的付费方式有了更多的选择。

买断制收费：20世纪末，网络技术发展仍处于起步阶段，游戏开发商和发行商无法在玩家购买游戏后实现对游戏产品诸如更新、在线补丁等控制。因而，玩家为游戏进行付费的方式只有购买游戏，任何分段式的付费方式都无法开展。在这样的基础上，买断制成了最常见的游戏付费方式，其核心就是现实交易中的"一手交钱，一手交货"。

经典的电子竞技项目《星际争霸2》、《魔兽争霸3》和《守望先锋》等游戏都采用了买断制。玩家通过一次性购买，获得游戏中所有内容的使用权限。这意味着，游戏内不存在影响角色数值的增值品，也剔除了新手玩家、老手玩家的区分，只强调无附加的竞技公平。

计时收费：尽管买断制收费保障了电竞游戏的竞技公平，但也为玩家进入游戏设立了门槛。对很多玩家而言，游戏价值在体验前都是一个未知数，一旦游戏定价过高，玩家持币观望的可能就越高。

为了更好地发售游戏，游戏代理商推出了计时收费。这是一种"按需付费"的模式，玩家购买点卡进行游戏的预付费方式就是计时收费。典型例子就是《魔兽世界》。2005年第九城市代理中国区《魔兽世界》，并在中国网络服务器（以下简称国服）开服以来一直采用点卡收费的模式。2009年网易成为代理商，2016年8月宣布《魔兽世界》将点卡收费改为包月收费。

基于代理商不同，欧州网络服务器（以下简称欧服）、美国网络服务器（以下简称美服）和韩服的游戏付费方式与国服有所区别。欧服和美服自开服起就一直采用月卡收费模式和资料片买断模式。比如，在《军团再临》版本上线后，除了需要购买整部资料片外（资料片分普通版和豪华包），玩家还要支付月卡。

游戏免费，增值收费：对玩家免费开放游戏，游戏代理商推出了道具收费的模式，依靠售卖游戏中的虚拟物品、增值服务达到盈利目的。这种收费解决了计时收费在开发玩家的过程中存在难以细分"重度玩家"的问题，游戏代理商能够筛选出愿意为游戏付出金钱和时间的忠实玩家。

以《英雄联盟》为例，玩家可通过付费的方式购买虚拟道具或是官方皮肤，增加了英雄外观的可看性。为了平衡竞技的公平性，这些付费项目并不会对游戏英雄产生更多的技能增益。据悉，《英雄联盟》通过这些付费项目平均每年可给拳头游戏带来2亿美元的盈利。

在2018年SuperData的免费游戏收入排行榜中，《堡垒之夜》、《地下城与勇士》和《英雄联盟》分列榜单前三，具体营收分别为24亿美元、15亿美元和14亿美元，远超买断制游戏首位《绝地求生：大逃杀》的10.29亿美元。[①]

---

① Stoyan Todorov. SuperData Sums Up 2018 in Gaming & Interactive Media [OL]. (2019-01-208). https://www.esportswizard.com/news/industry/superdata-sums-up-2018-in-gaming-interactive-media/

（二）游戏授权

事实上，与普通电子游戏相比，电竞游戏因具有较强的竞技性而具备独特的可观赏性，可以从游戏的产业链中独立出来，除此以外，要开展以职业赛事为核心的电竞产业，还必须具备两项外在基础条件：一是足够的受众，二是充裕的资金。而游戏厂商与游戏代理商，因为电竞产业中必须仰赖游戏厂商提供内容授权，决定了它们对游戏所有权的控制能力。

电竞游戏以海外研发商为主导，维尔福公司、暴雪娱乐以及拳头游戏是全球端游电子竞技项目的主要开发者。国内的头部游戏公司多拥有国外游戏代理权即赛事运营权，完美世界和腾讯公司分别代理了维尔福公司的《DOTA2》和拳头游戏的《英雄联盟》。

维尔福公司对旗下游戏所有权管控得较为严格，两款经典的电竞游戏《DOTA2》和《反恐精英：全球攻略》分别在2012年和2017年授权给完美世界进行代理，开启国服时代。完美世界在运营的过程中，提供了服务器搭建和客服辅助的服务，而诸如用户数据、游戏更新和区域性活动开展等与游戏核心相关内容的所有权、决策权并没有下放。因此，在《DOTA2》的营收中，完美世界只能通过国服商城中的饰品收入获得一定的分成。

腾讯则是通过收购的方式，为自身的代理权"松绑"。早在2008年《英雄联盟》还处于研发阶段时，腾讯就开始投资拳头游戏，初始占股20%。2011年腾讯获得中国区代理权。2015年12月，腾讯完成拳头游戏100%股权收购。宽松的授权使得腾讯在《英雄联盟》的运营更为多元。2016年腾讯成立企鹅电竞，通过组织各类大大小小的电竞比赛，培养了大批玩家，在为玩家搭建社交圈的同时，也提高了玩家的忠诚度、活跃度和黏性。2017年腾讯升级旗下游戏平台（TGP）改名为Wegame，旨在打造中国本土的Steam，平台降低了游戏对于硬件上的要求，使更多玩家拥有更好的游戏体验。2019 年腾讯体育与拳头游戏共同成立了腾竞体育，负责管理及运营中国《英雄联盟》核心赛事联盟，国际赛事的推广及商业化代理、电竞业务与产品等业务（如图 3-9 所示）。

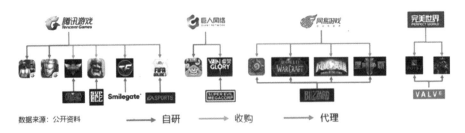

图 3-10　国内各公司代理国外游戏赛事运营权 [1]

来源：鲸准研究院

① 鲸准研究院. 2018 电子竞技行业研究报告 [EB/OL]. (2018-07-16). https://www.jingdata.com/report/411.html

第四章　电子竞技俱乐部

　　电竞俱乐部作为连接选手和赛事的中间桥梁，在整个电竞产业链中占据着重要的地位。电竞俱乐部和体育联赛（如 NBA）里的俱乐部一样，是由选手集聚在一起而成的组织。从 2016 年开始，国内有大量新兴俱乐部加入，行业竞争加剧，促使电竞俱乐部高速迈向职业化、专业化。目前，我国正在运营的电子竞技战队（含俱乐部）多达 5000 余家，电子竞技职业选手约 10 万人，还有大批半职业、业余电子竞技选手活跃在各种中小规模的电子竞技赛事上。同时，各个电竞俱乐部和电竞陪练平台对电子竞技员需求量很大，他们从事电子竞技教练、电竞数据分析以及电竞项目陪练等相关工作。[①]

　　所谓职业电子竞技俱乐部，是指具有独立企业法人资格的实体，对选手、教练、职业经理人实行合同制、任聘制，具体职能包括选手的选拔与训练、战队宣传、战队参赛、商业活动、粉丝社区维护等。我国目前有三十多家拥有职业战队的电子竞技俱乐部。

　　职业电竞俱乐部在组织上、形式上、经营上有以下特征：

　　组织：职业电竞俱乐部经营的方式是遵循市场经济的竞争、供求、

---

①　中商产业研究院. 2019 年中国电子竞技产业市场现状分析及发展趋势预测（附产业链）[OL]. (2019-07-31). https://www.askci.com/news/chanye/20190731/1036561150629. shtml

价格等基本规律和体育产业发展规律，提供电竞服务或产品的组织形式；

形式：电竞俱乐部是电子竞技运动高度专业化、市场化的产物，是职业电竞组织中最为活跃、最重要的单位；

经营：职业俱乐部的运营特点，实行独立核算、自负盈亏，职业俱乐部必须有相应水平的电竞队伍，还需要保证有足够的资金，能够支付职业运动员和教练员的费用。

一、电竞俱乐部的发展

电子俱乐部在不同发展阶段，经营模式也会随之调整，主要可分为：第一阶段（萌芽期）、第二阶段（成长期）和第三阶段（成熟期）。目前，国内90%的电竞俱乐部都处于第一阶段，萌芽期主要是组建战队、塑造自身品牌；10%的电竞俱乐部跨入了第二阶段，成长期主要是建立青训体系，保障战队成绩；只有极少数俱乐部进入了第三阶段，有能力进一步探索品牌变现的商业模型，这是电子竞技行业商业化最关键的阶段。

由于当前我国大部分俱乐部还都处于第一和第二阶段，因此，只有少部分的俱乐部已经实现了营利，如 WE 俱乐部早期获得美国 IGE 的支持（现冠名赞助商为技嘉 gigabyte 和 i-rock），此后，WE 俱乐部开始在各个领域尝试商业化运作，包括外设团购网站、队员常驻战旗直播 TV 进行直播、开设青训营等。另外，LGD 俱乐部与杭州星际影视文化合作，投资上亿元打造"影游联动"电竞影视娱乐综合体——LGDQ 电竞影视文化中心。[①]

早期电竞俱乐部只有雏形，没有专业化的培训和资金支持，许多战队都是网吧老板和私人投资者。当时电竞赛事也多为第三方赛事，大型

---

① 郑超前. LGD 战队在杭州建了座 17000 平米的电竞影视文化中心 [EB/OL]. (2017-12-20). https://www.jiemian.com/article/1826443.html

赛事数量很少，职业选手难以通过赛事赚取稳定的收入。

2010 年开始，电子竞技游戏的市场渐趋成熟，游戏厂商开始将赛事主办权收回，官方赛事取代第三方赛事逐渐成为主流赛事。由于依托官方赛事，奖金和专业程度有了极大的提升，俱乐部以及选手的收入也更加稳定，投资人和企业开始意识到电竞行业的市场潜力。此时，电竞人才的选拔更加规范化，电竞俱乐部可以通过比赛奖金、赞助商投资、直播分成、官方周边、商业活动以及联盟补贴的形式，从长期烧钱状态达到收支平衡状态。目前，电竞赛事开始推动主场化的运作模式，未来主场所在俱乐部还能增加赛事运营分成和门票收入，收入来源的多元化有助于俱乐部的专业运营。

目前，国内正式的职业电子竞技俱乐部都已注册成立公司，并在中国电子竞技俱乐部联盟（Association of China E-sports，ACE）注册，具有独立法人资格，职业电子竞技俱乐部的投资几乎都是来自私人资金，包括民营企业和少数具备投资实力的个人。[①] 俱乐部会根据不同的游戏赛事成立多个分部，如 2011 年成立的 IG 电子竞技俱乐部，目前有《英雄联盟》《DOTA2》《星际争霸 2》《炉石传说》《反恐精英：全球攻势》《绝地求生》六支分部，一个项目战队的主要组成人员，包括教练、领队、队员，部分战队还有替补选手。

我国职业电子竞技俱乐部，主要有公司企业所有和个人独立所有两种投资形式。2011 年，王思聪以个人名义收购新豪门 CCM 战队，更名为 IG 战队。近几年陆续有不少私人资金入主战队，包括 Snake 战队（现改为 LNG 战队）、King 战队、NewBee 战队等。另外，还有由退役的电竞选手组建的电竞俱乐部，例如 MGB 战队现改为 YM 战队，是由前 IG战队电竞明星选手刘谋（ID：PDD）在 2015 年 6 月创立的。

---

① 观研报告网. 2020 年中国电竞俱乐部市场调研报告 [OL]. (2020-12-23). http://baogao. chinabaogao.com/wentiyule/526209526209.html

民营企业投资电竞产业，最受注目的是苏宁和京东。2016年，苏宁布局电竞产业收购LSPL战队，更名为Suning Gaming，2017年，京东以4500万收购QG战队，更名为京东电子竞技俱乐部（JD Gaming）。在"企业注资、参与管理"的模式下，战队可以获取更稳定的收入，与原先参差不齐的"老板导向"模式相比，冠名俱乐部拥有运营的独立性，可以专注打造训练、技术体系。韩国在《英雄联盟》S级世界赛一直有很好的成绩，英雄联盟韩国职业联赛（LOL Champions Korea，LCK）的十支俱乐部中有九支得到了韩国本土与海外大企业的冠名赞助。例如，SK Telecom战队（SKT）和KT Rolster战队（KT）就是由韩国两大电信运营商SK电信与KT电信冠名赞助的。

2019年1月，腾讯电竞联合八大联盟以"综合成绩"、"商业价值"、"品牌影响力"三个标准，评选出十大最具影响力俱乐部，包括AG电子竞技记俱乐部官博、eStarPro、FPX电子竞技记俱乐部、IG电子竞技记俱乐部、NOVA电子竞技记俱乐部、Qghappy、情九电子竞技记俱乐部、RNG电子竞技记俱乐部、RSG电子竞技俱乐部、4AM战队。

在榜单中，RNG战队和EDG是2018年最受品牌关注的俱乐部。从赛训战绩的角度而言，两家俱乐部的下辖分部都遍及主流项目，在《英雄联盟》和《王者荣耀》分部的成绩比较突出。在商业化的维度上，以《英雄联盟》分部为例，两家的赞助商加起来达到20个。在品牌影响力上，两家俱乐部粉丝数量庞大，2018年RNG落地北京主场，进行地域化的推广，EDG的特点在于粉丝忠诚度极高，不论战绩起伏始终不离不弃。另外，Newbee被公认为电竞体育化的先锋军。2018年，Newbee拿下FIFA电竞世界杯冠军，是这个电竞项目在职业化发展最好的俱乐部之一，他们的电竞队服还登上FIFA国际版。[①]

---

① 体育产业生态圈. 中国电竞价值几何？腾讯电竞首个俱乐部TOP榜揭晓答案.[EB/OL]. (2019-02-01). https://k.sina.com.cn/article_5497953930_147b41e8a00100h762.html

联盟化趋势

目前几乎所有大型电竞赛事的经营都开始向传统体育赛事看齐，仿效以 NBA 为代表的北美职业体育联盟，引入职业联盟中特许经营权的模式。2017 年《英雄联盟》赛制实施联盟化与主客场制，推动《英雄联盟》电竞进入线下化、产业化发展；2018 年《英雄联盟》职业联赛春季赛，有 14 支职业战队加入，2019 年扩充至 16 支战队，目前，《英雄联盟》已经在北京、成都、重庆、西安和杭州五大城市设立战队主场。[①] 主客场实施的半年内，LPL 赛区职业赛事直播观赛人次突破 70.9 亿，观赛时长突破 13.8 亿小时，LGD 战队杭州、OMG 战队成都以及 Snake 战队重庆三个主场运营稳定，场均上座率超过 9 成。[②]

为了扩大职业联赛影响力，建立职业体育生态。2018 年，《王者荣耀》春季赛开始实行东西赛区主客场制度，东部赛区主场为上海、西部赛区主场为成都。[③] 同时，2019 年起推行固定席位，引导俱乐部围绕地域化加强建设运营，赛事体系进行全面升级，完善了职业联赛、次级联赛、生态赛事与线上自建赛事的金字塔赛事体系。[④]

随着《英雄联盟》和《王者荣耀》主客场制的实行，对于落户在不同城市的俱乐部来说，有两方面的意义：一方面，有利于培养在地粉丝的支持率和增加周边收入。目前已有俱乐部开始在当地建设电竞馆，以及开发周围配套设施，为俱乐部创造了附加收入。另一方面，从目前来

---

① 《英雄联盟》官方. 进一步推动联盟化和主客场 2019 年 LPL 将扩充至 16 支战队 [EB/OL]. (2018-08-06). https://lpl.qq.com/es/news_detail.shtml?nid=25432

② 腾讯游戏. 主客场上座率超 9 成 英雄联盟 2018 上半年直播观赛人次突破 70 亿 [EB/OL]. (2018-06-15). https://games.qq.com/a/20180615/020980.htm

③ KPL. 2018KPL 春季赛 3.21 开幕，东·西赛区队伍名单出炉 [EB/OL]. (2018-03-21). https://pvp.qq.com/webplat/info/news_version3/15592/22661/22664/25563/25661/m14538/201803/696062.shtml

④ 新华网体育. KPL 东西赛区主客场正式开启，未来将推固定席位制与国际赛 [EB/OL]. (2018-03-22). http://www.xinhuanet.com/sports/2018-03/22/c_1122575364.htm

看，战队在不同城市落地，发展城市归属感还需要一定时间。以 LGD、OMG、LNG 率先迁出上海的三家俱乐部为例，其运营主场的目标相同，但运营模式仍有不同。

落户杭州的 LGD 俱乐部主场的运营思路更偏向商业化，把自身视为引流的业态，计划带动场馆周边商铺，打造一个休闲娱乐的消费圈。落户成都的 OMG 俱乐部想把自身打造成成都人文景点的一部分，融入成都的城市文化。落户重庆的 LNG 俱乐部专注于打造独立的电竞场馆，在做好场馆基础设施的条件下，吸引俱乐部忠实的粉丝。通过腾讯的大数据分析，《英雄联盟》在重庆的粉丝超过百万，对电竞文化十分感兴趣，有利于培养粉丝的忠诚度。①

案例 4—1　上海电子竞技俱乐部的群聚现象

从经济地理学角度研究文化产业，可以发现地理位置对文化产业发展有重要的作用。艾伦·J.斯科特研究好莱坞电影创作发行和地缘的关系时，认为好莱坞的概念是一个复杂深化和扩展的业态，他提出了一个同心圆相嵌套的模式，其中包含大片场、独立制作公司、专业化服务与补给供应商，当地劳动市场、制度环境以及地理背景在内的六个影响因素（如图 4-1 所示）。在他的研究中，好莱坞独特的地理位置被彰显出来，作为一个电影创作和发行的聚集地，它具有非常独特的结构，斯科特将其综合成四项功能和组织特性：

---

①　金承舟.电竞俱乐部主场制终于亮相，我们去成都、重庆和杭州都体验了一遍 [EB/OL]. (2018-03-12). http://www.lanxiongsports.com/posts/view/id/9610.html

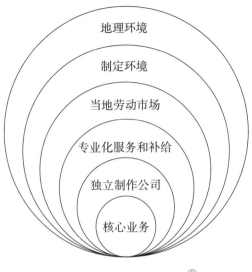

图 4-1 俱乐部群聚模型 [①]

来源：艾伦·J. 斯科特

（1）形成垂直分工体系，在这个体系中形成以系列创造、制作活动互相重叠的网络，在这个网络节点中包含了的大片厂、独立制片以及各种专业的服务者，彼此相互连结。

（2）大量具有不同专业技术、经营管理执行、美术欣赏等能力的人形成一个在地的劳动市场，持续吸引着全球顶尖的人才的加入。

（3）有代表性的企业、创作者、经济组织以及政府机构等形成了一个制度性的环境，对于产业的常态发展有巨大的影响力。

（4）为产业提供重要资源的区域环境，这种区域环境能够根据前面三点衍生出特殊的地理和历史特征，其中包含了长年累积所产生的电影传统和追求创作的理念。

俱乐部群聚模型可以用来解释电竞俱乐部群聚上海的现象，随着电竞产业联盟化的发展，许多电竞俱乐部开始在西安、成都、杭

---

① 李天铎.文化创意产业读本：创意管理与文化经济 [M].台北：远流出版社，2011，209-210.

州等城市落地，但是国内排名前20的电竞俱乐部中仍有超过半数选择落户上海，包括2017年代表中国参加《英雄联盟》全球总决赛的三家俱乐部——RNG、EDG和IG电子竞技俱乐部都来自上海。上海市静安区的灵石路更是因云集了多家知名电竞俱乐部，堪称"电竞国家队"的集聚地。

在电竞产业中，赛事举办和俱乐部位于产业链的中游，俱乐部主要负责培养选手组成战队参加各类电竞赛事，可视为整个电竞产业的核心。艾瑞咨询发布《2017年中国电竞生态研究报告》显示，国内80%以上的电竞公司、俱乐部和明星选手都集中在上海。[①]要解释上海在电竞产业中发展的独特优势，可以从支持电竞产业生态的各种类型的公司、专业化服务和补给、劳动市场、制度环境和地理环境五个部分具体分析。

完整的产业生态：上海拥有完善的电竞产业链，从上游游戏研发、运营到中游赛事运营、转播，以及下游电竞内容制作、直播平台，均保持在电竞发展的先发优势。从上游的游戏研发和运营来看，上海聚集了完美世界、盛大游戏、巨人网络、腾讯、暴雪、拳头游戏、恺英网络等游戏商和运营商，目前的热门游戏多由他们研发或代理。

目前，热门电竞赛事多是由游戏厂商发起的第一方赛事，游戏厂商聚集的地方，相应的赛事举办频率也会较高。有超过四成的电竞赛事在上海举办，包括《英雄联盟》职业联赛、《王者荣耀》职业联赛、《DOTA2》亚洲邀请赛等全球顶尖电竞赛事。对于战队而言，高水平比赛最多的地方，最适合作为自己的主场，因此很多俱乐部会将地点选在上海。

在电竞产业中游的赛事运营公司，量子体育VSPN和Imba TV

---

① 李成东. 国内前20电竞俱乐部，超过半数选择落户上海 [N]. 解放日报，2018-10-09(005).

都位于上海。这些公司负责电竞赛事的内容生产，包括赛事运营、赛事转播。上中下游企业形成了一个庞大的电竞产业网络，为俱乐部提供了强大的支持。目前，上海电竞的上游（游戏开发授权）、中游（赛事／选手）、下游（比赛转播增值）完整产业链已经初步形成。

专业化服务与补给：上海有着得天独厚的区域优势，以及丰富的文化娱乐资源。除了上游的游戏研发、发行厂商和中游的赛事主办方、承办方外，在内容的制作和消费方面，上海也很容易找到对应的企业和市场，其中就包括赛事下游的媒体和直播平台等。此外，在消费端的电竞观众以及广告商、赞助商方面，上海作为国际化的大都市，由于经济文化发达，观众对于电竞的接受度较高，消费能力也高，这是最为明显的优势。

在电竞内容的生产上，2006 年游戏风云 Games TV 频道成立了，这是目前中国最大规模的数字电视集成运营平台——上海文广互动电视有限公司全国数字付费频道集成运营平台下的全国数字付费频道之一。该频道围绕着游戏玩家，定位于有线网络、IPTV 及互联网，以游戏资讯、赛事及娱乐视听内容为产品，搭建了一个综合类新兴媒体平台，许多在该频道工作的人员成为中国电竞产业的重要支柱，例如，有一部分人后来成立了赛事内容制作公司 Imba TV。

网速和电竞场馆等硬件条件的配合，也促使上海的电竞产业领跑其他城市。网速是最基础的电竞条件，上海具备了一定的竞争优势。10 年前因为网通和电信两个运营商划分电竞南北两个市场，随着国内互联网逐渐发达，俱乐部跟着赛事走，上海赛事较多，相关资源也集中在上海。2019 年出炉的《中国宽带速率状况报告》显示，上海自 2013 年以来，网速一直排名第一。这对于电竞选手的工作来说，网速是基本的硬件条件。①

---

① 蒲垚磊. 中国电竞看上海！初具规模的电竞之都为何有如此吸引力.[EB/OL]. (2018-11-05). https://www.thepaper.cn/newsDetail_forward_2601560

就电竞场馆而言，上海的场馆基本能够覆盖各类赛事，在国际赛事方面，有类似承办世界电子竞技运动会的熊本熊主题电竞馆、承办中国《反恐精英：全球总攻势》精英赛的 B5 电竞馆，也有主打民间赛事的专业电竞馆，比如上海大学附近的 B5 电竞馆，专门针对移动电竞的 VSPN 电竞馆等。另外，在电竞赛事的审批上，上海的规章制度也较为完善。①

2018 年，超竞集团在上海投资 65 亿元建设电竞产业园，这个电竞中心将有国际顶级电竞赛事的专业场馆的配置，可容纳 6000 人同时竞技。同时，电竞产业园还包括电竞主题星级酒店和电竞主题文化博物馆等，2020 年投入运营后，预计每天可接待上万名爱好者参与泛娱乐电子竞技活动。②

政策制度：2014 年，上海率先启动了国产网络游戏属地管理试点工作，节省了上海网游企业 50% 的审批时间，同时，对于游戏人才来沪创业、就业，在户籍办理和子女教育等方面都给予了便利。

2017 年，上海印发了《关于加快本市文化创意产业创新发展的若干意见》，首次提及了电竞产业体系：从原创电竞内容，包括赛事品牌、电竞战队、场馆运营、直播平台，到电竞经纪、电竞装备、电竞体育等周边产业。此外，意见还提出，将推动电竞与演艺、旅游、教育、设计、医疗等领域的融合发展，同时加快电竞音乐会、电竞主题乐园、电竞主题演出、电竞教育培训、电竞论坛等新业态布局。

2019 年，上海发布了《关于促进上海电子竞技产业健康发展的若干意见》，从九个方面促进电竞产业发展，包括：提升电竞内容创

---

① 张子龙. 电竞产业 20 条出炉：布局电竞，上海为何如此"着急"？ [OL]. (2019-6-13). https://www.sohu.com/a/320394995_226897

② 俞凯. 可容 6000 人同时竞技，65 万平方米电竞综合体将落户上海.[EB/OL]. (2018-07-13). https://www.thepaper.cn/newsDetail_forward_2260449

作和研发能力，搭建电竞赛事体系，加强电竞媒体建设，优化电竞空间载体布局，做大做强电竞主题，构建电竞人才培养体系，优化电竞产业发展环境，强化综合保障支持以及加强组织领导及顶层设计，力争3到5年建成全球电竞之都。①

劳动力市场：在人力资源上，上海高校资源丰富，汇集了各个行业的顶尖人才，拥有庞大的高素质劳动力市场。在电竞专业人才上，上海作为全国的经济中心，相对国内其他城市更为丰富，这不止反映在电竞选手的综合水平上，在产业链的各个领域都有所体现。② 另外，在电竞产业的人才打造和培养上，上海也在进行开创性工作，例如，2018年上海体育学院开设播音与主持艺术（电竞解说方向）专业；群星职业技术学校是上海首家开设电竞专业的中职学校③；上海电竞协会还开设了专业电竞赛事裁判培训班。

地理环境：相比于其他城市，上海的电竞营运商最大的环境优势是电竞发展起步早，从历史上来说，上海承办了多个时期的电竞赛事，形成了浓厚的电竞氛围。

从2005年起，上海开始举办世界级的赛事，如StarsWar国际电子竞技明星邀请赛，邀请了众多世界顶级的选手来上海参赛。④

2007年，游戏风云频道创办电子竞技电视联赛《G联赛》，《G联赛》线下赛全部在上海举办，这也是目前中国历史上最为悠久的电子竞技赛事，奠定了中国电子竞技运动的发展基础，同时，对

① 人民网.上海出台电竞产业发展意见：全面建成"全球电竞之都".[OL]. (2019-06-13). http://game.people.com.cn/n1/2019/0613/c40130-31135337.html

② 陈均.上海电竞生态圈再升级：立足高校教育，完善人才产业链.[OL]. (2018-12-21). https://www.thepaper.cn/newsDetail_forward_2748900

③ 陈均.上海电竞生态圈再升级：立足高校教育，完善人才产业链.[OL]. (2018-12-21). https://www.thepaper.cn/newsDetail_forward_2748900

④ BBKinG.为什么大多电竞组织和赛事都在上海？[OL]. (2017-03-03). https://zhuanlan.zhihu.com/p/25551392

《DOTA2》在中国的蓬勃发展产生了很大的影响力；同年牛视网（NEOTV）在上海举办世界电子竞技大赛。另外，其他大型线下赛事也选择在上海举办，上海成了中国电竞玩家的狂欢地，包括电竞选手、赛事举办台前幕后的工作人员、一系列电竞媒体、电竞组织和俱乐部开始向上海集中。

2012年5月，中国电子竞技俱乐部联盟成立，联盟由多家电子竞技职业俱乐部组成，该组织负责国内职业电子竞技战队的注册、管理、转会、赛事监督等多项工作，同时还负责制定职业联赛参赛俱乐部的管理办法、职业选手个人行为规范等多个条例。

2013年，世界电子竞技职业精英赛联赛（World Esports Professional Classic，WPC）由上海市体育总会、景瑞地产集团主办，ACE联盟战略支持，这是目前国内唯一长期举办的职业化电子竞技联赛。WPC是个全线下赛的赛事，第一届比赛从2013年9月22日一直到2014年1月1日，第二届比赛在3月29日就开始了，国内参赛队伍有DK战队、IG战队、VG战队、TongFu战队、Newbee战队、RStars战队、RSnake战队、LGD战队、HGT战队、CIS战队、DT战队，冗长的赛程和全线下的赛制让战队不得不驻扎在上海。

二、电竞俱乐部的架构

较为规范的俱乐部架构，包括第一层的投资方董事会、第二层负责运营的管理层以及第三层俱乐部实际运营的各部门，这些部门包括核心的赛事训练部，以及辅助赛事的其他部门，如财务部、商务运营部、媒体公关部和行政部等（如图4-2所示）。

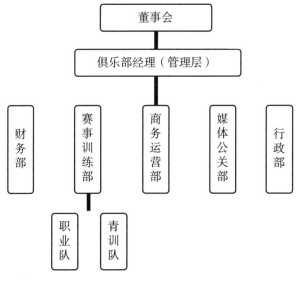

图4-2 俱乐部的部门构成

（一）董事会

俱乐部的董事会由俱乐部的投资人组成，他们负责决定俱乐部的重大事宜，董事会不参与俱乐部的实际管理。我国职业电子竞技俱乐部主要有两种持有形式：企业所有和个人独立所有。

企业所有：职业电竞俱乐部由民营企业投资组建，电竞俱乐部的所有权属于投资企业，这些电竞俱乐部是民营企业投资的子公司。如苏宁集团控股旗下文创集团，2016年收购TBG战队组建SNG战队。京东在2017年收购QG电竞俱乐部，并正式改名为JDG电竞俱乐部。李宁体育于2019年收购Snake电竞俱乐部改名为LNG俱乐部。

个人独立所有：个人独立所有的俱乐部，大多是投资人出于对电子竞技的兴趣爱好，投资组建的俱乐部，俱乐部属于投资者个人，一般情况下投资人并不直接参与俱乐部的日常管理和运作。随着电竞行业的发展，越来越多的俱乐部需要多方的资金入驻，已经不再只属于个人。

（二）俱乐部经理

俱乐部经理负责实际运营，管理俱乐部的大小事务，包括项目分部的组建，战队的组建与解散，选手合同的签订、续约与解约，队员的上调与下放，以及不同俱乐部之间选手转会事宜的洽谈与操作等。这些职业经理人最主要的业务是协调电竞选手的训练比赛和其他相关的媒体娱乐业务，让选手可以更加专注于比赛的准备，不必将时间和精力放在处理由电竞衍生的商业活动上。

主要职责

电竞职业队伍的管理：优秀的电竞经理人，必须具有良好的领导能力管理电竞职业队伍，同时能够有效地进行沟通、快速做出决策，以提升组织的运行效率。

电竞经理人必须能够满足投资者的期望，纳入具有专业能力的选手和教练，同时可以激励他们寻找获胜的方法。虽然建立获胜计划、确保电竞选手赢得比赛是团队教练的工作，但是电竞经理人是确保教练和教练员拥有他们需要的一切，比如提供个人或组织的资金、比赛住宿的安排、训练设备的供应以及服装配备的提供等。

电竞职业队伍的营销：电竞经理人必须了解快节奏下的全球化市场对高质量营销的需求，经理人要代表整个组织向粉丝和媒体传递声音，比如通过新闻发布会与媒体分享信息，并计划如何利用社交媒体对团队进行宣传。同时，电竞经理人也要负责筹划赞助活动，想办法增加团队在市场中的曝光率，以创造俱乐部的收益。优秀的电竞经理人会利用组织的资产发挥优势，例如，协调电竞选手和赞助企业共同参与活动，或为赞助企业及其客户安排比赛座位。

人力资源的安排：首先，电竞经理人的职责包括聘请教练或选拔新选手，并与他们协商达成合同协议；其次，电竞经理人与教练和培训师合作，以确保每位运动员拥有他所需要的最佳培训资源；最后，电竞经理人还可以担任设施经理，监督电子竞技设施的使用，制定比赛时间表并监督设施的维护。

工作内容

管理层需要把控整个俱乐部的运营：对内，管理层的首要任务是管理旗下的战队，订立明确的目标，俱乐部每周会收到各个队伍及部门的周报，管理层需要根据每个队伍的反馈，对各个队伍提出改进的意见、制定目标和制度，同时，管理层需要注重与各选手之间的沟通，电竞职业选手年龄普遍偏小，很多选手不懂得如何去表达自己的想法，也不清楚自己人生的规划，这时管理层需要积极引导他们，帮助他们树立正确的职业观与人生观；对外，管理层需要接洽有与俱乐部合作意愿的第三方，为俱乐部谋求更好的发展。

必备技能

协调技能：电竞经理人需要具备与不同背景的人协调的能力，以确保俱乐部能够与商业和媒体娱乐等进行合作。电竞经理人还需要定期与不同组织和企业进行互动，包括电竞选手、教练、赞助商、媒体、代理人和医疗人员等。因此，电竞经理人的协调技能必须能够无缝地从一个领域转换到另一个领域。

沟通技能：电竞经理人必须能够与选手或教练进行有效沟通，倾听他们的需求。另外，能够对内、对外进行谈判，成功签下书面合同，这需要电竞经理人具备书面文字的交流能力以及敏锐的眼光和法律知识方面的能力。

组织技能：这是电竞经理人最重要的技能。许多电竞经理人需要兼顾多个赞助客户和团队，必须能够在诸多任务的情况下，提前做好计划，按照日程进行工作并做好记录。电竞经理人的职责对时间管理要求很高，他们必须能够有效地利用时间。

（三）赛事训练部

赛事训练部是俱乐部的核心部分，目前一个俱乐部的赛事训练部会根据赛事项目的不同分为几个分部，例如，成立于 2011 年成立的 IG 电子竞技俱乐部，目前有《英雄联盟》、《DOTA2》、《星际争霸 2》以及《炉石传说》、《反恐精英：全球攻势》、《绝地求生》六支分部。在一个分部里包括职业队和青训队，职业队为了保持内部的竞争性，对于一个项目通常会有好几支战队。除了一支参加比赛的队伍，俱乐部还有二队、三队参加不同级别的比赛，以保证俱乐部的阵容厚度。一队与二队通常一起训练，同时进行队员互换，两队之间有直接的关系。赛事训练部中除了队员以外，还包括教练、领队和数据分析师。

在实际运营中，每个俱乐部的情况不同，赛事部门的人员配置也会有细微的调整，在某些战队里身兼数职的情况也是十分常见的。总体来说，规模较高的俱乐部、级别较高的战队，专业人员的配备会相对齐全与完善一些。其中，队员是战队的核心。此外，俱乐部会相应配置不同功能的人员围绕这些队员，主要包括：职业经理人、教练、陪练、数据分析师等。有的俱乐部可能会根据选手个人需求，配备相应的专业人员，例如心理辅导师、营养师。另外，国内许多电竞俱乐部有外援的选手加入，针对外援俱乐部会设置翻译、语言教师等。

1. 教练

电子竞技的教练与选手一样，隶属于俱乐部或战队。一般而言，一个专业的俱乐部应该有一个完整的教练团队，教练团队里应该包括战术教练、生活教练和心理教练。

在电子竞技运动上，教练是监督者与指导者，包括给予选手指示、指导与培训选手、保障选手在训练期间的安全等，通常会跟着电子竞技选手或队伍一起行动。教练会参与选手从训练到参赛的所有过程，关注选手生理与心理的发展。在电竞比赛中，电竞教练在赛前可以为选手提供技术支持和分析状况，但在比赛中被全程禁止与选手交流。教练必须激励选手有更好的表现，这包括对选手比赛的心理强度建设。

（1）教练分类

职业电竞教练可以分为生活教练和战术教练两大类。①

生活教练

由于电竞选手的年龄普遍偏小，年轻的职业电竞选手一般才16岁，生活教练需要帮助队员解决生活或心理上的问题。② 生活教练并不直接参与电竞内的事项，职责重心是管理职业选手日常起居，如日常训练、情绪管理等，类似于经纪人或辅导员的工作。简而言之，生活教练有责任让团队维持良好的队内氛围，并保证队员们的工作动力和积极性。

电竞发展早期，俱乐部成员结构相对单一。这一时期生活教练多承担照顾选手生活起居的任务，同时也需要密切关注选手的情绪起伏，及时给予选手心理疏导。生活教练面对的是选手的日常事务，有必要了解电竞职业选手的生活重心是什么，因此有许多教练来自选手转任，例如，随着《星际争霸》热度的减弱，韩国有不少前选手或教练转任《英雄联盟》职业联赛的生活教练。

随着电子竞技职业化的发展，俱乐部人员构成趋于合理化和系统化，新增经理人、数据分析师、心理咨询师等职务，生活教练逐渐被其他专业人员取代。

战术教练

战术教练在数据分析师的辅助下负责为战队确定风格、搜集对手数据、制定作战计划、寻找自身问题等。因此，电子竞技的战术教练需要

---

① Woo "Ready" Hyun.The Importance of Esports Coaches in League of Legends: Their Role within a Team [OL]. (2018-12-13). https://www.invenglobal.com/articles/7010/the-importance-of-esports-coaches-in-league-of-legends-their-role-within-a-team
② 磁维电竞教育. 成为电竞职业选手的最佳年龄是多少岁？[EB/OL]. (2020-10-15). https://www.sohu.com/a/424857059_120062980

熟悉电子竞技参赛项目的技术以及理论知识，同时具备指导教育能力、战术分析能力和训练计划制定能力。

指导教育能力主要表现为教练员对选手的指导方式，也可以理解为教练员根据选手的个人特征，决定"如何教"的问题。他们可以针对队员的优势和劣势，制定选手在技术方面的改进和提升的方向。

战术分析能力是教练员需要具备的核心能力，一方面，教练员能够通过分析敌我双方的表现情况，在电子竞技比赛中制定相应战术以取得胜利；另一方面，为了让选手在比赛开始时处于优势状态，战术教练需要认真观察和分析全球职业电竞比赛，同时借助数据分析师的资料作为基础，重新构建适合自己队伍的打法，并向队员们提供必要的建议以及战术思路，提前布局、保持领先其他对手的优势。

（2）教练行为

赛事规则对于教练的要求基本与选手类似，教练不仅要遵循赛事官方制定的章程，还需要遵守所在战队内部的规定，这关系到教练资格的保持和在业界的声誉。

比赛时，教练除了 BP 环节在场，其他时间一律不允许参与比赛，在大型赛事中，教练有专门的站位舞台与选手台分离。基本上，对教练判罚的案例主要集中在 BP 环节和赛场外参与赌博。职业联盟对教练在赛场外的监管主要集中在打假赛上。从以往曝光的事件来看，教练或是参与者，或是不作为，这对赛事及电竞圈造成了恶劣的影响。

①官方限制

绝大多数电竞项目是不允许教练出现在赛场上的。以《英雄联盟》和《DOTA2》的电竞赛事为例，教练只能出现在 BP 环节，而且只允许一位教练在场。这是职业赛事中为保证公平比赛的基本规范，但仍有战队或教练触犯禁令。

例如，2018 年 8 月，TI 8 北美赛区的 VGJ.S 战队在一场小组赛的 BP 环节中，出现了两位教练共同指导，违反了只允许五位选手和一位教练参与 BP 赛事的规定，《DOTA2》官方在推特发出警告。事后官方作出严惩：禁止战队教练参与下一场比赛的 BP，并给予二级 BP 时间（减少 70 秒 BP 时间）。[①]

到了 2020 年 LPL 春季赛时，联盟针对规则进行了修改，首次允许双教练登台，以更好地帮助战队进行 BP。[②]

如同 NBA、国际足联世界杯等传统大型体育赛事，电竞教练的仪表也同样有相应的规定。《腾讯 2018 电子竞技运动标准》规定：教练在比赛期间或以赛事教练身份出席公共活动时，应穿着正装（含西服（裤）、皮鞋、衬衣、领带等）。

英雄联盟职业联赛对教练禁止穿着的服饰有明文规定，必须穿着商务休闲服装。商务休闲装服至少包括：衬衫、正装长裤和不露趾的鞋，运动服、体恤衫、运动鞋、露趾的鞋和队服等服装是不被允许的。另外，教练的服装应体现专业性，不应浮夸，服装上不能带有非队伍及非经官方审批的赞助商标志，也不能穿着官方队服合作品牌的竞争品牌产品。

各大电子竞技俱乐部依照自身发展需要，都会制定内部规则，其中包括对战队教练的管理。2019 年 5 月，《绝地求生》Dae 战队选手边涛（ID：M200）传出和教练邱杨（ID：M9）因为训练问题大打出手，俱乐部根据内部管理条例做出处罚：选手边涛以及教练邱杨扣除一个月工资；战队教练以及领队严重警告一次。

②领队

良好的沟通能力、在工作中保持清晰的条理性，是领队所必须拥有的素质。对内，领队需要与队员及教练沟通每天的训练安排，同时，还要向俱乐部管理层汇报队伍的训练情况；对外，领队需要和赛事方联系

[①] 游久电竞.TI8 快讯：VGJ.S 因双教练参与 BP 被 V 社重罚主赛事首场教练不得进场 [OL]. (2018-08-19). https://www.sohu.com/a/248745038_534322

[②] 《英雄联盟》赛事官博.《英雄联盟》LPL 春季赛规则修改：允许双教练登台 BP [OL]. (2020-01-19). https://ol.gamersky.com/news/202001/1258209.shtml

有关比赛的安排事宜（如时间、住宿、交通），也需要和媒体保持联系、沟通采访事宜等。[①]

③数据分析师

电竞数据分析师是在电竞比赛中，专门从事数据的搜集、整理、分析，并做出研究、评估和预测的专业人员。电子竞技数据分析师需要具备数据挖掘和处理的能力，并掌握电子竞技运动项目的基础数据知识，提供情报供电竞经理人、教练和选手做为训练和比赛的参考（如图4-3所示）。

招聘方	招聘要求	负责内容
LD电子竞技俱乐部	（1）学历不限，应用统计等相关数据分析专业优先； （2）敏捷的逻辑思维，具有独立判断能力； （3）熟练掌握英雄联盟相关知识与技能； （4）具有较高的职业道德，有极强的保密意识 （5）熟练使用EXCEL，并且熟练使用至少一种统计分析或数据挖掘工具； （6）英雄联盟一区钻石段位，其他大区大师段位以上； （7）拥有执教或英雄联盟项目分析师工作以验优先。	（1）设计和制作英雄联盟相关数据分析报表和训练赛日常统计报表，并不断优化； （2）发现并指出版本或者训练赛中数据异常情况，对选手状态变化和版本更迭提出预警和建议，为教练及时决策提供保障和参考； （3）能够根据数据反馈结果，加以分析，提出未来一段时间的版本发展走势预判。 （4）依据比赛的需要，统计不同队伍赛事数据，并负责相关文档编写归纳工作； （5）协助教练进行训练赛复盘，并提出自己的看法。

图4-3 电子竞技数据分析师招聘要求[②]

来源：武汉体育学院

① 游久电竞. 探访LGD总部独家揭秘如何加入俱乐部 [EB/OL]. (2017-05-02) https://www.sohu.com/a/137791207_535061

② 杨家耀. 电子竞技行业从业人员培养的研究 [D]. 武汉体育学院，2018.

（四）其他部门

1. 商务运营部

商务运营部主要负责处理俱乐部的商务活动，包括：接洽商务活动、直播平台的曝光（涉及直播合约的签订）、企业赞助、代言与广告等相关合作事宜的洽谈，其他线下活动如粉丝见面会等的策划与组织，这些一般由运营官或商务经理负责。

2. 媒体公关部

媒体公关部的职责是对外宣传推广俱乐部的形象，进一步提高俱乐部的知名度。具体的媒介、文案编辑、视频编导、美工设计等岗位划分，会视俱乐部的需求来设置。媒体业务中最重要的就是实时发布俱乐部的动态与信息，例如赛事信息、队伍与人员调整、俱乐部官方公告与声明等。目前，新浪微博以及微信是国内电竞领域重要的信息平台与双向互动渠道，部分俱乐部还会发布一些电子竞技、游戏或体育等相关的话题与内容。

为了保持与粉丝互动、增加粉丝黏着度，媒体公关部的工作还包括俱乐部内部花絮、选手日常生活等俱乐部周边内容的发布，内容涉及人物专访、官方海报、集锦动图与视频、选手表情包、花絮秒拍等等。例如，RNG电子竞技俱乐部在线上推出《皇话》，节目以问答的方式，让粉丝了解选手真实的一面。

3. 行政部和财务部

正规的电子竞技俱乐部是经过注册的企业法人，与其他领域的大部分公司架构是相似的，都有法定代表人并常设经理，而后设行政、人事、财务、法务等，有时视需要为经理设置秘书或助理等。

实际上，各个俱乐部的具体运营并非严格参照此标准来架构的。有的俱乐部可能不设立某个岗位，有的俱乐部可能一个员工身兼数职。例如，有些俱乐部可能只有赛训部门有正式员工，其余工作人员都是兼职的。

三、电竞职业选手

（一）选手选拔

电子竞技在全球获得认可，电竞比赛逐渐在主流国际赛事中获得一席之地，选手间进行竞技也被认可为专业的技能。现在国内越来越多的年轻人梦想成为职业电子竞技运动员。2017 年，全球在电子竞技职业选手数量上，美国排名第一，有 2614 位电竞选手，中国排名第二，有 946 位电竞选手，韩国位居第三，有 873 位电竞选手。[①]

1. 选拔标准

（1）年龄要求

2019 年，美国宾夕法尼亚州的 16 岁青少年凯尔·吉尔斯多夫（Kyle Giersdorf）在纽约举行的电子游戏竞赛《堡垒之夜》世界杯中赢得了个人总冠军，并获得了 300 万美元奖金。吉尔斯多夫一开始便称霸比赛，击败了许多知名选手，积分遥遥领先，最终抱回电子竞技史上最高额的个人奖金。[②]

2017 年国外知名体育网站 ESPN 曾调查多个电竞项目后发现，参加《英雄联盟》的选手普遍年轻，样本中的 117 个选手平均年龄为 21.2 岁，是所调查电竞项目中平均年龄最小的。《任天堂明星大乱斗》系列，选手平均年龄较高，为 25.2 岁，《反恐精英：全球攻势》比赛选手的年龄层更高，在 2017 年 9 月 18 日的比赛中，5 人里有 3 人满 30 岁。体育运动员的平均年龄以美国职业棒球大联盟（Major League Baseball，MLB）的 29.2 岁最高，其次是国家冰球联盟（National Hockey League，NHL）的

---

① 中商产业研究院. 2019 年中国电子竞技产业市场现状分析及发展趋势预测（附产业链）[OL]. (2019-07-31). https://www.askci.com/news/chanye/20190731/1036561150629.shtml

② 新浪财经. 美 16 岁少年《堡垒之夜》决赛夺冠赢 300 万美元大奖 [OL]. (2019-07-29). http://finance.sina.com.cn/stock/usstock/c/2019-07-29/doc-ihytcerm6978690.shtml

27.4 岁。在 2017 年赛季，MLB、NBA、NHL 开幕赛的平均年龄都高于任何电竞比赛的平均年龄。①

多数的主流电竞赛事会对参赛选手的年龄设下限。一般多以国际公认的成年年龄 18 岁作为红线，参赛选手具备法律规定的权利与义务后，可以对自己参赛期间的一切行为负责。然而，也有声音认为设置年龄限制在一定程度上限制了电子竞技选手的天赋，也缩短了选手的职业生涯，像 MOBA、FTS 等类型游戏就相当考验选手的反应与操作能力。

① 18 岁以上

无论是 2006 年颁布的《全国电子竞技竞赛管理办法》（试行），还是阿里体育的世界电子竞技运动会（WESG），都将参赛选手的年龄限定在 18 岁。包括我国在内的大部分国家都将 18 岁认定为成年，根据《中华人民共和国民法通则》规定："十八岁的公民有完全行为能力，可以独立进行民事活动，是完全民事行为能力人。"另外，18 岁也是人类成长过程的关键节点，于心智上迈入成熟阶段，因此，满 18 岁的电竞选手可以为前途发展做出较为理智的判断。此外，这时选手已经完成九年义务教育甚至高中学业，具备基本的文化知识，即使职业道路发展受限也可以及时调整未来规划。

② 18 岁以下

《英雄联盟》联赛规定参赛选手必须年满 17 周岁。为了允许更多的选手报名参加官方赛事，2018 年 1 月暴雪修改年龄限制，少年选手只要在比赛开始前报名，即使未满 16 岁也可以参赛②。IG 俱乐部 LOL 分部原物理输出（ADC）喻文波（ID：JackeyLove）与队友在 2018 年拿下全球

---

① ESPN Stats & Info. Average age in esports vs. major sports [OL]. (2017-09-17). https://www.espn.com/esports/story/_/id/20733853/the-average-age-esports-versus-nfl-nba-mlb-nhl

② 新浪游戏. 暴雪电竞取消参赛年龄限制 天才少年或将成为现实 [OL]. (2018-01-21). http://games.sina.com.cn/wm/2018-01-21/doc-ifyqtycx1211548.shtml

总决赛冠军，2000年出生的喻文波15岁就被俱乐部签下，但碍于年龄限制，两年后才在2018年LPL春季赛担任ADC上场，首场败于RNG战队之后，连续获得18连胜创下LPL联赛的连胜纪录新高。①

以往各类赛事中也不乏年少夺冠的例子，如16岁的苏美尔（Sumail）获得TI5冠军②、18岁的林靖（ID：XXs）获得2017年《DOTA2》亚洲邀请赛DOTA2 Asia Champions，DAC冠军等。与传统体育赛事类似，电子竞技选手必须在很短的时间内达到优势爆发。青少年时期的反应速度快具有先天优势，有些天才选手在14、15岁左右就开始展现极高的天赋以及竞争力，如果取消或降低年龄下限，可以让这些电竞天才们提早崭露头角，同时可能延长他们的职业生涯。设限18岁的参赛年龄主要是出于保护未成年的考虑，但是电竞比赛要求选手的反应力、执行力与年龄因素紧密相关。电子竞技目前仍属于发展中的产业，特别是有些选手入行早，诸多后备资源有待进一步完善和扩展，包括青训队员的文化学习等。

（2）国籍要求

职业电竞比赛选手的流动性大，实力强的赛区选手常常会被挖角到实力弱的赛区，以提升赛区整体竞技水平。例如，韩国、中国的选手会流向欧美地区或东南亚地区参赛。

针对以上情形，电竞赛事纷纷推出政策限制参赛外援比例。2014年拳头游戏对《英雄联盟》联赛的参赛资格做出规定，包含北美、欧洲、韩国、中国、东南亚等地区，参赛的队伍都限制外国选手2名，这样的考虑是基于："给予各地区的选手参与其他地区比赛的机会，同时也避

---

① 刘姝君. 专访｜世界冠军喻文波：如果回到15岁，还会选择电竞 [OL]. (2020-05-07). https://www.bjnews.com.cn/detail/158883534814599.html
② 17173游戏网. 16岁的富翁！TI5冠军Sumail宣布辍学专心DOTA [OL]. (2015-08-30). http://news.17173.com/content/2015-08-30/20150830095033562.shtml

免有些地区的队伍全部都是外援选手。"①2018 年《绝地求生》官方推行统一的参赛规则，要求参赛队伍中至少有三位成员是战队所在地区的合法居民，或拥有永久居住权的选手。②另外，《腾讯 2018 电子竞技运动标准》规定：所有参与职业联赛有关比赛的队伍包括但不限于，各队伍中至少有 60% 的首发选手（1V1 为 100%，2V2 为 50%）是中国大陆身份。③这是基于职业联赛的最终目标。

国际性的电竞赛事对国籍的限制更加严格，不允许有外援，规定国家代表队员必须是本国国籍。例如，雅加达亚运会英雄联盟项目的中国代表队是从 RNG、EDG、WE 三家国内战队中抽调而来的。

（3）竞技能力要求

快速的反应能力、预测敌方选手战略的能力，以及契合的团队协作能力是电竞选手比赛获胜的关键。与传统体育运动员一样，电子竞技运动员根据电竞项目参加比赛，有些比赛是一对一项目，选手单独对抗其他选手，有些比赛是团队项目，需要团队成员的相互配合为所在的战队得分。目前，受欢迎的电子竞技活动多为团队游戏，以《英雄联盟》为例，竞争双方由 5 名选手构成，选手通过控制英雄角色在虚拟的空间中进行角逐。

总体来说，一个优秀的运动员需要具备五个维度的能力——体能、技术、战术、心理和专业知识。同样地，优秀的电子竞技运动员也必须具备这五个方面的能力。

体能：电竞运动员以台式计算机和智能手机为载体，进行对抗需要

---

① Shine. LCS 明确限制外援 每队 3 名该地区国籍选手 [OL]. (2014-09-07). http://lol.17173.com/content/2014-09-07/20140907161804934.shtml

② 玩加电竞. PUBG 将于明年统一参赛规则：未满 18 岁无法登场 [OL]. (2018-09-15). https://m.wanplus.com/article/170218.html

③ 腾讯电竞.《腾讯 2018 电子竞技运动标准》——赛事领域标准完整版 [OL]. (2017-12-25). https://www.sohu.com/a/212624630_535207

使用小肌群，对肌肉耐力、柔软度等素质有极高的要求，选手要能够精准地控制肌肉，以达到快速稳定的操作。在体力上，一个比赛日的比赛通常超过六个小时，需要储存足够的体能。加上长时间面对电脑屏幕，长时间坐立和手握鼠标，如果缺少体能训练与适时的放松，会给电竞选手们的身体健康带来很大的负面影响。

技术：技术包括灵敏、平衡、协调、速度、爆发能力和反应，是电子竞技对抗过程中涉及的指标，电竞选手的技术水平，除了天赋还需要后天的反复练习才能得到提高，选手的风格也会在练习中逐渐形成。

技术可细分为游戏操作技术、解析游戏与版本的能力。首先，游戏操作技术：基本个人游戏水平，包括操作、反应、意识等方面。当前热门的电竞项目一般都有天梯机制，俱乐部在选拔新人时，会要求选手们必须达到一定的天梯水平。天梯因计分机制等原因，不一定能真实反映选手的水平，但总体来说，对于选手能力的评估仍是最直观的方式。其他具体所需标准视项目、俱乐部定位不同，不尽相同。其次，解析游戏与版本的能力：传统体育规则相对简单而稳定，电竞项目规则更新速度很快，大到游戏的更替，小到版本的更新，都对职业选手的胜负有着深远影响。职业选手如果不具备解析游戏与版本的能力，就无法准确把握不同版本的战术和规则，只能保持短暂的优势，随着版本的更新就会失去竞争力。

战术：在电子竞技比赛里，不同的队伍会结合自身特点选择相应的战术体系，在训练过程中也会围绕对手的战术，进行针对性的布置以及反针对的布置，这考验的是竞技团队对于比赛的理解力、分析能力和队员之间的战术执行力，顶尖强队在战术上的博弈也是比赛非常精彩的一环。在 MOBA 类游戏中，亚洲和欧洲选手形成了不同的战术体系，在世界赛场上展开强强对话，亚洲选手个人能力出众，对自己的操作比较有信心，打法更具侵略性，欧洲队伍则偏向于打控制和拉扯，对战术的理解更加超前。此外，还包括与队友配合的能力。当前热门的电竞项目，如《英雄联盟》、《DOTA2》等，都是团体竞技项目，在可预知的时期内，团体竞技都将是电竞主流项目。在团队竞技项目中，最有竞争力的队伍一定是整体实力最强的组合。职业选手除了要保持自身技术水平外，还要具备战术的执行能力，才能确保和队友有默契的配合。

心理素质：只要是竞技比赛，对选手而言就意味着压力，具备良好心理素质的选手能够不受外界干扰、及时调整心态。在团队项目中，选手需要面对：如何在平时的训练中和队友保持信任，如何在大赛前后维持竞技状态，如何正确面对网络上的舆论，如何在竞技状态下滑时进行自我调整等问题。随着电竞职业化的发展，正规心理咨询团队已经成为比赛和训练中必不可少的人员。电竞选手的实力反映在比赛中就是选手的整体表现，这时选手的心理素质十分重要，包括：如何在高压的环境下顶住压力不失分；如何在出现突发状况的时候及时调整；如何在开局失利的情况下与队友一起合力反转。

专业知识：电竞产业的专业知识学习是非常重要的一环，电竞选手不仅是参加比赛，还要学会了解整个电竞产业的运作，包括从赛事组织到俱乐部的管理等环节。和早已形成知识体系的传统体育相比，电竞项目的知识体系并不完善，今后，电竞从业人员的学习还需要更加系统和规范，这样才能为电竞选手的转行提供更多机会。

（4）竞技水平要求

职业电竞选手的入门槛灵活性高，可以根据项目、赛区、赛事等实际情况调整，尤其是职业赛事完备的几个项目，俱乐部掌握高度的决定权。选手竞技水平实力、段位、积分、排名是衡量选手竞技水平最为客观的标准。

①段位

电子竞技与围棋、跆拳道、武术等传统体育项目类似，段位是级别的表现形式。《英雄联盟》《王者荣耀》等热门游戏以段位划分玩家竞技水平。段位不仅与选手个人实战相关，也与所在区域游戏环境紧密相连，韩国网络服务器（以下简称韩服）是公认水平最高的赛区。

以《英雄联盟》为例，原来的最高段位为最强王者，即该区排名前200的玩家。2018年拳头游戏大幅调整段位分级方式，新的九级段位为：坚韧黑铁、英勇黄铜、不屈白银、荣耀黄金、华贵铂金、璀璨钻石、超凡大师、傲视宗师、最强王者。调整后，黑铁取代青铜成为最低段位，"超凡大师"和"最强王者"之间新增"傲视宗师"，每个段位由原来的5小段位简化为4小段位。《英雄联盟》中国赛区现行的选手注册资格要求段位必须达到峡谷之巅钻石三或以上，《英雄联盟》职业青训营招募资格要求一个月内达到单双排大师及以上级别，拥有峡谷之巅账号。[1]

②积分

《DOTA2》的天梯奖章设有8个等级分别是：先锋、卫士、中军、统帅、传奇、万古、超凡、冠世一绝。等级间有与之相对应的积分要求，每个等级升等需要获得5颗星星（见图4-4）。《DOTA2》在韩国重新受到重视，2018年韩国空度电竞俱乐部招募职业队员：6500分可进入一线队伍参赛，最低资格6000分可进入二线进行培训[2]。

③排名

国内电竞俱乐部招募《绝地求生》项目职业队员，选手排名是唯一的入选标准。FPX战队招募要求：在亚州网络服务器（以下简称亚服）排名前300名，或是其他服务器排名前100名；排名形式不限，可为单排，双排或者组排。SNG俱乐部募要求：在亚服、东南亚服务器排名前50，杀人率、死亡率、支持率4.0以上，《绝地求生》存活率30%以上。排名必须在第三人称视角游戏模式下完成，第一人称视角游戏模式仅作

① 小圆球. 设计师公布 S9 赛季段位徽章新增黑铁和宗师共九个 [OL]. (2018-10-05). https://lol.qq.com/news/detail.shtml?docid=6301030838002417256

② 玩家电竞. DOTA2 韩国俱乐部公开招募职业队员最低资格 6000 分 [OL]. (2018-01-11). https://www.sohu.com/a/216053397_338155

为参考。[①]

图 4-4 《DOTA2》段位分数图[②]

来源：Dota2Freaks

（注：herald 为先锋段位，guardian 为卫士段位，crusader 为中军段位，archon 为统帅段位，legend 为传奇段位，ancient 为万古段位，divine 为超凡段位，immortal 为冠世一绝段位）

2. 选拔途径

选手的选拔关系着一个电竞俱乐部能否有新人加入，也关系着整个电竞行业能否有新的血液输入，电竞作为一项竞技运动已经受到了广泛认可，从中选拔高水平选手，对提高比赛成绩、比赛质量，以及在国际赛场上展现国家和俱乐部实力都具有重要的意义。

不同国家在不同项目的职业运动员的培养和选拔上途径不尽相同。一般有三类培养模式：第一类是以职业体育联盟及俱乐部为主的后备人

① 网易游戏.职业战队招收绝地求生选手 明码标价月薪五万！[OL]. (2018-03-16). https://ent.163.com/game/18/0316/10/DD0SVKSQ003198EF.html

② Dota2Freaks. DOTA 2 Ranks List The Ultimate MMR Table.[OL]. (2021-05-28). https://dota2freaks.com/ranks/

才培养模式（如英超）；第二类是以普通教育体系为主的培养模式（如美国 NBA）；第三类是两者兼顾的培养模式（如日本职业足球甲级联赛）。体育项目采用哪种模式培养选拔后备人才，取决于所在国家的政治经济发展水平、历史背景、传统文化、体育背景和教育体系等。

当前我国电子竞技选手的培养模式主要是第一类，以职业体育联盟及俱乐部为主的后备人才培养模式。电竞俱乐部对选手的衡量标准首先是关注成绩，一般以 Rank 分数为主，通过不同的渠道选拔具有潜力的电竞人才。

俱乐部成立的青训营：青训系统来自于传统体育的选拔模式，指的是某个运动团队或是联盟为开发与栽培青少年的培训计划。成立青训有利于运动员在未来比赛的世代交替，在青训系统表现出色、具有潜力的运动员，有可能进入运动团体。WE 俱乐部是我国较早成立青训体系的俱乐部，目前许多俱乐部都有自己的青训体系，为自身培养后备力量。

俱乐部之间的选手转会：不同俱乐部之间的选手转会是十分常见的情况，国内一些俱乐部会从国外的俱乐部，特别是韩国，引进优秀的外援选手作为战队的中坚力量。比如韩国选手具晟彬（ID：IMP）在 2014 年《英雄联盟》全球总决赛上获得冠军后，11 月由 SSW 战队转入 LGD 战队，2015 年，具晟彬代表 LGD 战队在 LPL 夏季赛上取得了总冠军。具晟彬身为外援选手工作态度敬业，备受中国玩家喜爱。

游戏服务器的排行：电竞俱乐部的经理人会通过游戏服务器的排行挖掘有潜力的选手，比如游戏服务器国内排行前十或者世界排行前十的人才。每个游戏排行前十的不一定都是俱乐部选手，因为选手进入职业领域之后，打游戏服务器排行的时间相对减少，而是会更加专注于团队训练，同时，由于游戏的迭代性，业余玩家的排名有机会冒头。另外，俱乐部也会从游戏直播平台挖掘有潜力的主播成为职业选手。

次级联赛或者业余联赛：通过举办次级联赛或业余联赛，表现优秀的玩家会得到俱乐部经纪人或者教练的注意。比如《英雄联盟》会举办高校赛和城市赛挖掘新人；《守望先锋》的三级联赛也为一般玩家进入职业队提供了途径。

高校选拔：2014 年，拳头游戏举办了第一届北美大学生锦标赛（North American Collegiate Championship），胜利者可以获得足以支付大学学费的奖金。游戏公司及大学联赛组织者预测，大学电子竞技可能成为向职业巡回赛输送人才的一个重要渠道。[①] 在 2017 年和 2018 年两年里，全美大学体育协会与美国和加拿大的 98 个校队项目合作，为具有电竞潜力的年轻人提供 1600 万美元的奖学金。[②]

注册制

注册制是各国管理职业运动员的重要手段，注册一般可分为两类，一类是选手职业身份注册，一般在单项协会或职业体育联盟注册；另一类是运动员参赛资格注册，在其准备参加的职业赛事注册。职业运动员要获得职业赛事的参赛权利，这两种注册都缺一不可。

电竞选手的注册可以分为两种：按比赛项目的个别要求和按各地城市的管理办法。

《英雄联盟》的 LPL 被公认为最专业、水平最高的电竞联赛。LPL 颁布的《腾讯 2018 电子竞技运动标准》，在"电竞选手成员资格"中，将参赛条件分为 4 部分：首先是年龄，参加电竞比赛的选手必须年满 17 周岁；其次是区域选手身份，即对于国籍方面的要求；再次是工作资格，要求选手具有其赛区所属国家的合法居住权利，并具有在中国工作的资格；最后，选手不得是官方及其相关人员。[③]

---

① Nick Wingfield.E-Sports at College, With Stars and Scholarships [OL]. (2014-12-08). https://www.nytimes.com/2014/12/09/technology/esports-colleges-breeding-grounds-professional-gaming.html

② 红星新闻.电子游戏打得好也能拿奖学金 美国多所高校推出电竞奖学金 [EB/OL]. (2018-11-13). https://k.sina.com.cn/article_6105713761_16bedcc6102700ddwy.html

③ 腾讯体育.王思聪将注册成为电竞职业选手有望 19 日出战 LPL 夏季赛 [EB/OL]. (2018-08-17). https://sports.qq.com/a/20180817/016333.htm?pgv_ref=aio2012

2018年上海率先实施电竞运动员注册制，电竞运动员将按电子竞技项目注册，采取俱乐部集体申报注册，电竞选手注册运动员后将获得六项权益，包括：协会运动员证书、获得协会组队的选拔资格和保障、出国出访等相关证明、成长阶段的保障、表彰奖励、各类学习、培训以及社会公益活动等。2019年7月，上海电竞协会公布首批电竞运动员名单，注册人数88名，其中，《DOTA2》项目人数最多，35人，占比达到40%，此外，《王者荣耀》5人、《英雄联盟》12人、《FIFA》13人、《皇室战争》5人、《炉石传说》16人、《魔兽争霸3》2人。

（二）选手培养

1. 选手训练

尽管电竞项目与传统的体育项目的训练方式不太一样，但是两者在高强度、高压力方面具有共通性。每天训练10个小时是电竞选手的常态，完全没有时间参与其他活动。如果联赛开打，还要进行对抗赛的训练，因为比赛较多，休假时间就相对较少。中国的电子竞技选手有2种训练方式：驻训式训练和自主式训练。不管是哪种训练方式，职业电子竞技运动员的训练强度都是相当大的，运动员一天一般要训练8到10个小时。

驻训式训练：驻训式训练指的是选手长期驻扎在俱乐部提供的训练基地进行训练。俱乐部除了提供训练场所，还会提供住宿、饮食等生活环境。在训练基地里，领队负责制定和监督训练计划、做好后勤保障、联系陪练、比赛报名等。[①]

自主式训练：自主式训练指的是选手自己选择训练地点进行训练。这类主要针对单人项目选手，选手可以在自己家中或住所附近的网吧完

---

① 电竞与赛事. 17Team电竞俱乐部新基地曝光，LGD成员直呼羡慕 [OL]. (2018-12-18). https://xw.qq.com/amphtml/20181218A14PVE00

成训练。选手一般自主训练或者完成教练制定的训练计划，等到比赛时才会与俱乐部负责人会合。

电竞选手的训练方式，因为竞技项目的不同，训练方式也有所区别。以团队性竞技游戏为例，选手们的训练通常以日常的高端局排位赛和训练赛为主。以韩国电竞俱乐部 SKT 为例，训练从上午 8 点一直持续到晚上 12 点，8 点—10 点心理训练，10 点—12 点体能训练，午餐与休息 2 小时，14 点—17 点操作训练，晚餐与休息 2 小时，19 点—24 点操作训练。韩国电竞之所以能在世界多个比赛项目上称霸，与电竞选手投入大量时间刻苦训练有密切关系。我国电竞俱乐部的训练计划，大多是每天 10 到 12 个小时，俱乐部会根据自身的实际情况进行安排，大部分是从中午持续到深夜。

训练内容

Rank 训练：Rank 训练可以是单人或多人进行的。选手通过游戏内的排位赛与不同的玩家竞技，获得胜利累积积分，在排行榜上可以取得更高的排名，通常玩家积分越高时，遇到对手的操作水平和意识也会越好。Rank 的积分直接显示了选手水平的高低，许多俱乐部队对选手有 Rank 积分要求，没有达标会被扣工资或奖金，选手在 Rank 积分排行获得第一名时，俱乐部也会提高工资或奖金激励选手。

训练赛训练：训练赛训练指的是由领队联系其他俱乐部或战队在线上进行比赛式的训练。训练赛可以是有针对性或目的性地训练某种能力，也可以完全按照正式比赛的要求进行操作。例如只进行到游戏的第 10 分钟或第一个防御塔被破坏时，双方就退出游戏进行下一局，这种训练的目的是训练两队在竞技比赛前期的处理能力或破坏第一个防御塔（俗称一血塔）的能力。训练赛训练也可以是模拟正式比赛，这种训练的目的是训练选手从开始到结束的全程处理能力，可以用来测试新的战术、新的选手，预估新战术或新选手在比赛中可能达到的效果或取得的成绩。

复盘训练：复盘训练指的是在训练赛或比赛结束时，利用回看比赛或训练赛录像，分析和讨论比赛过程中影响比赛胜负的关键点。例如在某个时间点，选手临场的选择和处理导致比赛的胜利或失利；在某次团战爆发时，选手的操作或技能释放的目标不同，导致团战的胜利或失败。复盘训练可以快速提高选手对竞技内容的理解，以及提升选手的临场处理能力，是比较有效的训练方式。

以上三种方式是比较主要和常见的训练方式，各个电竞俱乐部的训练方式大同小异，都是通过投入大量时间的练习和磨合，去理解电竞比赛内容，寻求制胜规律。不同训练方式取得的效果不同：个人 Rank 训练能够有效提高选手个人能力；训练赛训练能够有效提高团队的配合能力、运营能力；比赛复盘训练能够有效提高选手对游戏的理解和临场指挥能力。

2. 成长路径

新队员进入俱乐部，一般会先加入青训队，接受专业的电竞技能和战术的培训，俱乐部会发放薪水、提供食宿，为队员们提供基本保障。对于青训队员来说，最重要的就是提升自身的 Rank 排名以及与团队的协作能力。青训队选手每年有机会通过转会期进入主力队伍，在转会期开始之前，俱乐部会对主力队伍以及青训队伍的选手表现进行考核，表现优异的青训选手有机会加入到主力队伍中。[①]

俱乐部还会培养选手的职业素养以及团队意识。现阶段的热门竞技项目，基本上都是以 5 人为团队，每一位选手在团队中的作用都很重要。很多初进入职业队的选手个人竞技实力很强，但是无法融入团队中，除了每天的基础训练外，俱乐部还会通过各种方式（开会、聚餐以及如狼人杀等团体活动）加强团队之间的沟通交流。

俱乐部选拔的新人想要顺利和俱乐部签约、踏上职业赛场，要经过试训、心理评估、能力评估三个关卡。

（1）试训：分为线上试训和线下试训，指的是在一段时间内，一般

---

① 李昌隆. 电子竞技选手培养问题与对策研究 [D]. 山东师范大学，2018：1517.

为一个月或半个月，新人必须通过电竞俱乐部的日常训练和训练赛展现出自己的电竞水平，并由电竞教练观察分析其是否有电子竞技的天赋和较高的竞技水平。

（2）心理分析师的评估：分析队员的性格和适合担任的位置，测试报告会交给教练，由教练决定新人是否能够留下与俱乐部签约。

（3）能力评估：签约后的新人要经过与队友的磨合和战术的训练，才能获得上场比赛的机会。

3. 选手收入

电竞选手的收入主要由三部分构成：与俱乐部签约的工资；参加各级赛事获得的奖金；在游戏平台直播时的分成以及商务代言费用等。一般选手与俱乐部会签订两个合约：一个是比赛的劳务合同，另一个是商务代言和经济合约。

当前电竞选手的收入呈现两极化趋势，普通选手的薪资水平不高，但是头部电竞选手可以像传统体育明星一样获得极高的收益。与传统竞技体育运动员一样，优秀电竞选手的商业价值主要来自电子竞技能力。选手在电竞比赛中取得优异的成绩，引起大众关注的同时提升自己的商业价值。《英雄联盟》的明星选手简自豪，因为在 2017、2018 年的 LPL 春季赛和夏季赛获得前三名的优异成绩，其商业价值得到大幅提升。

从 2018 年全球电竞选手收入排行榜来看，以《英雄联盟》的选手为例，韩国选手的收入基本上高于中国选手。在亚洲地区，榜单中最靠前的（收入最高的）是韩国选手李相赫，以 117 万美元的收入排在 41 名。国内选手收入最高的是简自豪，以接近 44 万美元排在 157 名，在他之后是明凯（ID：Clear Love），以 42 万美元排在 163 名。[①]

电竞职业选手签约进入俱乐部，不同梯队之间的工资水平差距大，

---

① 游戏日报. 全球电竞选手收入排行榜出炉，Uzi 收入仅 44 万美元排在 157 名 [OL].
(2018-06-05). http://baijiahao.baidu.com/s?id=1602396337851746930&wfr=spider&for=pc

一线选手、二线选手、青训队员的工资水平明显不同，顶尖电竞职业选手能达到百万年薪。目前，职业选手的主要收入包括底薪、奖金、绩效奖金，有能力的选手还可以争取广告代言和签约直播等。另外，由于电竞选手的明星化已经逐渐成熟，俱乐部更加注重选手的形象包装，这同时也为俱乐部增添了无形的品牌资产。[①]

案例 4-2　韩国 SKT T1 电子竞技俱乐部的选手培养模式

韩国明星选手李相赫获得过三次《英雄联盟》世界总决赛冠军，他的年薪为 2950 万元人民币，是韩国收入最高的电竞职业选手。[②]李相赫的职业表现让很多韩国父母看到了电竞行业的前景。韩国 KZ战队选手赵云（ID：Night）说："父母对电竞虽然不太了解，但我在做职业选手之前，已经有很多朋友成为职业选手或从事与电竞相关的行业了。"

韩国政府对电竞职业选手非常重视，并为这些顶级职业选手开辟了绿色通道，可以比照体育特长生特招进入韩国中央大学等顶尖学府学习。目前，韩国电竞行业从业者已经呈现年轻化和高学历等特点，其中大学学历的从业者达到了 66.1%，相关从业人员中在 30到 39 岁的占比 57.5%。如今，年轻的电竞从业人员越来越多。据报道，"韩国职业赛场上，越来越多选手在学习上也依旧出色。像李相赫数学好、计算能力强，能在比赛中更快地算出伤害值"[③]。

SKT T1《英雄联盟》分部创队至今所获得的荣誉数不胜数，李

①　人社部. 新职业——电子竞技员就业景气现状分析报告 [OL]. (2019-06-28). http://www.mohrss.gov.cn/SYrlzyhshbzb/dongtaixinwen/buneiyaowen/201906/t20190628_321882.html

②　唯电竞. 韩国电竞选手 Faker 天价工资曝光，年薪 2000 万堪称印钞机 [OL]. (2018-04-13). http://www.wanplus.com/article/128540.html

③　刘姝君. 韩国电竞战队多数难盈利，只能靠情怀生存？ [OL]. (2019-07-01). https://www.bjnews.com.cn/detail/156197481714102.html

相赫从 2013 年 6 月加入 SKT 后正式上场至 2016 年，参加过 31 个大型比赛，收入约为 90 万美元，2018 年他的比赛收入在全球排名 41。SK Telecom 之所以能够成功管理旗下俱乐部的原因在于：结合人才培养、大数据系统、风险管理三项条件缺一不可。

人才培养：SK Telecom 每年对电竞项目的投资都超过 20 亿韩元，进入 SKT T1 的电竞俱乐部的职业选手，平均年薪是韩国其他俱乐部选手的 2.5 倍。SKT T1 每两个月都会安排选手们进行身体检查，避免或减轻选手们因为"职业病"，在手腕、腰部、腿部等部位常出现"职业病"所带来的痛楚。①

SKT T1 全体队员在校成绩都非常优秀，李相赫在初、高中时的成绩曾进入全校前 1% 的优等生。为了不让这些优等生为选择进入电竞职业圈而感到后悔，SK Telecom 派出企业文化部的人才培养专员，为职业选手们策划职业生涯的规划相关教育项目，通过培训帮助职业选手建立起通往 IT 领域的道路。

大数据系统：自 2016 年下半年解散星际分部后，《英雄联盟》成为 SKT T1 的唯一分支，但在此之前，SK Telecom 已经积累了 10 余年的电竞俱乐部运营经验，并以此为基础开发出了"队伍表现管理系统（Team Performance Management System，TPMS）"。这是一套能监测选手的常规训练战绩，记录自由训练活动轨迹的大数据系统，队伍能够以数据为基础、从全队中选择出最适合上场的阵容。

风险管理：对于电竞巨头 SKT T1 来说，最大的风险可能来自队员退役或海外流失。为了尽量降低这个风险可能带来的损害，俱乐部从 2015 年开始实行新的制度，单独聘请教练和工作人员负责选拔新人，以快速填补队员流失的空缺。

---

① PentaQ. 韩国电竞的强大！看看 SKT 俱乐部的管理 [OL]. (2016-11-11). http://www.gamemei.com/yxlm/41520.html

对投资电竞能够带来的回报，金宣重表示：“对于数码公司而言，游戏是一个具有高度成长性的项目，我们希望通过支援游戏事业的发展，达成信息和通信技术（Information and Communications Technology，ICT）事业生态圈中的良性循环。”

（三）参赛要求

电竞赛事虽然不尽相同，但一般都遵循“法无禁止即可为”原则，以比赛规则对参赛选手行为进行规范。电竞比赛规则对选手行为的限制，主要从违背比赛公平性、违反公共道德、违反职业道德三个方面考虑。

1. 禁止行为

（1）违背比赛公平性

电子竞技作为一项体育比赛，应该秉持公平、公开、公正的体育精神。任何违反公平性的行为都应被禁止，包括但不限于：队友间相互串通、与其他参赛队伍合谋、参与赛事相关的赌博行为、利用黑客技术修改游戏代码、利用游戏/规则本身漏洞、使用作弊设备、找人代参赛、故意断开连接等。

打假赛的现象在电竞圈屡禁不止，尤其是二三线战队所在的次级联赛。2018 年中国在《DOTA2》次级职业联赛（DOTA2 Secondary Professional League，DSPL）上，ROCK.Y 和 Ulrica 两支战队消极比赛，事后赛事组委会对其做出处分，涉事战队被终身禁赛，涉事选手依据不同程度终身禁赛或禁赛两年。假赛事件不仅发生在中国，在韩国的电竞圈也发生过，2010 年《星际争霸》的传奇选手马在允（ID：ipxzerg）因为受赌博集团控制，故意输掉比赛，马在允等前星际职业选手被 KeSPA 永久除名，还被判刑 18 个月。[①]

---

① 电竞世界. 电竞假赛现象频发，莫让赛场成为赌场 [OL]. (2019-04-25). https://mp.weixin.qq.com/s/FwhOOka9WK3lvugwOMZXWg

（2）违反公共道德

电子竞技要求选手比赛期间言行举止符合公共道德规范，树立正确观念，展现选手积极正面的个人形象和团结协作的精神。违反公共道德的行为包括但不限于：发表亵渎及仇恨言论、人身攻击、歧视行为（种族、宗教、性别、地域、出生、语言等）。例如，2018年《守望先锋》联赛，伦敦喷火战斗机战队（London Spitfire）对阵旧金山震惊战队（SF Shock），选手金俊享（ID：Profit）对着镜头竖中指的行为被认为挑衅对手，依据"禁止使用粗鄙手势"规定被罚款1000美元。[①]

（3）违反职业道德

选手在比赛中必须严格遵守职业道德，违反行为包括但不限于：宣传严禁类型广告（色情、非处方药、烟草、枪支等）、消极比赛、违规金钱往来（收贿、受贿、接收礼物等）、干扰/无礼行为、保密义务、私下接触、服装不合要求等。

另外，普通观众认知中的挂机也包括在判罚的范围内，例如，2018年EDG战队的选手胡显昭（ID：iBoy）在排位比赛中途擅自挂机被罚款10000元人民币。着装问题也会被罚款，例如，2015年，原IG战队选手李炳权（ID：Kakao）在iG战队对战EDG战队的比赛中，服装与其余4名队员不统一，罚款5000元。

2.处罚措施

在电竞赛事规则中，对选手的处罚措施依据违规行为的严重程度，包括但不限于：口头警告、剥夺选边资格、失去/禁用游戏资格、罚款/没收奖金、判定弃权、禁赛、取消参赛资格等。

赛事主办方具有绝对权威性，战队与选手必须服从官方裁决。如果有队伍成员受到处罚，官方有发表声明陈述的权利，涉事队伍与个人不

---

① 任玩堂.职业电竞选手因为这个手势，不仅遭批还要被罚款6000块 [OL]. (2018-01-26). https://www.sohu.com/a/219106294_204810

得追究法律责任。此外，赛事官方还掌握着规则的最高解释权，对于其他任何违反本规则，为竞技游戏制定的完整性标准的举动及不作为的行为，赛事官方都拥有自由裁量权。例如，2015 年韩服《英雄联盟》路人王金允诚（ID：Dopa）因为代练被韩国拳头禁赛加封号 1000 年。

电竞选手的组成分为职业电竞选手和业余电竞选手两类。职业电竞选手主要参与职业电竞比赛，具有较强的专业性，而业余电竞选手多为电竞的爱好者，参与的比赛也为一般性的电竞比赛。另外，职业选手一般都会隶属于某家俱乐部或者战队，与俱乐部或战队形成雇佣关系。

"电子竞技"体现出一个人的反应力、协调力、思考能力以及团结的精神，职业选手每天面对同一款游戏，训练时间超过 10 个小时，精神高度紧张，每天循环重复着枯燥的事情，职业选手的生活作息时间有非常严格的管理制度。在训练中，选手如果出现带有消极的态度打电竞游戏，会面临罚款、禁赛等严厉的处罚。[①]

一般来说，选手的比赛成绩直接反映了选手的声誉。以《英雄联盟》的明星选手简自豪为例，2013 年，简自豪第一次进入全球总决赛；2014 年，获得 S4 世界总决赛亚军；2017 年，简自豪成为《英雄联盟》LPL 全明星宣传片代表人物；2018 年，获得 MSI 季中赛冠军；同年，在雅加达亚运会电竞表演项目《英雄联盟》总决赛，简自豪等人组成的中国团队夺得金牌。[②] 此外，除了比赛奖金，简自豪签约虎牙直播，签约费就高达 2500 万元。

然而，职业电竞选手在价值的实现上具有很大的不确定性，这来自俱乐部与战队的客观环境和选手主观条件两个方面。据游戏媒体久游网的统计，截至 2019 年 6 月的选手影响力和身价的综合排行，除了简自豪

① 游戏多. 电竞和游戏的区别究竟是什么？让 Uzi 来告诉你答案！[EB/OL]. (2018-08-30). https://www.sohu.com/a/250960724_115729
② 新浪网."世界第一 ADC"Uzi 退役 简自豪开启人生下半场？[EB/OL]. (2020-06-03). https://www.bjnews.com.cn/detail/159117729215963.html

外，排名前 4 的有 3 名是 IG 俱乐部的选手（如图 4-5 所示）。2020 年 6 月，23 岁的简自豪宣布退役，告别了 7 年的职业生涯，LPL 赛区再也见不到 006 编号的老将。

图 4-5　2019 年中国电竞价值排行榜《英雄联盟》选手榜[①]

来源：游久网

（四）退役转型

电竞职业选手通常只精通一种游戏，电子竞技内容有些是单独作战的，有些需要通过多人合作。职业选手在俱乐部的训练是日复一日、周而复始的，每天训练时间超过 10 个小时，其中还包括参加团队战斗练习。调查研究发现，电竞选手的皮质醇产生量与赛车手大致相同，他们的脉搏跳动有时每分钟高达 160 到 180 下。在长期训练下，电竞运动员遭受过重伤害的概率与传统运动员相同，除了身体伤害之外，成名之前还要先忍受低薪，以及网瘾等心理健康风险。[②]

---

① 游久网. 中国电竞价值排行榜 [OL]. (2019-06). https://rank.uuu9.com/player/ranking
② 果壳网. 23 岁电竞选手 Uzi 因病退役：他们巅峰短暂，却职业病缠身 [OL]. (2020-06-03). https://www.sohu.com/a/399556005_119097

知名电竞选手因为在役期间积累了较高的人气和大量的资源，退役后通常有比较好的保障。例如，被称为中国电竞第一人的李晓峰退役后的选择了进军电竞外设行业，创立了钛度科技。①

电竞选手的平均年龄是 19 岁，一般电子竞技选手的黄金年龄是 16 到 23 岁，因为这个年龄段选手的反应能力最强。22 岁以上的年轻选手一般被称为老将，大多数的选手超过 23 岁反应能力会下降，高难度的操就会变得困难，想要保持高水平的竞技状态很不容易，继续提高的机会更为渺茫。职业选手大多在 25 岁左右退役。由于有一些选手是辍学打电竞比赛，他们退役后的发展空间就值得特别关注。

一般来说，职业体育项目的商业化程度越高，对选手的保障就会更加完整，电竞选手退役之后，会选择以下几种职业，包括：游戏主播和游戏解说、俱乐部管理人、职业战队教练、游戏陪练等。

游戏主播和游戏解说：电子竞技解说需要具备基础解说能力、临场应变能力和扎实的电子竞技运动项目知识及相关赛事知识。退役的电竞选手因为拥有丰富的职业比赛经验，对比赛的讲解更为专业，加上生动、幽默的语言，更容易受到受众的青睐，目前董灿（ID：DC）、刘谋和肖旺是选手转解说的代表。

电子竞技主播需要熟悉电竞的内容、规则和玩法以及较高的沟通互动能力。电竞选手在打职业赛期间，已经积累了大量人气，可以通过直播行业转化为退役后的收益保障。目前较活跃的退役电竞选手有：《英雄联盟》的前职业选手禹景曦、高学成（ID：WeiXiao）、魏汉冬（ID：CaoMei）以及《DOTA2》的前职业选手卜严骏（ID：PIS）和姜岑（ID：YYF）等。

俱乐部管理人：电竞行业不是一个开放的圈子，选手转型做管理层

---

① 新浪游戏.那些曾经收入千万的电竞职业选手，退役之后都在干些什么？ [OL].
(2018-06-29). http://games.sina.com.cn/g/g/2018-06-29/heqpwqy7787680.shtml

对行业发展来说是比较适合的。卞正伟（ID：Alex）在 2005 年夺得第三届 WEG 世界总决赛 CS 冠军，除了担任《反恐精英：全球总攻势》解说外，还创立了 BOF 俱乐部并同时担任教练。前电竞选手刘源（ID：Efeng）在退役后进入电竞项目的管理层，从 2011 年起先后任职 Tyloo 俱乐部赛训经理，PanDarea、IG 和 EDG 三家电子竞技俱乐部的 CEO。

职业战队教练：如传统体育一样，退役选手转职业战队教练在电竞圈也是十分常见的。以张宁（ID：xiao8）为例，2014 年张宁以 50 万元的转会费进入 Newbee 俱乐部，并赢得了《DOTA2》TI4 冠军。[①] 在 2015 年公布的全球电竞选手收入排行中，张宁以年收入 166 万美元排名第五，是当时收入最多的中国电竞选手。张宁退役之后，被 EHOME 战队聘为《DOTA2》分部的主教练。[②]

游戏陪练：2019 年人社部等部门发布 13 个新职业，其中包括电子竞技员以及电子竞技运营师。电子竞技员的主要工作任务之一，是进行专业化的电子竞技项目陪练活动，不仅配合专业选手进行训练，还能满足普通玩家的娱乐需求，成为一种工作。截至 2020 年 9 月 30 日，已有 1.5 万人获得初级电竞陪练师资质证书。[③]

案例 4-3　电竞选手李晓峰谈职业选手转型之路

在中国电竞名人榜上，李晓峰的名字总会排在前列，他在 2005 年和 2006 年获得两届 WCG 的冠军。时至今日，SKY 李晓峰的名字仍在 WCG 名人堂中铭刻。2015 年，三十岁的李晓峰宣布退出《魔兽争霸》，创立电竞外设品牌钛度。

① 人社部. 新职业——电子竞技员就业景气现状分析报告 [OL]. (2019-06-28). http://www.mohrss.gov.cn/SYrlzyhshbzb/dongtaixinwen/buneiyaowen/201906/t20190628_321882.html

② 新浪游戏. 那些曾经收入千万的电竞职业选手，退役之后都在干些什么？[OL]. (2018-06-29). http://games.sina.com.cn/g/g/2018-06-29/heqpwqy7787680.shtml

③ 姚勤毅. 电竞陪练，正逐渐成为一份"正经工作"[N]. 解放日报，2020-09-30(010).

电竞选手的职业生涯规划是每个职业选手在未来转型都要面临的问题，因为选手在比赛中要面对很大的竞争压力和职业伤害，大部分人的职业生涯非常短，很多人在 25 岁左右就会因为反应力下降必须放弃职业生涯，转型直播、教练等相关职业。李晓峰转型的方向除了创立电竞外设品牌外，还包括教练、领队、电竞教育等工作，他表示：作为国内第一批退役的电竞选手，没有电竞选手转型的先例可供借鉴，我们只能在黑暗中前行，往不同的方向探索。

相较于现在电竞产业已发展出完整的产业链，早期的电竞选手收入单一，缺乏长期投资资本，这是制约老一辈电竞人发展的重要因素，他们通常搭乘绿皮火车、吃着泡面，奔赴全国各地打比赛。高中毕业的李晓峰，第一份工作是在河南郑州的网吧打工，每个月工资全部用于电脑训练，中间也参加一些比赛，获得名次可以拿到一两百元的奖金。[①] 一直到 2004 年，李晓峰加入了正规的电竞俱乐部，成为《魔兽争霸》的职业选手，他的职业生涯才踏入正轨。在此之前他经历了整整六年在温饱边缘挣扎的日子。李晓峰在职业生涯中获得了数以百计的冠亚季军三强荣誉。

中国电竞步入快车道的 2013、2014 年，其实是他职业生涯中最迷茫的时刻。2013 年，李晓峰未能出线 WCG 2013 的中国区总决赛，这成了他在 WCG 上的终赛，2014 年，被视作《魔兽争霸》"世界杯"的 WCG 停办。在这期间，李晓峰担任过 WE 俱乐部《英雄联盟》分部的领队、做过直播、担任过战队教练，尽管依旧在活跃在电竞舞台上，但内心依然有遗憾，"我以前的想法很简单，要打一辈子的职业比赛，但是社会在发展、游戏在更新迭代，大家开始不再关注你了，心里是很失落的"。

---

① 饶贤君.【吾国吾民】中国电竞第一人 SKY 李晓峰：做职业选手的"最强王者"[OL]. (2019-09-27). http://www.eeo.com.cn/2019/0927/366551.shtml

对于选择成为电竞选手，李晓峰从来没有后悔过，只要成绩受到认可，他就觉得有意义，哪怕在当时赢得高额奖金也是微不足道。李晓峰坦承道："在退役后选择做电竞外设，主要是基于兴趣，更深入地说，是当时的我受限于教育背景和认知水平，只能看到电竞外设这条路，对文化产业等是没有概念的。"目前职业选手的收入包括职业收入、直播平台收入和其他收入，其中签字费（这是职业选手独有的收入，签字费是在签合同之前，俱乐部许诺选手一笔较大数额的工资，一线选手的签字费可达200万元每年）和日常工资是选手的主要收入来源。[1]另外，随着直播平台的兴起扩大了职业选手的影响力，同时也增加了职业选手的收入。

电竞选手生涯短暂，如何协助他们退役后顺利转型，需要多方合作共同谋求解决方案，相关规划应该包括以下三点：

1. 政府助力人才培养。电子竞技上下游产业链涵盖赛事、直播、明星经纪、粉丝运营、内容制作等，拥有巨大人才吸纳能力与聚集效应。政策层面对电竞人才的培养也应做出相应指引，包括2016年教育部增补"电子竞技运动与管理专业"，2018年上海率先实行电竞运动员注册制[2]，以及2019年人社部发布的15个新职业中，电子竞技员、电子竞技运营师位列其中。

2. 专业经纪公司包装。电子竞技和传统体育一样，选手都会面临退役的问题，许多电竞职业选手年纪尚轻，二十多岁就要面临转业。足球有足球明星、篮球有篮球明星，电竞虽然也有一些知名选手，也具备明星化的条件，但是商业价值尚未被完全开发。这些电竞选手退役后，有的可以靠直播转型，但更多人不到两年就被遗忘了。其中很大的原因是业内缺乏专业经纪公司为选手进行包装宣传。

---

① 青山资本.电竞到底是如何吸金的？[OL]. (2018-08-24). https://36kr.com/p/5149898
② 电子竞技.上海市实行电竞运动员注册制 [J]. 电子竞技，2018（22）：14.

3. 选手学业的衔接。目前国内的俱乐部更关注选手个人比赛表现的潜力，平时着重选手个人竞技能力的训练，其他与比赛关联度低的，如补充在役选手文化课等，俱乐部一般不太关心。因此，选手在退役后的生涯衔接会出现问题，电竞选手如何在退役后有更多选择是电竞产业发展的重要课题。[①]

2019 年 6 月，腾讯电竞开启"腾讯电竞奖学金计划"，旨在为电竞运动员提供更好的职业保障，开启人生新机会。腾讯电竞和北京邮电大学、广州体育学院达成合作意向，为电竞运动员提供再次入校学习的机会。KPL 联盟主席张易加透露，将采用休赛期集中授课、远程教育、自学等相结合的授课方式，以提高职业选手的文化水平。这样的方式既能够让选手在休赛期走进校园学习，又能够保障选手的赛训时间，保持竞技状态，使之职业水平不受太大影响。

四、电竞俱乐部的商业模式

（一）俱乐部的运营成本

俱乐部的运营支出，主要来自选手工资、人事费用、转会费、参赛费用、维护设施、开发费用等。一线俱乐部每年的运营成本在上千万左右，运营成本主要包括以下几种费用：

1. 日常花销：选手薪酬、旅费、训练费等；

2. 基础设施：网站、社交网络、视频、其他人事开销、办公室花费、游戏训练室建设等；

3. 宣传活动：举办活动、拍摄宣传资料、制作比赛现场横幅等；

---

① 刘姝君. 8 名电竞选手进大学深造 [N]. 新京报，2020-1-03（A11）

4.商业发展：开拓新的电竞项目及组建分队，开发其他项目等。

据行业人士透露，俱乐部间的选手交易费用是俱乐部成本的重要组成部分，且几乎占据了一半。其中就包括了选手的转会费，转会费指的是某选手从一个俱乐部转到另一个俱乐部后，需对原俱乐部支出的补偿费。一般情况下，费用来自选手与原俱乐部签订合同时，合同内规定的违约金。近年来，电竞选手的转会费逐渐攀升，例如 2008 年 2 月，GK电子竞技俱乐部为《王者荣耀》职业选手张宇辰（外号"老帅"）支付了超过 1000 万的转会费[①]；2021 年，LGD 俱乐部为《和平精英》职业选手诚 C 支付了 1178 万元的转会费。[②]

（二）俱乐部的盈利方式

1. 商业赞助

获得赞助是俱乐部最直接和高效的一种运营模式，俱乐部为赞助商提升品牌势能，带动产业发展，而赞助商为俱乐部提供队员训练所需物资，让俱乐部能够养得起选手，有机会获得更好的成绩。

球队冠名：与冠名赛事类似，冠名球队也是品牌常用的赞助手段之一。中国超级联赛和中国职业篮球联赛（CBA）的球队名大多采用品牌冠名的形式，大家也都不陌生。在电竞发展起步最早的韩国，俱乐部赞助商多为知名大企业。例如《英雄联盟》S7 全球总决赛夺冠战队 Samsung Galaxy（SSG），其队名来自于赞助商三星。

外设厂商：知名电竞俱乐部，基本都有外设赞助商，赞助内容包括鼠标、键盘、显示器、耳机等。因为和电竞游戏的高关联性，外设厂商是电竞俱乐部最热情的赞助者，随着电竞赛事备受关注、俱乐部更加专

---

① 澎湃新闻.中国电竞选手转会费破千万！"国服第一中单"老帅换战队了 [OL].
(2018-02-16). https://www.thepaper.cn/newsDetail_forward_1985131

② 陈均.电竞选手千万转会费堪比中超，父母：你当初的选择没有错 [OL]. (2021-01-21). https://www.thepaper.cn/newsDetail_forward_10885223

业化，一些汽车、快消品以及电商视频网站等互联网公司也加入了俱乐部的赞助阵营。

球衣广告：球衣广告是体育组织中最常见的赞助方式，很多品牌因为常年出现在某支球队的球衣上而被观众"打包记忆"，这可以直接收获球迷的好感。电竞球衣已从一件 Logo 短袖衫演变成更具科技含量和时尚设计元素的战服，作为赞助商品牌曝光载体的属性也愈发明显。在备受瞩目的《英雄联盟》S7 全球总决赛中，最终夺冠战队 SSG 队服上的赞助商 Logo 通过直播等多种方式出现在全球观众眼前，贯穿比赛全程和颁奖礼，赞助商得到了充分的曝光。

商务活动：管理多个战队及多名选手的电竞俱乐部与经纪公司相似，俱乐部经纪人平时也会帮战队和选手接一些广告代言和线下站台活动的邀请。因为这样的活动大多是与品牌进行合作，所以也可以归在赞助的范畴内。

商业赞助是俱乐部收入来源的重要组成部分，对于赞助商而言，赞助俱乐部的目的在于希望通过赞助的方式让自身得到更多的曝光量，进而提升品牌形象与增加产品销量。相比传统体育赞助，电竞赞助对于品牌的吸引点在于低赞助费与高传播效果所带来的高性价比，以及拥有巨大消费潜力的和更年轻的受众群体。因此，在选择俱乐部投资时，头部的俱乐部往往是他们优先选择的对象。对于俱乐部而言，需要努力保持在赛场上的优异成绩，因为成绩是俱乐部身价的基础，进而还要打造选手、俱乐部的品牌形象，有利于找到与自身风格相近、调性相同的品牌达成合作（如表 4-1 所示）。

表 4-1 2019 年 LPL 各战队赞助商一览 [①]

俱乐部	赞助商
RNG	梅赛德斯奔驰、东鹏特饮、伊利、凌仕、惠普、七彩虹、努比亚红魔、多力多滋、斗鱼 TV、罗技、肯德基、耐克
EDG	企鹅电竞、西瓜视频、英特尔、战马、湾仔码头、雷蛇、珠江人寿、李宁
WE	iRocks、影驰、快手、巴黎欧莱雅、战旗直播、Score
JDG	三星显示器、联想拯救者、罗技、京东游戏、斗鱼 TV、西伯利亚
LGD	英特尔、安德斯特、VPGAME、Godeye、HypereX
SN	惠普、苏宁易购、赛狗电竞、龙珠直播、迪锐克斯
Snake	Viewsonic、企鹅电竞、冠军电竞经理、罗技、栖息地
V5	Cherry、HyperX、企鹅电竞、安德斯特、大圣娱乐
iG	熊猫直播、网鱼网咖、美商海盗船、Betway
RW	ROG 玩家国度、爱奇艺、斗鱼 TV、魔爪
OMG	雷柏、全游电竞、企鹅电竞、技嘉
VG	耕升、达尔优、迪锐克斯
BLG	傲风、bilibili
TOP	Flash Player、滔博运动
FPX	FunPlus

来源：玩加赛事

　　RNG 和 EDG 俱乐部凭借自身稳定的战绩，目前已经拥有了比较稳定的赞助商（如表 4-1 所示）。WE 俱乐部的创始人周豪（ZAX）曾表示，一家俱乐部的赞助商在 6 家左右比较合适，如果赞助太多，会导致选手

---

①　玩加赛事. LOL：2019 LPL 战队赞助商总结盘点 [OL]. (2019-01-18). https://www.sohu.com/a/289844445_120044784

参加的线下活动过多，影响正常训练。

2. 周边产品

球迷是俱乐部赖以发展的基础之一，而身着主队球衣，购买俱乐部相关商品是球迷支持自己心爱队伍的重要方式，电竞领域也不例外。在越来越多的俱乐部和选手累积粉丝基数的当下，战队周边产品的销售也是俱乐部营收的来源之一。除了俱乐部队服外，还有很多像鼠标、鼠标垫、U盘、键盘等跟电竞属性相关的产品，最大型的周边则是电竞椅。此外，还有俱乐部开发的选手形象玩偶等。

在中国，销售周边商品所占的比重会相对大一些，这得益于电商渠道的广泛利用。像LGD俱乐部，就有自己的官方电商平台，直接销售官方商品，战队明星选手们则可以作为模特直接参与周边的画报拍摄等。

国内俱乐部普遍注重战队成绩和赞助合作，对运营周边产业变现并未投入很多精力。从另一角度来说，周边产品的售卖是俱乐部输出文化商品的重要途径，也是增加粉丝对于俱乐部情感黏度的一种方式。近两年，一些俱乐部逐渐开始学会通过内容创造粉丝社区文化，有利于俱乐部实现商业化发展。

3. 转播权及直播分成

俱乐部会从旗下战队参与的赛事中得到份额不等的转播权分成，俱乐部旗下有几支战队，参加各项大赛的数量都会影响这一部分的盈利。随着电竞赛事的观众人数进一步发展，俱乐部可以在转播权上获得的营收也随之增长。

体育赛事的转播权是赛事收入的重要来源。作为电竞赛事最重要的参与者，电竞俱乐部可以参与转播权收入的分成，俱乐部中有多少战队参加会成为分成的参考因素。随着电竞赛事影响力的上升，赛事转播权的收入也在稳步上升，预计赛事转播分成将来会成为电竞俱乐部的重要收入来源。

直播平台作为电竞项目的内容分发平台，解决了电子竞技的推广以及与电竞爱好者互动的问题。同时，直播平台也是电子俱乐部获得收益的来源，俱乐部和直播平台签约，让旗下的选手在直播平台上曝光，直播所获的收益由俱乐部和会选手进行分成。

4. 赛事奖金

电竞赛事的奖金由赛事举办方和其他方提供。只要俱乐部战队获得相应的名次就能得到奖金，不同赛事的奖金额度不同。当前影响力最大的赛事是《DOTA2》和《英雄联盟》，奖金相对丰厚。随着赛事影响力的扩大，奖金额度也在不断提高。在2018年，全球电竞奖金排行榜中，《DOTA2》以4126万美元蝉联榜首，《反恐精英：全球攻势》和《堡垒之夜》分列二、三名。[①]

《英雄联盟》S8全球总决赛的奖金池为225万美元，其中，冠军IG战队独揽84万美元，RNG战队和EDG战队可以获得约62万人民币的奖金。电竞俱乐部获得的赛事奖金多用于提高电竞选手的收入，教练、选手、领队所获取的分成比例比较大，俱乐部只占一小部分。以LGD俱乐部为例，旗下的两支战队获得赛事奖金500万美元，其中，队员可以分得奖金450万美元，俱乐部则获得50万美元。

奖金只占俱乐部收入中非常少的一部分，原因有两点：一是因为在正规的俱乐部运作中，赛事奖金绝大多数归选手个人所有；二是因为成规模且奖金可观的赛事IP有限，更多处于金字塔中下层的俱乐部和战队无法将赛事奖金算作固定营收中的一块。

5. 青训营

青训是俱乐部培养后备人才的重要方式，但是青训营所培养的人才，俱乐部并不完全自我吸收，而会转给别家俱乐部，如LGD俱乐部、EDG俱乐部、WE俱乐部都有自己的青训营，其中LGD俱乐部的青训营选手

[①] 人民网游戏频道. 2018全球电竞奖金排行 DOTA2 以4126万美元蝉联榜首 [OL]. (2018-12-27). http://www.xinhuanet.com/ent/2018-12/27/c_1123911903.htm

池的人数最庞大。青训营出来的选手，转会费虽然不像头部选手那么高，但积少成多，也会为俱乐部带来不少收益。

6. 选手代言

选手与俱乐部会签订两个合约，一个是比赛的劳务合同，另一个是商务代言和经济合约。在商务代言上，俱乐部需要把电竞选手进行明星化的运作和包装，便于安排商业活动，电竞选手出席商业活动所获得的收益，与俱乐部按一定比例进行分成。我国对于电竞选手的包装能力相对于韩国还比较低，由于韩国发达的娱乐行业，形成了高效的艺人包装体系，这一运作模式也被用在电竞选手的开发上。

Newzoo 研究表明，2019 年全球电子竞技市场将达到历史新高的 11 亿美元[①]，比 2018 年上涨 27%。其中，北美和中国是最大的两个电竞市场，前者的年收入达到 4.09 亿美元，后者的年收入达到 2.1 亿美元。同时，品牌赞助是推升电竞产业收入增长最大推力，据 Newzoo 报告显示，2019 年电竞产业的广告、赞助和媒体授权品牌收入达到 8.97 亿美元，占总收入的 82%。具体来说，自 2015 年以来，品牌赞助的金额提高了接近两倍。动视暴雪电竞部总监内特·南泽尔（Nate Nanterre）认为，相对于传统的体育赛事，电竞比赛的收视渠道更多，对用户来说也更加便捷。另外，电竞赛事不仅可以贩售线下周边产品，也可以销售线上的虚拟商品，赛事可供挖掘的商业价值也相对较多。在这两大因素的推动下，电竞产业的商业前景是很被看好的。

全球广告与传播集团 WPP 旗下公司传立中国（Mindshare）的总经理乔什·斯皮格尔曼（Josh Spiegelman）表示，"或许在不久的将来可能会看到，电竞的明星选手或电竞团队获得的声望以及对广告商的吸引力，不亚于迈克尔·乔丹或纽约洋基队。现今大多数电竞队伍都开始积极为

---

① 赵挪亚. 得益于品牌赞助攀升，2019 年全球电竞产业收入首超 11 亿美元 [OL]. (2019-02-13). https://www.jiemian.com/article/2860959.html

品牌提供机会，将队内明星捆绑到更大的赞助协议中。这是因为他们想促成品牌与队伍达成更大的合作伙伴关系。换句话说，假如赞助商和波士顿红袜队达成了赞助协议，这就意味着厂商也是红袜队明星球员老爹大卫·奥蒂兹（David Ortiz）的赞助商，他们可以共享明星球员的荣耀，以及明星球员带来的粉丝效应"。①

北美市场的电竞领域名人"忍者"泰勒·布莱文斯（Tyler Blevins），接受 ESPN 采访时表示，自己的月收入可达 7 位数。已经成为 ESPN 的门面的他，在推特上有 543 万粉丝，YouTube 频道有 2230 万的关注，Twitch TV 上有 1460 万的关注，这位受到电竞公司和赞助商青睐的选手，已经得到三星、红牛、Uber Eats 的赞助。②

（1）选手如何代言

代言是一种商业行为，是指某一特定品牌、产品或服务，寻找合适的代言人为品牌发声，目标是要达到正面的宣传效果，使消费者对其代言的企业产生好感或购买服务及商品等。赫希·H. 弗里德曼（Hershey H. Friedman）和琳达·W. 弗里德曼（Linda W. Friedman）指出，代言人是任何公众人物（如运动员、演员、艺文、政治人物等）借由本身的知名度或个人成就，通过广告的形式，能够有效地协助特定企业从事商品销售或者产品 / 品牌强化。③当品牌或企业与选手签订代言合同，此类合同通常以费用、产品、股权或产品组合等形式进行交易，交换的内容包

---

① 陀螺电竞. 2018 年电竞产业总共获得了 6.55 亿美元的直接收入 [OL]. (2018-11-15). https://www.sohu.com/a/275751175_100057771

② 陀螺电竞. 2018 年电竞产业总共获得了 6.55 亿美元的直接收入 [OL]. (2018-11-15). https://www.sohu.com/a/275751175_100057771

③ Friedman H H, Friedman L. Endorser Effectiveness By Product Type [J]. Journal of advertising research, 1979: 19(5), 63-71.

含选手形象、肖像使用或出席活动等。^①

　　品牌商基于多种原因聘请职业选手代言，代言对企业的关键益处在于，企业希望通过名人代言推动商品销量增长。代言之所以受欢迎，是因为消费者会受到名人的影响。因此，品牌愿意投入大量的营销预算，通过代言将品牌与明星选手联系在一起，对消费者建立品牌形象。

代言对企业的益处

　　代言对于企业的益处可以从三点出发：建立与选手的关系、建立与选手粉丝的关系、建立品牌认知度。第一，建立与选手的关系，是展现一个品牌形象的简单途径。选手有个人的形象，像是表现突出、诚信、认真的样貌，品牌可以将产品与某一选手联系起来，迅速建立形象。第二，建立与选手粉丝的关系，等于与消费者直接产生连结。最受欢迎的选手通常有数百万名粉丝，将品牌介绍给某个选手的粉丝群，就等于把品牌推向一个广大的群体。第三，建立品牌认知度。消费者平时面对诸多选择和大量信息，品牌想要从中脱颖而出十分困难，如果品牌获得选手代言，随着选手优异的表现被媒体曝光，也是建立品牌认知度的良好途径之一。^②

　　（2）选手代言应掌握的"5P"概念

　　"5P"的概念，包括产品（Product）、价格（Price）、渠道（Place）、促销（Promotion）和过程（Process）。

　　产品（Product）：选手的形象就是产品，选手平时的形象可以成为营销的策略之一。换句话说，如果把选手看作一个品牌，品牌的表现来

---

① Wishart T, Lee S P, Cornwell T B. Exploring The Relationship Between Sponsorship Characteristics And Sponsorship Asking Price [J]. Journal of Sport Management, 2012, 26(4): 335-349.

② Wishart T, Lee S P, Cornwell T B. Exploring The Relationship Between Sponsorship Characteristics And Sponsorship Asking Price [J]. Journal of Sport Management, 2012, 26(4): 335-349.

自于选手在赛事上取得的成功，同时也是其营销价值最关键的因素。粉丝、媒体、赞助商都偏爱比赛的优胜者，选手的成功能够吸引眼球和金钱。另外，营销价值在很大程度上也取决于诚信、魅力、外貌等比赛之外的其他因素。营销经纪人的职责是运用所有可利用的资源，使企业看到这样的品牌价值，积极的体育营销能够提高选手的营销价值，从而带来代言合同，其中，为选手找到合适的产品代言，对营销活动的成功至关重要。

价格（Price）：代言的价格有许多形式。传统上选手代言品牌会获得一笔酬劳，但酬劳的形式是多元的，可能是实际的金钱、品牌方免费的产品赞助或是公司的股权。

渠道（Place）：渠道意味着将选手与合适的公司相匹配。优秀的代言人具有鲜明的个性，相对于其他产品，这种个人风格和某些产品或许就是天作之合。许多企业成功利用其高匹配度，创造了运动员与体育产品双赢的例子，其中最知名的例子就是耐克。早在1984年，耐克就决定将品牌与当时的篮球新星迈克尔·乔丹产生关联，这个成功的投资使耐克成为全球性的体育品牌。在电竞领域中，计算机品牌华硕"ROG玩家共和国"，找来韩国知名选手李相赫代言是一样的道理，这使华硕马上成为电竞界关注的品牌。

促销（Promotion）：促销是指企业通过人员推销、广告、公共关系和营业推广（销售促进）等各种促销方式，向消费者或用户传递产品信息，引起他们的注意和兴趣，并进一步激发他们的购买欲望和购买行为，以达到扩大销售的目的。企业将合适的产品，在适当地点、以适当的价格出售到目标市场，一般通过两种方式：一是人员推销，即推销员和顾客面对面地进行推销；另一种是非人员推销，即通过大众传播媒介，在同一时间向大量顾客传递信息，主要包括广告、公共关系和营业推广等多种方式。如今就连许多生产非体育类产品的公司也意识到运动明星的力量，希望将其品牌与运动明星产生连结，通过选手拍摄手表、薯片、内衣、汽车、太阳眼镜、信用卡等各种类型产品广告，让产品的接受度无限延伸。消费者通常愿意尝试自己支持的运动员所代言的产品，因此，有越来越多的品牌愿意在促销策略上投入大量预算。

过程（Process）：营销人员与品牌或企业的关系对代言协议的达成起着决定性的作用。营销人员需要向赞助商推销运动员，包括经常拨打电话和进行面对面的沟通。当今时代大多运动员都有社群媒体的公众号，企业通过查看选手的社交媒体内容，可以深入了解潜在代言人。如今的电竞选手，可以说是第一批在社交媒体上成长的运动员。因此，电竞运动员和营销人员如何打造和控制线上信息并为赞助商呈现出适合的特质是一项艰巨的挑战。[①]

（3）代言人需要具备的特质

针对名人与广告效果的研究，罗比娜·奥哈尼安（Roobina Ohanian）于1990年提出代言人特性因素模型，他将信源可信度模型和信源吸引力模型结合起来，建立相关量表，通过因素分析提取出3个影响因子：可信赖性、专业性和吸引力。可信赖性可以理解为受众对代言人及信息的信任、接受水平，即认为代言人诚实、公正、可靠；专业性指人们认为代言人具有产品论证的专业知识，包括能力、使用经历、专业资格等；吸引力主要指外表吸引力。调查研究发现，如果消费者认为代言的名人具有产品的专业性，会加大消费者的购买力度。[②]

如何寻找电竞界的迈克尔·乔丹

尽管营销人员无法控制选手是否会取得胜利，他们的作用也可以帮助选手建立事业成功所需的其他特质。对比上述的可信赖性、专业性以

---

① Wishart T, Lee S P, Cornwell T B. Exploring The Relationship Between Sponsorship Characteristics And Sponsorship Asking Price [J]. Journal of Sport Management, 2012, 26(4): 335-349.

② Ohanian R. The Impact of Celebrity Spokespersons' Perceived Image on Customers Intention to Purchase [J]. Journal of advertising Research, 1991, 31(1): 46-54.

及吸引力，BDA 体育管理公司曾经提出运动员营销价值的基本公式：运动员营销价值＝（天赋＋成功）＋（诚信＋魅力）。其中，天赋在运动领域是非常重要的一环，可以理解为运动员在专业领域通过自己的努力所获得的优异表现，也可以理解为运动员吸引粉丝的魅力，这个公式同样适用于电竞选手。

天赋：天赋是指选手在赛事中多次展露出的优异表现。选手们在比赛中表现突出、赢得掌声的同时，也会受到媒体的报导。举例来说，电竞赛事具有跨地区的特性，当顶尖电竞选手晋级世界级赛事时，全球的电竞迷都会密切关注选手们的一举一动，为选手欢呼与哭泣。2019 年《英雄联盟》世界总决赛，中国的 FPX 战队对战欧洲的 G2 战队，FPX 战队以 3 ∶ 0 击败对手夺得世界冠军，根据 Riot 官方统计，S9 冠军之战创下了《英雄联盟》史上最高收视纪录，总和所有的观看平台（以 16 种语言在 20 个平台上转播），每分钟平均观看人数（AMA）为 2100 万。①

成功：赞助商和粉丝对胜利战队的关注度明显高于失败战队，胜利战队在得到粉丝支持的同时也会引起赞助商的兴趣。例如，FPX 战队夺得 S9 全球总决赛冠军，除了获得奖金和冠军皮肤决定权外，全队员还得到合作伙伴路易威登提供的"路易威登 × 英雄联盟"联名定制智能手表。②

诚信：在社群媒体发达、名人私生活越来越透明的情况下，无论营销团队如何塑造明星形象，还是会有原形毕露的可能，赞助商希望能与消费者心目中真诚正直的代言人合作，所以声誉在这个时代远比以往重要。

魅力：选手的明星特质，如长相、性格特征等，对赞助商来说是需要考虑的因素之一。

---

① 《英雄联盟》赛事官方. 2019 英雄联盟全球总决赛打破收视纪录 [OL]. (2019-12-17). http://lol.qq.com/news/detail.shtml?type=1&docid=7322247876716499938

② IT 之家. LV 推出《英雄联盟》定制手表，S9 冠军 FPX 战队每人一个 [OL]. (2019-11-17). https://www.sohu.com/a/354372312_114760

电竞市场的规模虽然日益扩大，但不一定如想象中那么稳固，与其他传统体育产业性质不同，电竞还是一个不断发展的新兴产业，特别是新游戏不断发布，当前的游戏可能会突然就失去人气。当今最受欢迎的战队，一旦他们所选择的比赛项目失宠可能就不复存在了，而明天最受欢迎的战队甚至还没有形成——因为他们玩的游戏甚至还没有被开发出来。

对于有较多预算的大公司而言，为了保险起见，公司会倾向于直接投资发展较为成熟的电竞战队，他们只需要提供充足的资金和训练资源，投资的战队就会有更大的胜算。公司有两种选择：第一，可以组建自己的团队；第二，通过中介找寻具有潜力的团队，如果预算不充足，建议可以从组建战队开始，毕竟未签约的人才往往比较便宜。比如，2018年，计算机大厂华硕投资1600万美元设立华竞文化传媒，主要运营职业电子竞技项目，并在上海成立RW战队。① 如果赞助公司有足够的预算，通过中介机构牵线获得成功的机会更大。在美国，像Upfluence（专业的营销评台）这样的机构可以帮助赞助商建立联系，寻找具有发展潜力的团队，同时，他们还提供具有影响力的营销服务，强化合作关系。②

（4）厂商赞助俱乐部或球员的判断标准

不是所有的品牌和厂商都熟悉电子竞技，每家公司的赞助标准也可能不同。对于有赞助经验的厂商来说，向俱乐部或选手的被赞助方提出申请时，厂商多会要求填写各种社群数据，如网页流量、独立访客数（不算重复访问）、注册用户数、粉丝团人数、讨论人数、互动率、平均直播人数，每月造访频道次数等。其他的资料，还包括参加过的比赛、比赛成绩、参与该游戏的年限、是否有经营任何社群平台的经验等。

---

① 新浪科技. 华硕砸1600万美元在内地成立游戏公司，专注电子竞技 [OL]. (2018-01-03). http://tech.sina.com.cn/i/2018-01-03/doc-ifyqkarr6861969.shtml

② Influencer Marketing. The 5 Step eSports Marketing Strategy Every Brand Marketer Should Know [OL]. (2019-02-25). https://influencermarketinghub.com/esports-marketing-strategy/

其他重要参考项目

对厂商产品的感觉、使用经验：赞助商的最终目的在创造收益，如果选手不喜欢或从不使用赞助厂商的产品，对转换消费行为当然没有帮助。厂商提供产品赞助时通常会要求选手或战队使用，赞助商应该将选手对产品的看法和体验纳入考虑才能塑造长期、良好的合作关系。只有代言人对产品进行充分了解，才能帮助提出厂商真正需要的合作、推广方案等。

粉丝互动率、社群对该品牌观感：比赛成绩对选手或战队的曝光至关重要，但成绩并不能代表一切。有些选手会因为比赛成绩而累积一定数量的粉丝，如果他们在社群上与粉丝的互动很少，有时甚至会引起部分社群用户的反感，因此，这种类型的选手对赞助商的价值就不高。对选手或战队来说，要争取到好的赞助合约须保持频繁与高质的粉丝互动，这个部分不一定要花很多时间，但对俱乐部来说必须用心思考，选手和队伍的哪些行为会受到粉丝的认同。[1]

与传统体育赛事相同，知名俱乐部／职业选手在比赛中的比拼是吸引用户关注的重要因素，且相关的赛事也通过俱乐部与各品牌主产生直接联系，可以吸引更多商业资源。竞赛能力是电竞俱乐部运营的基础，但与传统的篮球队、足球队等不同，一家电竞俱乐部可能不止运营一项电竞项目，可以同时运营多支不同项目的战队，由明星选手组成职业战队，代表俱乐部参加各种赛事，例如《英雄联盟》、《守望先锋》、《DOTA2》等。

职业电子竞技俱乐部通过选拔、培养和交易，为赛事提供了一批又一批的内容生产者，成为电子竞技运动的重要组成部分。俱乐部为有发展潜力的选手提供基础保障，选手的进阶之路从海选到十六强、八强、半决赛、决赛，层层递进，随着成绩的提升，选手可以获得更高的报酬，俱乐部也会获得相应收益，由此形成正向的循环。俱乐部收入还包括赞

---

[1] EZSC. 什么是电竞赞助？ [OL]. (2014-05-30). https://www.cool3c.com/article/81233

助、球员交易、周边产品、代言、直播收入、合作定制等。随着资金的进入，电竞俱乐部也在尝试突破原有方式，电竞选手偶像男团式经纪是电竞俱乐部可行的商业路径。①

图 4-6 2016—2019 年新晋俱乐部②

来源：艾瑞咨询

案例 4-4 奖金池

竞技体育比赛会为表现优异的参赛者设立奖金，名次越高，奖金越多，而这些为参赛者设立的奖金总额会被称为"奖金池"，例如，2018 年俄罗斯世界杯的奖金总额大约 7.91 亿美元，我们便可以说，2018 年俄罗斯世界杯奖金池为 7.91 亿美元。电竞行业作为竞技体育成员之一，也设有"奖金池"制度，随着电竞的迅猛发展，其奖金池已赶超众多的传统体育顶级赛事。2017 年《DOTA》的国际邀请赛 TI 奖金池超过 2400 万美元，同年 NBA 季后赛奖金池为 1500 万美元。

奖金池是赛事奖金的总额，不同名次的参赛选手会按照一定的

---

① 刘国亮. 花钱只为了好玩？电竞战队背后的厂商为何打响品牌 [OL]. (2018-07-23). http://www.pcpop.com/article/4560202.shtml

② 艾瑞咨询. 2019 年中国电子竞技行业研究报告 [OL]. (2019-04-04). http://report.iresearch.cn/wx/report.aspx?id=3352

比例获得。例如，2018 年英雄联盟季中冠军赛的奖金池累计超过 100 万美元，其分配方案如下：冠军获 38.5%，亚军获 19.5%，第三名与第四名各获 9.75%，第五名与第六名各获 5%，第七名与第八名各获 2.5%，第九名与第十名各获 1.5%，第十一名与第十二名各获 1.25%，第十三名与第十四名各获 1%。

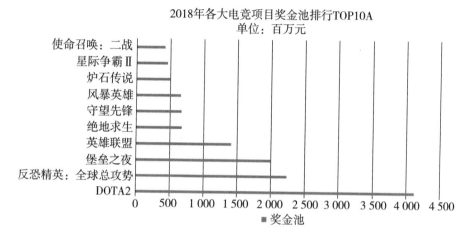

图 4-7　2018 年各大电竞项目奖金池排行 top10[①]

来源：esportsobserver

据图 4-7 显示，《DOTA2》是如今奖金最高的电竞项目。《DOTA2》国际邀请赛一直是大规模和高奖金额度的国际性高水准比赛，位居奖金池 TOP1 位置很长时间了。DOTA2 的官方赛事奖金一向高额，这是由于维尔福公司采用的奖金筹集模式：玩家众筹奖金模式。2011 年《DOTA2》举办了 TI1 国际邀请赛，TI1 的总奖金池达到 160 万美元，冠军奖金 100 万美元，一举成为单项赛事奖金最高的电竞赛事。同年英雄联盟全球总决赛的奖金池仅为 10 万美元，冠军奖金为 5 万美元。TI5 的千万美金总奖金让《DOTA2》登上舆论高峰，

① Andrew Hayward. The 10 Biggest Esports of 2018 by Total Prize Pool [OL]. (2018-12-25). https://esportsobserver.com/10-biggest-prize-pools-2018/

而 TI6 的总奖金更是超过了 2000 万美元，仅仅冠军就能独揽超过 900 万美元的奖金。

2011 年和 2012 年 DOTA 的两届 TI 赛事，由官方维尔福公司出资 160 万美元作为冠军奖金，已经成为当时全球奖金池规模最高的电竞赛事了。从 2013 年开始，维尔福公司在"《DOTA2》国际邀请赛"开赛前三个月推出了"TI Battle Pass"（"勇士令状"，也称"互动指南"），售价 10 美元，在官方提供 160 万美元的奖池基础上，"互动指南"25% 的销售收入（$2.5）也将进入赛事总奖金池。当奖金池规模积累到一定目标时，官方将赐予购买"指南"的玩家各种游戏内外的奖励，如游戏内的特效、装饰品，游戏外的奖金或决定全明星赛选手的投票权。每一年的"互动指南"都会有不同的规则与玩法，大大地提高了玩家的新鲜感与参与性。"互动指南"的售卖不只为 TI 赛事提供了高额规模的奖金池，还为维尔福公司带来了稳定的收入。

根据调查数据显示，《DOTA2》的玩家人数不断下滑，TI 赛事的奖金池却越来越高，《DOTA2》官方曾对此做出回应，玩家从未离开，只是换了一种方式支持《DOTA2》（如图 4-8 所示）①。这也表明《DOTA2》众筹奖金池模式的恰当之处：将玩家发展为"云玩家"与"观众"，利用众筹制度保持其与游戏的紧密联系，即使发生了由于玩家自身成长轨迹变化导致流失的情况，一旦这些玩家成为了观众，依然能够保持对游戏的关注，以购买方式支持游戏及其赛事的进行。

---

① 《DOTA2》官方微博.《DOTA2》官方回应"为什么 DOTA2 人数下滑 Ti 奖金池上涨"[OL]. (2018-06-16). https://weibo.com/3083660057/GgUSovRLg?from=page_1006063083660057_profile&wvr=6&mod=weibotime&type=comment

DOTA2 ✔
18-5-16 15:04 来自搜狗高速浏览器 已编辑

＋关注

我们的玩家其实从未离开，他们只是有了家庭，有了事业，有了许多需要为之付诸精力的目标，而他们也像对待DOTA2一样认真，为了生活努力Carry。每年的国际邀请赛，所有DOTAer都会归来，为心爱的DOTA2呐喊助威。谢谢你们的支持，正如毕业时所言，分头打钱，有事TP，大家永远都在。

 VG电子竞技俱乐部

＋关注

为什么Dota2人数不断下滑，TI奖金池却越来越高？
@DOTA2

图 4-8 《DOTA2》官方回应"为什么 DOTA2 人数下滑 TI 奖金池上涨"

来源：《DOTA2》官方微博

2019 年 DOTA2 国际邀请赛（TI9）的奖金分配规则如下：冠军可获得总奖金池的 45.5%，亚军获得 13%，季军为 9%，殿军为 6%，第 5/6 名可获得 3.5%，第 7/8 名可获得 2.5%，第 9/10 名可获得 2%，第 13/14/15/16 名可获得 1.5%，而第 17/18 名可获得 0.25%。[①]TI8 赛事总共 18 支参赛队伍，也就是说，即使只获得最后一名，最终也能获得 85878 美元。[②]资金对于职业电竞玩家而言，是最基础的保障。因此，一方面，玩家众筹奖金模式带来的高额奖金池会促进职业电竞生态的活跃与稳定，也有利于提高游戏的关注度。另一方面，玩家众筹奖金模式中开发出来的衍生产品能为游戏公司带来额外收入。这种模式不仅依托于游戏玩家的高忠诚度，而且也能够巩固用户的忠诚度。

众多电竞赛事也纷纷引进了玩家众筹奖金的模式。2012 年到 2015 年，《英雄联盟》的 S 赛事冠军奖金一直保持 100 万美元的规模，直到 S6 赛季，拳头游戏宣布对赛事引入道具收入，每年的冠军皮肤和冠军守卫收入的 25% 都将纳入总冠军奖金池。勇者皮肤收入的 25% 将纳入季中赛总冠军奖金池，同时每年新出的冠军战队皮肤也将会有 25% 的分成给予每年的 S 赛事总冠军。拳头游戏也会将往年战队冠军皮肤的部分销售收入分享给当年的胜者——包括选手、战队和赛区。

2019 年《魔兽世界》大秘境全球竞速赛也引入了奖金众筹系统。众筹奖金池的方法是通过在《魔兽世界》商城增加道具出售，把部分收入纳入赛事的奖金池中。

赛事奖金的提高一方面可直接使电竞选手受益，尤其是在缺乏

① Radu Muresan.The International 2019 prize pool distribution revealed – And it's not what we were expecting![OL]. (2019-08-09). https://www.esports.net/news/dota/the-international-2019-prize-pool-distribution/

② 《DOTA2》官方. Ti9 赛事概览 [OL]. https://www.dota2.com/international/overview/

完善比赛机制时，奖金池的扩充可吸引优秀选手，提高电子竞技的关注度。另一方面，扩大奖金池有利于电竞竞技水平的提高，充足的资金也有利于电子竞技产业的健康持续发展。

第五章　电子竞技赛事

电子竞技运动的比赛性质决定了以电竞赛事为核心，而电竞赛事的核心则是电竞赛事运营。2017 年中国热门电竞赛事已经超过 500 项，2010 年，随着多人在线战术竞技游戏的兴起和原有竞技类游戏的更新重制，更多优质的电竞游戏内容在短时间内涌现。[①] 伴随电竞游戏数目增加，电竞用户规模的提升，预计未来电竞赛事的数量将进一步增加。赛事是电竞的基础，赛事基数的增加不仅能直接提升电竞市场的规模，更有利于从不同途径探索电竞赛事商业化，进而加速电竞赛事市场的成熟。

根据 Newzoo 发布的《全球电竞市场报告》，2018 年全球共举办了737 场主流电竞赛事[②]，2020 年全球电竞市场收入为 9.47 亿美元，预计2024 年收入将达到 16.17 亿美元。[③] 根据游戏工委发布的数据，2020 年

---

① 伽马数据. 2018 电子竞技产业报告（赛事篇）[EB/OL]. (2018-8-27). http://www.199it. com/archives/765208.html

② Newzoo. 2019 Global Esports Market Report [OL].（2019-02-19）. https://newzoo.com/ insights/trend-reports/newzoo-global-esports-market-report-2019-light-version/

③ Newzoo.Global Esports & Live Streaming Market Report 2021 | Free Version [OL]. (2021-03-09). https://newzoo.com/insights/trend-reports/newzoos-global-esports-live-streaming-market-report-2021-free-version/?utm_campaign=GEMR%202021&utm_ source=older%20content%20to%202021%20free%20report&utm_content=free%20 report

中国电竞产业实际销售收入为 1365.57 亿元，同比增长了 44.16%。[①] 对比传统的体育赛事占比，电竞赛事收入占电竞产业偏低，2019 年我国电竞赛事收入仅为整个电竞产业收入的 1.3%。[②]

电竞赛事本身作为竞技赛事所创造的直接收入有限，但赛事媒介化以后所带来的广告、赞助与转播代理等机会直接驱动了电竞产业的可持续发展，而电竞比赛所产出的电竞内容，也让下游的游戏平台或电视台有直播或重制内容的可能。

在国内，越大的赛事主办方的主控权越大，特别是在转播版权上，在版权谈判的过程中，游戏本身具有谈判的主导权，包括玩家规模到底有多大？或者有多少人会看这场比赛？也就是说，受众规模决定信号购买的价格，以《王者荣耀》来说，2019 年的活跃用户达到 3 亿人，游戏商会先拿这个数据谈直播版权，接下来才决定细节，比如说像是画质上的差异等。但是游戏公司有时候并不一定就是赛事组织方，游戏公司也可能会委托给代理公司。比如暴雪娱乐就把在中国的竞技赛事委托给网易，如果想转播暴雪娱乐的赛事，那就必须与网易洽谈。

在赛前筹备阶段，赛事运营公司需要根据赛事资金需求，通过商务开发、引进赞助商等方式筹集需要的资金，并通过宣传部门进行赛事的推广。在比赛过程中赛事运营公司负责一切活动的开展与组织，如制定比赛的规则，检查设备的完善和竞赛现场突发状况的处理等（如图 5-1 所示）。

---

① 中国游戏工委. 2020 年中国游戏产业报告 [OL]. (2020-12-18). http://www.cgigc.com.cn/gamedata/22132.html

② 前瞻产业研究院. 2020 年中国电子竞技赛事行业发展现状与趋势分析 [OL]. (2020-04-08). https://www.qianzhan.com/analyst/detail/220/200407-51e074d2.html

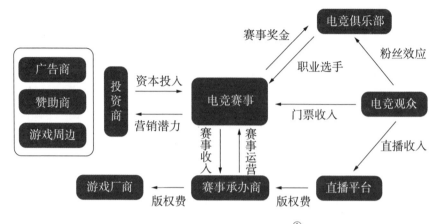

图 5-1 电子竞技赛事的核心[①]

来源：青山资本

一、电子竞技场馆

电竞馆是以电子竞技为运营核心的场所。如体育馆是以体育活动为核心的场馆，同时也可以承接一些汇演、讲坛和大型宴会等等。电竞馆不能被视为单纯看比赛的场馆，在电竞比赛之外，它会保留网吧的核心功能，如上网、游戏和会员制等。但电竞馆不同于普通网吧，两者最大的区别在于，首先，电竞馆可以提供专业的竞技内容服务，传统网吧面向上网用户，靠上网收费，电竞馆针对专业活动，从赛事服务中盈利；其次，传统网吧追求的是单位面积的回报率，而电竞馆布局相对复杂，功能设置需要满足赛事、俱乐部等需求。[②]

目前，专业的电竞馆除了可以承办一般类型的赛事外，还能够利用场馆资源、增加场馆使用率以增加收入，比如配置游戏体验馆、电竞培

---

① 青山资本. 电竞到底是如何吸金的？ [OL]. (2018-08-24). https://36kr.com/p/5149898
② Paradox. 从网吧到电竞馆 换的不只是名字 [J]. 电子竞技，2016（15）：70-73.

训场、周边产品售卖专区等。电竞馆扩大商业化应用，除了可以增强赛事用户的黏性、开发粉丝经济外，同时也可以建立电竞场馆自身的品牌影响力。

随着电竞场馆的发展更加专业化，电竞场馆是否能够持续营利是商业化下一步要考虑的事。电竞已衍生为一种青年的文化消费形态，包含新型职业出现、商业包装、粉丝经济等，电竞文化必须与更多城市进行连结，才能吸引更多的年轻人认同电竞文化成为电竞文化的爱好者。2017年，《英雄联盟》公布了联盟化、主客场的电竞改革计划，主客场制的推广成为专业电竞馆在其他城市落地的重要推手。这些主场电竞馆除了承接比赛，还能够成为当地年轻人体验的据点，电竞场馆在体验端的升级，对于电竞生态的发展来说，提供了一种"线上＋线下"、"场景＋需求"的连接，除了为线下比赛提供场地和设备支持，也为线上直播平台、视频平台提供高质量的节目内容来源，同时也将成为年轻人社交的线下据点。①

从国内市场来看，随着电竞赛事进入联盟模式，玩家对于观赛和游戏的体验需求日渐提升，具有内容提供和场景体验双端服务能力的线下电竞场馆应运而生。电竞馆通过为电竞游戏研运商和玩家提供赛事承办、电竞专业训练和周边娱乐等服务，已经成为完善产业生态的新力军。

从竞争格局来看，国内的电竞馆市场初步形成梯队化。第一梯队由大型的专业电竞馆组成，这些公司凭借较高的资本投入，能够独立地承办电竞赛事、举行观赛和休闲娱乐。量子光电竞中心和联盟电竞为主要代表，分别承办了《反恐精英：全球攻势》和《王者荣耀》顶级联赛的工作，其中联盟电竞北京馆的月收入最高可以达到150万元。这些电竞馆已经完成了商业化的初步探索，收入来源包括赛事赞助、门票、场馆租借、周边销售和用户娱乐消费等多元分支，未来借助与赛事体育化模

---

① 沈杰群.2017，电竞文化电竞少年初养成 [N]. 中国青年报，2017-12-26（008）.

式的协同，还能够持续深入拓展商业价值。①

　　第二梯队由提供电竞观赛的高端网咖组成，例如指尖电竞和 Rampage 电竞馆，相比一般网咖，它们在硬件配置和服务上的标准更高，主要营收仍来自上网服务，通过电竞内容和举行赛事活动来吸引玩家，进而转化成长期的电竞游戏用户。还有仅提供电竞游戏体验的网吧，但这些网吧在观赛需求和设施方面均没有达到电竞馆的行业标准。②

　　目前，许多电竞公司已经开始将目光集中在赛事和场馆的整合布局上。2018 年，联盟电竞的场馆遍及中国、北美、欧洲，旗下的联盟电竞 Esports Arena 准备未来几年在北美的拉斯维加斯进一步扩张，投资兴建 10 至 15 家电子竞技场馆。这些动作反映了量子体育 VSPN、联众世界、空中网和体育之窗等资本在电竞场馆大 IP 方面有很大的商机。

表 5-1　VSPN 旗下电竞中心信息汇总 ③

电竞中心	选址	占地面积	特色
上海静安量子光	静安区大宁音乐广场	26000 m²	硬件规模实力强
上海新天地量子光	上海市黄浦区新天地	2000 m²	电竞＋演艺
成都太古里量子光	成都 太古里	6000 m²	核心商圈，人流量大
西安西影路量子晨	西安西影路 V.space	39700m²	文创新区，高校林立
首尔东大门量子光	韩国首尔	2000 m²	海外市场，核心商圈

来源：VSPN 官网

---

① 伽马数据. 联众布局抓住全球电竞机会潜力或被低估（一）[OL]. (2019-02-23). http://ir.lianzhong.com/article_498.html?lang=zh

② 钛媒体. 走访北京、成都、天津，我们发现了多家"伪"电竞馆 [OL]. (2018-09-07). https://www.tmtpost.com/3461986.html

③ 英雄体育. 电竞综合体 [OL]. (2021-05-51). https://www.vspn.com/#/business

（一）专业场馆的规划

电子竞技在美国是成长最快的运动项目，2018 年，花旗银行发布的投资报告中提到，2017 年美国共举办了 588 场大型电竞赛事，门票收入约 5900 万美元，远高于 2016 年的 3200 万美元，仅《英雄联盟》全球总决赛的门票就贡献了 550 万美元。[①] 目前，许多电竞比赛选择在多功能场地进行，这些场地原本可能是为体育比赛或娱乐表演建造的，纽约麦迪逊广场花园和西雅图钥匙球馆的主要场馆都曾举办大型的电竞赛事，吸引过数万人观赛。目前上海有两座综合性体育演艺场馆：梅赛德斯奔驰文化中心和东方体育中心。这两座场馆几乎包揽了所有在沪举行的大型电竞赛事。2019 年《DOTA2》的 TI 9 赛事落地梅赛德斯奔驰文化中心，东方体育中心敲定举办 2019 年《王者荣耀》冬季冠军杯的比赛。

电竞赛事的结构与传统体育赛事有很大不同。在传统体育场馆中，观众席位距离比赛场地越近，票价就越高；在电竞场馆中，绝大部分票价是一样的，最受欢迎的观众席位是在大厅入口的周围。除此之外，电竞比赛时间通常是几天，甚至是几周，由于比赛持续时间比较长，观众需要在场馆里面停留很久。在电竞比赛期间，场馆里面还需要另外设置电竞迷体验区和社交区。[②]

目前，创建一个全年性、永久性的电竞场馆，逐渐成为电竞产业发展的概念。虽然广大线上直播观众会被电竞活动吸引，转换成具有一定规模的观众，电竞的现场比赛是否可以持久性地吸引观众进场还有待观察，因为电竞比赛的观众不像传统体育项目的粉丝一样具有地缘关系。根据 Newzoo 发布的《2019 全球电子竞技市场报告》指出，全球电竞产

---

① 蔡姝凝. 2050 年的世界什么样？花旗提出十大值得投资的颠覆性创新技术 [OL]. (2018-08-24). https://36kr.com/p/5149893

② 中国运动文化教育网. 电子竞技场馆与传统体育场馆的区别 [OL]. (2018-11-24). http://www.univsport.com/index.php?m=index&c=new&a=news_detail&d=6168

业首次突破 10 亿美元大关，观众人数可望达到 4.5 亿人。通过分析数据表明，粉丝观看电竞比赛，不仅希望只透过在线虚拟模式，也渴望有线下的社交互动。使用 Twitch 看比赛尽管很有趣，但观众只能通过屏幕聊天，粉丝有到现场看比赛的需求，这样他们可以聚集在一起面对面进行交流。①

为了满足数量快速增长的观众，专业的电竞场馆开始出现在世界各地。顶级的电竞场馆从空间、设备等硬件设施，到灯光、舞美等软件配备一应俱全，拥有独立承办赛事或举行活动的能力。为了充分利用场馆资源创收利益，歇赛期还可用于品牌发布会、文化创意展等临时性活动的举办。比如韩国新建的电子竞技场馆"OGN GIGA ARENA"，位于首尔的 Splex Center 14 到 16 楼，全年转播《英雄联盟》、《守望先锋》等比赛。2018 年，"电子竞技名誉殿堂"在 Splex Center 11 楼开张，不仅罗列了韩国电子竞技的发展历史，还记录了活跃于全世界电竞舞台选手的风采。在纪念第一代电子竞技选手的"Honers"奖励与荣誉区，有林遥焕、洪榛浩、李允烈等退役选手，还有现役选手的"Stars"明显区域，列入了李相赫、裴性雄等人，展馆还展示了明星们的手印和制服，以及他们使用过的键盘和鼠标等。②

目前许多电竞馆的经营倾向于取得游戏商的特许权。暴雪娱乐毫无疑问在电竞时代扮演着重要角色，从游戏制作、发行、营运到社群操作都能一手包办。目前，它旗下的六大台柱作品，有五款都已经在运作正规的电竞赛事了，包括《星际争霸 2》、《炉石传说》、《风暴英雄》、《守望先锋》以及《魔兽世界》等赛事。美国加州伯班克（Burbank）的暴雪竞技场（Blizzard Arena）现在几乎是所有《守望先锋联盟》赛事的举办

---

① Newzoo. 2019 Global Esports Market Report [OL]. (2019-02-19). https://newzoo.com/insights/trend-reports/newzoo-global-esports-market-report-2019-light-version/

② Visitseoul. 在这里体验全真的电子竞技！"首尔 e-Stadium" [OL]. (2018-09-21). https://chinese.visitseoul.net/hallyu/Everything-about-eSports-Seoul-e-Stadium-ch_/26703

场地。

目前，推动永久性电子竞技场所受到了广泛的支持，特别是来自电竞行业的专业人士，这是因为竞技游戏已经成为市场主流，足以支撑专业的竞技场永续性地经营。这些专业的馆场可以提升比赛的质量，在不断成熟的市场中也可以开发更多的收入。然而美国各地冒出的很多电子竞技场馆都不是新建的。考虑到成本和使用情形，它们是在会议厅、夜总会、音响舞台或电影院等的基础上进行改造的。美国德克萨斯州的阿灵顿电子竞技体育馆（Esports Stadium Arlington）就是一个例子。

从改建再利用的角度来看，利用已有的建筑体，馆场的建设可以集中在粉丝体验和科技应用上，不需要花费大量的金钱和精力从头开始。阿灵顿电子竞技体育的前身是占地约9300平方米的会议中心，通过翻修，新的空间包括整合选手和比赛屏幕的主竞赛舞台、可容纳八个团队的选手区、供选手放松和社交的休息区、游戏画廊、客制化的游戏培训课程、户外露台和媒体区以及零售处等。针对一般专业的体育联盟，虽然比赛场地和体育场基本都有一套浮动的观众座位系统，但这情况并不完全适用于电子竞技赛事。电竞场馆的座位需要重新设计，需要有小到只能容纳25个观众，大到也能容纳250人小型比赛到2500人的赛事活动中心。

专门为电子竞技所建造的场地，还有提供比赛直播的支持设备以及供观众身临其境的体验。电竞场配备了一个1千兆的专用对称线，可以分成两个500兆字节的线路（"对称"表示下载和上传速度相同），如果有必要，网络可以扩展到5千兆字节。随着《大逃杀》（Battle Royale）这类的游戏出现，参加的选手人数众多需要呈现更多战斗画面，电子竞技的网络需求也要比以往更大。像《堡垒之夜》和《绝地求生》这样的游戏，要让100名玩家同时出现在同一个虚拟竞技场中。

（二）电竞场馆的管理和设计

电竞场馆是提供年轻人活动和体验的新兴场所，电竞的线下体验形式还在不断发展，充满着各种可能性，对场馆的专业化需求正处于形成阶段。过去，电竞赛事线下落地通常是在传统体育场馆中临时搭建，但未来随着电竞赛事的专业化程度持续提高，兴建专业的电竞馆合乎市场的需求。[①]

随着电竞场馆的专业需求升高，电竞场馆的行业标准、国家标准也在逐步完善。2017年6月，中国体育场馆协会颁布首个《电子竞技场馆建设标准》，规定电竞场馆的建筑设计、分级、配置、智能化系统工程技术以及开放要求等。[②]2018年8月，我国首部《电子竞技场馆运营服务规范》标准发布，对电竞场馆的设备、环境、人员、服务内容、安全管理事项以及服务质量评价作出了具体规定。

《电子竞技场馆建设标准》将电竞场馆划分为A级、B级、C级、D级4级，对电竞馆的选址、功能分区、软硬件系统做出了明确规定。A级最高用来举办国际级电竞比赛，场地面积超过5000平方米，容纳观众人数大于2000人；B级场馆用于举办国家级和单项国际电竞比赛，场地面积在3000—5000平方米之间，容纳人数在1300—2000人之间；C级场馆用来举办地区性和单项全国性电竞比赛，场地面积在1000—3000平方米之间，容纳300—500名观众；D级场馆用于承担训练及赛事选拔功能，对场地面积及观众容纳量不作具体要求。

电竞场馆的设计考虑

在电竞场馆的设计上，便利性和安全性是首要考虑的两个方面。在

---

① 中国运动文化教育网.电子竞技场馆与传统体育场馆的区别[OL].(2018-11-24).
http://www.univsport.com/index.php?m=index&c=new&a=news_detail&d=6168

② 中国体育场馆协会.《电竞场馆建设标准》过审6月1日正式发布施行[OL].(2017-05-13).https://www.sohu.com/a/140338199_503564

便利性上，首先应考虑布局合理，功能区分明确，管理维护方便，周围配套设施齐全；在安全性上，应统筹考虑环境、设备、管理、安全、使用和紧急避险等问题，以满足电子竞技运动安全和防护等要求。

比赛区：比赛区域即选手比赛期间的场所以及接受采访时的舞台。比赛区域的设置应该保证选手有充分的操作空间，同时照顾现场观众的观赏体验。

比赛区域会配备比赛所需的电子设备，如端游比赛的电脑，手游比赛的手机，VR技术的虚拟设备等。比赛期间只有选手可以出现在比赛区域，秉持"选手优先"的原则，任何干扰选手比赛的行为都会被禁止。在电子竞技比赛中，选手多佩带耳机用于战队内部交流，隔绝了现场观众欢呼声，不会受到来自观众的影响。

观众区：为了满足现场观众的视觉体验，观众区域通常正对舞台，或以环状座位设计包围舞台，避免遮挡观众视线。在不影响观众的前提下，观众席与比赛区域间隔一段距离，主要是考虑避免选手比赛时受到干扰。不同于传统体育赛事，观众距离越近越能体验运动的魅力，电竞比赛战况需要通过屏幕投放，观众与舞台距离的远近与赛事体验的好坏并无直接关系。

裁判区：裁判工作区通常不单独划分，一般附属于赛事主要举办环节所对应的区域。如果是大型的赛事，主办方会指派专业的裁判组，在这种情况下会单独划分出裁判区。以LPL为例，比赛期间裁判会站在选手身后，选手出现问题可以第一时间向裁判示意，此时裁判才可以上前查看情况，否则不得做出任何干扰选手的行为。

解说区：解说区没有固定位置的要求，只要解说员能够看到比赛实况即可。解说区可以设在现场，也可以单独设置独立的空间，但需要配备单独的显示器同步呈现赛事影像。

媒体区：赛后采访是电竞职业联赛中不可缺少的环节，比赛结束后选手及教练需要到媒体区接受采访。媒体区是提供各家媒体对比赛进行直播和报道的平台，需保证其对整个赛场的观察并提供带有外网的网络。考虑到不同场地的局限性，媒体区可能直接分布在比赛现场各处，也可能进行区域隔离，设置在固定的地点。

其他区域：大型的电竞赛事场内，会设置赛事商品周边展示区、战队候赛区、媒体休息区、导播区，具体需要依据现场的赛事规模和要求进行设定。

最后，具体场馆选址时，交通、周围环境等都是必须考虑的因素。根据《电子竞技场馆建设标准》规定，电竞场馆在遵循当地总体规划和体育设施布局的基础上，选址在城市活动中心或近郊临街区域，以满足交通、消防、人员疏散等基本需求。在此基础上，宜有室外场地，供展出、观众活动、临时存放易燃展品、停车及绿化需要，同时还应积极利用现有载体改建或扩建为电竞场馆。

（三）电竞馆与所在城市

城市对电子竞技比赛的硬件条件，主要指网速、设备、配套设施等，软件条件主要是人才储备、电竞氛围等。在电竞产业发展初期，电竞从业者多选择上海作为基地的原因是上海的网速全国最快。上海目前集中了国内 80% 以上的电竞公司、俱乐部和明星资源以及线下商业设施。以电竞场馆为例，上海的电竞场馆基本能够覆盖各类赛事：国际赛事方面，有承办 WESG 中国区预选赛的熊本熊主题电竞馆；承办中国《反恐精英：全球总攻势》精英赛的 B5 电竞馆；还有专门针对移动电竞的 VSPN 电竞馆等。[①]

目前，上海的电竞馆数量近百家，但能承接专业电竞赛事、满足电竞教育实践的场馆不超过 20 家。一般来说，上海的电竞馆在硬件配置方面的投资大约为 4000 万元，电竞馆 80% 以上的收入来自于承办比赛和活

---

① 张子龙. 电竞产业 20 条出炉：布局电竞，上海为何如此"着急"？ [OL]. (2019-6-13). https://www.sohu.com/a/320394995_226897

动。由于电竞馆的配置越来越专业化，使得大众对于电竞本身的认知度和宽容度也越来越高，因此有不少高校和电竞馆联合举办活动，展现了电竞区别于游戏，电竞馆区别于网吧的特殊之处。

城市属性关系着电竞馆落地后的生存问题。近年以 LPL 为首的电子竞技联赛大力推广主客场制，是专业电竞馆可以开始在其他城市落地的一个重要契机。对于 LPL 来说，主客场制的意义在于，通过把电竞战队和城市联系在一起，最终转化为一个城市电子体育文化的标志。2018 年，腾讯互动娱乐英雄联盟品牌及电竞负责人金亦波透露，LPL 三家首批俱乐部主场运营的效果显着，LGD、LNG 和 OMG 三支队伍主场的平均上座率已经超过 9 成，高于 LPL 当时在上海正大广场举办的比赛。[①]

RNG 的主场曾落户在北京华熙 Live 的合纵空间，场馆紧挨着目前 CBA 联赛北京首钢队的主场——凯迪拉克中心（原五棵松体育馆），2018 年改造后能容纳 500 多名观众。除占据场馆大部份面积的主观赛区外，还设置有俱乐部历史陈列馆、粉丝体验区等区域。另一家俱乐部 WE 坐落在西安的曲江广电文化中心，主场会紧靠西安的著名景点"大唐芙蓉园"，可以容纳 1000 余名观众，这也是目前所有 LPL 场馆中容纳人数最多的一个。

政策支持是不可缺少的助力。上海、杭州、成都、西安等城市都大力扶持电竞产业的发展，不仅规划场馆使用土地，还给予政策倾斜、资源支持，力图使电竞馆成为城市特色的建筑。

韩国政府为了推动游戏与电竞产业的发展不遗余力地打造了韩国第一个电竞馆龙山电竞馆。随着电竞产业的发展与游戏人口的增加，韩国政府认为电竞馆需要再升级以符合现有需求。2016 年斥资 1400 万美元在首尔近郊的信息科技中心内建立了以电竞及游戏量身打造的电竞馆。这个电竞馆可以容纳千人，其中包含了主舞台的 800 个座位，以及副舞台

---

① 董晓燚.专访金亦波 | 见证职业赛事的精彩，勿忘非职业赛事的沉淀 [J].电子竞技，2017（23）：46-51.

的 200 个座位，相比韩国目前的电竞馆，新馆可容纳观众数为现有规模的 3 倍之多。[1]

2018 年 12 月，韩国文化体育观光部宣布投入 5000 亿韩元扶持文化产业，政府将支持重心放在文化产业的人才、资源和基建上。在具体措施上，韩国文化体育观光部预计未来 4 年内，在首尔地区以外建设 8 个综合性电竞场馆，并在 2022 年前达成 5 个目标：规划 100 片电竞俱乐部专属用地，推动当地居民举办业余级电竞赛事，打造地区性电子竞技活动设施，在体育馆周边设立电竞周边商店，打造电子游戏体验馆以及体育旅游直播中心等。[2]

图 5-2　TI9 决赛场馆"梅赛德斯·奔驰文化中心" [3]

来源：经济日报 – 中国经济网

---

① 腾讯游戏. 耗资 8600 万 韩国最大电竞馆 2016 年落成 [OL]. (2015-06-15). https://games. qq.com/a/20150615/037273.htm

② 程佳. 把脉电竞产业发展 [N]. 中国文化报，2019-08-02（004）.

③ 经济日报 - 中国经济网. TI9 圆满落幕 中国电竞迎来腾飞契机 [OL]. (2019-08-26). http://www.ce.cn/xwzx/gnsz/gdxw/201908/26/t20190826_33003385.shtml

二、电竞比赛的赛制

电竞赛制一直处于不断完善与升级的过程中，即使同样的赛事，在不同的年份与赛季，赛制都可能发生极大的变化，因此，目前没有所谓的最佳赛制，只有最适合的赛制。仔细研究各大电竞比赛赛制设计，多少都参考了传统体育赛事的赛制设计，如 NBA、世界杯等体育赛制都成为参考案例。目前在职业赛事体系中，"杯赛＋联赛"的形式被广泛采用。

（一）赛会制、联赛制、杯赛制

1. 赛会

赛会是将所有参赛队伍集中在同一个地点，同场竞技的一种竞赛制，具有赛事集中、赛制周期短等特点，奥运会、世界杯等顶级体育赛事，是赛会制的典型代表。电竞发展初期，受限于比赛规模、资本投入、观众数量等主客观因素，除了韩国外，多数国家和地区电竞比赛的的落地赛，几乎都是采用类似世界电子竞技大赛的赛会制。

2. 联赛

联赛是由可持续、多轮次、相互关联的竞赛所组成的大型赛事，一般以季度为周期，一年举办一次或两次，根据赛事进程，可分为常规赛和季后赛。以循环积分赛的方式，拓展了全年的赛事数量，可以为游戏与赛事带来较高的曝光度。这种赛制同时有利于次级职业队伍的生存和整体竞技水平的提高。

联赛具有周期长、场次多、能满足观众日常观赛需求等特点，目前包括穿越火线职业联盟电视联赛（CFPL）、英雄联盟职业联赛、王者荣耀职业联赛（KPL）在内的三大赛事都采用联赛制。

3. 杯赛

杯赛通常一年举办一次或两次，奖金和规模较为庞大，一般用于举行世界级的竞技项目，由多个国家顶级队伍参赛，使用分组淘汰制，赛程短、竞技性强。

对于联赛来说，一般时间跨度都比较长，因此赛事的持续性与稳定性是关键，官方会选用最稳妥的方式进行赛事的规划，各个环节的设计比较固定。对于短期的杯赛来说则不同，官方有时会加入一些周边文化，希望可以呈现出有别于联赛的独特模式。

职业联赛和杯赛具有天然的优势互补性，将两者相结合，能够有效提高电竞赛事的全年关注度。

（二）BOX 制、单败赛制／双败赛制、冒泡赛、外卡赛

1. BOX 制

电竞比赛中出现的 BOX 指的是单场比赛的局数，BO 即 Best of 的缩写，X 指具体的小场数。BO1 是 Best of 1 Game 的缩写，即一局定胜负，BO3（Best of 3 Games）是三局两胜制，BO5（Best of 5 Games）是五局三胜制，以此类推。

一般认为 BO1 赛制运气甚至比实力更重要，能够出现最多黑马，爆出最多的冷门；BO3 赛制获胜的队伍应该兼具实力和运气；BO5 则是一场耗费体力和精力的持久战，更看重战队选手的心态和战队的战术储备。

《英雄联盟》的比赛历史上曾经在 BO5 最后一局，出现盲选的情况。比赛进入第五局时取消禁止使用位，双方不知道对方选择使用的英雄，甚至可能出现选择同样英雄的情况。该模式是 OGN 公司承办 LOL 韩国赛区时的比赛特色：对于比赛双方来说，盲选模式给予了极大的发挥空间，选手选出的英雄更偏向于个人操作。但《英雄联盟》作为一款团队游戏，偏重选手之间的配合。后来，韩国赛区为了让游戏的团队配合观赏度更大，放弃了盲选模式。随着 OGN 公司赛事承办权被 LCK 取代，盲选模式在正规赛中几乎没有再出现过。

2. 单败赛制／双败赛制

单败赛制被普遍运用于各大传统体育项目中，传统体育比赛如 NBA

季后赛、世界杯 16 强等都使用单败赛制。[①]

单败淘汰制下的比赛结果尤为重要，每场比赛的落败方将失去竞争冠军资格，但落败方出局不代表赛程结束，部份竞赛的落败方仍要为排名角逐"名次赛"。因此为了避免被淘汰的命运，参赛战队每场比赛都要尽全力争取胜利，所以战队间竞争十分激烈，比赛的精彩程度直线上升。同样，高度的不确定性也让单败赛制比双败赛制更容易爆出黑马。

2016 年 Ad Finem 战队夺得《DOTA2》波士顿特锦赛（The Boston Major）欧洲区预选赛亚军，并且以黑马进入决赛，成为有史以来第一个打入 Major 赛事的希腊队，当时《DOTA2》波士顿特锦赛便是采用单败赛制。

双败淘汰赛制，即每支队伍失败两次才会出局。双败赛制中，各战队先抽签决定交战对手，两两交战，胜者进入胜者组，败者掉入败者组；下一轮的竞技由败者组队，失败即被淘汰；最后由胜者组和败者组的冠军对决总冠军。

双败赛制有个缺点，在决赛中的胜者组，如果只输掉一场就与冠军失之交臂，与"双败"的意义不符。因此在电竞比赛中，出现了对不完全双败赛制的补偿方式，即胜者组冠军在决赛中默认 1∶0 领先，这种情况被称为胜者组优势（Winner's bracket advantage），第一届《DOTA2》国际邀请赛决赛中曾经采用过该方式。鉴于胜者组冠军，在比赛数量上少于败者组冠军，赛事消耗量小，一定程度弥补了不完全双败制在公平性上的不足，自 TI 2 起所有的 TI 比赛都采用"不完全双败赛制"。

游戏玩家所熟悉的星际争霸 2 联赛（Global StarCraft Ⅱ League，GSL），就是第一轮随机分组的双败赛制。这种依托 GSL 赛制衍生出的各种变异体赛制，被《反恐精英：全球攻势》以及《星际争霸 2》等电竞大

---

① 玩加电竞. 从 TI7 看赛制：带你了解赛制的秘密 [OL]. (2017-06-27). https://www.sohu.com/a/152391371_338155

赛广泛采用。在这个赛制下，不会再出现毫无意义的比赛，或者积分相同需要附加赛的情况。

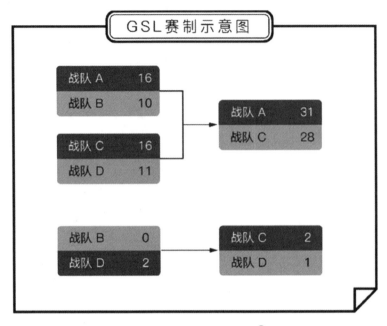

图 5-3　GSL 赛制示意图 [1]

3. 冒泡赛、外卡赛

冒泡赛又称区域资格赛，即本赛区出征世界赛的队伍确定后，剩下的战队争取最后代表出战资格的赛事。其比赛方式是最后一名由下而上，依次对上一名进行挑战，如水中冒泡，故称为冒泡赛。

以《英雄联盟》LPL 赛区为例，该赛区每年有 3 个世界赛名额，夏季赛冠军和联赛积分第一（积分保送）的队伍，可以直接参加全球总决赛，最后一个名额是由剩余积分前三的队伍，通过两轮 BO5 冒泡赛决定。

---

[1] 玩加电竞. 从 TI7 看赛制：带你了解赛制的秘密 [OL]. (2017-06-27). https://www.sohu.com/a/152391371_338155

冒泡赛有单败淘汰赛快速的特性，又不会发生类似单败淘汰赛，选手之间实力差距过大的问题。

外卡是额外名额、奖励名额、邀请名额的总称。外卡赛是为一些在地区预选赛上意外失利的战队，或不能享有主赛区待遇的战队所提供的特殊资格赛。

外卡赛主要是为了弥补赛制的不足：一方面，有些实力强劲的战队在区域预选赛时意外失利，外卡赛为他们再提供一次机会，同时也保障了世界赛参赛队伍的整体实力；另一方面，由于游戏的服务器无法全球覆盖，一般情况下会设置欧服、美服、中国台湾网络服务器（台服）、韩服、国服等，提供不同地区供玩家选择。电竞赛事多以服务器所属地划分为赛区，参加世界赛的名额按照赛区平均分配。南美洲、东南亚等不能享受主赛区待遇的，只能通过参加外卡赛获得世界赛的参赛名额。

（三）源于传统体育赛事的电竞赛制

电竞体育化的发展尤其体现在赛制方面，头部电竞项目赛事在原有的基础上，进一步向传统体育赛制靠拢，借鉴篮球、足球、网球、棒球等传统体育的赛事。[①]

2018 年是中国主客场制元年，英雄联盟职业联赛和王者荣耀职业联赛率先开启国内电子竞技联赛"联盟化"与"主客场制"的先河。国内数十支电子竞技战队，按照主场分布、以往成绩、抽签等因素，划分为东部赛区与西部赛区进行对抗。上海和成都两座城市作为 2019 年《王者荣耀》春季赛赛区，由东部 7 支战队与西部 8 支战队，共同组成 15 支战队的大联盟。常规赛采用单循环主客场制，成绩优异者可以进入季后赛。目前，NBA 式的季后赛规则几乎已成大型电竞联赛采用模式。《英雄联

---

① 体育头条速递.电竞圈热衷借鉴传统体育赛制，背后原因何在？ [OL]. (2018-04-04).
https://www.sohu.com/a/227290192_498573

盟》曾在 2018 年春季赛后启用东西部分区的内外双循环赛制以扩大联赛影响力，而到了 2019 年赛季由于参赛队伍的增加等原因被取消，改换为单循环赛制。

为了提升赛事商业化水平，英雄联盟职业联赛在中国进行了里程碑式的战略部署，除了上海这个"大本营"外，JDG、LNG、LGD、OMG、WE 六支队伍分别落户北京、重庆（后改为苏州）、杭州、成都、西安，2020 年新增战队 eStar 主场设在武汉，不同城市队伍之间交锋的赛程，将依据主客场安排来决定比赛的所在地。从实施结果来看，主客场制给联赛带来了丰富的话题和各主场城市火爆的线下观赛氛围，以及更加踊跃的赛事赞助商。

1. 世界杯式赛制

因为世界杯赛制公平合理，不少顶级电竞赛事都以此为标准设置赛制。2014 年《英雄联盟》全球总决赛（S4）后小组赛开始采用该赛制。世界杯赛程分为小组赛和淘汰赛两阶段。小组赛阶段由 32 支参赛队伍，通过抽签分成 8 个小组，组内循环赛积分前两名出线。随后进入淘汰赛阶段，分成 1/8 赛、1/4 赛、半决赛与决赛共 4 个阶段。小组赛实行双循环一局定胜负（Best of 1 Game，BO1）积分赛，小组前两名进入四分之一淘汰赛，所有淘汰赛均采用 BO5。

2. 网球式赛制

《DOTA2》开发商维尔福公司在 2015 年开始对职业赛事体系进行全新布局，参考网球赛事体系，打造全年 4 大锦标赛。宣布在 TI 的基础上，每年再加入三次锦标赛，即秋季赛（11 月初）、春季赛（4 月初）和冬季赛（3 月初），四次比赛组成一个完整的比赛体系，贯穿全年。夏季锦标赛（8 月初）即为原来的国际邀请赛，新增的 3 项赛事由维尔福公司赞助，第三方主办方在全球的不同地方举行。

3. 瑞士轮赛制

瑞士轮赛制又称积分循环赛制，是国际象棋、中国象棋等传统棋类比赛最常见的赛制。

传统棋类竞技中，通过积分决定选手排名，不产生淘汰。简单来说，瑞士轮赛制需要在第一轮比赛，通过抽签决定比赛对手，以第一轮比赛积分排名，安排第二轮对战对手，高分对高分，低分对低分，上一轮遇到过的对手下一轮不再相遇，如此循环，直到所有轮次结束。

瑞士轮赛制虽不适用于电竞比赛的决赛阶段，但经常被用在小组赛阶段来决定出线和淘汰名额。水平相近的队伍间互相比拼，保证比赛相对的平衡性，降低了运气成分的影响，体现了比赛的公平性。2017年《DOTA2》基辅特锦赛曾采用过瑞士轮赛制。

4. 融合式赛制

《穿越火线》职业联盟电视联赛（CFPL）中"季前赛"的概念虽然借鉴自NBA，但不同于NBA季前赛仅有的热身作用，《穿越火线》在实行严格淘汰制的同时，又有欧洲主流足球联赛升降级制度的影子。两者结合下，CFPL赛制既满足了联赛赛制的周期长、频度高的特点，又保留了赛会制比赛的淘汰机制，使得比赛争夺更为激烈，提升了比赛整体的观赏性和赛事竞技水平。

另外，《穿越火线》职业联盟电视联赛融合了网球公开赛和NBA的赛制。从2012年《穿越火线》职业联盟电视联赛（S12）开始采用"季前赛（淘汰制）＋常规赛（循环制）＋季后赛（淘汰制）"的新赛制。参赛队伍要通过季前赛的淘汰赛，才能进入大循环赛制的常规赛，排名前八名的队伍进入单场淘汰制的季后赛，最终决出冠亚季军等名次。CFPL季前赛被淘汰的四支队伍、常规赛最后两名，以及季后保级赛落败的两支队伍，都会失去下赛季的直接参赛资格。

2018年《绝地求生》官方正式宣布建立韩国职业联赛（PUBG Korea League，PKL）。PUBG官方参照高尔夫、网球等传统体育项目，纳入赛事的赛制和规则制定，同时将第一届绝对求生职业联赛（AfreecaTV PUBG League，APL）、绝对求生世界赛（PUBG Survival Series，PSS）、绝对求生国际邀请大师赛（PUBG Warfare Masters，PWM）等以游戏频道、直播平台为主导的第三方赛事纳入循环赛体系中，战队只要参与这些被官方认可的比赛，即可获得一定的积分，根据全年的积分排名，决定是否获得年度总决赛以及全球赛事的参赛资格。

官方将这套体系称为巡回赛（League Tour），整个体系分为三级：Pro Tour（职业巡回赛）、A Tour（A级巡回赛）、B Tour（B级巡回赛）。APL、PSS、PWM都属于Pro Tour的范围内，参与战队以邀请制的方式参与赛事。A、B两级赛事包括大学生联赛、公司职员联赛、城市赛、网吧赛等，涉及全韩国各层电竞生态圈。

案例5-1 传统体育与游戏厂商的关系

目前，电竞赛事向传统体育赛事转型已是大势所趋，相较于传统体育赛事，电竞比赛覆盖人群广、赛事密集、投入产出比高等特点决定了其收入占比上限，未来可能超越传统体育赛事。同时，传统体育赛事与游戏的结合是体育内容在数字化领域的延伸。

欧洲有很多足球俱乐部已经在电竞领域有所布局，像曼城、沙尔克04、巴黎圣日耳曼、罗马等俱乐部都成立了电竞分部。可以预见的是，职业体育俱乐部成立专门的电竞队伍已经成为大势所趋。实际上，大多数传统体育俱乐部在面对陌生的电竞行业时，往往更倾向于投资如《NBA2K》《实况足球》《FIFA》等还原真实体育赛场的电子游戏。一方面降低了传统体育俱乐部的理解门槛，另一方面也可以巩固自身核心粉丝群体，拉近与球迷的关系。

以《FIFA》为例，其背后的游戏厂商美国艺电公司（Electronic Arts，EA）与包括西班牙足球甲级联赛、波兰足球甲级联赛在内的多家顶级联赛官方达成了合作，各自举办电竞联赛。EA的赛事体系还有（FIFA Interactive World Cup，FIWC），获得总冠军的球队不但可以收获上百万美元的奖金，还可以前往国际足联金球奖颁奖现场观礼。2018 年的俄罗斯世界杯，EA 整合了现有的 FIFA Ultimate Team（FUT）冠军杯和 FIWC 赛事体系，与国际足球联合会合作推出电子足球世界杯（eWorld Cup）系列赛事。同时，EA 与英格兰超级联赛（以下简称英超）达成合作协议，准备合作推出英超电竞联盟（the ePremier League）。[①]eWorld Cup 系列赛事会在 12 个直播平台和 19 国电视频道播出，其中就包括英国的天空体育台和美国的福克斯体育台（Fox Sports），总决赛预计会有超过一百个国家转播。《FIFA 19》是一款由游戏厂商 EA 开发和发行的足球电子游戏，是《FIFA》系列的第 26 部作品，于 2018 年 9 月上市。2019 年福克斯体育台取得了《FIFA 19》全球电竞赛事在美国地区七年的独家转播权，届时，观众可以透过福克斯体育 1 台和 2 台以及社交电竞直播平台 Caffeine 来观看《FIFA 19》电竞锦标赛。[②]

美国电竞产业也吸引了 NBA 资本巨头入局，2018 年由 NBA 和 Take Two 公司一同设立的《NBA2k》联赛，NBA2k 是一款和 NBA 球员紧密联系的一个模拟篮球对战游戏，每一位角色的属性参数都是基于 NBA 球星的真实状况打造的，玩家甚至可以通过这款游戏实现 NBA 冠军梦。目前已经有 21 支战队加入到比赛中，战队基本都是 NBA 球队旗下，未来所有的 NBA 球队都将入驻 2k 联赛。而且 NBA2K 联赛和 NBA 的模式几乎相同，同样以城市为代表，同样有常规赛和季后赛，甚至还有战队选手选秀。

体育竞技类游戏最大的卖点就是还原现实中的体育运动，为玩家们带来竞技快感。这意味着游戏厂商必须获得现实中球队、联赛

① 电子竞技.英超与艺电公司（EA）合作打造英超电竞联盟 [J].电子竞技，2018（20）：13-13.

② Graham Corking. Fox Sports & Caffeine secure FIFA 19 broadcast rights [OL]. (2019-04-12). https://esportsinsider.com/2019/04/fox-sports-caffeine-secure-fifa-19-broadcast-rights/

的授权。如果可以与联赛官方达成合作，更是可以拉拢核心电竞粉丝，从而保持游戏的生命力。

三、电竞赛事的种类

电竞赛事的举办逐渐朝产业化发展，核心赛事产业围绕业余赛事、职业联赛、杯赛三级赛事体系展开，其中，以职业联赛与杯赛为核心。电竞赛事根据主办方的不同、规模性质的不同以及参与选手水平的不同，可分为官方赛事（第一方赛事）与非官方赛事（第三方赛事）、国际性与区域性赛事、职业与业余赛事。

（一）第一方赛事和第三方赛事

第一方赛事主要由游戏开发商或运营商举办，主要目的为推广游戏，比赛游戏类型单一。在单机游戏时期与现代电竞产业中，第一方赛事都是游戏公司收集玩家反馈、推广游戏和构建游戏品牌的重要渠道。第三方赛事为电竞早期的主要赛事类型，指的是由非游戏商机构举办的电竞比赛，主要目的是打造赛事 IP，丰富比赛游戏种类。

电竞赛事因为执行方的不同，可分为和自营业务（第一方赛事）和代理业务（第三方赛事），如图 5-4 所示。自营业务是指利用自己的赛事品牌举办的赛事，其广告收入、版权收入及推广收入均为自身所有。代理业务是指承办其他赛事方的赛事，广告招商及收入分成一般由公司及赛事主办方协商决定。

表 5-2　第一方赛事与第三方赛事 [①]

	第一方赛事	第三方赛事
主办主体	游戏厂商	除游戏厂商以外的其他主体
赛事奖金	两极化，头部赛事奖金池极高，平均奖金较少	总奖金池额度较高，平均到单一游戏奖金较少
获客成本	赛事为该游戏最重要的赛事，关注度高，获客成本较低	影响力与关注度欠佳，赛事获客成本高
比赛项目数量	项目种类单一	游戏种类丰富，包含多种电竞游戏
主办目的	延长游戏生命周期，扩大游戏影响力，提高用户消费，与公司自营业务协同	企业为了盈利办赛，同时证明自己的赛事运营能力；政府为了发展地区经济，打造电竞产业，带动地区电竞产业全方位发展
代表赛事	DOTA 2 国际邀请赛（TI）、英雄联盟职业联赛（LPL）、王者荣耀职业联赛（KPL）、暴雪嘉年华	世界电子竞技大赛（WCA）、世界电子竞技运动会（WEST）、北京电子竞技公开赛（NEA）

　　从赛事数量上看，2016 年国内影响力较大的电竞赛事共计 94 个，第一方赛事合计 62 个，占比 66%，第三方赛事合计 32 个，占比 34%。对第一方赛事运营主体进行细分，腾讯和网易两大游戏巨头主办的电竞赛事数量分别为 24 个和 16 个，远超其他游戏厂商（见图 5-4）。[②]

① 鲸准研究院. 2018 电子竞技行业研究报告 [EB/OL]. (2018-07-16). https://www.jingdata.com/report/411.html. 该表格在上述资料基础上，增补了"代表赛事"部分内容。
② 新三板智库. 中国电子竞技赛事运营研究报告 [OL]. (2016-09-25). https://www.sohu.com/a/115030422_481756?qq-pf-to=pcqq.group

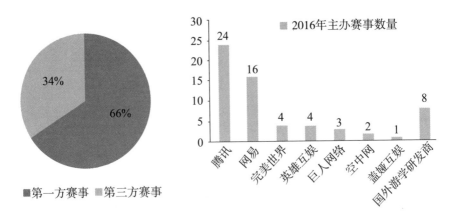

图 5-4　2016 年赛事主办方统计

来源：新三板智库

1. 官方赛事

官方赛事是由游戏项目的研发商或者运营商举办的比赛，也被称为第一方赛事。其目的是推广旗下游戏，提高游戏知名度以吸引更多玩家。为了满足玩家对高水平竞技的期待，深度绑定用户关系，第一方赛事拥有更高的对抗性，更为核心的理念传递。

2011 年是第一方赛事兴起的重要时间节点。这一年维尔福公司斥重金举办了第一届《DOTA2》国际邀请赛（TI1）；拳头游戏主办了第一届《英雄联盟》全球总决赛（S1）。维尔福公司在 2015 年做出重大调整，开启年度四大联赛模式，保留在夏季举办的国际邀请赛（TI），增加了春、秋、冬三个季度的特级锦标赛，除了国际邀请赛继续由维尔福公司主办外，其余三大特级锦标赛为维尔福公司赞助下的第三方赛事。[①]拳头游戏则深耕第一方赛事，花五年时间布局全球《英雄联盟》职业赛事，形成了"各赛区职业联赛＋两次的锦标赛（季中冠军赛、全球总决赛）＋一次全明星赛"生态闭环、全年无空挡的赛事体系。

---

① 腾讯游戏.Valve 宣布推出 DOTA2 四大联赛：春夏秋冬锦标赛 [OL]. (2015-04-22). https://games.qq.com/a/20150425/019419.htm

在国内市场上，腾讯占据绝对主导地位，拥有《英雄联盟》、《王者荣耀》、《绝地求生》等热门游戏在大陆地区的官方赛事运营权。完美世界一手打造了中国 DOTA2 职业联赛（DOTA2 Professional League，DPL），主办了 DOTA2 亚洲邀请赛（DOTA2 Asia Champion，DAC）、完美大师赛、《反恐精英：全球攻势》亚洲邀请赛等赛事。此外，网易游戏运营的网易电竞 X 系列赛（《阴阳师》、《炉石传说》、《魔兽争霸 3》、《星际争霸 2》等），握有多款电竞项目的综合性赛事的主办权。

2. 非官方赛事

非官方赛事又称第三方赛事，一般是由游戏研发商或者运营商之外的第三方组织所举办的电子竞技相关赛事。第三方赛事一般由游戏相关企业或者电竞协会主办，但需要获得第一方游戏厂商的授权。

第三方赛事的崛起要追溯到 2000 年。伴随着《星际争霸》、《反恐精英》、《魔兽争霸》等游戏在全球范围的风靡，包括"世界三大电竞赛事"（世界电子竞技大赛、职业电子竞技联盟和电子竞技世界杯）的第三方赛事迅速崛起。尤其以 WCG 最为著名，被誉为"电竞奥运会"。

目前，DreamHacks 和 ESL 是世界最知名的第三方赛事主办方。ESL 经典赛事电子竞技甲级联赛（electronic Sports League One，ESL One）精心挑选的几款在线游戏，如《反恐精英：全球攻势》和《DOTA2》，每个都有大批玩家和粉丝支持，这让电竞帝国版图得以持续扩张。

ESL 同时也是全球电竞赛事的主办单位和制作公司，堪称电竞赛事重要的幕后推手。ESL 成立于 1997 年，总部位于德国科隆，它不仅是全球最大的电竞公司，更是元老级的电竞公司。二十年多来，ESL 将游戏比赛搬进体育馆，同时成为这项新兴运动的裁判，为电竞制定前所未有的专业规则。

英特尔极限大师杯赛，是第一个全球规模的电竞精英锦标赛。2006 年英特尔德国公司与 ESL 合作创立了 IEM 极限大师赛（IEM Extreme Masters），从 2006 年举办以欧洲为基地的全球性赛事起，赛事的规模和参赛国家的数量都在不断攀升。2018 年英特尔、ESL 决议延续合作关系，双方签属了一份长达 3 年、高达 1 亿美元的合约。合约中，Intel 将支持各项硬件科技，包括旗下高性能处理器以及 5G 连线技术，而 ESL 持续在全球各地举办多场电竞赛事，至于目前双方合作愉快的 IEM 极限大师赛，可称为全球历史最悠久的电竞赛事之一。[①]

另外，韩国 OGN 公司从 2000 年以来，已经在 150 多个国家和地区打造了 500 多场全球性电竞联赛和赛事。OGN 公司目前是亚洲数一数二的娱乐公司，曾经主办或承接了《星际争霸》《英雄联盟》等数个项目的电子竞技赛事。每年打造超过 3000 小时的电子竞技和游戏相关内容，吸引约两亿次的观看数。2019 年宣布成立新的电子竞技联盟（OGN Super League），并且准备在这个联盟中举办各种电子竞技活动。

案例 5-2 第一方赛事和第三方赛事的主导权之争

21 世纪初，暴雪娱乐和韩国职业电子竞技协会的抗争拉开了游戏厂商积极主导电竞产业的序幕。

韩国职业电子竞技协会经过韩国文化体育观光部批准成立，负责几乎所有的韩国电竞赛事的举办、新电竞项目的立项、电竞选手合同以及电竞赛事在韩国的宣传工作等，打造出了包括《星际争霸》《DOTA2》《英雄联盟》等多个电竞项目。[②]

得益于政府和财团的支持，韩国成立职业电子竞技协会，使韩国成为最早建立起电竞产业的国家。这对当时的暴雪娱乐和拳头游戏等游戏开发商（发行商）来说，是商业版图中势在必得的一部分。由于 KeSPA 隶属于韩国旅游文化观光局，这个第三方电竞管理机构与暴雪娱乐、拳头游戏等第一方游戏厂商产生了根本利益的冲突，具体表现在对赛事主导权的争夺上。

---

① 中国互联网上网服务行业协会. 英特尔和电子竞技公司 ESL 签署为期 3 年、价值 1 亿美元协议 [OL]. (2018-12-17). https://www.sohu.com/a/282550748_99934757

② 详情可参见 KeSPA 官网：http://e-sports.or.kr/?ckattempt=3

2009 年暴雪娱乐采取了两大措施，旨在打破 KeSPA 对韩国电竞赛事的垄断。其一是将《星际争霸 1》《星际争霸 2》和《魔兽争霸 3》的独家赛事播放权授权给韩国的 GOMTV；其二是取消《星际争霸 2》的局域网模式，规定玩家对战必须在游戏对战平台 Battle.net 上进行，使第三方赛事的进行必须经过暴雪娱乐授权。KeSPA 也通过联合国内俱乐部拒绝参加《星际争霸 2》的赛事、拒绝为《星际争霸 2》选手提供支持，以及对《星际争霸 2》的年龄评级制造障碍等一系列措施，最终迫使暴雪在 2012 年放弃了在韩国对《星际争霸 2》赛事的完全主导权，转向与 KeSPA 合作举办赛事。

2013 年拳头游戏进军韩国市场。拳头游戏与 KeSPA、OGN 签订了第三方合作备忘录，并将韩国本土的官方赛事主办权授权给 OGN。在其主导下，OGN 杯赛变为如今著名的 LCK 联赛，出台和完善了一系列与俱乐部相关的政策。2017 年年底，拳头游戏宣布将在 2019 年收回 LCK 的主办权，由 OGN 直接负责 LCK 赛事直播和制作。显然，不管和 KeSPA 曾经的抗争或合作是否成功，第一方游戏厂商都在逐步收拢赛事的主导权。

（二）国家赛和商业赛

就国内而言，影响力较大的第三方电竞赛事，分为国家相关部门主办的"国家赛"和大型企业主办的"商业赛"两种：

1. 国家赛

国家赛指的是由国家体育总局和地方政府主办的电竞赛事。国家相关部门主办的赛事有 NEST、全国电子竞技公开赛（National Electronic Sports Open，NESO）、CMEG 等；地方政府亦试水主办电竞赛事，如银川市政府主导的世界电子竞技大赛，这一系列赛事的举办说明了国家对电竞发展态度转为实际支持。尽管体制内的赛事，占了场地、交通、宣传等硬件条件优势，但在号召力、认可度、权威性等软实力上，还有很长的路需要走。

2. 商业赛

商业赛指的是由电竞组织、体育公司、非版权方的游戏公司主办的电竞赛事。阿里电竞在 2016 年重金打造电竞赛事世界电子竞技运动会，每年耗资 2 亿元，第一届 WESG 总奖金池 550 万美元。[①]以高额的奖金吸引了全球顶尖电竞选手前来参赛，志在将 WESG 打造为国际顶级赛事。

尽管第三方赛事具有不排他性的特点，但因为 WESG 属于阿里体系赛事，赛场上很难看到《英雄联盟》、《王者荣耀》、《绝地求生》等腾讯系的热门游戏。这也充分证明了第三方赛事如果缺乏政府背书，仅游戏授权一项就能制约其发展，难以建立与第一方赛事相抗衡的核心竞争力。如今，众多重量级的第三方赛事相继宣布停办，其原因还是资金问题。落地执行费、推广费、奖金池等都需要大量资金支持，门票、周边产品等因为占比不高，收入几乎可以忽略不计，巨额支出主要依赖商业赞助的资金支持，赞助商一旦撤资，赛事将面临无法继续的困境。

案例 5-3 大逃杀游戏类型赛事

2017 年，韩国游戏公司蓝洞旗下的 PUBG 工作室推出了《绝地求生》（国内由腾讯独家代理后，定名为《绝地求生：刺激战场》，于 2019 年 5 月在国内停服，腾讯推出类似游戏《和平精英》），蓝洞一年后举办首届《绝地求生》全球邀请赛（PUBG Global Invitational，PGI），吸引了世界 20 支顶级战队争夺 200 万美金的大奖。

2018 年，《绝地求生》宣布成立职业联赛，将北美和与欧洲分为两大赛区，举办全美绝地求生联赛（National PUBG League，NPL）

---

① 马莲红. WESG 电竞赛场再现五星红旗：电竞距离入奥还有多远？ [OL]. (2017-09-13). https://www.jiemian.com/article/1619609.html

和欧洲绝地求生联赛（PUBG Europe League，PEL）。第一赛季于2019年开赛，各个赛区总奖金池皆为100万美元/欧元。北美职业联赛是由韩国的OGN公司与PUBG工作室投资1亿美元合力打造的，OGN频道提供直播服务，并帮助PUBG工作室打造新的全国PUBG联赛。欧洲PEL赛区的官方正式合作伙伴为Star Ladder。除了北美与欧洲外，中国、韩国、东南亚、拉丁美洲、大洋洲、日本也有正规的职业联赛。游戏以第一人称视角模式为主，以绝地岛（Erangel）与米拉玛沙漠（Miramar）作为竞技舞台。[1]

OGN公司曾在2016年取得暴雪娱乐授权下，举办了全球首个《守望先锋》常规联赛（Overwatch APEX）。联赛包含28支队伍，该项赛事总奖金池约19.2万美金，共分为两级联赛，第一级联赛由16支职业队伍组成，其中12支来自韩国，需要通过线上和线下进行资格赛，其余4支是来自北美和欧洲的队伍，由主办方直接邀请。次级联赛则由12支韩国半职业队伍组成，获胜者可晋级第一级别联赛。[2]2018年OGN公司宣布不再举办Apex联赛，Apex曾一度是全球范围最大的《守望先锋》联赛。据悉，放弃主要有两个原因，一方面是暴雪娱乐不再将比赛权下放给OGN公司，另一方面是OGN公司与同类型游戏《绝地求生》的研发公司蓝洞合作，争取到了足够的话事权，OGN公司立即加快了《绝地求生》职业联赛在韩国的布局。

[1] 《绝地求生》官方.绝地求生2019全球电竞计划[OL]. (2018-12-05). https://www.pubg.com/zh-hans/2018/12/05/%e7%bb%9d%e5%9c%b0%e6%b1%82%e7%94%9f2019%e5%85%a8%e7%90%83%e7%94%b5%e7%ab%9e%e8%ae%a1%e5%88%92/

[2] Esportsearnings.OnGameNet Overwatch APEX Season 1 [OL]. (2016-12-01). https://www.esportsearnings.com/tournaments/20808-ogn-overwatch-apex-season-1

（三）国际性和区域性赛事

电竞赛事众多，按照规模可以分为国际性赛事和区域性赛事两大主要赛事级别，加之其他小型赛事共同构建成"金字塔"型赛事体系。

1. 国际性赛事

国际赛指的是全球范围内举行的电竞赛事，其规格、级别较高，旨在汇聚全球各赛区最优秀的电竞战队以提升项目整体竞技水平，促进多元化良性竞争，吸引游戏玩家参与讨论。参赛队伍代表所在赛区或国家出战，不仅为奖金而战，更为荣誉而战。

综合性电竞赛事方面，2014年宣布停办的"电竞奥运会"，在2019年宣布重启，总决赛在中国西安市举行。

单项电竞赛事方面，从2011年开始，一年一度的《DOTA2》国际邀请赛凭借高额的奖金制成为最具吸引力的赛事之一，《DOTA2》的冠军标志"不朽盾"也被职业选手视为无上荣耀。另一款MOBA游戏《英雄联盟》也实现了成熟赛事体制的构建。《英雄联盟》通过季中冠军赛（Mild Season Invitational，MSI）、洲际系列赛、全球总决赛和全明星赛在内的一系列全球性赛事，同时联合各大赛区的职业联赛，形成了全年无休的职业赛事体系。

国际赛事的门槛非常高，只有该项目内、年度成绩最突出的战队及顶尖电竞选手，才能拥有通往全球总决赛或国际邀请赛的资格。以2018年英雄联盟S8全球总决赛为例，代表LPL赛区出战的一号种子RNG战队，同时拿下了当年LPL春季赛冠军、MSI世界冠军、LOL德玛西亚杯冠军、LOL洲际赛冠军、LPL夏季赛冠军，除RNG战队外，二号种子IG战队则是夏季赛结束时，LPL赛区最高积分的战队。

案例5-4 国际大型电竞赛事

国际几大赛事包括世界电子竞技大赛（WCG）、职业电子竞技联盟（CPL）、电子运动世界杯（ESWC）、《英雄联盟》全球总决赛（S赛）和《DOTA2》国际邀请赛（TI）等。

世界电子竞技大赛：世界电子竞技大赛创立于2000年，有"电子竞技奥运会"之称，是一项全球性的电子竞技赛事，由微软和三星两大巨头提供赞助，大赛一直以"Beyond The Game"（超越游戏）为口号，以推动电子竞技的全球发展为目标，旨在促进人们在网络时代的沟通、互动和交流，促进人类生活的和谐与愉快。大家耳熟能详的《魔兽争霸》、《星际争霸》、《DOTA》等都是WCG的比赛项目，赛事奖金也一度超过百万大关。2014年初，WCG执行长通过官方邮件对外宣布WCG组委会将不再举办任何赛事，包括WCG世界总决赛，延续13年的WCG至此画上了句号。沉寂数年后，WCG于2019年正式回归，但其影响力大不如前。

职业电子竞技联盟：职业电子竞技联盟是电子竞技领域最有影响力的联盟之一，也是大多数玩家参加的网络比赛的组织者。该联盟创立于1997年，创始人为安吉·穆洛兹（Angel Munoz），创立该联盟是为了通过电子竞技职业比赛让电子竞技变成一项真正的比赛，并提升到运动的层面。但遗憾的是，CPL在2008年停止运营。

电子运动世界杯：电子运动世界杯2003年起源自法国，与CPL和WCG并称世界三大电子竞技赛事。这个国际活动是由包括中国在内的11个理事国发起，有超过60个合作伙伴。值得一提的是，ESWC虽和WCG、CPL一样历史悠久，但是该项赛事一直在举办。

英雄联盟全球总决赛，英雄联盟总决赛是年度最盛大的比赛，象征最高荣誉、最高含金量、最高竞技水平、最高知名度的比赛。由开发商拳头游戏举办，截至2019年已经举办了9届比赛，与上面三大电竞赛事不同的是，该项赛事只以《英雄联盟》为项目。如今《英雄联盟》全球总决赛已成长为全球顶尖电竞赛事之一。

《DOTA2》国际邀请赛：《DOTA2》国际邀请赛创立于2011

年，是每年一届的全球性电子竞技赛事。由维尔福公司主办，以《DOTA2》为比赛项目，截至2019年，共举办了九届比赛。迄今为止，有三支中国战队夺得过冠军，分别是2012年《DOTA2》国际邀请赛（TI 2）的IG战队、2014年《DOTA2》国际邀请赛（TI 4）的NewBee战队、2016年《DOTA2》国际邀请赛（TI 6）的Wings战队。2019年，TI 9选在中国上海举办，除了德国科隆、美国西雅图、加拿大温哥华外，上海是第四个举办TI总决赛的城市。而2019年《DOTA2》国际邀请赛（TI 9）的奖金池最终定格在3432万美元，作为冠军的OG战队获得约1561万美元，达到历史新高。[①]

2. 区域性赛事

区域性赛事指的是在一定区域范围内，形成的有组织的电竞比赛。校际间的高校联赛、城市间争霸赛、俱乐部间的国内职业联赛都包括在区域性赛事中。

《英雄联盟》是目前区域性赛事最完善的电竞项目之一。以《英雄联盟》在中国的区域性赛事为例，有面向全国各地的玩家的城市英雄争霸赛和针对高校学子举办的高校联赛。

2017年，《英雄联盟》官方整合赛事资源，将原有的《英雄联盟》甲级职业联赛（LSPL）和城市英雄争霸赛（TGA），调整为《英雄联盟》发展联赛（LDL），与《英雄联盟》职业联赛（LPL）构成"次级职业联赛＋顶级职业联赛"的两级联赛体系，成为战队上升的渠道。在原来升降级制基础下（现由固定席位制取代），只有在LDL拿到年度冠军的队伍，才可以晋级到LPL，而每年《英雄联盟》的职业联赛是通往全球总决赛的唯一渠道。

---

① 新浪游戏. TI9落幕：OG两连冠、LGD获季军 [OL]. (2019-08-27). http://games.sina.com.cn/y/n/2019-08-27/hytcitn2237908.shtml

（四）职业和业余赛事

电子竞技比赛按照参加者电竞水平的高低，大略可以分为职业赛事与业余赛事两类。职业选手通过参与电子竞技比赛获得报酬，他们通常来自俱乐部战队或是由主办方邀请参赛，参与电子竞技赛事是选手事业追求与谋生的主要手段。2016年，职业联赛奖金最高的前三款游戏均为MOBA类游戏。另外，也有针对不同水平的玩家设置不同门槛的业余比赛。

1. 职业赛事

职业赛事是由电竞职业选手参加的高竞技水平赛事。与传统体育赛事不同，电竞项目种类众多，且分属于不同的游戏研发商与运营商，没有统一赛事规则，此前也没有类似"国际篮联"、"国际足联"的国际联合组织。随着电竞产业逐步走向完善，各国对电竞的重视程度不断提高，电竞赛事已经由野蛮发展迈入规范化和职业化的时代。2019年12月16日，国际电子竞技联合会（Global Esports Federation，GEF）在新加坡正式成立，是国际奥委会在全球范围内成立的国际电子竞技单项组织。[①] 此外，职业运动员注册制的实施也是规范化和职业化的体现。

国内对电竞职业选手的注册制度，分为体制内注册和赛事官方注册两种体系：

体制内注册：电竞选手在国家体育总局或省市体育局注册运动员身份，并接受有关部门管理与安排。2018年底，上海市政府颁布了一系列电竞政策，其中包括《上海市电子竞技运动员注册管理办法（试行）》，成为国内首个对电竞选手进行管理的城市。四川省紧随其后，也颁布了《四川省电子竞技运动员注册管理办法（修订版）》，开放电子竞技运动员

---

① 周一帆. 国际电子竞技联合会成立，电竞"进入奥运会"迈出关键一步 [OL]. (2019-12-19). http://www.eeo.com.cn/2019/1219/372206.shtml

注册，职业电竞选手正式迈入"持证上岗"时代。[①]

按照规定，电竞选手按电竞比赛项目注册，由所在俱乐部集体申报注册。《英雄联盟》《炉石传说》等赛事体系和规则相对成熟的项目成为首批开放注册的对象，电竞运动员统一注册和资格认证，是国家对电竞选手身份的认可，也是提前为电竞项目进入亚运会、奥运会做出规划迈出的重要一步。

赛事官方注册：赛事官方注册即职业电竞选手向其所在的职业赛事官方申请注册。如参与英雄联盟职业联赛的选手需要由所在战队向LPL官方提交注册申请，符合注册规则的选手方能通过。

目前，电竞赛事的规则也在不断的完善中。例如，2019年LPL春季赛规则新增条款，"所有新人（包括从来没有参与过任何职业、半职业或及发展联赛比赛的选手）必须要在德玛西亚杯或LDL一个赛季中打过至少5场，才能获得加入LPL正式名单的资格"。

2. 业余赛事

业余赛事相对于专业赛事而言，有一定差距，但也有职业选手通过业余赛事被选拔出来进入比赛的例子。另外业余赛事也包括由网吧、直播平台、游戏爱好者自发组织的电竞赛事，这类比赛参与门槛较低。电竞主办方为了吸引参赛，一般会提供金额不等的奖励，以吸引普通玩家参与。

官方推广赛

推广赛是游戏官方为了增强用户黏性、提升用户体验而举办的下沉赛事，通常针对网吧、校园、特定城市等进行布局。例如，巨人网络为推广旗下休闲类游戏《球球大作战》，不仅设置球球大作战职业联赛（Battle of Balls Professional League，BPL）、塔坦杯精英挑战赛，以及全球总决赛，还推出了线上公开赛、城市赛等下沉的赛事，这样的设计有

[①] 成都商报. 省电竞协会：主要是为保障电竞从业者权益 [OL]. (2018-12-06). https://e.chengdu.cn/html/2018-12/06/content_639273.htm

助于改变电竞赛事过于集中的情形，推广赛可以搭建起各城市电竞用户之间的沟通渠道，进一步扩大《球球大作战》赛事的影响力。

2016 年，国家体育总局举办全国高校电子竞技联赛（China University Cyber Games，CUEL），和国内其他类似活动相比，大赛以全国高校战队比拼、主播选秀、中韩对抗赛为核心内容。目前《英雄联盟》《DOTA2》《炉石传说》《守望先锋》等热门项目已经加入竞技联赛中，参与比赛的队伍和选手可以获取相应的积分，达到规定分数的选手，可以成为电子竞技运动注册运动员。

直播平台赛

近年来，打造自制赛事 IP 成为直播平台新一轮的竞争，直播平台主办的电竞比赛如雨后春笋般涌现。直播平台赛一方面解决了直播平台获利不易的难题，另一方面直播平台提供"以赛代练"模式，为电竞领域培养了更多人才。

游戏直播领域的龙头"虎牙直播"和"斗鱼 TV"，布局电竞全产业链，积极打造自制赛事品牌。"斗鱼 TV"的《绝地求生》黄金大奖赛，被 PUBG 官方指定为积分赛事，直接挂钩《绝地求生》中国职业邀请赛（PUBG China Pro Invitational，PCPI）参赛资格。相对于热门的单项游戏赛事，斗鱼 TV 聚焦于时间跨度长、长尾效应突出的综合性联赛，创立了斗鱼 TV 超级联赛（DOU Yu Super League，DSL），自制赛事全年无休。同时，虎牙直播也推出自制赛事 IP，如虎牙直播天命杯，虎牙直播手游电竞大赛（HUYA Mobile Gaming Arena，HMA），虎牙直播明星主播对抗赛（YY Stars League，YSL），虎牙直播赏金赛等。

网吧赛

网吧为聚集人气、吸引玩家，会不定期举办小型电竞赛事，参赛选手为业余电竞爱好者。一般来说，这类电竞赛事规模较小、竞技水平较低，多为游戏玩家小范围的自娱自乐，但也有全国性的比赛。

全国网吧电子竞技联赛（China Cybercafe E-sports League，CCEL）

定位于面向全国符合落地条件的网吧和电竞爱好者的大众赛事。2019年，CCEL为了进一步推广全民电竞，除了原有竞技性强的MOBA类项目外，同时增设了休闲竞技类比赛项目。

玩家自组比赛

经济利益是驱使网吧或者直播平台主办电竞比赛的动力，而游戏玩家自发组织的比赛，一般是基于对游戏的热爱，需要大批志愿者出钱出力。

自1996年延续至今的被称为"游戏界的伍德斯托节"（Quakecon）就是玩家自组比赛的例子，Quakecon是用id Software公司开发的游戏《雷神之锤》命名的。1996年，Quakecon在美国的得克萨斯州举办首次赛事，这个活动一般持续四天，每年举办的时候会吸引各地玩家都汇聚赛场。现在已成为世界上最大的免费区域网络赛，同时也成为各大公司展示最新游戏和硬件的场所。

这个电竞赛事完全由游戏玩家一手操办，通常有上千人从策划到执行全程义务参与，他们一周之内的工作量相当于两年的人力。比赛不涉及任何商业利益，参赛者的目的只是出自对游戏的热爱和追求游戏获胜后带来的荣誉感。Quakecon与其说是电竞比赛，更象是游戏爱好者每年一次的大狂欢，因此又被称为是"游戏界的伍德斯托克节"。

案例5-5 《王者荣耀》职业联赛开启双城主客场模式

2018年，王者荣耀职业联赛（KPL）效仿NBA赛制，在春季赛中正式推行双城主客场制。在腾讯的领头下，联合12家俱乐部成立"KPL联盟"，成都成为继上海之后的第二座主场城市，其中有6支俱乐部迁出上海，落户新主场成都。这可以说是KPL在赛事运营规范化、赛制职业化方面的一次重要升级。[①]

---

① 钛媒体. KPL开启双城主客场模式，赛事运营的规范化、职业化更进一步 [OL]. (2017-09-26). https://www.sohu.com/a/194639743_116132

目前，"双城主客场"只是过渡阶段，腾讯互动娱乐移电竞业务总监、KPL联盟主席张易加表示，"现阶段，考虑到赛事直转播质量、用户习惯养成以及战队与职业选手适应性三大问题，将成都作为地域化探索的实验城市，希望能够将探索的经验、吸取的教训保留下来，之后复制到更多城市，为全面推行主客场制打下基础"。腾讯计划在2019年推行固定席位制，并在三年后实现"八城主客场"。

主客场制，历来是传统体育赛事运营的主要手段，通过主客场制与驻地城市建立的情感连接与文化认同，能够为球队带来巨大的衍生收入。美国的NBA就拥有一套成熟的主客场赛制，主场球队拥有一定范围内的自主经营权，诸如主场球馆的门票收入，以及一定范围内的衍生品、周边收入，全部归球队所有，为那些驻扎在大城市的顶级球队带来了不菲的收入。

主客场制带来的归属感和认同感，实际上是让粉丝形成文化认同圈，代表着用户除对自我身份的认同外，也与赛事或选手产生更强的情感连接，为IP衍生品奠定了扎实的销售基础。目前，KPL也在用户群众中努力打造和NBA类似的文化圈，而且已经形成了一定的氛围。比如，观看KPL比赛的用户愿意穿着印有选手头像、KPL标志的衣服，佩戴带有这些标志的配饰，拿着带着这些标志的水杯，在生活中与好友畅谈KPL比赛等。

KPL公布的双城主客场制，通过上海和成都同时实力相当的六支队伍进驻，可以对深耕现有用户、培育新用户，同时完成后续的多城主客场制和全民主客场制的过渡。未来随着KPL的地域化计划的逐步落实，通过主客场制预计能为俱乐部带来可观的收益。主客场制对中国电竞产业发展具有正面的意义。目前，阻碍中国电竞发展的有三大困局：人才、青训、运营。全面推行主客场制有望从根本上改变三大困局，实现真正的产业化以及可持续的发展模式。同时，战队有了自己的主场，意味着有稳定的营收和固定的粉丝，在赛事门票、品牌赞助、场馆租赁上，都能为俱乐部的运营带来收益。

目前，《王者荣耀》在积极扩大亚洲市场的赛事影响力，2018年9月，KPL 联盟与 FEG 电竞公司在韩国首尔宣布，开启首个国际赛区——王者荣耀韩国职业联赛（KOREA KING PRO LEAGUE，KRKPL）。2019 年的联赛保持固定席位，拥有十支参赛队伍，大部分的队伍来自韩国。2020 年赛事将扩大到东南亚地区，以在线和线下的形式进行，核心赛事落地马来西亚。[①]

四、电竞赛事的活动执行

（一）赛事运营的概念

随着热门电竞赛事数量的不断增加，部分电子竞技赛事的影响力已经能与传统体育赛事的影响力相媲美了。在电子竞技赛事商业化的过程中，电子竞技赛事的运营组织是重要的环节，这个环节的主要角色便是专业的赛事运营公司，他们通过游戏的官方授权得到承办电竞赛事的权利，开展承办业务，包括赛事安排、赛程制定、奖项设置等，并向主办方收取承办费。

赛事运营指的是商业性组织利用资源要素，将输入（人、财务、技术等）转化为输出（经济效益）的过程。赛事运营能力的强弱直接决定了电竞赛事的影响力和盈利状况。电竞赛事内容能够有效运营，整个产业才会有优质的内容输出，才会产生源源不断的资金流入来支撑行业的持续发展。电竞赛事的运营方，需要承担起统筹者与执行者的责任，对

---

① 王者运营团队.移动电竞全球化的开始，KRKPL 首尔正式启动 [OL]. (2018-10-22). http://pvp.qq.com/webplat/info/news_version3/15592/24091/24092/24097/m15241/201809/763618.shtml

接各参与方——上游负责对接游戏厂商及赞助商，下游负责对接媒体及电竞直播、电竞内容制作等公司，同时还要对接俱乐部、解说、经纪公司等各方。在前期承办商需要筹备活动资金、宣传推广、制定比赛规则，在赛事进行过程中负责开展与组织一切活动，并处理突发情况。

进一步解释赛事运营的概念，包括整个电竞赛事项目的管理者和执行者，这个关键环节同时也是赛事与上下游各方的服务者（游戏厂商、渠道商、赞助商、战队、解说、和表演嘉宾等），负责整个赛事流程，工作内容包括赛事策划，流程和风险把控，现场协调，人员和项目统筹等。简单来说，赛事运营处于电竞产业链的中游，是实现赛事落地执行、运营、推广等工作的行业。

（二）赛事执行模式

这场电竞赛事是否值得举办，运营方一般会从赛事影响力、利润空间、品牌价值等多重维度进行衡量。如果竞标《英雄联盟》全球总决赛或《DOTA2》国际邀请赛等热门顶级赛事的举办权，赛事执行方的竞争会相当激烈。

首先赛事执行公司需要向官方提交完整的赛事策划方案，通过展现自身优势、资源等软硬实力以取得官方认可。经过重重筛选和比较后，赛事官方会确定最终竞标成功者。已经有赛事承办经验的承办方在评选权值上比较占优势，拿到赛事项目运营资格后，具体的赛事执行模式可分为职能制和项目制两种。

职能制也可称为部门制，是传统企业项目组织管理制度。在这种制度之下，企业会按照一定的方式，将企业内部成员划分为专职部门，区分如财务部、市场部、行政部、策划部等，一定的职能部门对应一定的专业分工或者特定的产品线。在电竞赛事承办领域内，采取职能制模式的以量子体育 VSPN 为代表。

项目制即项目负责制度，是一种基于项目的组织结构，一个项目组负责一个项目，其责任随着项目的开始而开始，随着项目的结束而结束，各类不同的工作人员因为某一个项目而组成团队，在电竞赛事承办的专业领域内，采取项目制可以映霸传媒 Imba TV 为代表。

案例 5-6　量子体育 VSPN 职能制 VS 映霸项目制

量子体育 VSPN 成立于 2016 年，是一家以电竞赛事和泛娱乐内容运营为核心业务，提供电竞商业化、艺人经纪、电竞电视、电竞场馆运营等服务的电竞运营商。量子体育 VSPN 在中国大陆地区一年要组织超过四千场比赛，与国内 70% 电竞运动赛事达成合作。其核心团队曾经主导并承办或举办《王者荣耀》、《穿越火线》、《英雄联盟》、《绝地求生》、《QQ 飞车》手游、《皇室战争》、《球球大作战》、《炉石传说》、《在线足球 3》、《全民枪战》、《地下城与勇士》等系列官方、大型、职业赛事，其中包括《王者荣耀》职业联赛（KPL）、《英雄联盟》职业联赛（LPL）、《绝地求生》中国职业邀请赛（PCPI）、《穿越火线》职业联盟电视联赛（CFPL）、《穿越火线：枪战王者》职业联赛（CFML）、QQ 飞车手游 S 联赛、《皇室战争》职业联赛（CRL）、《球球大作战》职业联赛（BPL）、《在线足球》职业联赛（FSL）等。

量子体育 VSPN 在赛事承办中采用的是职能制工作模式，其特点呈现出流程化、标准化的优势。2018 年，量子体育 VSPN 承办《绝地求生》中国职业邀请赛，展现了在电竞赛事运营方面的专业能力。PUBG 作为一款生存竞技类游戏，要将赛事组织、运营、执行等相关的环节综合在一起并不简单，为此，量子体育 VSPN 采用标准职能制工作模式有利于支撑复杂的电竞赛事转播方案。

量子体育 VSPN 标准、高效、准确的工业流水模式首先体现在其工作场所。PCPI 的赛事地点在上海大宁量子光 VSPN 电竞中心，具备转播技术区、选手休息备战室、媒体采访区等，各个功能一应俱全，且划分清晰。另外，量子体育 VSPN 150 人的工作团队分工明确、配合默契，团队出动了 14 个机位、80 路摄像头、9 个 OB 摄像，在专业导演的调控下，赛事运营团队互相之间的分工、界限清晰，同时团队之间有有的配合默契，确保了赛事的顺利进行。①

量子体育 VSPN 为 2019 年《绝地求生》亚洲邀请赛（PUBG Asia Invitational，PAI）的承办方。量子体育 VSPN 派出的团队曾经承办了 2018 年 PCPI 赛事，也负责过第二届《绝对球生》中国邀请赛（PCPI S2）赛事，具备承办大逃杀赛事丰富的执行经验。相对 PCPI 和 PCPI S2 是中国大陆地区的职业赛事，2019 PAI 为国际性赛事，服务的客户或参赛团队的习惯都与国内不同，因此，赛事执行团队在量子体育 VSPN 的执行团队基础上，加入了海外事业部，相关工作包括开幕式策划团队、场馆保安团队、接待团队、各国的翻译团队等，整个 2019 PAI 赛事的执行团队规模超过了 500 人。

《绝地求生》由韩国公司蓝洞工作室研发，面向全球发售，受众以中韩两国的粉丝为主。因此，为了特别照顾两个国家的粉丝们，量子体育 VSPN 团队在做全球直播信号时，单独分出了两个直播信号来服务中国和韩国的观众，这两个信号分别以中国和韩国的参赛战队为主视角，让本国观众得以了解自己支持队伍的情况。多了一组直播信号等于多加了一组直播，这意味着需要再单独分出人员来服务，工作量相对增加，同时还要兼顾各个直播信号的同步，不能出现时间误差，更加考验了团队的不同分工与默契配合。

《绝地求生》属于多人参与共同对战的电子竞技项目，2019 PAI 的参赛队伍多达 16 支，每支战队 4 人，共 64 名选手。针对这点，量子体育 VSPN 团队设计了数十个 OB 机位，每个机位配备一个专

---

① 腾讯游戏. PCPI 完美收官！PUBG 官方赛事合作伙伴 VSPN 展现一流办赛水准 [OL]. (2018-06-05). https://games.qq.com/a/20180605/031898.htm

门的 OB 导播，每个选手的视角，都会汇总到后台的总调控台，由总导播进行监控，"哪个选手有精彩操作"，便会调出来进行回放展示，保证了整个赛事的完整性。[①]

量子体育 VSPN 采取的职能制工作模式，因为工作团队相对稳定，可以在一次次工作中积累丰富的赛事执行经验，为下一次的赛事执行打下基础。人员稳定的团队之间分工明确、各司其职，形成工业流水线的工作模式，保证赛事执行。

上海映霸文化传播公司（Imba TV）创建于 2014 年，是一家以游戏电竞赛事为核心的内容分发平台。在电竞赛事的承办上，Imba TV 采取项目负责制的工作模式。2015 年，Imba TV 与 Starladder 签署了合作协议，将合两家之长，共享优势资源一起举办大型电子竞技赛事，该赛事被命名为 "SL i League Star Series"。Imba TV 曾经多次成为维尔福公司的 Major 赛事的中文直播信号官方授权合作伙伴。2018 年 8 月，Imba TV 宣布获得《DOTA2》国际邀请赛（TI 8）的官方转播权，成为 TI 8 中文官方信号制作方，与《DOTA2》官方维尔福公司、赛事承办方电子竞技职业选手联赛（PGL）合作，共同转播 8 月 15 日到 25 日在加拿大温哥华举行的 TI 8 赛事。此外，Imba TV 曾在多个国家自主承办大型电竞赛事。Imba TV 也制作了许多原创综艺栏目，如《游戏麦霸我最 6》、《倒塔我的锅》、《今晚吃鸡》等，在各大直播、点播平台上累计超过数千万的浏览量。

Imba TV 采用项目制工作模式，针对不同的赛事项目成立不同的执行团队，在赛事承办中呈现出弹性化的特性。在项目负责制中，团队有专人负责领导整个工作团队准时完成工作。项目负责制的基本程序是首先任命项目负责人，由项目负责人组织人员完成工作任

---

① 游戏品说家.《绝地求生》PAI 如何与时间赛跑，VSPN 首次对外公开 [OL]. (2019-01-22). https://www.sohu.com/a/290778062_100292633

务。项目负责制具有目标性、集成性的特点。目标性，指项目负责制以完成项目任务为目标，以此展开工作，确保项目自始至终在既有轨道中运行。集成性，指项目负责制管理的对象、资源以及人员等围绕项目总体目标进行整合，涵盖了负责各种有关工作内容的员工等多方优质资源的集结，确保工作内容完成的质量。在 Imba TV 的团队中，OB 导演与导播之间往往不具有明确的上下级关系，根据不同的项目，有些项目中 OB 导演可能会发挥更重要的作用。

2018 年，Imba TV、StarLadder 与重庆有线得到了维尔福公司的授权，联合主办《DOTA2》2018—2019 赛季重庆 Major 赛事，比赛分为预选赛与线下决赛。Imba TV 得到维尔福公司的授权，需要成立项目小组，全权负责重庆 Major 赛事的各项事宜：电竞赛事执行方案的制定、选手招募、执行策划、组织管理、赛制制定与对阵编排等。以赛事项目中的线下赛事团队为例，人员组成约 80 人，团队中的工作人员之间的分工，不像职能制工作模式一般泾渭分明，一个工作人员所涉及的内容可能涉及各方面，包括赛前准备、赛事的执行以及赛后阶段性总结报告的撰写等。

Imba TV 认为，电竞赛事的节目制作与内容制作较为主观，相比起工业化的流水线工作模式，公司更倾向项目负责制工作模式，具有扁平化、垂直化、自组织的优点，能极大地激发团队成员的激情与创新能力。在项目负责制的工作模式下，项目负责人可以对项目内容全权负责，根据赛事项目的具体需要调动各种资源；组织结构简单，工作流程更为简化、易于操作；项目成员彼此之间的沟通简洁、快速，能够提高沟通效率，加快决策速度。

电竞赛事的组织运营需要赛事执行团队默契的配合才能完成。电竞赛事承办公司可以依据公司具体的情况，采取高度标准化、流程化的职能制，或是较为自由弹性的项目负责制。不管采用何种工作模式，都必须保证执行团队能高效地整合各类资源，充分发挥成员的专业优势以及默契的团队配合，赛事执行方才能顺利地举办每一场电竞赛事。

案例 5-7 刺猬电竞社在数据里挖到什么商机？

刺猬电竞社（PentaQ，国内专业的电竞数据团队）成立于 2015 年，是一家游戏数据及媒体公司，由退役电竞选手、媒体人、专业技术人员组成。公司主要提供原创内容、进行全年赛事报导、提供完整数据体系的服务，同时也是拳头游戏公司、腾讯游戏等内容及赛事的合作伙伴。

刺猬电竞社为什么做数据？

刺猬电竞社为什么选择做数据分析呢？其中最主要的原因是协助战队赢得比赛。首先，刺猬电竞社和拳头游戏进行合作，拳头游戏提供游戏数据，PentaQ 收集数据并整理分析，再将结构化的数据卖给拳头游戏，同时也将数据提供给战队和俱乐部，协助他们赢得比赛；其次，电竞赌博的灰色利益牵涉到产业外围。目前，有数据公司专门为赌博公司服务，比如析乐、浮东、VP 这几家数据公司，他们拥有《DOTA2》的界面，玩家的数据是游戏开发商维尔福提供的。拳头游戏与 PentaQ 签订保密协议：规定什么样的数据，可以再次开发二次利用，什么样的数据，只能反馈给官方。

数据是如何收集的？

PentaQ 最开始收集数据来自比赛录像，因为当时拳头游戏没有对 PentaQ 开放中国的数据界面，PentaQ 借着自动截图软件取得高清的录像，平均一秒截图一次。但是拳头游戏没有提供中国的数据界面，所以，PentaQ 是从处理海外数据界面起步的。

PentaQ 数据获取渠道除了截图外，还需依靠团队的采集。PentaQ

的团队发现：看比赛的时候虽然大家会讨论哪个战队表现强劲，但是官方没有提供足够的数据，需要自己去寻找相关数据。PentaQ 负责人表示，以他的判断，官方在早期无论是对选手还是对俱乐部，并没有建立起一套完整的数据体系，唯一展现的数据是来自直转播时的画面，仅服务于直转播。因此，行业内部评价选手电竞水平的高低，都是凭借非常直观的感受，多半以经验或者以胜负来评价选手。这种评级仅停留在行业内部，没有形成量化体系，所以，这种方式是存在问题的。

PentaQ 在分析数据时，首先思考的是，数据是用来做什么的？首先，如何给数据下定义。以团战为例，包括参战人数、时间、选手的行为等，即使没有选手 KDA（击杀、死亡、助攻）的具体数据，PentaQ 也能从录像中得到很多数据；其次，如何处理这些内容，先将这些似是而非和没有定义的内容整理出来，再去比照国外的分析师、拳头游戏官方是否给出过类似的定义；最后，如何修正找出适合国内使用的定义。如果是有效的数据，就可以拿来借用或改进。

开始定向选择数据

2014 年起，PentaQ 开始定向选择数据，每次分析数据时，逐次淘汰掉不需要的信息，分析经筛选后所留下的信息，这个过程需要重复进行。具体应用的技术，类似阿尔法围棋（AlphaGo）的技术原理，也就是机器学习的技术，用大量的数据训练机器对数据进行分析，通过建立队伍的模型、俱乐部的模型、英雄模型等对比赛进行预测。以游戏平台方为例，就像比赛时观众会猜测结果一样，PentaQ 最后产生的数据，就是机器猜测的结果。

2014 年《英雄联盟》联赛开打，那个时候观众可以接触到的数据多来自直转播时的数据面板，这些数据存在一定的问题。例如，排行榜过于注重 KDA 的数据，但是《英雄联盟》职业赛事已经进行两三年了，仅仅用 KDA 来评估队伍或队员的实力明显不足。随着职业化发展，实力强的队伍关注度高，可以以直觉评价，但中间实力的队伍却没有办法依靠经验来判断。因此，PentaQ 通过一边观看比赛一边手记数据的方法，试图寻找官方是否给出其他数据可供参考和借鉴。

2015 年初，拳头游戏在中国市场的负责人登门恰谈合作，PentaQ 意识到商业化发展向前推进了一步，正式成立 PentaQ 公司，这一举措标志着团队有能力为合作伙伴提供完善的服务。

有用的数据包括哪些？

PentaQ 认为能够被量化的数据才可以被定义，而目前可以被量化的数据全部来自游戏中。其实，选手在比赛中的健康状况也需要纳入考虑。现在选手的身体状况是没有数据指标的，同时，电竞比赛也没有像传统体育比赛那样，运动员要面临药检的程序。目前，手游已经开发出可以监测选手身体状况的技术了，将统计出的相关数据进行汇总分析，生成一份关于电竞选手身体状况的报告。

收集选手的相关数据能够发挥多大作用？PentaQ 认为，这些数据多少会有作用，尽管有些可能只影响比赛的百分之一，但是多了一项数值考虑，就多了百分之一的参考。对于数据公司来说，多项数据分析很久才能累积到百分之十，但也抵不过选手的一次重大失误。

数据的重要性和应用？

对于任何电竞公司来说，数据重要吗？虽然数据在比赛中只占很小部分，但无论是游戏发行方腾讯还是游戏生产方拳头游戏，如果想要把比赛做得更好，就必须提高数据对赛事的服务。PentaQ 认为，这项服务对俱乐部来说特别重要，教练、选手是电竞行业的顶尖人才，通过比赛分析数据可以提高他们的训练水平，同时，降低他们在处理信息时花掉的大量的时间。

PentaQ 目前免费提供数据给俱乐部。2015 年 PentaQ 刚起步的时候，有俱乐部的老板或者经理人有意买断数据，但 PentaQ 认为，买断是没有实质意义的。实际上，《英雄联盟》2015 年和 2016 年职业联赛成绩差强人意，以长远来看，如果 LPL 整体比赛水平没有提升，用户会慢慢流失的。PentaQ 与俱乐部、联盟方其实都没有建立起商业化的模式，距离收费还需要一段时间。

相对于中国，韩国职业电竞体系发展已经有 20 年的历史了，韩国的俱乐部从监督到教练配套非常完整。他们的数据分析很早就已经启动，数据量化非常精确。举例来说，数据分析能精准计算到第几秒钟出几个小兵。但就数据分析的优势而言，韩国俱乐部的体量还是比不上中国。

PentaQ 有一批在互联网工作了 20 年的技术人员，他们企图以 3 到 5 年实现弯道超车，超越韩国。数据分析工作就像国家基础科学一样，短期内没有办法发挥作用。只有经过一定时间的沉淀才会转化为相应的成果。目前，数据公司可以算是产业链的上游，主要服务于电竞企业。在任何一个垂直的行业里，都会有一个单纯服务于行业的中间类型企业，但是数据分析具体要划分到产业中哪个位置还不准确，这一切要等到电竞产业完善后，才会出现成熟的商业模式运作。而 PentaQ 认为，到目前为止，这个商业模式还没有出现。

（三）赛事执行流程

赛制执行没有严格的统一流程，通常赛事级别越高，流程越长也越严密。按照时间顺序划分为：前期筹备阶段、活动执行阶段、赛后反馈阶段。

前期准备阶段

赛事筹备首先要考虑的是选择赛址，即选择电竞比赛的城市与场馆。

一方面要尽可能选择电竞氛围浓厚的城市，覆盖核心玩家群体，同时也要考虑城市的基础建设是否能够满足赛事举办的要求；另一方面在选择电竞场馆时，在综合考虑场馆的规模大小、租金价格、软硬件配备等内在条件时，也必须考虑交通是否便利、周边餐饮娱乐场所是否齐全等外在条件。

其次是赛事策划，特别是第三方的赛事执行，工作内容包括协助游戏授权方制定赛事章程、协调媒体对外宣传、优化赛事执行方案等。以赛事宣传为例，要秉持游戏官方为主、运营方为辅的模式。游戏商的垂直用户是成千上万的玩家，因此赛事宣传广告要实现精准投放，让玩家登录游戏即可看到。赛事执行方同时需要提供给游戏官方推广的资料，例如战队选手的介绍宣传片、宣传海报等。

最后，审核准批——赛事能否举办的决定性环节。依据《全国体育竞赛管理办法（试行）》中规定，我国体育竞赛实行审批登记制度。凡是在国内申办体育赛事，都必须到相关行政管理部门进行报批，通过各级体育行政管理部门、消防部门、公安部门等政府机关的正式批准之后才能举行。

活动执行阶段

赛事执行方对比赛现场必须全面把控，包括战队安排、灯光舞美以及与直播团队的沟通协作都需要注意。从彩排到赛事活动结束，全程高度紧张，出现任何突发情况都需要立即协调解决，考验工作人员的应变能力和沟通能力。即使做好万全准备，非人为事故还是时有发生，所以团队应变能力也非常重要。

例如，2019年LPL夏季赛常规赛期间，当时V5（Victory Five）战队对阵VG（Vici Gaming）战队，第一局比赛因为技术故障暂停，工作人员对游戏进行修复和重启，甚至罕见地启动了"时空断裂系统"（一种决定性灾难修复工具），故障因为在短时间内没有办法解决，比赛中断3小时。赛事执行团队为安抚现场观众情绪，启动紧急预案，免费发放水和食物，还调派大巴车为观众提供便利。

赛后反馈阶段

赛事活动结束不意味着工作也随之结束。赛事执行团队后续的工作还包括：立即收集线下线上玩家以及观众的反馈，以调整工作方案；剪辑赛事精彩画面上传网络，供粉丝互动交流；撰写赛事结案报告，总结赛事执行中存在的问题并提出改进方案，以提升下次赛事活动水平。

（四）电子竞技赛事裁判员

竞技比赛不同于休闲娱乐，目的性极强，以结果为导向。在游戏系统零容错率的前提下，电子竞技的公平性远超很多传统体育项目。在《英雄联盟》的竞技中，尽管系统能够精准地计算出每次技能造成的伤害值，但在现实情况中仍有突发状况，而裁判在比赛中的作用无法被取代。例如，电竞比赛中出现掉线、死机等情况或者交战双方在现场发生语言肢体冲突等，都需要裁判站出来维持比赛的秩序，保证比赛正常运行。裁判的介入常出现在赛点的关键时刻，判决直接影响比赛的结果。

1. 裁判资格

电竞裁判作为一个新兴发展的职业，准入门槛、资格考试、相关培训尚未形成系统。目前，电竞领域裁判仍然亟需大批人才填补空缺，而相关部门与企业已经着手进行裁判资格的审核了，同时，国际赛事也开始要求裁判员必须持有电子竞技国家二级裁判员证书才能上岗。

《英雄联盟》官方职业联赛是中国最具影响力的电竞赛事之一，赛事频繁、参赛队伍多、受众广泛，需要大批专职裁判。因此，LPL 官方针对这一需求通过网络招聘专职裁判，提供专业培训，学习内容包括理论知识学习和模拟演练等，培训后还必须通过统一考试，为电竞比赛储备专业裁判。

2. 裁判职责

电竞裁判在电竞赛事进行中全程参与相关判罚过程，不仅服务赛事事项，也要服务赛事直转播工作。从某种程度上来说，裁判可以被看作是赛事流程的组织者、把控者，同时也是赛事情况的反馈者。裁判需要理解电子竞技内容的运行和相关的规则、玩法，在赛事进行时秉持公平、公正原则，以杜绝一切可能影响公平性的问题。

对于任何违反电竞赛事规则，对竞技赛事制定的完整性标准的不当举动或不作为行为，裁判都具有执法权，并且权利贯穿比赛全程。造成比赛违规的原因分为主观原因和客观原因两种，前者是为了赢得胜利的恶意行为，后者多出于对比赛规则的理解出现偏差或疏漏。如何依据事实做出正确的判决，只能依靠裁判的专业见解和实践经验，即裁判具有自由裁量权。

比赛前期，裁判的主要工作是对参赛选手、比赛使用的设备、比赛所在场地进行检验，防止出现代打、安装作弊工具、使用违禁物品等，避免违反规定的情况发生。因此裁判还需要具备一定的硬件与软件知识，即面对计算机故障、网络中断等技术问题可以及时处理。

比赛期间，选手具体操作行为的监控主要交由游戏内置机制管控，裁判需要补位无法辨别的"灰色地带"，如选手消极比赛、故意拖延时间等，这些状况都需要裁判的介入。遇到比赛因外力中断时，裁判团队需要抓取设备出现问题的时间节点，等到比赛重新开始时，再回溯到故障出现前的历史时间，尽量地减低比赛中断造成的影响。同时，人工裁判最重要的职责之一，就是维持比赛期间的现场秩序，例如，比赛双方出现意见分歧时，裁判应立即进行调节，避免外部环境对选手造成干扰。此外，裁判还需要监督选手行为，大到作弊、小到内急等都在现场裁判职责范围内。

比赛后期，裁判团需要回顾比赛，并对比赛期间存在争议的判罚进行再次评估。裁判在比赛过程中做出的裁决无法撤销、不可更改，如果赛后评估认为裁决不公平，没有采取裁决的正当程序，由赛事官方保留撤销裁判裁决的权利，也就是赛事官方保留比赛期间所有裁决的最终决定权。

除了关注度高的大型官方赛事外，还有直播平台、落地网吧等也会组织小规模的电竞比赛，这样的小型赛事，有时候裁判还需要负责推流技术和直播平台对接，以及报名信息比对等相关工作。

3. 裁判行为

目前，高级别的比赛一般由二级以上裁判组成裁判团队，执行竞技级强度执法。各大电竞赛事的官方已经发展出一套较为成熟的裁判守则，对裁判的执法行为有明确的规定。比赛中，裁判的权威性不容置疑，选手不得在赛场上挑战裁判的权威，更不能与裁判正面冲突，一旦发生类似情形，造成不良影响的选手及其所在战队要为行为负责。选手违规受罚，裁判的行为也同样受到规则约束，一旦违规将面临警告、罚款、辞退等处罚。

赛事规则明令禁止：裁判收取他人财物、牟取私利、人为改变比赛结果、参与赌博等。2007年公安部、信息产业部、文化部、新闻出版总署联合发出《查禁利用网络游戏赌博通知》，文件明确规定：企业不得按照游戏输赢收取不定金额的佣金；不得提供将游戏虚拟货币兑换成法定货币的服务。[①]

电竞裁判在执法过程中，应保持专业的判罚和中立的态度，不应对任何选手、队伍、队伍经理、教练、所有者以及个人，显示喜爱或偏见的态度。

案例5-8　电子竞技与"打假赛"

随着电子竞技产业的发展，电竞爱好者的参与度与关注度与日俱增，电竞赛事的观众和粉丝也达到一定数量。电子竞技比赛由于竞技性高，比赛结果难以预测，与传统体育赛事一样，与电竞产业

---

① 杜文娟. 利用网游赌博将被查禁 [N]. 人民日报，2007-02-27（011）.

有关的博彩也应运而生。根据英国赌博委员会的调查显示，2016 年全球游戏博彩市场的规模在 39 亿美元到 51 亿美元之间，8.5% 的电竞玩家曾经参与过游戏博彩。2016 年 NFL 的赛事收入是 130 亿美元，而相关博彩产业收入达 500 亿美元，超过赛事收入近 4 倍。2017 年 Newzoo 发布的报告指出，电竞是全球投注量排名第七的项目，排名在高尔夫球和网球之前。[①]

随着电竞博彩的逐渐发展，电竞比赛的观众、电竞赛事项目的相关从业者，甚至赛事选手本身，有时也卷入其中。有些裁判、教练、选手在利益的驱使之下"打假赛"。所谓"打假赛"就是参与赛事的相关人员，通过不正当的方式操控比赛，制造有失公允的比赛结局来获取利益。传统体育赛事也有"打假赛"的情形，当比赛双方实力悬殊，其中有实力的一方由于外部因素的影响，有目的地制造比赛结果、故意输掉比赛等，让人怀疑比赛的真实性与公正性。

电竞产业高度发达的韩国也出现过比赛黑幕、操控比赛的事件。2010 年 4 月，韩国媒体爆出电子竞技比赛《星际争霸：母巢之战》（Start Craft：Brood War）涉及签赌丑闻。选手马在允被指控受到非法赌博集团的指示，故意输掉比赛。马在允曾是韩国《星际争霸》出色的职业选手，夺得过 3 次 MSL 冠军，1 次 OSL 冠军。"打假赛"事件后，马在允被韩国职业电子竞技协会取消职业选手资格并永久除名，法庭初审判决马在允入狱 18 个月。马在允所牵涉的假赛事件是韩国电子竞技职业化后首次被揭发的假赛案，与地下非法电竞签赌组织有关、涉案金额较大。[②]

2015 年韩国再次曝出"假赛"事件。2015 年 10 月，韩国昌原

① 游戏大观. 观察 | 行走于灰色地带的电竞博彩 [OL]. (2017-07-19). http://www.nadianshi. com/2017/07/176531

② 搜狐体育. 电竞史上最严厉处罚！韩国选手打假赛被判入狱 18 个月 [OL]. (2018-04-12). https://sports.sohu.com/20180412/n534638674.shtml

① 游戏大观. 观察 | 行走于灰色地带的电竞博彩 [OL]. (2017-07-19). http://www.nadianshi. com/2017/07/176531

② 搜狐体育. 电竞史上最严厉处罚！韩国选手打假赛被判入狱 18 个月 [OL]. (2018-04-12). https://sports.sohu.com/20180412/n534638674.shtml

市检察院宣布缉捕 12 名涉嫌《星际争霸 2》假赛和非法赌博的相关人员，其中包括 PRIME 战队的主教练 Gerrard 和职业选手 YoDa，涉案人员涉及退役和现役选手、中介和赌徒。根据检察院调查，有五场《星际争霸Ⅱ》职业比赛涉嫌假赛。其中，PRIME 战队主教练 Gerrard 从中介处收受贿赂，在选手和中介间搭桥引线，职业选手 YoDa 因为收钱故意输掉比赛遭到起诉。事后，他们被韩国电竞联盟终身除名。《济州新闻》称，Gerrard 和涉案选手每场比赛收贿 500 万到 2000 万韩元不等，赌博方和中介从打假赛中分别进账 4000 万韩元和 3000 万韩元。[①]

韩国在 2000 年成立的韩国职业电子竞技协会为文化、体育和旅游部下设的分支机构，代表韩国政府对韩国电竞产业和竞赛事进行监管与治理。特别是操控比赛、打假赛等行为，韩国职业电子竞技协会与教练组、选手达成共识，一旦有人涉嫌非法赌博，便会被移交法律处置。同时，该机构还和韩国通信标准委员会、韩国网络自监会以及警方的举报网站签署协议，合力维护电竞比赛环境。另外，韩国还设立了基金奖励检举人或非法行径自首的人。[②]

韩国电子竞技协会也采取了预防行动，对电竞赛事参与者加强教育。从 2013 年开始，KeSPA 针对韩国星际争霸职业战队联赛（Star ProL League，SPL）所有教练和选手进行反贿教育。例如，2016 年的"电竞反舞弊教育"便是韩国对选手素养教育的主题之一，讲座请来韩国国民体育振兴委员会的专家，讲解竞技体育赌博的危害性，专家以职业选手操纵比赛结果和各种网络非法赌博为例，强调国内大部分赌博网站的非法性，参与行为的违法性，以及法律制裁的必

[①] 新浪游戏. 韩国电竞圈再爆大型假赛丑闻：12 人涉案被逮捕 [OL]. (2015-10-21). http://games.sina.com.cn/y/n/2015-10-20/fxivsce6962971.shtml

[②] 中华游戏网. 韩国电竞圈再爆假赛丑闻：12 人涉案逮捕 [OL]. (2015-10-20). http://games.sina.com.cn/y/n/2015-10-20/fxivsce6962971.shtml

然性，以敲醒选手的警惕心。

一项体育运动项目能否健康地持续发展，赛事的公正公平尤为重要。为了防止"打假赛"、"操控比赛"等的情况发生，一方面，政府等有关单位应该加强监管，通过法律的制定、政策的颁布发挥规范和预防作用。另一方面，对电竞从业者进行良好的职业素养与品行的培养，也可以确保赛事公平公正地进行。

此外，《体坛周报》曾指出，这些非顶尖的赛事项目以及部分第三方赛事，因为职业选手本身收入有限，很容易成为赌博和假赛的温床。因此，除了保障职业选手收入与权益，构建健康的电竞生态体系也有利于电竞赛事的公平和公正。①

五、电竞赛事的媒介生产

电竞赛事执行和转播是电竞行业的重要组成部分，提供观众专业的观赛体验是十分必要的，电竞用户尤其重视赛事运营模式和比赛转播的专业性。根据秒针系统2017年研究报告显示，61%的电竞用户除了收看电竞比赛的相关内容，包括赛事直播、赛前赛后的专业解说，同时会持续关注联赛的俱乐部、战队、选手、嘉宾等讯息。②

观看电竞赛事直播比赛，有三大特征：及时性、现场感和不可预知性。

及时性：现场直播可以使观众接收的信息与事件同步发生，使观众目睹和感受赛事的发展过程。现场直播是媒体体现时效性的最佳手段，必须依靠复杂的技术传送手段来实现，使广大受众"零时差"地了解相

① 电子竞技. 电竞博彩与假赛风波 买外围的钱被谁赚了？[OL]. (2018-04-11). https://sports.qq.com/a/20180411/022786.htm
② 秒针系统. 2017年电子竞技行业研究报告 [OL]. (2017-07-11). http://www.199it.com/archives/610910.html

关事件。时效竞争是电竞赛事的最重要的竞争。现场直播极高的时效性能使观众以最快捷的方式，获得自己所关注的信息，能有效地满足他们先睹为快的欲望。

现场感：电视直播使受众在第一时间了解比赛进行的状况，让无法参与现场比赛的观众也能感受到现场的氛围。随着技术的发展，多视角直播、VR 等新的转播技术应运而生，可以让网络平台的用户或电视观众有身临其境的感受。[①]

不可预知性：充满悬念而不能预见结果的直播比赛是最吸引人的。尽管比赛直播的时间是可以预先安排好的，但比赛的结果却不能预测，因此重大赛事的最终结果会紧紧抓住观众的心，观众永远不知道下一秒会发生什么。所以，比赛转播者必须为"一切皆有可能"做好准备，在直播开始前，就要掌握每个参赛队伍的相关情况，了解故事情节和制作的可能性。

（一）核心内容

电竞直播与传统电视直播类似，直播成功与否，关键在于核心要素的把握。电竞直播核心要素，包括视频、故事两大部分，两者共同构成电竞直播制作。

1. 视频

在故事之外，视频也是电竞赛事直播中的核心元素。从狭义上说，电竞赛事直播的视频即直播画面，包括现场画面、比赛画面、片花等；从广义上说，对直播画面有助推作用的抽象要点也包括在内，如声音、剪辑、画面的编排等。

---

① 禹唐体育. 多视角直播颠覆整个行业，你离比赛"现场"还有多远？[OL]. (2015-11-16) https://www.jiemian.com/article/440973.html

视听语言

视听语言源自电影电视行业，是指利用视觉和听觉元素向受众传播信息的语言，包括镜头表达，声音选取，后期剪辑三个部分，通过故事构建，画面安排形成节目基本结构。电竞内容的视听语言与一般节目的侧重点不同，电竞节目画面主要集中于游戏画面本身，所呈现的竞技非人与人之间的实时对抗，而是虚拟角色之间的对抗。

在此基础上，电竞节目视听语言具有以下特质：

第一，影像虚拟性。影像虚拟性区别于传统体育赛事节目，在传统体育赛事节目中，画面主要为选手之间的较量，而电竞比赛中观众所看到的画面，并非选手之间的直接较量，而是通过角色操控呈现出来的竞技。例如《英雄联盟》全球总决赛的直播，比赛虽设置有主持人、解说员对游戏流程和画面进行讲解，但比赛开局时，观众所收到的主画面与选手面对的竞技画面一致，其他画面需要通过第二屏幕形式进行呈现。

第二，声音多元性。声音多元性指的是在电子竞技中，包含：游戏自带的声音、选手之间互动的声音、解说的声音等多种声音。在电子竞技赛事的转播中，声音可以提升竞技的刺激感和现实感。在传统体育比赛现场，声音往往被视为干扰选手比赛的因素，而游戏通过融入现实射击、打斗等声音，使选手和观众产生身临其境之感。

另外，在大型电子竞技赛事中，解说员配合游戏战况进行讲解，灵活利用了电竞语言，如"闭目等死"、"天崩地裂"、"闪现一刀"等，同样也能带动比赛高潮。

第三，剪辑故事性。剪辑故事性指的是通过游戏画面、选手画面、解说员画面等的剪接带来故事性的效果。在电竞比赛进行中，解说员会针对游戏角色的背景资料或某一选手的配合行动进行介绍，通过观察员和导播的调度，还可以进一步形成一条或多条游戏故事线呈现给受众。譬如，在MOBA类的电竞赛事中，上中下三个不同分路的英雄会承担不同的游戏任务，如打野、辅助等，在打野过程中针对如何实时观察其他队员动态，可以形成两条故事线。最后，故事线的完整呈现还要依靠幕后画面的选取和剪接完成。

2. 故事

故事是电竞赛事直播的重要核心元素，指的是直播过程中推动赛事进行或发展的情节、剧情的呈现。故事线指的是集合及串连所有故事发展的画面及轴线。无论是小型的落地网吧电竞赛事还是大型的全球性赛事，对竞技过程的呈现离不开内容为王的概念，也就是以故事为主构成主要内容，其中包含三个要素：故事背景、故事挖掘、故事表达。

第一，故事背景。故事背景指的是故事文本背后的文化和社会背景，依据不同赛事规模和不同游戏的类型而有所差异。当下，电竞赛事已经成为年轻人普遍的娱乐活动，故事背景在电竞赛事中的重要性日前凸显。

例如，《英雄联盟》为全球玩家人数最多的电竞项目之一，一直是赛事直播的热门项目，然而因为比赛级别、比赛地区以及用户所在地的不同，解说员在主客场解说比赛时，除对基础信息的掌握外，还必须考虑到主场城市粉丝的情感。解说员要切入用户可能感兴趣的的角度来做出调整：

LPL 比赛的地域性：《英雄联盟》职业联赛是《英雄联盟》在中国大陆地区的顶级职业联赛。LPL 的参赛地点局限于中国，每一队同一场赛事只能派两名外援选手，这决定了赛事的地域性与其背后的地方荣誉感。从 2013 年至今，LPL 战队由八支扩展为十六支，每支战队背后有强大的粉丝团体观战，战队选手也在为团队荣誉而战。

LOL 比赛的全球性：《英雄联盟》世界大赛，也被称为英雄联盟全球总决赛，是游戏商拳头游戏举行的电子竞技大赛。当《英雄联盟》赛事进入全球总决赛阶段，这时由不同国家的战队代表参赛，晋级的战队除了本身的粉丝外，一般的电竞爱好者或游戏玩家也会加入，为自己国家的战队加油呐喊。例如，2014 年《英雄联盟》世界大赛，四强决赛在首尔举行，中国和韩国两国的选手承包了所有大奖。

第二，故事挖掘。故事挖掘包括选手故事和比赛故事的挖掘。在内容为王的当下，电竞直播同样需要故事挖掘，战队和选手的胜利都不是一蹴而成的，与日常备战和临场反应有关。电竞直播幕后的团队策划与传统体育赛事类似，需要通过故事挖掘提高直播效果。

比赛直播如果仅关注选手或战队在比赛时的表现，这获得的传播效果是有限的。解说员可以在讲解中穿插明星选手的故事，包括：如何从普通玩家进入职业选手的经历、以往的战绩表现和选手个人生活等。同时，挖掘明星选手的故事可以带来话题和流量，一方面可以提高选手和战队的知名度，给予想进入职业比赛的电竞爱好者成功经验的借鉴，拉动新的电竞人才进入；另一方面还可以带动赞助明星选手的品牌销售，例如，通过对明星选手个人经历、爱好、游戏习惯的介绍，营销他们代言的电竞产品如同款鼠标或其他设备。

比赛故事的挖掘，指的是解说员必须在比赛过程中，从竞技双方在个人贡献和团队配合上挖掘故事。好的节目制作者需懂得深入挖掘比赛故事，才能在比赛基础上进行二次创作。例如，在 MOBA 类电竞比赛过程中，双方英雄站位安排，分路打斗局面可作为一条故事线；单个英雄在游戏前、中、后期的表现可作为另一条故事线；在游戏进行到后期甚至大后期时，往往出现舍一求一等现象，这就需要幕后团队提前预判，到底要呈现什么画面给观众。

第三，故事表达。电竞直播赛事是要告诉观众："为什么比赛很重要，花时间看比赛的看点是什么。"导演要诠释的关键问题是："至关重要的内容应该包括哪些，以及如何呈现。"这些内容包括：观众在比赛中应注意什么情节，比赛中攻守的对应关系如何，以及比赛和结果会对选手和所在团队产生什么影响等。

为了使这些问题清晰地展现在观众面前，每场比赛的开场必须清晰简明地介绍以下内容：

（1）团队竞争对手和历史；

（2）输赢意味着什么——排名升降、季后赛的席位等；

（3）比赛本身的看点——进攻或防守线上经验丰富的选手，两名明星选手的交锋；

（4）观众的期望——巨大的竞技技巧，选手在赛场上的超水平发挥。

因此，仅告诉观众发生了什么是远远不够的。真正重要的是，告诉观众选手及所在团队有什么特色以及为什么胜利或失败。一旦了解了那些区分成功与失败的因素和好与更好的席位之间的差别，观众就会更加注意眼前所发生的事，而不是仅仅盯着"击败和落后"或者"回合和分数"了。

在一个很长的汇总赛季，承办比赛节目的制作团队很容易陷入重复的制作程序中，常常导致即使是新的赛事呈现，对于观众而言也会因为缺乏新鲜而认为只是旧赛事的重复。为了避免这种毫无新意的循环，比赛的直播内容需要在发掘新故事和新角度的基础上，加入新的元素以吸引观众的目光。其中，导演要发挥统筹和创造性作用，将新元素贯穿在赛季的每一场比赛中。

另外，故事的表达与收看电竞的观众密切相关，故事如何表达，如何呈现都应该从观众的角度去思考。在电竞赛事直播中，观众才是真正的老板。要从为观众服务的角度出发，提供具有娱乐性和信息性的内容。例如，介绍明星选手和团队的故事可以增加观众对比赛的理解，增加回放和分析可以增加观众的乐趣，提高他们对竞技的理解。

（二）制作团队

大型电竞赛事直播制作规模庞大，需要一个团队的力量才能完成。比赛的规模越大，越需要有各种专业人员的投入，在电竞节目制作的各个环节有效履行工作职责（如表5-3所示）。一般而言，电竞赛事的主要人员有四部分，包括：导演组、现场组、制作组和宣发组。导演组包括导演和导播；现场组包括主持人、解说员和出镜报道等；制作组包括摄像和技术人员；宣发组包括运营或策划人员。

表5-3　赛事直播系统

赛事现场直播信号	赛事直播就是把活动现场的画面和声音通过摄像机、音频设备变成视频、音频信号，送入特效影像切换器和字幕机进行一定的技术处理。然后，通过传输设备送回直播平台播出机房，播出人员在接到活动现场导播人员的指令后，会把播出信号切换成现场的直播信号，这个从信号采集到信号传输的系统，被称为信号系统。
导播通信系统	在现场直播中，总指挥或导播的工作是统筹全局，对各部门进行指挥调度，使各部门能够密切合作、共同完成直播任务，因此，导播通信系统是直播过程中必备的系统。当前导播通信主要是通过对讲机和内部通话系统来实现。
电源供给系统	在现场直播前，工作人员要认真检查电源容量，并且还要将电源波动及电源干扰问题纳入考虑范围。现场直播信号系统的设备工作电源，一定要增设交流稳压器来稳定电压，消除干扰脉冲，以保证设备和信号的正常传输。
音响、灯光系统	音响系统包括调音台、话筒、现场扩音设备等。音响系统不仅担负着直播现场调音、扩音的任务，还承担着将话筒拾取的音频信号送入直播信号系统的任务。灯光系统对电量的需求非常大，因此一定要做好灯光系统的配电工作。
播出系统	播出系统是直播是否能顺利完成的一个关键环节。即使前期做得再好，都需要正常播出才能取得相应的效果。当前，赛事直播的播出系统采用的是延时播出，采用的延时设备为固态延时器，这种方式为直播的安全性提供了保障，也为工作人员预留出纠正问题的时间。例如，如果在直播过程中出现问题，技术人员可以利用延时的这段时间，对相关内容进行替换，这样就能保证直播的不间断，为观众呈现连续完整的画面。再如，如果直播信号中断，技术人员也可以在这个时间迅速将垫播片切出，充分保证直播过程中的安全。

1. 导演组

导演：导演负责视觉设计和直播节目的呈现，赛事直播前和现场都需要把控。在赛事直播前，导演对节目的呈现和节奏掌握心中已有把握，首先，提前做好直播节目的概念构思，对节目中涉及到的不同工种的工作进行把控和指导；其次，对节目要有全盘统筹，提前考虑可能出现的问题。赛事直播节目的成功，依赖于摄影、录音、美术、制作等基础工作的现场配合，摄影的水平、灯光和录音的质量，以及播出的信号，都直接影响电竞赛事直播的流程，这些细节的完善需要导演现场掌控。

导演助理：导演助理的主要工作，包括制作转播中用到的视频和对每个部分时间轴运用的调控。导演助理可分为两种类型：视频导演助理和播控导演助理。视频导演助理通常在视频区，协助制作人分析回放画面，以及编辑一些从比赛中提取出来的有趣、新鲜的镜头。播控导演助理则是连接转播车和电视台控制室的人员。在整个直播过程中，播控导演助理除让沟通连接保持开放状态外，还需要记录比赛开始的时间、帮助导演记录录制视频之前需要准备的内容，以及负责商业活动的准备。同时，播控导演助理需要记录在比赛中插播的广告客户名单，确保所有赞助商提供的商品或标识在赛事直播中没有遗漏。

15台摄像机以上的大型比赛直播制作往往配有一名导演助理，称为"标准化"导演助理。导演助理是制作者的第二双眼睛，需要监视每台摄像机的运行情况，以及拍摄视角是否正确。电视直播导演往往来自于导演助理和技术导演群体，这两个职位需要理解各类导演的工作是如何开展的，以及制作者、运营经理、转播车或者转播室中工作人员之间是如何分工的。

导播：导播是指现场切换镜头、机位、信号的工作人员。在现场直播中，各路视频信号通过信号线传输到一个被称为"视频切换台"的设备上，再由导播根据"赛事表现规则"，从多路信号中选择一路输出进录像机。在多讯号导播过程中，导播对于不同镜头、不同机位的选择，决定了赛事直播画面的表现力。在电竞直播赛事中，除了舞台全景、舞台特写、选手特写、观众特写等镜头，最重要的是拍摄选手竞技过程的画面，因为观众是通过这个视角了解比赛的进程。掌控这一视角的工作人员被称为OB，是英文Observer（游戏观战者）的简称，这些工作人员不直接参与游戏，而是以观察者的身份进入游戏。通常在大型的电竞赛事中，裁判和观众观看到的游戏画面都是通过OB选取的。

OB最初的设置，是为了防止导播在电竞直播赛事中遗漏游戏主要的角色画面。OB掌控的视角有利于裁判的判断以及观众的观看体验，这是电竞赛事独有的观看视角。按照目前的摄录及制作水平，大型赛事的直播基本能保证每位游戏玩家配备一名OB跟踪，帮助导播预判比赛中的冲突，把镜头切到正在发生冲突的画面上，精准地捕捉到每个游戏的细节。

2. 现场组

现场组主要包括主持人、解说员和出镜报道等人员。一般来说，主持人的主要工作是对比赛节奏的把控，如赛前造势、宣布比赛议程等；解说员则是竞技内容的提炼者、选手故事的挖掘者和话题制造者；出镜报道大多负责赛事前后选手或教练的采访，如果是全球性的大型赛事，还要增加对国外选手或教练的采访。其中，解说员的角色在赛事直播的进程中至关重要。电竞赛事的解说与传统赛事的解说一脉相承，沿袭了原有解说的三要素，即描述、解释、评论，另外，还需要通过背景资料的介绍对现场赛事进行串联和故事搭建。由于目前电子竞技赛事发展仍处于待规范化、产业化的发展阶段，加上电竞游戏项目更新换代迅速，解说对电竞的背景资料介绍无法和传统体育赛事相比。此外，电竞解说属于新的岗位，受到人员来源、培养方式等市场和社会因素的影响，目前尚未形成固定的解说范式和系统的解说方法。

（1）赛事解说员

电竞赛事的解说与传统体育赛事的解说一脉相承，沿袭了解说原有的三要素，即描述、解释、评论。此外，电竞解说还有其独特的一面，解说员要通过背景资料的介绍，对现场赛事进行串联和价值输出。

　　背景资料的搜集包括比赛的电竞项目、战队和选手的背景、比赛场地及操作设备，以及当时社会环境的资料等等。这些资料不仅是在转播过程中对选手和赛事进程的介绍，还用于对解说内容的拓展，以及脱离看点联系场外话题。不论是区域赛、全国赛还是国际赛，电竞解说员在赛前都需要前期的准备，包括赛前各种媒体的讨论、观众的关注点，这称之为看点。在这过程当中，电竞解说会选择 3 到 5 个看点，基于这些看点准备解说稿。

　　与传统体育赛事不同的地方在于，电竞赛事对游戏的关注比对选手个人的关注大得多，解说的一大重点是选手所操控的角色。另外，由于电竞内容本身带有故事背景，这就要求解说可以适当的赋予价值观，在阐述的同时把握价值观的引导。

　　表面上，电竞比赛转播是在满足人们的信息需求、娱乐需求，但实际上，受众在接收这些内容的时候，会潜移默化的产生认知、价值取向或隐或显的变化。在游戏目标、对战双方、赛事规模、主办方等因素的影响下，解说员必须根据既定的目标或价值取向来塑造文本，通过评论展示自己的态度和情感。例如，MOBA 类游戏在对战过程中，如果出现队友相继牺牲、选手以一敌多的"收残血"的情况，解说员在发表评价进行价值输出时，要考虑对战双方、主客场等因素，从正面角度解说，可以塑造战队的战术效率高，强调最终结果；也可以从另一个角度反向解说，选手按兵不动、牺牲队友利益。

　　一个兴奋的停顿，或者运用比赛现场和选手的声音作为故事的停顿，可以增加现场直播的戏剧性。除了描述、解释、评价，电竞解说还需要对画面进行感情烘托，带领观众融入竞赛氛围。电竞解说不仅要关注比赛的过程和选手的思维方式、操作方法，还需要描述选手和虚拟人物之间的联系，以及屏幕中虚拟人物之间的行为，要把这些内容串在解说当中。

应根据赛事规模大小和现场实际情况，搭配不同的解说员。一般大型电竞赛事如KPL、LPL等，解说通常是两到三人。

第一位解说员负责掌控全场，把握解说的尺度，包括：什么时间解说、解说的边界在哪里，以及抖包袱的时候需要避开的雷点等；第二位解说员需要站在选手或者教练的视角上，对比赛进行深度的解读，在理想状态下，可以由专业选手、转岗教练或邀请专家担任解说；第三位解说员的任务相对而言较为弹性，基本上是帮助第一位解说员在解说过程中掌控全场。此外，第三名解说员如果具有吸引观众眼球的亮点，例如请来女性选手、名人、明星等，都有助于提升赛事收视率。

电子竞技项目的发展时间短，不如传统运动有长达数十年甚至百年的历史，普通观众不能完全理解电子竞技的内容和规则。同时，电竞游戏的内容更新频繁，也增加了普通观众理解电子竞技的困难度。因此，电竞赛事解说就是将复杂的内容，以简单的方式传达给观众、使观众易于理解。

解说的基本要素，包括描述、解释和评论。赛事解说是将现场比赛的实况转播为观众转换成戏剧性的解读与评论。解说员除了增加比赛和选手的相关信息，还要把比赛放到与观众有关联的背景环境中进行讲解，具体阐明情况：正在发生什么、怎样发生的，以及是谁的责任。赛事解说的分析工作，要从观众提问的角度考虑，解说员要能回答：关于比赛和选手观众想要知道的问题、展示比赛是如何进行的，特别是怎么获得成功的，其中关键是什么。

解说员是整场比赛播报的"主持人"，扮演这个角色的人员必须清楚地将整场比赛转播流程与活动细节明确地传达给观众。比赛由主播进行开场，随时接收来自导播的指示，引导比赛播报的进行。解说员必须具备良好的口才与临场反应能力。例如，遭遇突发状况时，解说员必须向观众说明情况，适时地抛出话题、延续赛评的讨论，以维持场面的热度。

图 5-5　2019 年 TI9 赛事解说阵容 [①]

来源:《DOTA2》官网

　　解说员在赛事中的展现,虽不如画面带来的视觉冲击力,但解说员通过声音进行描述、解说和评论,能够拓展画面信息、为画面着色。解说员为赛事进行的诠释,配合比赛节奏的设计和呈现意境的烘托,能够唤起受众的情感。赛事的解说是通过文本的输出达到赛事阐述和再造的一种方式。

　　解说员解说的基本要素包括描述和解释。描述,是将比赛前的现场状况和比赛时的赛场状况传递给观众,是对整场比赛基本信息的传递和告知。比如,参赛战队及队员的背景、竞技过程中选手选择的角色和使用的技能、赛事结果的告知等。

　　电竞解说是赛事进行的导览者,他需要告诉观众:正在发生的事、

① 《DOTA2》官网. TI9 解说名单今日公布 33 位中文解说伴你欣赏美妙比赛 [OL].
(2019-08-08). https://www.dota2.com.cn/wapnews/article/details/20190808/206991.html

责任在谁、如何发生，以及发生的时间和原因。新闻记者在回答这些问题时，内容是平淡和简单的，对于现场直播的解说员来说，赛事场边发生的故事是说出来的，不是写下来的。解说员的工作更加重视说话的内容、如何措辞以及音调的高低。

解释，顾名思义，是将讯息向更深层次传递。解说员需要对比赛的历史和选手的背景资料有清楚的了解，适时地运用在比赛解说中。比如，在介绍选手信息时，加入选手过往的战绩、选择的角色和训练经历等背景资料；在介绍比赛战况时，将选手在过去与对手交手时类似处理的情况做比较；或在介绍比赛特定时刻情况时，找出过去非常相似的比赛做比较。另外，解说员还可以通过选手正在进行的多项操作或战术，搭建多条故事线，以此扩大和加深比赛内容的挖掘，帮助观众视听觉感受的塑造。

解说员必须熟知要解说的电竞赛事内容，包括：交手的战队、参赛的选手、电竞项目的发展历史以及规则。当赛事接近尾声时，他们还要针对先前的比赛进行分析，指出选手的哪些操作如何影响即将发生的结果，以此设置悬念。另外，评论员在解说过程中，可以运用不同的语速、音调、语气和音量，以声音的抑扬顿挫，将赛事的竞技性和艺术性结合起来。

描述和解释这两个要素的主要概念就是实况报道，可以归纳为以下几种情况：

描述事件：讲述正在发展的和正在解决的事件，显示解说员的权威性，这种权威性来自于事前充足的准备、所有消息源的掌握，以及做好任何突发状况的应对准备。

因果联系：解释紧要关头发生的事件以及原因，结果可能对选手个人和团队产生什么影响。

构建行为：通过人物、事件和时间建立起场景。电竞赛事内容的构建不需要评论员在实况报道中努力描述每一个行为，解说员也不需要使用大量的词语来传达信息，观众已经在荧幕上看到的内容，一般没有必要再做描述。

确定比赛走向：将选手个人或团队过去的表现进行联系和比较，特别是他们当前活动与先前比赛或赛季中的行为，为当前比赛提供参考。用当前的事实、趋势、统计资料加上赛事历史和倾向，预测即将到来的比赛，让观众期待看到即将发生的情况。评论员不仅要预测哪支战队会获胜，还要预测获胜的方式及原因。如果预期的变化在赛事播出时没有发生，评论员可以运用新的证据，解释发生的事件和原因。

预计走势也能帮助导播提前调整直播计划，导播能够决定以下情况调用哪台摄像机，包括：战队如何部署队员、队员之间如何相互配合进攻或者个别选手如何明确地提升攻击效率。同时，这些信息也能够帮助制作人员决定哪些选手或团体的画面需要即时重放，增加他们在比赛中是如何取胜或失败的报道。

提供人情味的内容：向观众介绍屏幕上的选手时，应该将相关信息具体化，讲述他们成功、失败和受鼓舞的故事，这会使观众不只关心比赛中发生了什么，还会关注选手本身和他们背后的故事。

扩大和加深播报内容：在解说中加入观众感兴趣、有意义的赛事相关统计数据、背景信息和奇闻轶事。经验丰富的评论员能够洞察最顶尖的选手与队友、对手的不同之处，同时也让观众了解选手或团队的特点、强项和弱项，以及哪些特点能让选手出类拔萃。当选手或团队达不到目标时，由评论员分析并向观众解释，他们可能需要改变什么才能够反败为胜或扭转局势。对一般粉丝来说，有关选手、俱乐部、比赛场地和竞争对手的信息或趣事，都能使赛事直播更加有趣。

通过分析获取信息：提供批判性的评论和鼓励性的意见。解说员要结合来自教练、管理人员和数据分析师的多元观点进行评论。实况解说是评论员依据比赛发展势头或者局势的变化描述造成其变化的原因。好的评论员能够迅速发现比赛发生的变化，并马上向观众展示如何防守以应付当前局势，使观看比赛的过程增加戏剧效果，观众看起来更加有趣。

评论员能够根据赛事的行进分析出什么正在起作用，以及什么关键因素影响整局比赛的走向。他们的视野不仅需要注意赛场上正在发生的事情，还要注意即将发生的事情。专业评论员在直播前已经掌握了各个参赛团队过去赛季的表现，队员之间和不同对手之间的组合。因此，分析员在直播中能够将当前的情况与他们过去的表现作比较，或与过去播放过的比赛的特定时刻做比较。

提供创新观点：实况解说员应该充分了解该电子竞技项目，例如知道哪些选手是明星选手。同时，实况解说员也是一名观察者，赛事评论理应有个人观点，但是必须声明哪些内容为个人观点。

电竞赛事的评论员需要具备一定的电竞游戏知识，包括：游戏版本、地图细节、战术、选手常选用的角色以及道具等。在比赛播报过程中，评论员要能够快速抓住比赛的核心，实时分析对阵的优势和劣势。因此，解说员是否能够将比赛重点准确地传达给观众，是评断赛评优劣的依据。评论员需要能够区分并且告诉观众：每个教练的策略有什么不同，在相同团队或不同团队中，队友之间的行为和反应的差异，以及竞争者是如何处理压力、胜利和失败的。

相对于传统体育赛事，电竞解说员整体较为年轻，外型和赛场播报表现也不同。在传统体育赛事解说中，黄健翔、宋世雄等给受众留下了深刻印象，无论是快人快语还是嘶吼式解说，都引领了后进解说类型的发展。除了来自高校和媒体平台培养的电竞解说员，崛起的草根主播在电竞解说员中也占了很大一部分。草根解说员对游戏类型或战略、战术的认知和理解都是不同的，形成了百家争鸣的解说风格。

譬如《英雄联盟》解说员娃娃和米勒，由于外在形象相似，被粉丝和观众称为"海尔兄弟"。米勒与娃娃从PLU游戏娱乐传媒跳槽到香蕉计划，两人成为固定的解说班子。2015年LPL春季赛总决赛，LGD战队与EDG战队进行了五轮鏖战，最终EDG战队拿下冠军。在第五局比赛中EDG战队的明凯（ID：Clearlove）在绝境中抢大龙，米勒一句"厂长，真男人，挽狂澜于既倒，扶大厦之将倾！"，不少网友听得热血澎湃。[1]

与海尔兄弟风格截然相反的王多多，因为其外在形象被网友称为"电竞白岩松"，解说风格被称为"喊麦式解说"。2017 年，LPL 春季赛升降级赛，YM 战队对阵 LGD 战队的第一局比赛，双方在中路爆发团战，YM 率先阵亡两人，LGD 战队紧接着追击撤退的三人，在追上的一瞬间，YM 战队上单的英雄凯南回头开启大招眩晕四人，王多多解说时引用《满江红·和郭沫若同志》的诗句"四海翻腾云水怒，五洲震荡风雷激"。其经典解说语录还有出自《三国演义》的"千军万马一将在，探囊取物有何难"；出自古龙小说《三少爷的剑》中的"剑气纵横三万里，一剑光寒十九洲"等。

每种解说风格会吸引一定的粉丝群，也不可避免地引起其他人的批评。电竞项目不断推陈出新，解说员也在不断变化的进程中，他们尝试各种解说风格，与电竞文化不断创新的前进状态不谋而合。

目前，我国电竞解说的背景主要分为三类：

第一类，退役职业选手转型电竞解说，如李晓峰、韩懿莹（ID：Miss）、张翔玲（小苍）、禹景曦（ID：Misaya 若风）等。这些电竞解说员在电竞圈中有一定名气，在大型比赛取得过不错的成绩，在长期训练和对战过程积累了深厚的战术思维和游戏经验，对不同战队和不同战局也有更加深入的理解。听他们的解说，对于中高段位的游戏玩家来说是一种精神享受，新手玩家也可以从中模仿、学习打法和战术。

第二类，专业性解说，如滕林季和周凌翔（海涛）等。这些电竞主播在电子竞技运动发展初期通过担任电视频道的直播成名。他们的解说主要围绕电子竞技运动的情况、选手场上对战等内容。这类电竞主播人数较少，解说风格严谨专业，行业地位较高。

---

① Aggro 电竞. "断气解说"很火？海尔兄弟应该才是 LPL 目前最优秀的解说组合 [OL]. (2017-06-30). https://www.sohu.com/a/153374508_430858

第三类，非专业娱乐型解说。现在各大解说平台的解说，除了知名战队的退役选手或者电竞比赛的专业人士外，非专业电竞解说主播也拥有很高的人气。比如一些女性解说员，她们可能相貌姣好或声音条件出色，或者有些解说员具有独特的魅力，擅于制造轻松的解说气氛或运用接地气的"草根"的解说方式。

电竞解说是呈现电子竞技文化的重要中介符号。由于目前电子竞技赛事发展仍处于政策规范化、产业化发展的阶段，加之电竞游戏的市场更新换代迅速，电竞解说员的来源和培养方式还未形成规范的模式。目前，电竞解说的培训基本上有三种模式：游戏公司的官方培训，比如腾讯或者网易举办的训练营；电竞解说的短期培训班，比如上海七煌信息科技有限公司；高校培养，比如中国传媒大学、上海体育学院等。

（2）赛事观察者（OB）

赛事观察者（OB）负责"切换摄像机角度和玩家视角，以创建一种富有凝聚力且吸引人的观看体验，而且若 OB 表现优秀，观众甚至都不会注意到他的存在"[①]。它来自于 MOBA 类竞技游戏，意思是观察者、观察员，现场解说都是在 OB 的位置上，以观察者身份进入游戏，可以看到场上所有情况，但不直接参与游戏，一旦比赛的过程发生争议，裁判通常是以这个视角进行裁决。

以 VSPN[②] 为例，赛事 OB 的工作职责为：

1）观察者身份进入赛事游戏，负责对观众全方位的展示

2）通过自己对王者荣耀游戏的理解和对比赛战队的打法风格了解，操作控制 OB 视角，将比赛内容呈献给观众

3）记录与提供比赛中的经验、经济、走位、团战、野区野怪等

---

① Seth Suncho. What is an eSports Observer? Everything You Wanted to Know [OL].(n/a) https://esportslane.com/esports-observer-job/

② VSPN 官网. 赛事 OB [OL]. (2021-03-16). https://vspn.zhiye.com/zpdetail/620484648?k=ob

资源数据

主要资格要求为：

1）对 FPS、TPS、MOBA 等游戏有一定了解，《王者荣耀》需要段位达到荣耀王者

2）对美学构图，镜头语言有一定的了解

3）了解游戏内的主次事件关系，掌握全场 10 名英雄的动向与视角切换

4）热爱游戏，热爱电竞事业，熟悉当前电竞行业主流游戏和相关赛事者优先

5）有良好的抗压能力，团队合作沟通能力

如果解说员是故事的"挖掘者"和"讲述者"，那么 OB 就是电竞素材的"提供者"和"生产者"。换句话说，通过 OB 对不同机位和画面的筛选，提供最具冲突性或戏剧性的画面，解说员在此基础上进行文本或内容的再创造。OB 在赛事的呈现上被赋予了一层神秘的色彩，主要由于 OB 不在幕前曝光，但是游戏为观众所带来的蒙太奇效果，大多来自 OB 和导播的配合和协作。根据赛事规模和电竞项目的不同，每场赛事配备的 OB 人数不等，比如，第一人称射击赛事战队多达 16 支，战区遍布虚拟岛屿的每个角落，包括海、陆、空及室内、户外，OB 配置达 8 名，再加上 OB 导演的把控，但是"漏画面"的现象仍然在所难免。

目前，根据赛事直播团队对 OB 资格的要求：对电竞游戏的规则和玩法、国内外的知名战队、选手的表现都较为熟悉，以保证在赛事直播过程中，能够在短时间内完成画面筛选。OB 的职责包括：

第一，OB 与传统的摄像师不一样，传统的摄像师配备专业的摄影机等设备，在现场拍摄节目内容，OB 主要指游戏内的"摄像师"，主要负责筛选选手在虚拟世界的竞技画面。

第二，OB 的工作需要与导播相互配合，两者必须维持一定的默契。OB 和导播在直播时的工作室是分别安排的，两者之间的沟通必须保持通畅。

第三，不同于传统赛事直播，电竞直播中的导播功能稍有弱化，OB 则由于直接面对比赛画面，可以判读哪里可能产生冲突，在镜头切换的职权方面略微突出。

3. 制作组

摄像：摄像人员是连接观众与赛事画面的关键角色。转播一场大型的电竞赛事，每位选手都配备有至少一个机位，摄像运用推、拉、摇、移、升、降、跟等技术摄录画面，并将画面传输至后期人员中，由导播进行筛选呈现。

摄像是直播画面的第一道把关人，镜头对准的选手首先成为屏幕焦点，通过摄像推进双方对抗过程或团队救援的过程，这些画面就会呈现在大屏幕上并进入观众的视线。在分工细化的今天，赛事直播中的摄像不需要一人操控多个机位，有时还需要多个摄像对准一个主体，尽可能将更多更细节的素材传回主控室中。

技术：大型电竞赛事技术人员的职责一般包括直播效果的呈现和制作，简单来说，就是将导演的创意实现在屏幕上。在直播前，技术人员负责直播系统的搭建和维护，确保直播系统运行顺畅。同时，对场内信号等传输设备进行测试，根据气候、现场网络等情况再做调整。在赛事直播的过程中，技术人员要确保直播信号、直播车等设备运行顺畅，每个机位传输回后台的清晰度、实效性相当。

后期：后期人员的工作是利用赛事直播的素材，进行实时云剪或赛后剪辑，将完整的直播过程或赛事花絮呈现给观众。另外，在赛事直播过程中，介绍选手的走马条、赛事规则的动画以及中场休息的片花等，也由后期人员负责制作。

有些明星选手或战队也会有自己的制作团队，在赛事前或赛事后提供团队出征的视频或选手的介绍等，并在俱乐部所在平台或赛事直播平台中进行造势。

4. 宣发组

宣发组的工作职责是在赛事直播前期制定和执行直播方案及招投标的工作岗位。就国内电竞赛事发展现状而言，大多数赛事的举办，只靠赛事方自身的力量是无法完成的，还需要通过招投标的形式，汇集直播方案和工作团队共同协助，保证直播赛事的顺利运行。

宣发组主要由运营或策划人员构成。电竞赛事经过构思后，运营或策划人员将赛事执行项目进行拆分，主要分为：商业赞助、赛事执行、直转播和配套服务。宣发组根据赛事的目标及要求考虑招投标或由团队独自承担，并根据团队商议结果实施。

除上述主要职责外，运营人员还要执行其他任务。例如，在赛事执行前，检查举办赛事的体育场馆、招聘技术人员、临时办公室的设置等；在直播执行前，检查摄像机和麦克风的位置、传输设施和移动转播车的停放点。运营人员一到达直播现场，就需要落实技术设施的设置、安装、测试，并根据所有需求来解决问题，因此，在许多情况下，运营人员需要协同导演一起计划后勤支持工作。此外，运营人员还需要清楚电缆所需的长度，以防火灾或其他紧急情况的发生。

（三）制作流程

1. 直播编排

电竞赛事的编排，主要指赛事前、赛事中和赛事后的内容编排。

赛事前的编排主要包括选手和游戏两个方面。传统体育赛事如奥运会，赛事项目多、固有观众群体数量庞大。尽管电竞赛事主要面向电竞爱好者或游戏玩家，若对赛事内容进行编排策划，可在一定程度上扩大受众群体，有利初学者或一般观众加入收看。比赛前编排的内容，主要包括三大部分：选手或教练的赛前采访、双方战队介绍、BP。直播平台可通过介绍选手或介绍游戏的内容烘托竞技气氛，达到赛事预热，避免硬切入赛事画面的尴尬局面。

赛前采访主要由主持人把控，主要针对竞赛双方战队的人员进行采访，如新成员的加入等。战队介绍通常可以通过三种方式：现场主持人介绍、片花介绍、现场和片花介绍相结合。战队介绍时主要将选手姓名、战绩等主要情况展现给观众，一方面炒热竞赛气氛，另一方面为比赛留下悬念，吸引观众对结果进行预测。

BP 即 Ban/Pick 的简称，原为电子竞技游戏《DOTA2》的比赛术语，后来在《英雄联盟》等 MOBA 类电竞赛事中被沿用。"Ban" 意为角色禁用，"Pick" 为角色挑选。在电竞赛事中，双方各五名选手在准备完毕后，会依次公布每位选手将使用的角色。BP 在很大程度上决定了电竞赛事的开局，而好的开局即是胜利的一半。

赛事中的编排，主要是对正式比赛和中场休息的编排，这是指比赛中直播的实战和暂停，主要依据战况而定。比赛过程中，观众的关注点集中在双方选手竞技的过程和场面上，在赛事中的编排可以利用比赛双方中场休息时间进行精彩画面回放，以维持竞技热度。

赛事后的编排和赛前编排类似，主要包括：赛后解说总结、精彩回放、选手分析和赛后采访四个部分。其中，在选手分析部分中，可以通过对比单个选手杀敌、团队协作贡献等内容，找出团队成员表现的亮点。

此外，除了电竞赛事直播，有些明星选手在非竞赛时期也会进行直播，主要内容以个人为主，选手一个人负责竞技操作、过程解说和粉丝互动等。这个时候，选手个人的直播编排主要与时间相关。大部分直播会根据观众集中在线时间段开展，譬如晚饭后是在线人数相对较多的时间段。

一般的选手日常游戏直播以主播和游戏两个镜头为主，比赛时将主播画面置于屏幕角落，主镜头以展示游戏界面为主，或直接关闭主播画面只播放游戏界面。

2. 镜头编排

电竞比赛的团队由多人组成，需要多组摄像机的配合才能够完整捕捉电竞战队成员竞技的画面。一场电竞比赛转播包含太多精彩的画面，例如电竞比赛的内容解说、游戏主画面、竞技选手的神情，还有比赛计分画面等。但是，电竞赛事直播中镜头的选取和编排关系现场和线上流量的维持，对画面和景别的选择直接影响直播内容的质量和效果，因此导播和 OB 为其中关键的角色。

对于导播来说，大型电竞比赛需要通过视频的切换，实时呈现赛事的临场感，对技术的要求更高。从事前内容确认延伸至流程表设计，到竞赛实时的视角切换及讯号源连动等，都极需导播具备逻辑性及临场经验。为了能呈现选手与对战的画面，常需要不同的画面分割和组合，常见的是游戏主画面搭配数个选手的画面，考验导播镜头调度的功力。另外，电竞赛事转播还需要做赛后检讨，这需要同时使用多路录像，并实时裁剪精彩画面。即时播出，对于导播来说极具考验的。

以 MOBA 类游戏《英雄联盟》为例，一场电竞赛事有 2 个队伍、各 5 人对战，拍摄选手至少要有 10 台摄影机，再加上拍摄现场、主播、讲评的画面，同时，上中下各路游戏的画面也必须要输入，规模远大于传统节目的录制要求。以 2019《英雄联盟》MSI 季中冠军赛为例，现在机位包括全景、特写、运动镜头，特殊画面四类机位设置。现场每名队员和教练各配备一个机位，竞技双方配备斯坦尼康稳定器用于抓取运动画面，场地舞台、观众台配备摇臂展示全景效果。① 转播电竞比赛所要掌握的画面数量比起一般摄影棚静态播报更多，这样才能让导播人员拥有充裕的转播画面可供切换运用，让电竞转播画面更丰富、赛事转播看起来更精彩。

---

① Datavideo. 火爆电竞赛事需要怎样的现场制作与直播方案？ [OL]. (2018-12-14). https://xw.qq.com/amphtml/20181214A0WGVU00

此外，比赛的实时对抗画面，也就是选手的第一视角，是通过 OB 和导播的配合呈现出来的。现场镜头的筛选，大体上与传统体育赛事镜头没有差异，但电竞比赛的主角不是人而是游戏角色，从这一层面上来说，故事的呈现和镜头的配合有一定的独特性。

不同的电竞项目，所需要的 OB 人数不同，选择的镜头也不同。以 MOBA 类游戏《王者荣耀》为例，因为游戏只有一个战场，所以现场直播安排的 OB 数量最多为 5 个。OB 根据自身经验选取画面，确保能够呈现上、中、下路各角色的关系、赛事进程以及精彩镜头等内容。以 FPS 类游戏《绝地求生》为例，游戏涉及多个战场，每次比赛会有 16 个队伍同场竞技，视讯主控需要在众多视角中随时切换，才能呈现全面的体验感，OB 在直播配置中有 8 个。

案例 5-9　如何准备电子竞技赛事直播？

专访中国传媒大学体育播音主持研究所主任徐力

电竞转播其实和 NBA、橄榄球、棒球的赛事转播基本框架相似，就是对一场竞技运动比赛进行实时转播。从这个角度来说，赛事之间有很多规律性，在基础技术层次上是匹配的，比如画面的拼接、字幕与画面的装饰。但是，电子竞技和其他运动仍存在许多不同的地方。

电竞赛事直播的筹备看似单纯，却有许多专业的细节需要相关的工作者认真准备。中国传媒大学的体育播音主持研究所主任徐力认为，筹备的内容可以从比赛画面的处理、故事性的掌握、复盘的分析和赛事级别等几部分来看。

（1）画面

一般来说，体育竞技赛事，指的是现实世界中的实时竞争。在这个过程中，镜头的聚焦点是参赛选手，镜头围绕着这些参赛选手，对他们在赛场上的各种动作进行拍摄。在这个过程当中，得益于技术的发展，在不同的景别可以设置各种机位，可以用全景拍下整个运动场，也可以直接关注某个运动员的细节。比如，近几年世界杯、奥运会的转播，工作人员会用超慢镜头回放运动员的精彩动作或者表情，增加赛事的观赏性和娱乐性。

在电竞转播过程中，除开场时镜头会出现选手外，专场比赛镜头会全程聚焦在游戏所营造的虚拟平台上。现今的电子竞技在转播上用的是 OB 视角，与传统摄像机捕捉的画面有所差别，观众会发现在电竞赛事转播的过程中，景别上很少有明显的变化。另外，在直播的过程中，面对观众的摇臂也会不断寻找观众群里有趣的画面。

赛事方有时也会注入一些刺激性或娱乐性的元素，比如在声音上、画面上进行特殊设计，这多半运用在总决赛中；在总决赛直播过程中抛出许多小贴士与花絮照；在画面拼接的时候插入一些人物的反应镜头，比如在某个战队被团灭的时候，镜头可能会切到教练眼神的特写，尽管可能没有太多的表情，但是特写镜头能够传达出戏剧性。

电竞赛事中所使用的背景音乐也值得注意，一般来说，传统体育赛事的转播，像是足球或者篮球比赛很少会有背景音乐。在电竞解说里面，串场的环节会插入一些重金属的 BGM，这源自于早期的游戏玩家与重金属的音乐爱好者具有一定的重叠性，属于相同的亚文化群体，那些玩家既喜欢打游戏又喜欢重金属音乐。

（2）解说故事线

在赛事直播中，电竞解说员是其中的灵魂角色，他们是文本故事的发掘者，必须开发几条故事线，从中解释出不同的故事，或者在一个选手身上找出很多不同的故事情节。这样的文本是怎样产生的呢？

首先，解说员在比赛前，需要先收集各方面信息：赛前媒体的讨论、比赛的评估、参赛的俱乐部、观众关注的焦点，进而关注某些特定明星选手，上述这些焦点信息称之为看点。解说员会从中选择3到5个看点，针对大家关注的特定几位选手进行解说的重点资料搜集。这些信息应该先做好笔记，方便解说时灵活运用。

解说员一般在比赛中会选定三条故事线，在解说过程中，一切叙述的内容，从解读、评论、描述到背景资料，都是扣着预先掌握的这几条故事线。举例来说，假设当天比赛解说员的聚焦观点在A选手身上，而非B选手的话，那么解说员描述的方法："A选手从草丛里出来击杀了B选手"；假设解说员的聚焦转换成B选手，就会换句话说："B选手走到中路的时候，一不留神，被A选手给杀了"。简而言之，解说员就是比赛的过程中不断地引导观众去关注看点的灵魂人物。

（3）解说所需的专业准备——复盘

无论是对于传统体育赛事的解说员，还是对电竞赛事的解说员，复盘是必要的工作，解说员在准备解说比赛的时候，复盘对分析赛事有很大的帮助。

一般来说，职业选手在游戏中经常使用的英雄、战术、出装与普通玩家完全不同，解说员需要着重分析选手的操作思维，这就是复盘的作用。当解说员复盘团战的时候，会一帧一帧去分析当中的画面，看选手怎么下判断，或者战队在游戏中的打法，这样解说员才能对每个选手的习惯或者对战队之前的战术运用有所了解。

复盘是非常专业的过程，一旦解说员理解了选手的运用策略，就可以掌握比赛的重点。解说员在复盘的时候，需要做什么准备？

假设今天有场比赛，解说员观察某个特定选手，至少要往前推5

到 10 场比赛，观察重点包括：

这个选手在过去五到十场比赛里，选择什么样的英雄角色？

在比赛过程，这个选手如何操作角色？

这个选手在游戏的行进线路和轨迹有什么特征？

解说员需要根据以上资料进行数据上的统计，由此推出选手的比赛过程，揣摩选手操作背后的原因，可以归纳出：为什么这个选手在比赛初期，在下路出现的频次会远远多于中路，再根据分析结论观察新的比赛，进而对比选手在这场比赛的表现有何不同或者做了哪些调整。

导播和解说员一样，必须通过复盘，才能提前掌握战队和选手操作游戏的过程，进而运用于赛事直播中。

（4）突发状况（断讯）

在电竞赛事直播中，断讯或是漏画面的情况出现较少。在传统赛事中，以足球为例，由于比赛场域很大，有些视角机位可能没有办法切到，但是以电竞直播来说，OB 以观察者身份进入游戏，可以看到场上所有情况。一般 MOBA 类游戏的 OB 是 2 到 4 人。电竞赛事的现场布景比较简单，基本上两边各有一个台子，不需要像大型运动赛事布置那么多机位就可以展示完整的画面。

如果是电竞赛事复盘或者是录播，观众已经能够通过其他渠道了解比赛结果，解说或者画面编辑就不能以比赛的胜负和过程为主要内容。倘若发生断讯的状况，解说员可以适时结合画面，直播内容转到：赛事深度解读、某些精彩环节的复盘或者评价选手在比赛中的表现，更像是赛后体育新闻的操作。

（5）不同层级赛事的呈现差异

根据区域赛、全国赛和国际赛的比赛层级不同，在解说的准备上也会不同。三种赛事观众的组成不同，看比赛的关注焦点也有所差异。传统体育竞技活动一旦上升到国际赛，赛事的看点必须提升到民族象征的角度，而区域赛的转播，播报内容和方式可能比较休闲、更为家常。值得注意的是，全国赛的解说反而更强调各个省市战队的竞技性。

赛事层级越高，解说员需要准备的工作越多。在全国赛的解说中，解说员要强调这些选手在比赛过程中的竞技风格，比较选手之间的差异性，同时还要兼顾到每一个上场的选手。在国际赛的解说中，要特别说明战队和选手代表的国家，也可能需要附带提及：国家的风土人情和电竞产业的发展，以及选手在他们国家的成长环境、社会身份和在电竞界的地位等，这些背景因素会影响他们在比赛中的行为。而国际级赛事的解说重点还是在本国电竞选手身上，解说员在解说上要更加注重本国选手的表现，例如，韩国OGN主要服务于韩国用户，解说员在韩国电竞选手上会花更多功夫。

六、电竞赛事的商业模式

（一）赛事售票

除转播授权费，赞助商广告费等收入外，门票收入是电竞赛事常见的变现主要渠道之一。根据Newzoo的统计结果显示，2019年全球共举办了885场主流电竞赛事，门票总收入达到5630万美元。[1] 目前电竞赛事售票呈现两极化趋势，备受瞩目的头部赛事，如LOL的S赛和《DOTA2》的国际邀请赛一票难求。MOBA类和FPS类游戏凭借强竞技

---

① Newzoo. 2020 Global Esports Market Report [OL]. (2020-03-01). https://newzoo.com/insights/trend-reports/newzoo-global-esports-market-report-2020-light-version/

性和高观赏性,目前占据全球电竞赛事的半壁江山。这两类游戏玩家基数庞大,现场观赛意愿强烈,市场前景看好;小众游戏项目无论是赛事规模还是售票情况,都不能与之相比。此外,电竞赛事门票价格与售卖情况还直接受到赛事性质、赛事地位、赛事进程等因素影响。

从赛事性质看,杯赛门票价格高于联赛门票价格。由于杯赛赛程短、场次少、赛事集中,游戏玩家在一周甚至几天内就能参与赛事全程,容易吸引粉丝愿意不远万里、不计成本地前往观看比赛。联赛周期持续时间长、赛事较为频繁,现场观看比赛的机会多,观众愿意为比赛投入的时间成本和金钱成本远远小于杯赛。因此,一场 LPL 常规赛最便宜的门票只要 40 元,仅相当于一场电影的价格,而 TI 9 总决赛阶段的最低票价就高达 499 元,两者之间出现如此之大的票价差异也就可以理解了。

表 5-4 LPL 2019 夏季赛七大主场票务信息统计表

主场信息	上海主场	北京 RNG 主场	北京 JDG 主场	西安 WE 主场	杭州 LGD 主场	重庆 LNG 主场	成都 OMG 主场
票价信息	工作日票价						
	50/60（单场）100/120（双场）	50/80	80	50 80 100	50 60 80	40/200	60 80 100
	周末票价						
	120/150	50/80	80	50 100 120	60 80 100	60/200	80 100 120

来源:《英雄联盟》赛事官网

从赛事地位看,核心赛事门票价格高于一般赛事门票价格。以 TI 赛为例,这是《DOTA2》项目中含金量最高的赛事,2019 年,TI 9 第一次落地中国举办总决赛,受到国内玩家的广泛关注。8 月 24 日和 25 日决赛两日的门票售价高达 2099 元,仍然是一票难求。决赛门票售卖平台大麦网表示，"数十万人通过大麦网参与在线抢票，26804 套票的所有场次在 53 秒一抢而空，其中决赛场次 27 秒售罄，系统平稳"[1]。

从赛事进程看，决赛阶段门票价格高于小组赛阶段门票价格。越接近决赛赛事受关注的程度越高，这是因为战队间的实力水平较高，比赛的精彩程度也随之提升，门票自然供不应求，合理范围内溢价实属正常。以韩国举办的 S8 为例，根据《英雄联盟》赛事官方微博发布的信息显示：入围赛门票约人民币 60 元左右；小组赛门票分金票和银两种，售价分别为 110 元和 70 元，到了四分之一决赛阶段，金票提价到 150 元，银票也涨到 120 元；决赛门票分三档，分别为钻石票 350 元、白金票 260 元以及金票 150 元。

电竞赛事门票收入高涨的同时，有投机分子也看到了挣钱的机会。2017 年，在北京鸟巢举办的 S7 总决赛，开战前夕原价 200 多元的门票，一度炒到了上万元。为了遏制黄牛，赛事官方纷纷改进售票渠道，提高购买门槛。如 LPL 官方搭建购票平台，要求玩家实名制购票，限制每人两张门票数量，且进入场馆必须携带本人购票身份证件并进行人脸识别，人与证匹配才能入场。

另一种保障核心玩家购票的方式是挂钩游戏，发送特权码（一种特殊购票方式）。如 TI 9 开票前，赛事官方维尔福公司宣布：购买 TI 9 勇士令状（又称小本子，一种游戏道具）或者是 DOTA plus 用户（游戏会员）的玩家可在《DOTA2》游戏内领取凭特权码用以购买门票，每个特权码只能使用三次，也就是说硬核玩家通过特权码，可以一次购买 TI 9 所有赛程的门票。[2] 另外，各类热门电竞项目的国际赛举办地流动性强，欧美、韩国、中国、东南亚等国家都是热门地区。赛事主办方售票时，

---

[1]　环球网.《DOTA2》国际邀请赛开票，数十万人在线套票一抢而空 [OL]. (2019-05-24). https://tech.huanqiu.com/article/9CaKrnKkId4

[2]　《DOTA2》官网. 2019《DOTA2》国际邀请赛门票答疑 [OL]. (2019). https://www.dota2.com.cn/international/2019/tickets

多依靠赛事举办国当地的票务机构作为售票渠道，以线上购票为主。

（二）商业赞助

电竞赛事属于高成长产业，是当今社会的主流活动。根据 Newzoo 发布的相关数据，在 2021 年，电竞赛事收入增长率为 11.6%，数字内容收入增长率为 50.4%，电竞直播收入增长率为 25.7%，预计到 2024 年，全球电竞用户约为 5.8 亿人，全球电竞产业的年收入将会达到 16.2 亿美元。[①]

随着电竞产业高速发展，电竞选手的营销效果也在逐渐增强，赛事联盟与队伍成为利益共同体。目前，电竞赛事市场规模日益扩大，从电竞比赛延伸出的平台直播，选手专用设备到一连串的赛事宣传，带出了庞大的消费端效益，促使赛事方和俱乐部在赞助收入方面持续扩大。

以电竞赛事为例，我们可以发现赞助商多半为银行业、软饮料业和与电竞产业相关的 PC 硬件厂商，活动所有权方多为电竞主办方和与游戏相关的产业。赞助方和被赞助方的角色差异决定了人们对赞助观点的分界。一般而言，活动权利方寻求融资，赞助商寻求品牌建设的机会，双方各自关注的是不同实体在赞助行为中的表现。

1. 赞助手法的运用

（1）赞助策略的应用

在赞助策略运用方面可以分为品牌嵌入赞助和压宝式赞助。

品牌嵌入赞助：赞助厂商或企业为提升品牌势力，在电竞比赛中嵌入自己的品牌。对赞助方来说，职业选手能够使用自己的电竞设备就是

---

① Newzoo.Global Esports & Live Streaming Market Report 2021 | Free Version [OL]. (2021-03-09). https://newzoo.com/insights/trend-reports/newzoos-global-esports-live-streaming-market-report-2021-free-version/?utm_campaign=GEMR%202021&utm_source=older%20content%20to%202021%20free%20report&utm_content=free%20report

最好的宣传。大多数玩家对硬件设备的了解非常有限，如果在专业的电竞赛事中，选手使用某款设备取得胜利，可以增强品牌的曝光度，让更多的人认识产品。这就是为什么赞助商愿意为职业战队提供自己优势产品的原因。

以《绝地求生》的人气战队 4AM 为例，细数 4AM 队服上的赞助品牌，有雷蛇（Razer）、虎牙直播、傲风、网鱼网咖、虎扑等。其中，雷蛇几乎包揽了 4AM 所有外设装备，比如战队使用的耳机就是雷蛇的北海巨妖系列。在《绝地求生》这款游戏中，听声辩位对玩家来说非常重要，透过雷蛇的赞助，可以让更多人认识这款具有 50mm 定制精挑音频驱动单元的电竞耳机。[1]

压宝式赞助：除了品牌嵌入赞助外，另一种形式类似于压宝式赞助，一般赞助商会优先考虑实力强大的职业战队，战队的最终胜出对于赞助商而言是一种声量更大的品牌宣传。

2018 年，中国的 RNG 战队在《英雄联盟》季中冠军赛（Mid Season Invitation，MSI）上获得世界冠军，当时有 1.27 亿名用户观看整场赛事，赛后的 RNG 声势如日中天。RNG 战队的赞助商七彩虹硬件厂商、惠普计算机等也因此被玩家所熟知，这些品牌方可以利用 RNG 战队夺冠的新闻热点制作更多的宣传方案，直接影响每一个潜在的消费者，让旗下的系列产品被更多人接受。[2]

（2）赞助组合的建立

基于赞助品牌或赞助企业的视角，赞助组合是指赞助品牌或赞助公司赞助活动的集合，包括连续性的参与活动、与个人（通常是体育界）互动，借此与不同受众进行沟通。赞助组合与媒体计划类似，如果企业

---

① 刘国亮. 花钱只为了好玩？电竞战队背后的厂商为何打响品牌 [OL]. (2018-07-23).
　　http://www.pcpop.com/article/4560202.shtml

② 刘国亮. 花钱只为了好玩？电竞战队背后的厂商为何打响品牌 [OL]. (2018-07-23).
　　http://www.pcpop.com/article/4560202.shtml

或品牌想利用赞助获得的既得利益越多，在计划中考虑的显性要素就越多，媒体计划是指在广告中分给有限媒体的时间和空间组合；赞助组合指的是时间、空间和支持要素。

时间要素：赞助合同一般是有时间周期的，赞助组合包括系列赞助活动，这形成了赞助企业或品牌的曝光模式。成熟的赞助计划应该考虑到时间因素，例如，试图平衡应时和不应时的问题（电竞比赛的举行通常有季节性），或者平衡各国间节庆活动的时间。

空间要素：空间要素指的是赞助活动中产品展示的售货亭、背景旗帜或球衣上企业标志的大小。这类有关所需空间类型和大小的战略决策与赞助企业或品牌的目标受众密切相关。

支持要素：赞助计划不仅是一个商业组合，更是赞助方与被赞助方关系的有机结合。这些关系必须加以维持和利用。支持要素除了反映赞助计划对资金支持的需要，也反映了双方通过互动和沟通来维系关系的需要。赞助组合的协议需要定期删减和增加。赞助与被赞助的关系需要通过合同进行限制，与此同时，合同协议还规范着与合作伙伴间的承诺。

2. 赞助活动的执行考虑

尽管赛事在规模大小、对转播媒体的吸引力和观众结构上有所不同，但在赞助活动的执行上还是有许多共通的概念。

活动概念：在一般制造业中，产品的制造常常是从灵感的发想开始，组织活动也是一样的。有些活动概念的设定是为了帮助特定的赞助商创建品牌的认知度，有些活动是来自一个有趣的概念，目的是希望可以吸引赞助商争取活动预算。

活动筹备：概念一旦产生就必须落实，进行所有事宜的筹备。筹备阶段分为两个步骤：首先，在创造活动的同时，要定好细节并且进行落实；其次，要明确赞助商的体验活动以及可以获得的利益，以便营销团队可以将赞助机会行销出去。

营销：向赞助单位推销活动概念对活动的成功至关重要，找到合适的赞助商可以确保活动的顺利进行。销售符合企业或品牌需求的赞助方案能够使长期合作变得容易，就像品牌想要留住顾客一样，方案营销人员应该懂得维护老客与开发新资源同等重要。另外，理解企业或品牌需求是成功创建赞助项目的关键因素。活动组织者或营销公司的策划团队需要在概念筹划阶段提出符合企业或品牌需求的方案，这样赞助方案才能更加贴近对方的需求。

执行：确认赞助活动细节后，在执行阶段必须要确保每一个细项得以落实，包括标示的布置、公共关系的执行、促销方案的推出等。

渠道：挑选活动举办的地点对活动的成功至关重要。就像任何电视节目需要安排播放时段一样，同样地，企业或品牌参与活动策划、购买广告时间、取得赞助权，最后需要寻找活动举办地点，活动组织者或营销公司只是活动的创建者。总地来说，电视节目的播出时间与赞助企业或品牌举办活动都是为了吸引目标观众，即使是一场小型在线展示的活动也应该有其目标受众。[①]

赞助活动的要价

对于活动的权利方而言，赞助活动中最大的问题在于如何确定赞助活动的价格；对于企业或品牌方而言，对赞助的要价首先想到媒体的覆盖率。具体来说，应设定赞助要价的变量，也就是赞助商可获得活动权利方所提供资源的开放程度，如典礼、场地、广告中的活动形象、顾客数据等。

在赞助计划要素中，诸如标牌放置、招待、顾客互动机会等现场变量，可能会影响赞助要价（如图 5-6 所示），因为这些内容符合赞助商的预期需求，或者可以称之为活动赞助的基本要素。也就是说，赞助商期望在活动现场有标牌设置，并且认为包括在赞助计划中是理所当然的。

---

① 丹尼尔·J. 布鲁顿. 体育营销：行业专家的观点 [M]. 史丹丹，译. 北京：清华大学出版社，2017.

但有趣的是，研究发现现场变量其实不足以真正影响赞助要价。

在要价谈判的进程中，活动权利方与赞助商之间的匹配程度，以及任何有针对性的顾客定制或特定技术、关系项目的设置，这些特别的活动内容在赞助商眼中更有价值，是影响最终协议价格的关键因素。[①]

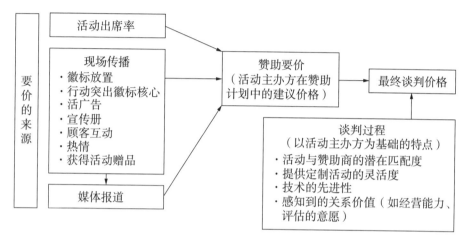

图5-6　赞助要价的决定因素

3. 如何筹划成功的赛事赞助

要达成成功的赞助方案，营销者必须从以下三方面进行考虑：选择适合的事件、设计最佳赞助方案、评测赞助效果。

（1）选择事件

由于赞助机会多、成本高，很多企业或品牌在选择赞助事件时变得非常挑剔。因此，事件本身应该具有三项特点：首先，必须符合品牌的营销目标和传播策略；其次，必须具有足够的知名度，并且必须符合企业或品牌要求的形象；最后，要能够创造出期望的效果。同时，事件的受众必须与目标市场相匹配，并对赞助商的参与做出正面联想。理想的

①　Wishart T, Lee S P, Cornwell T B. Exploring The Relationship Between Sponsorship Characteristics And Sponsorship Asking Price [J]. Journal of Sport Management, 2012, 26(4): 335-349.

赞助事件应该是独特的，没有赞助商扎堆，能够辅助赞助商的营销活动，而且能够反映或强化品牌或公司形象。

事件创造是为营利和非营利组织筹集资金、进行宣传的一种重要的技巧，有大量的特别事件包括周年庆典、竞赛等，都是争取赞助的好时机。同时，有越来越多的公司愿意冠名体育场和其他举办事件的场所，包括电竞技场。与其他形式赞助一样，如何进行配套的营销活动是首要考虑因素。很多营销者认为，配合事件的营销计划最终能否成功，取决于在相关营销活动上的支出至少应该是赞助支出的两到三倍。

容易获得大量赞助的事件或活动，通常具有以下特点：

识别特定的目标市场与生活方式：通过事件或活动的举行，可以从地理、人口统计、心理或行为方面对消费者进行定位。

提高公司或产品名称的显著性：企业通过赞助，能够为品牌提供持续的曝光，这是强化品牌显著性的必要条件。

创造或美化关键品牌形象关联的感知：事件或活动本身带来正面的效果可以让消费者产生联想，并进一步转化到赞助品牌上，有利于强化公司形象。

创造体验并唤起情感：令人激动或有意义的事件或活动，对参加者所引发的情感能够与赞助品牌联系在一起。[1]

备受关注的 2018 年《英雄联盟》季中冠军赛总决赛，在线直播观看人数高达 1.27 亿人，其中，有 1.26 亿人来自中国各大直播平台，《英雄联盟》的各级比赛自然可以吸引到许多大品牌入驻。[2]

在北美市场中，《英雄联盟》的赞助活动开始得比较早，2013 年，美国运通与拳头游戏进行战略合作，美国运通特别推出一款预付卡为提供

---

① 菲利普·科特勒，凯文·莱恩·凯勒. 营销管理 [M]. 何佳讯等，译. 上海：格致出版社，2016.

② 电竞世界. 本届 MSI 收看人数最高达 1.27 亿，1.26 亿来自中国 | 电竞头条 [OL]. (2018-05-21). https://www.sohu.com/a/232388005_385920

玩家游戏奖励。同时，美国运通也是《英雄联盟》世界锦标赛的官方合作伙伴，成为冠军系列赛事的正式支付管道。2014 年，可口可乐旗下产品零度可乐冠名赞助《英雄联盟》挑战杯，这个新开发的系列赛是针对业余玩家举办的，让玩家在观看职业选手比赛之余，也有下场较量的机会。2015 年，可口可乐与拳头游戏提升了合作高度，双方联手扩展在北美与欧洲的电影院数量，让玩家将不必千里迢迢赶往《英雄联盟》季中冠军赛现场看比赛，可以直接在邻近的各大电影院观看直播。①

在中国赛区，《英雄联盟》联赛从 2017 年开始，连续三年获得梅赛德斯奔驰的赞助，2019 年，LPL 联赛在上海举行，公布了全新的赞助伙伴，包括耐克、肯德基、戴尔旗下电竞品牌 "Alienware"、多力多滋、英特尔等。特别是新加入的耐克，在过去几十年中，耐克持续与全球各大体育赛事以及运动员有深度合作，如今也开始进入电竞赛事的赞助活动，凸显了电竞运动的商业价值逐渐被大品牌认可。②

在全球市场上，2018 年信用卡万事达与运营商拳头游戏建立了首个全球性的合作关系。万事达的营销权益覆盖《英雄联盟》三大赛事，包括季中冠军赛、全明星赛以及全球总决赛，该公司通过一系列的促销活动为电竞粉丝打造了 "无价" 的消费体验。双方的合作从在韩国举行的S8 总决赛开始，为了拉拢电竞玩家，美国和加拿大地区的持卡人可以使用信用卡信息登录游戏平台观看比赛。③

（2）赞助方案的设计

活动方寻求赞助的过程，主要围绕赞助计划展开，赞助计划是宣传

① 腾讯游戏 . 可口可乐与拳头公司合作，影院将直播 MSI 决赛 [OL]. (2015-04-20). https://games.qq.com/a/20150420/048508.htm?tu_biz=v1

② 体育大生意. NIKE 入局电竞赞助 LPL 四年英雄联盟 10 亿营收目标更进一步 [OL]. (2019-02-28). https://www.sohu.com/a/298316981_138481?sec=wd

③ 禹唐体育. 万事达与《英雄联盟》携手，这是整个电竞生态系统的胜利 [OL]. (2018-09-25). https://www.sohu.com/a/256019351_115533

和营销赞助的核心。

赞助计划的关键要素

活动方提出包括了资源清单的赞助计划，为品牌赞助商做选择。其优点在于，有助于活动方组织思维以及检视自身拥有的资源；缺点在于，活动方提供每个潜在的赞助者标准化的赞助计划，这种按表操课的模式，可能限制现有资源的整合或开发新资源的创意。

典型的赞助计划往往大同小异，应该包含下列要素：

①赞助协议对企业来说要具有合理性，能够反映企业的目标；

②赛事组织或活动举行的说明；

③从统计学及消费心理学的观点来判断，活动参与者和观众有哪些特征；

④赞助者可以获得的机会，例如：广告牌、接待机会、曝光率等；

⑤赞助协议有效期的建议长度；

⑥期望得到的赞助物品数量和金钱额度；

⑦可以提供的赞助类型；

⑧赞助者的风险评估；

⑨当前的促销以及过去的结果；

⑩预计的评估方式等。

另外，赞助方过去成功的经验能够提供合作基础。活动方在方案规划的时候，有时可能需要深入了解赞助方过去的赞助经验。但大多时候，赞助方案应该浓缩赞助方的历史经验，将重点摆在对未来的规划上。[①]

不管是小型或大型的活动权利方，多少都会面临一些问题。小型的活动权利方经常需要迁就和吸引潜在的赞助商；另外，因为接触的多半是小规模的赞助商，他们提出的服务要求有时也会和大规模的支持方一样多。大型的权利方，例如知名的体育场馆，经常会聘用第三方服务。中介组织在缔结赞助关系中代表运动员或权利方。因此，以寻找金融支

---

① 程绍同. 运动赞助策略学 [M]. 台北：汉文书店，1998.

持为焦点，中介组织会为代言、冠名权和赞助等寻找最好的价格，站在中介组织的立场，全力争取赞助商的支持，可以得到更多的经费支持，但在匹配度、合作关系以及长期合作的可能性上会有一定的损失。

（3）赞助活动的关键内容

若从赞助商的观点出发，对赞助企划案主要关注的内容，包括：期限、标志与商标权、授权形式、服务及优惠提供和投资回报率等。

期限：虽然活动期有明确的时间点，赞助商往往会希望能够在活动前数月或是数年提前开始进行营销活动，或是在活动结束后持续进行营销的发酵，为了避免后续争议的产生，必须明确标明开始至结束的时间。

标志与商标权：赞助企业往往珍惜自己的品牌标志与商标权，相关的使用时间与方式，如大小、形式、出现频率等都必须在合约中明确规范。

销授权：有些赞助商可以通过在活动中出售产品获益。这些公司认为，活动的参与者代表的受众有他们的现有或是潜在客户。举例而言，饮料公司可以在活动中获得专饮权，如果有可口可乐赞助的赛事，就不会同时见到对手百事可乐（Pepsi Cola），专饮权可以保证销量，同时可以确保立即获得一笔可衡量的投资回报。

授权形式（独家授权/非独家授权）：赞助活动的大多数公司都希望获得一些在直接竞争方面的保障，保障的程度取决于赞助金额的多寡，任何主要赞助商都希望同类公司的产品不会在活动中展示及推广。在非独家赞助的情况下，互相竞争的公司还是有可能一起出现在活动中的，例如在电竞赛事中，可能会同时出现多个设备的制造商。

无论是独家授权还是非独家授权，都必须需要注意到其他竞争品牌伏击式营销的可能性。伏击式营销指的是那些非赞助商试图与活动产生联系，他们可以通过活动现场放置广告牌，或是通过基层营销的方式发放样品渗入活动。一些活动赞助商为了避免伏击式营销的发生，会买断活动现场附近所有的广告牌使用权，以控制观众将会接触到的讯息。

服务及优惠的提供：提供赛事的招待或优惠服务，通常是赞助的驱动因素之一，让赞助商有更安全、从轻松的环境招待客户。例如，提供包厢就是一种赛事招待。另外，赛事门票也是赞助方案的重要部分，依据比赛等级的不同，门票的需求也会有所不同，像是一票难求的赛事，便可以借助门票吸引赞助商。

投资回报率：投资回报率是赞助活动最难控制，也是最重要的部分。要说服一家公司支持赞助活动，有时候这些价值与销量的直接关系很难确定，特别是在经济状况不稳定的时候。赞助公司都希望通过支出可以取得预期的结果，如果营销者可以详细的说明赞助方案的附加价值，像是尽可能地确定利益、竞争性评审、媒体价值、广告曝光率等，企业便有很高的机率为赞助活动买单。①

（4）赞助执行的关键要点

赞助方案从提出企划到落实和反思，可以分成四个阶段：策划、交涉、落实、反馈。

调查研究：无论赞助谁、赞助形式如何，都应进行深入细致的调查研究。尤其是企业或品牌的赞助活动，必须是社会公众乐于支持和需要支持的事业。

制定计划：企业的赞助活动，应是有计划的公共关系的一部分。在调查研究的基础上，赞助计划应具体详尽。

完成计划：在制定计划的基础上，企业应派出专门的公共关系人员实施赞助方案。在实施过程中，要充分利用有效的公共关系技巧，尽可能地扩大赞助活动的社会影响。

评估效果：对每一次公共关系活动的效果，都应做出客观的评价。

①测量赞助活动

测量事件是否成功是个难题。

---

① Wishart T, Lee S P, Cornwell T B. Exploring The Relationship Between Sponsorship Characteristics And Sponsorship Asking Price [J]. Journal of Sport Management, 2012, 26(4): 335-349.

供给侧测量法：供给侧测量法指的是用来估计一个事件的媒体覆盖率，比如，品牌在电视荧幕上清晰可见出现的分钟数。这些潜在的曝光价值可以转换成在特定媒体上做广告所花费的成本。公司商标在一个电视事件中曝光 30 秒的价值相当于一个 30 秒电视广告的 6%、10%，有时甚至高达 20% 的价值。

需求侧测量法：需求侧测量法指的是用来确定赞助对消费者在品牌认知方面的影响，营销者可以进行受众调查，测量他们对事件的回忆以及对赞助商所产生的态度和意向。

②高水平的赞助方案测量

关注测量结果而不是产出结果：关注赞助实际产生的结果，而不是赞助商获得了什么或是做了什么。与其关注参与事件的 5000 人，不如进一步分析这些人中有多少可以被归为目标市场成员，以及他们试用的商品与未来消费行为之间发生转换率的可能又是多少。

定义基准目标：设立具体的目标能够帮助营销部门确定追踪的测量指标。测量赞助效果与没有赞助的效果，使用的指标也是截然不同的。

测量每个回报占启动费用的比例：根据重要性对目标进行排序，并在每个目标之间分配总赞助预算。

测量行为：进行全面的销售分析，并识别赞助带来的市场变化。

应用公司其他部门使用的方法：应用其他部门使用的统计方法，可以使赞助分析更容易被接受。

研究顾客的情感认同并测量情感联系的结果：以什么样的方式进行赞助可以有效地影响消费者心理，并促进和深化长期忠诚关系？

识别群体规范：赞助事件或赞助事件参与者周围的群体有多强大？是否存在兴趣相投（能够受赞助影响的兴趣）的消费群体？

计算投资回报率：将公司以往为实现特定目标的支出与赞助中分配给该目标的支出进行对比。

分割数据：赞助对各个细分市场的影响不尽相同，将目标市场划分为更小的细分市场，能够更准确地确定赞助效果。

获取规范性数据：开发一系列的核心评估标准，并且能够应用于不同的赞助方案。[①]

（5）赞助评估

赞助评估可以被视为为系统收集和评估信息的过程，能够为赞助是否有效提供反馈，并作为日后制定决策的参考，赞助评估对赞助测量的依赖程度高，包含的内容比任何一项单一赞助或赞助组合的测量都要丰富。但在理论上，赞助测量应该反馈至一个综合的评估系统。

投资回报：有关赞助评估的方法，很多是围绕投资回报率（Return on investment；ROI）展开的，这个简单的测量计算是投资收益减去投资成本，再除以投资成本。计算 ROI 是十分重要的，但不能用来简单地评估，因为赞助和赞助商之间的松散关系会对 ROI 的准确率造成影响。

评估与问责：当营销无法增加组织价值时应该被问责，这一点可能威胁到营销作为独特存在的地位，尤其是赞助营销或营销活动需要承担更多财务责任时，这种压力尤为突出。学者大卫·W.斯图尔特（David W. Stewart）认为，赞助已经付出了大量努力来发展测量量表，但这个测度为评估所提出的数据，大部分只是针对财务上接受和回报的短期环节。因为营销需要思维创新，难以通过任何标准化的方法加以评估。但是，他仍然强调从量化研究建立标准化的重要性。营收回报应该有三种类型：短期增量效应、长期持续性影响和未来应该追求的实物期权。[②]

评估模型：在营销学中，有许多评估模型将品牌资产作为评估重点。例如，全球知名品牌评估公司 Interbrand 公司结合财务分析、需求分析

① Wishart T, Lee S P, Cornwell T B. Exploring The Relationship Between Sponsorship Characteristics And Sponsorship Asking Price [J]. Journal of Sport Management, 2012, 26(4): 335-349.

② Stewart D W. Marketing Accountability: Linking Marketing Actions to Financial Results [J]. Journal of Business Research, 2009, 62(6): 636-643.

和竞争分析来确定品牌价值，以此测算品牌收益的净现值[①]；CoreBrand 是一家专注于将企业的品牌作为一个企业资产，提高企业价值的公司，CoreBrand 公司利用消费者的熟悉度和喜好度反馈的数据，把这些测算值和其他测量结果结合起来，用于计算品牌价值。[②]

情境依赖评估：2013 年芬兰约翰娜·弗里森（Tohanna Frösén）等学者的研究[③]进一步说明了营销绩效评价系统的本质上情境依赖型，即所谓大多数有效的评价系统可能是最适用于公司及公司环境的。该研究调查了超过 1000 名芬兰管理者，在此研究基础上提炼出 9 个营销绩效维度：品牌资产、市场定位、财务状况、长期公司价值、创新性、顾客反馈、顾客资产、渠道行为（分销管理）、销售额增长。这些指标因公司所处行业不同、所处阶段不同而有所变化，可以被混合使用。

非财务评估：当许多评估讨论的重点集中在投资回报率时，目标回报率（Return On Objectives，ROO）可以作为附加的测算，对赞助的评估也是很有用的，对组织而言使用 ROO 最主要的原因是这是个非财务性的指标。绝大多数赞助商是营利性组织，非营利性组织通常是被赞助的主体。

案例 5-10 《王者荣耀》职业联赛带领电竞营销

2017 年，中国移动电竞的市场占比与端游电竞市场持平[④]，其中，

---

① Interbrand. Best global brands out methodology [OL]. (2021-06-03). https://interbrand.com/thinking/best-global-brands-2020-methodology/

② Corebrand. 2014 CoreBrand's Top 100 Most Powerful Brands [OL]. (2014). https://www.rankingthebrands.com/PDF/CoreBrand%20Brand%20Power%20Ranking%202014,%20Corebrand.pdf

③ Frösén J, Tikkanen H, Jaakkola M, et al. Marketing performance assessment systems and the business context [J]. European Journal of Marketing, 2013, 47(5/6): 715-737.

④ 艾瑞咨询. 2018 年中国电竞行业研究报告 [OL]. (2018-02-02). http://report.iresearch.cn/wx/report.aspx?id=3147

《王者荣耀》、《荒野行动》等发展迅速。截至 2017 年 6 月，《王者荣耀》注册用户超过 2 亿人次，日活跃用户为 5413 万人，月活跃用户高达 1.63 亿人。[①] 2017 年落幕的《王者荣耀》职业联赛春季赛总决赛，有多家网络直播平台转播，网络总播放量破 21 亿，移动电竞在端影响力可见一斑。[②]

2017 年《王者荣耀》职业联赛吸引了雪碧冠名，宝马提供指定用车，vivo 手机成为官方赛事指定用机，同时，肯德基也与《王者荣耀》达成战略合作，携手发布《王者荣耀》主题套餐以及随餐赠送含有游戏权益的限量版闪卡。[③]

根据腾讯公布的数据显示，2016 年首届 KPL 在三个月内创下了超过 5.6 亿次的累计观看量，有效观赛用户数超过 6900 万人，总决赛观赛日活跃用户数量超 1300 万人。2017 年，自 KPL 春季赛 3 月 24 日开赛以来，最高单日观赛人数达 1500 万人，赛事内容总播放量 1.8 亿次。据百度指数显示，KPL 开幕式当天，搜索量提高到 700%，微博话题讨论量达 160 多万，微信指数也从 3 月 22 日的 11826 一跃增长到 393471，增幅高达 4457%。

如此高的收视数据意味着 KPL 能够带来庞大的年轻用户流量，这是雪碧和宝马入局 KPL 的重要原因之一。2017 年《王者荣耀》与百年品牌宝马达成一系列深度合作——《王者荣耀》推出与宝马品牌合作的限定版纪念皮肤，特别邀请五位 KPL 职业选手拍摄宝马最新车系广告。宝马市场策略高级经理夏辉表示："与 KPL 合作是一

---

① 游戏茶馆. 2 亿用户 5413 万 DAU 1.63 亿 MAU 王者荣耀交出答卷 [OL]. (2017-06-17). https://www.sohu.com/a/149465579_116126

② 游戏茶馆. KPL 春季总决赛：新设备新技术 21 亿次网络总播放量 [OL]. (2017-07-11). https://www.sohu.com/a/156162113_116126

③ 媒介 360. 传统大品牌缘何纷纷开始赞助电竞？ [OL]. (2017-12-27). https://www.sohu.com/a/213113957_505816

个非常好的机会，让我们去抓住中国全新一代的90后消费者。"不仅仅是中国，全世界年轻群体的注意力都在慢慢从传统赛事中转移。据统计，顶级端游赛事观赛人数已经连续两年超越NBA总决赛的观赛人数，过去NBA、英超等顶级体育赛事是品牌厂商竞相争抢的营销宝地，如今电子竞技的火爆为品牌厂商开辟了一个新的营销战场。

品牌与电竞产业的合作将成为一个新的趋势，除了与传统体育的冠名赞助等形式相同之外，像KPL这样的移动电竞赛事，在营销开发中还有许多可以创造和利用的资源，例如，赛事中的品牌植入、明星选手和解说的代言植入、线下与观众的互动活动等。此外，移动电竞赛事不仅能提供高ROI的商业价值，对于品牌厂商来说有还有更深一层的意义，可以拉拢新一代的消费族群。[①]

2018年《王者荣耀》职业联赛公布官方合作伙伴，与vivo、麦当劳、上海浦东发展银行信用卡三大品牌建立合作关系。不管在合作伙伴的数量，还是阵容深度上都有较大的升级。值得注意的是，KPL最新的合作伙伴麦当劳是"弃奥运"而来。据路透社报导，由于奥组委提了最高赞助商计划的费用，麦当劳选择提前解约。据彭博情报机构数据显示，传统体育赛事对品牌商正逐渐褪去"光环"。里约奥运会直播收视率在18岁至49岁人群中下滑了25%，购买2016年里约奥运会转播权的美国全国广播公司称，奥运体育赛事黄金时段的收视率比四年前伦敦奥运会下滑了17%。

相较于此，2017年KPL屡屡刷新了新兴体育赛事线上和线下的影响数字。截至2017年12月，KPL职业赛事体系（包括春季赛、秋季赛、《王者荣耀》冠军杯）的内容观看及浏览量已经达到103亿次，同年，KPL秋季赛总决赛12月23号在深圳举办，近万张门票

①　兔玩网.雪碧宝马赞助王者荣耀KPL抢占移动电竞新蓝海[OL]. (2017-04-01). http://www.tuwan.com/shouji/wzry/356228/

在 12 分钟内售罄，在线抢票的人数高达 600 万人，创下新记录。这就不难理解为何麦当劳等传统巨头品牌在体育营销方面开始新布局了。

传统巨头企业"转投"KPL 自然与其 103 亿次播放量的"吸睛"能力、庞大的流量密不可分，其中，品牌商希望瞄准的是，KPL 电竞品牌所触达的广泛年轻、新生用户群体。易观数据预估，中国电子竞技用户体量在 2019 年有望达到 4.3 亿人，其中 30 岁以下的用户占比达 74.22%。《王者荣耀》聚集大批的年轻消费者——他们被视为未来的消费主力，KPL 各级赛事更是这些具有消费潜力的年轻用户的聚集地。雪碧代表罗尼·张说，"在 KPL 的投入不仅仅是商业维度的投入，更向年轻人传达了一个讯息，雪碧是与时俱进的，是懂得年轻人的"[①]。

案例 5-11　肯德基 KI 上校与《英雄联盟》成功的跨界营销

《英雄联盟》是一款英雄对战 MOBA 类网游，由美国拳头游戏开发，在中国大陆地区由腾讯游戏代理运营，《英雄联盟》的电竞赛事在全球拥有极高的人气。肯德基是美国连锁餐厅，也是世界第二大快餐及最大的炸鸡连锁企业。《英雄联盟》与肯德基，前者是热门的电竞游戏，后者是著名的快消品牌，看似风牛马不相及，但事实上，他们的品牌合作历史可以追溯到 2015 年。

2015 年，《英雄联盟》与肯德基展开合作，成为快消品牌与电竞跨界合作中的经典案例。2015 年 9 月 28 日起，肯德基推出与《英雄联盟》相关的"外带欢聚英雄桶"以及主体套餐服务。此后，《英雄联盟》和 KFC 展开各种合作，除了推出如定制套餐、主题闪卡等各

---

① 钛媒体. 巨头赛事营销求变，KPL 的成熟化正引领电竞营销新"风口" [OL]. (2018-02-08). https://www.sohu.com/a/221603131_116132

种内容植入的产品，还开展了线下观赛助威，主题餐厅等不同形式的场景化营销合作。

"KI 上校"与《英雄联盟》赛事的合作始于 2018 年《英雄联盟》全球总决赛前夕。当时作为品牌战略合作伙伴的《英雄联盟》和 KFC 希望在这个备受年轻人关注的 S8 全球电竞赛事举办期间展开跨界营销合作。人工智能"KI 上校"是肯德基打造的品牌 IP，在 2018 英雄联盟全球总决赛中担任"特约数据官"的角色，"KI 上校"在比赛期间提供每场比赛的实时胜率，帮助玩家和赛事观众了解目前的局势发展，以及双方在现阶段的获胜机会等。

肯德基与《英雄联盟》的合作，同时联合了 PentaQ 与 Mindshare 两家专业机构，这个营销计划赋予"KI 上校"赛事预测的 AI 新身份，并围绕"KI 上校"展开了一系列在线营销。

肯德基"KI 上校"能够对赛事进行预测，得益于其身后的 PentaQ 电竞专业团队。PentaQ 的成员为《英雄联盟》的爱好者，这些专业人士能够为比赛提供专业的赛事报导、战队数据分析、选手内心剖析等内容。PentaQ 分别在上海、重庆、长沙三个城市设立了工作室，其业务划分为：数据分析、深度内容及产品研发。

基于大数据样本和比赛的实时情况，PentaQ 电竞团队赋予了"KI 上校"能够判断战队相对获胜机会（实时胜率）的能力。"KI 上校"的数据库收集了 LOL 所有顶级联赛的比赛数据和数以万计的高端排位数据，并通过数据的筛选，能够获得有效的数据模型支持比赛分析。这个营销案例的成功首先是基于用户对电竞赛事"实时胜率"存在需求以及"KI 上校"实时预测能力的准确度高的层面上。

《英雄联盟》全球总决赛是年度系列赛事中最盛大的比赛，象征着最高的荣誉、最高的竞技水平与最高含金量，这样高规格的赛事，基于大数据给出的"实时胜率"十分重要。实时胜率是利用人工智能，基于海量数据源和每场比赛实际情况，经过预设好的数据模型，利用独特的算法，在时间轴上实时绘制比赛双方获胜机率的曲线。比起专业解说的赛事预测，实时胜率能够提供更为公正客观的预测结果。另外，实时胜率也为赛事观众带来更多的悬念与看点。以 2018 年《DOTA2》DAC 为例，在 VG 战队对决 TNC 战队比赛的第三局，VG 战队呈现落后局面，大部分观众都认为 VG 战队会输掉比赛，但《DOTA2》的大数据系统却显示 VG 战队仍有五成胜率，最终 VG 战队成功翻盘。[①] 如果没有基于数据分析的实时胜率提供赛事预测，这场被大多数人认为大势已定的比赛就会失去看点与悬念。

在《英雄联盟》的 S8 赛期期间，PentaQ 团队和《英雄联盟》官方深入合作，不断对数据算法进行优化调整，从 S8 的入围赛、小组赛到淘汰赛，"KI 上校"的预测准确率持续上升。到 2019 年《英雄联盟》联赛春季赛，"KI 上校"多次命中冷门场次，其中包括 LGD 战队以 2：0 战胜热门战队 IG，成为赛场上名副其实的"预言家"，"KI 上校"的精准预测引起了电竞赛事观众更高的关注度。

除了 PentaQ 给予的数据技术支持，肯德基与《英雄联盟》的深度合作也得益于实施了具体的营销方案。对于关注《英雄联盟》赛事的观众而言，他们一般习惯于专业解说的赛事预测，为了使观众们能够较快地接受"KI 上校"，营销团队进行了一系列的针对性营销：借助自媒体 KOL 和社交平台的力量，提升"KI 上校"的大众认知度，以及在目标受众群体中的渗透率。在 S8 赛事前期，"KI 上校"由于早期的数据量不足、预测的赛事场次变量较大等因素，偏低的预测准确率在游戏玩家和赛事观众间引发了讨论和调侃。随着数据积累以及智能化的分析，"KI 上校"的预测准确率逐渐提升，用户与"KI 上校"的互动习惯被保留了下来。

---

① 易豪成. 为啥电子竞技需要实时胜率——肯德基 KI 上校 S8 之旅的思考 [OL]. (2018-10-06). https://mp.weixin.qq.com/s/791kd25TbdTZfy5d9HWF-Q

在 S8 赛事期间，肯德基不仅有"KI 上校"赛事预测，还推出了特定事件绑定营销，如果比赛出现"一血"（全场首次击杀时），就送出优惠券。由于优惠券只在赛场有特定事件时才出现，活动与赛事进程形成了捆绑，观众必须通过扫描二维码抢夺优惠券。优惠券的发放成为 S8 观赛期间一种特殊的全民互动活动，进一步推高了"KI 上校"的关注热度。

肯德基"KI 上校"与《英雄联盟》的合作，是新技术与新领域结合的营销应用，是跨界营销策略的创新，通过与赛事内容深度绑定，联动《英雄联盟》的资源应用，升级消费者体验。首先，结合肯德基老爷爷形象与赛事数据分析成功塑造了"KI 上校"，将实时胜率嵌入观赛直播平台；其次，营销方案还包括多角度话题造势带节奏，比赛特别时刻或取得胜利时刻，"KI 上校"发放福利，促成用户高频互动及销售转化[1]；最后，肯德基与直播平台进行扫码"一键订餐"合作，主场城市开放专属宅急送管道，为观众第一时间送上胜利炸鸡，"一键订餐"的服务连结了电竞用户的观赛体验，满足了观众线上和线下的场景需求。此外，肯德基也成为电竞战队 RNG 的赞助商，为粉丝推出了限量定制薯条。[2]

在《英雄联盟》S8 全球总决赛比赛期间，肯德基的微博话题收看量达到 3500 万，品牌曝光时间每天平均 70 分钟，总计有超过 2.03 亿人次观看，粉丝相关留言超百万条，绝大部分的优惠券都被领取并兑换。2019 年亚太媒体广告节，肯德基"KI 上校"与《英雄联盟》跨界营销合作案例在 2019 年亚太媒体广告节（Festival of Media APAC）一举拿下六个奖项，包括：Grand Prix Campaign of the Year

---

① 中国江西网. 拿下广告营销大奖的英雄联盟和 KFC 到底做对了什么 [OL]. (2019-04-18). https://k.sina.com.cn/article_2341087142_8b8a27a602000hgrf.html

② 腾讯互动娱乐 FUN 营销. 春节营销的内容解析 [OL]. (2018-12-28). https://mp.weixin.qq.com/s/V2vHqcockIlUayBEYUyhQg?

（年度白金大奖）、Best Use of Technology（最佳技术应用）金奖、Best Use of Gamification（最佳游戏化应用）金奖、Best Integrated Campaign（最佳整体营销）银奖、Best Engagement Strategy（最佳营销策略）银奖、Best Event & Experiential Campaign（最佳事件与体验营销）银奖。①

　　肯德基与《英雄联盟》合作营销案例的成功，体现了电竞营销巨大的商业价值，也为电竞领域的跨界营销带来了更多启发。电竞产业作为新兴领域仍有巨大的潜在商业价值等待开发，如何在跨界合作营销上持续发挥创意，亟需业界人士的尝试与探索，期待碰撞出更灿烂的火花。

　　从电子竞技商业化的角度来看，以赛事创造利益是电子竞技产业发展的核心部分。随着电子竞技发展渐趋成熟，越来越多的赞助商与赛事组织、俱乐部达成相关合作，深化电子竞技商业发展是必然趋势。商业化在提升电子竞技赛事市场规模的同时，可以创造更多的工作岗位，比如游戏主播、赛事解说、赛事运营、赛事营销人员等。然而，要使电竞受到主流大众的认可，必须提升从业者的相关待遇，这样才能吸引更多的专业人才加入电竞行业。

　　电子竞技游戏产品和服务正逐渐朝向着赛事类型多元化、赛事体系完善化的趋势发展，赛事类型多元化可以吸引更多的电竞爱好者，完善的赛事体系能够进一步提升电子竞技游戏的知名度和影响力。以《英雄联盟》为例，它不仅是热门的电子竞技游戏，也是目前全球赛事体系较为完善的电子竞技项目，拥有国际赛事、国内职业赛事、校园系列赛事等，具有多样化的电竞职业体系。系列赛事体系的建立，除了有助于进

---

① 中国江西网. 拿下广告营销大奖的英雄联盟和 KFC 到底做对了什么 [OL]. (2019-04-18). https://k.sina.com.cn/article_2341087142_8b8a27a602000hgrf.html

一步推动《英雄联盟》相关产品的影响力、提升产品的收入，赛事体系的完善，也能够为职业选手、赛事运营等相关从业者提供保障。

目前，电子竞技赛事持续向传统体育赛事靠拢，尽管电子竞技的深度化、广度化远不及传统赛事，2018 年，《英雄联盟》和《王者荣耀》相继实施联盟化和主客场制，这是电子竞技赛事朝深度化和广度化发展的必要方向。其中，电竞联盟化是电子竞技赛事向传统体育赛事靠拢的关键步骤，也是电子竞技赛事成熟化的重要标志。职业俱乐部加入联盟制可以保障选手出赛率，使赛事的运作更加制度化，而成熟的电子竞技赛事可以吸引相关人才，进一步推动电竞产业发展，促进产业的良性循环。

第六章　电竞赛事的媒介传播

在电子竞技产业中，无论是核心赛事还是电竞生态，都离不开直播。目前，无论是区域性电竞赛事还是全球性电竞赛事，都在谋求实时观看和实地参与的结合，即比赛现场吸引到场观众，场外依靠流量的传输吸引各类电竞爱好者观看。以《DOTA2》为例，仅2013年至2018年5年间，就举办了26场全国性和国际性的赛事。2013年，美国西雅图举办的《DOTA2》国际邀请赛，总奖金池为272万美元。五年后，加拿大温哥华举办的国际邀请赛，总奖金池翻了近十倍，达到2553万美元[①]，赛事观看方式也从一开始的现场门票、百度《DOTA2》贴吧、游戏风云频道、《DOTA2》客户端及官网等平台，扩展为多端口、多直播平台联动的局面。

国外直播数据统计网站esc.watch对2018年各大游戏赛事的观看人数和最受欢迎赛事榜单（国外观众）进行了统计，《英雄联盟》凭借庞大的玩家数量排在第一位，而《DOTA2》则排在第二位（如图6-1所示）。

---

① 金磊. DOTA2 国际邀请赛明年首次落地中国，今年总奖金已超 2500 万美元 [OL].
(2018-08-26). http://www.lanxiongsports.com/posts/view/id/12813.html

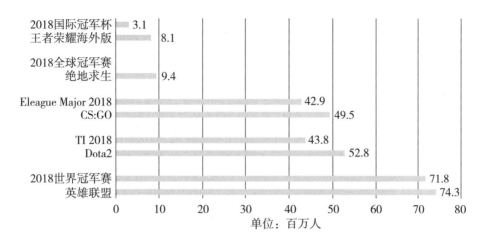

图 6-1　2018 年各大游戏赛事观看人数统计和最受欢迎赛事榜单 [①]

来源：Esports Charts

　　2018 年，TI8 国际邀请赛的总观看人数达到了 5280 万人次，相比 TI 7 的 4380 万人次提高了 900 万人次。根据 ESports Charts 的数据，TI 8 转播时间为 122 个小时，包括中国观众在内的总观看时间达到了 4.9 亿小时，平均人数为 402 万人（如图 6-2 所示）。此外，《DOTA2》赛事的观看人数也有非常大的提升。特别是 2018 年震中杯 EPICENTER XL，从上一届的 820 万人次直接跃升到了 1740 万人次，涨幅接近一倍。吉隆坡 Major、超级 Major 和 DAC 的观看人数也进入了 2018 年赛事榜的前十。[②]

① Sergey Yakimenko. Most popular tournaments of 2018 [OL]. (2018-12-25). https://escharts.com/blog/top-tournaments-2018
② 米店. 2018 最受欢迎电竞赛事 TI8 观看人数第二 [OL]. (2018-12-26). https://dj.sina.com.cn/article/hmutuee2886449.shtml

图 6-2　TI8 观众人数统计 [①]

来源：Esports Charts

　　电子竞技发展到现在，在媒介传播形式上，经历了电视转播、网络直播以及移动直播平台的发展历程，从视频内容到网络平台再到移动端，技术的进步，让不同媒介下的电竞赛事各有特色。电视转播调动观众的视觉、听觉功能，使其产生强烈的现实感和真实感，身临其境地体验竞争对抗的快感。网络直播采用交互性的传播方式，受众既可以是信息的接受者，又可以是信息的发送者。移动端解放了用户的使用空间，人们通过下载 APP 可以随时关注电子竞技赛事，用户有足够的时间、空间深入参与赛事。当下，电子竞技的用户不再是传统的接收者，网络技术加

---

① Esports Charts.The International 2018 statistics [OL]. (2018-08-27). https://escharts.com/blog/stats-international-2018

深了用户对电竞赛事的参与感，使他们成为电竞赛事传播过程中的一个重要的组成部分。

移动直播平台的产生，以及 4G、5G 技术的革新，扩大了电竞赛事的传播覆盖面，成为推广电竞赛事传播最主要的动力。目前，在核心赛事产业中，电竞直播平台已经成为产业链下游的盈利点，在电子生态产业中，电竞直播、内容制作等成为实现 IP 价值的"王牌"，也是电竞最重要的流量入口。直播，尤其是网络直播技术的出现，解决了困扰电竞产业的两大问题：一是电竞内容的传播，二是电竞产业的变现。首先，电子竞技通过直播将内容有效推送给用户，使得电竞用户的类型从原本限于核心玩家走向了大众，并逐渐从区域市场推广至全球市场；其次，由于流媒体平台的出现，大型电竞赛事中的直播还可吸引资本的赞助，推动赛事资源的变现，同时，职业选手和电子竞技爱好者可以利用直播平台成为主播，通过输出游戏内容获得用户打赏。

一、电竞赛事的传播途径

对于千禧一代的消费者而言，他们更愿意花时间在游戏上，目前大部分游戏能够提供不同层面的娱乐，消费者除了可以玩游戏和分享游戏内容，还可以观看游戏，这群消费者包括游戏玩家（硬核玩家和休闲游戏玩家）、游戏观众（观看游戏网站内容或电竞比赛）以及直播主（实时直播游戏内容）。观看职业或业余玩家玩游戏可以吸引至少百万的游戏粉丝回流，他们借着观看其他玩家或顶尖高手的比赛，重新燃起对游戏的激情。因此，以"游戏玩家"来形容这群游戏消费者已经过时了，所以 Newzoo 在《2018 年全球游戏市场报告》中引入了"游戏爱好者"一词来概括这群消费者。

电竞赛事的观看途径主要为现场观看以及在线观看。

（一）现场

《英雄联盟》全球总决赛从 2011 年举办至今，每年会选择在不同国家、不同城市进行比赛，皆吸引了大量人潮涌入现场观看。2015 年的《英雄联盟》S5 全球总决赛在德国柏林举办，吸引了 3600 万观众在线观看，选手争夺的奖金池高达 213 万美元。2013 年在线活动策划服务平台 Eventbrite 对 1500 位参与电竞赛事的玩家进行调查，发现有 81% 的受访者是为了证明自己关注这款游戏，有 61% 的受访者为了促进与同样玩这款游戏的朋友之间的关系，有 66% 的受访者回答这是另一种体验游戏的方式。另外，现场的热烈氛围、通过现场大荧幕观看比赛等也是玩家们愿意参与电竞赛事的原因。同时，玩家们现在也不仅仅满足于观看赛事，有 54% 的受访者希望在比赛现场提供游戏区、玩家交流区等场所，有 72% 的受访者希望加入更多的游戏相关内容，比如动漫周边。在被问及如何扩大赛事参与度时，有 43% 的受访者表示希望主办方安排粉丝见面会。另外还有 38% 的受访者表示愿意前往其他国家参加电竞赛事。[①]

（二）电视

早期电子竞技的起源，事实上要归功于电视发挥了传播的作用。1986 年，美国 ABC 频道通过电视直播两个孩子比试任天堂游戏机被视为电子竞技的萌芽。电视也是电竞行业快速发展的保障。根据 2018 年尼尔森对电竞产业的市场调查显示，韩国有 71% 的观众是通过电视收看电竞内容的，今天韩国已成为全球电竞产业最发达的国家之一。从某种程度上来说，电视端观众的多寡代表着一个内容产业的发达程度。[②] 英国广播

---

① 唐舒畅. 剖析电竞玩家特征：喜欢花钱看别人打比赛 [OL]. (2015-03-17). http://dota2.dj.sina.com.cn/2015-03-17/1003608632.shtml

② 中关村在线. VSPN 牵手电视大屏探索电竞新蓝海 [OL]. (2018-02-08). http://game.people.com.cn/n1/2018/0208/c4864829813767.html

公司第三台（BBC3）从 2015 年起也开始直播电竞节目，代表电竞已正式跨入主流媒体，BBC3 总监达米安·卡瓦纳（Damian Kavanagh）强调："BBC3 的特性在于勇于尝试，产生的影响力也得以覆盖数百万人，这令人无比兴奋。"目前，在欧美市场中，一些发展较大的电视网如 ESPN，特纳电视网，美国全国广播公司和福克斯电视台等，在电竞比赛转播权的竞标逐年加剧。

电子竞技内容在 Twitch 这样的网络媒体平台非常流行，通常吸引的是已经沉迷于竞争性游戏的利基观众。这些观众热切关注并深入讨论最复杂的游戏，并能愉快地观看数小时的现场比赛。但是，为了把电子竞技推向更广泛的受众，电视业者必须调整适应网络的播放模式，让电竞的播出内容更适合电视。例如，在线观看的游戏类型可能非常暴力，复杂且漫长。电视业者需要将重点转移到更简单且不太暴力的游戏上，例如《街头霸王》（*Street Fight*）和《火箭联盟》（*Rocket League*）。同时，电视业者可以将电子竞技节目的长度从几小时缩短至几分钟——让电子竞技节目可以与电视的播出时限兼容。

电视业者同时也与传统体育结盟，使电子竞技的内容更加适合电视播出。比如利用受欢迎的足球和篮球等体育项目，可以促使电子竞技吸引更多主流观众，并将其转变为全球性运动。同时，电视体育台和游戏商在转播权方面达成协议，使他们意识到其中的交叉性。这些交叉性指的是，不同的频道和平台会吸引不同背景的观众，但这些观众也许有兴趣观看电竞决赛中的对战。例如，ESPN 的硬核体育粉丝本身就喜欢看竞技，他们可能知道这些游戏，或玩这些游戏，因此这群人也许喜欢观看顶尖电竞决赛这类娱乐节目。

英格兰足球超级联赛在 2019 年 1 月推出《电子竞技联赛》（ePremier League，ePL），开始向电竞领域扩张。这款电竞游戏受到知名足球运动员的追捧，包括阿森纳足球俱乐部的赫克托尔·贝勒林和尤文图斯俱乐部的安德里亚·皮洛等，他们是狂热的游戏玩家，同时也顺势推广了电子竞技在传统体育中的传播与发展。电视业者刻意把电子竞技节目引入一般体育的概念，利用这些知名的传统体育明星作为推广者，通过这样的形式能让更多主流观众与电子竞技搭上线。另外，不是只有传统体育明星能够吸引电竞粉丝的加入，电子竞技和嘻哈音乐之间也有很多相似之处：两者都受到主流观众中的年轻男性的欢迎，同时，这些人在服装和音乐品味上也有很大的重叠。例如，著名的饶舌歌手奥布瑞·德雷克·格瑞汉（Aubrey Drake Graham）和特拉维斯·斯科特（Travis Scott）就与电子竞技明星泰勒·布莱文思（Tyler Blevins）合作参加了 Twitch 赛事，并获得了很大反响。

在近几年国内电竞发展历程中，互联网的流平台一直是观众收看赛事内容的主要渠道。不过，随着近年来产业价值爆发、社会认同度提高，电竞的观看渠道也延伸到电视。2017 年 11 月，《穿越火线》职业联盟电视联赛（Cross Fire Professional League，CFPL）秋季赛总决赛首次在河北、上海、深圳、广东的 IPTV 芒果 TV 专区、湖南联通沃家电视以及华数互联网电视上同步直播。同年 12 月，《王者荣耀》KPL 职业联赛秋季赛总决赛在广东广播电视台体育频道、湖北广播电视台生活频道、陕西广播电视台体育休闲频道、游戏竞技频道同步直播。促成这两次电竞赛事与电视合作的推动者与执行者是 VSPN，它同时也是 CFPL、KPL 等顶级赛事的承办方。2016 年 12 月在 KPL 秋季赛总决赛上，VSPN 就曾为电视观众量身打造了赛事特别报道节目"决战春茧"，节目穿插了赛事竞猜环节，并实现了以互联网思维在电视媒体做交互活动的突破。

电视直播以现场摄制、播放和实时传播技术为基础，以现场的人员活动或事件为内容，在现场完成内容的拍摄和制作，并将节目信号实时传送给观众。电竞在电视直播中均为大型电竞赛事的现场实况场景。随着电竞赛事成为年轻人关注的焦点，为了增加收视率，尤其是体育频道，竞相争取电竞赛事的转播权。

随着红白机的诞生，电子竞技的雏形逐渐出现。1990 年，任天堂在全美 29 个城市举办了游戏比赛，它是历史上第一个正式的电子游戏比赛，时间比电子竞技大赛早了十年。[①] 如今，电竞巨大的效益与潜力吸引了电视界的注意，美国一些主要的广播电视网，如 ESPN、福克斯体育（Fox Sports）、美国职棒大联盟媒体等纷纷尝试和游戏商拳头游戏、暴雪娱乐等展开合作，争取电竞比赛的转播权。[②] 近年来，电竞内容在电视上的播放量稳步提升，播放电竞内容最多的频道是迪斯尼 XD（Disney XD），特纳广播公司（TBS）和 ESPN 2 分别位于第二名和第三名。[③]

我国电视电子竞技节目出现于 2003 年，国家体育总局将电子竞技列为中国的第 99 个体育项目，国内的电竞节目迎来短暂的春天。当时，电视竞技节目以中央电视台体育频道开播的《电子竞技世界》为代表，是央视首次播出电竞游戏的节目，其主要内容包括新闻资讯版、评论版、人物以及赛事版，并对国内外电竞产业发展的最新动态进行分析和总结。

回溯国内电竞直播平台的发展历程，不可不提辽宁电视台旗下的 GTV 游戏竞技频道和上海游戏风云数字电视频道，这两个平台是最早切入游戏产业运营的电视媒体，也是中国最早跨电视和互联网的专业游戏媒体平台。GTV 和游戏风云形成了一北一南两大集聚效应，在网络直播还未盛行的 20 世纪初，它们便以有线网络、IPTV 及互联网为载体，依托高新技术的传播手段，将游戏资讯、赛事赛况及娱乐视听等内容生动、快速、便捷地呈现给观众。这些频道里有专业的电视播出制作团队、齐全的硬件设备，以及一批当时最受欢迎的游戏节目主持人，成为日后专业电竞直播行业的"黄埔军校"。

---

① 流媒体网. 电竞＋大屏电视打造游戏娱乐新时代 [OL]. (2018-01-05). https://news. znds.com/article/28876.html

② 北京晨报. 电竞成全球"联赛"新老大 奖金超美国四大豪门赛事 [OL]. (2017-06-15) https://games.qq.com/a/20170615/023646.htm?pacclick

③ Nielsen.The Esports Playbook: Maximizing Investment Through Understanding The Fans [OL]. (2017-03-10). https://www.nielsen.com/wp-content/uploads/sites/3/2019/04/ nielsen-esports-playbook-1.pdf

2004 年 4 月 12 日，国家广电总局发布《关于禁止播出电脑网络游戏类节目的通知》，不少电视电竞节目先后停播。截至目前，仅有上海文广新闻传媒的《游戏风云》频道和京沪等发达地区的付费数字频道仍在播出。在中国电竞赛事发展过程中，由于电视直播环节的缺失，直接影响了电竞赛事转播授权的收入，同时对电竞赛事的传播也带来了不利影响[1]（如表 6-1 所示）。

表 6-1　中国各大卫视开设电竞节目一览表

节目	卫视	开播时间	停播时间
《游戏东西》	旅游卫视	2002	2004
《游点疯狂》	上海电视台	2002	2004
《电子竞技世界》	中央电视台	2003	2004
《游戏玩家》	东方电视台	2003	2004
《动漫情报》	上海音乐频道	2003	2004
《玩家》	成都经济电视台	2003	2004
《游戏攻略》	陕西电视台	2003	2004
《游戏任我行》	北京电视台	2003	2004

1. 电视的媒体特性

（1）电视转播的专业制作特性

电视转播是一项十分复杂的工程，大型赛事现场的转播活动涉及视频、音频、传输、通信、电力、灯光等众多子系统，需要各个部门之间高度的协同合作。具体的人员分工包括：导演指挥组接画面、摄像采集画面、编导负责画面包装以及字幕的制作、技术人员负责切换台、上星传输等。另外，电视转播在画面的质量、画面的切换组合以及声音与画

---

[1] 伽马数据. 2018 电子竞技产业报告（赛事篇）[EB/OL]. (2018-8-27). http://www.199it.com/archives/765208.html

面的协调搭配等方面需要达到很高的要求。因此，电视转播具有很大的不确定性和高风险性。

进行电视转播必须有各种风险因素考虑：设备故障、字幕合成失效、现场突发事件等等，整个转播过程需要周密设计、保证播出安全，尽量避免播出事故的发生机率。

（2）电视转播竞赛的特性

电视独特的镜头语言，镜头景别、切换技巧、机位选择、节奏控制等都会影响体育竞赛的呈现。电视媒体可以通过慢放、特写、定格、画面回放等手段，放慢赛场上的具体细节，使电视观众可以清楚详细地看到精彩的瞬间。镜头切换技巧不仅仅是单纯的切换，而是要通过镜头切换传递导演的想法，也就是常说的镜头语言。

通过叙事手法，电竞文化价值的意识形态也会输入到观众的脑海中，赛事转播便能够发挥其文化教育的社会功能。利用蒙太奇镜头语言，转播过程可以形成娱乐叙事、英雄叙事、文化叙事等多种叙事视角，从而起到娱乐大众、宣扬主流价值观、传播民族国家文化等功能。

（3）电视转播的受众体验特性

与传统的传播媒介报纸、广播相比，电视拥有丰富多彩的视听符号，并且能够以直观具体的图像、声音、文字与大众相连。

虽然电视能够提供给受众一种身临其境的现场感，但是电视赛事传播也存在一定的缺陷。首先，必要的接收播放设备限制了受众的收视空间，电视观众需要在有接收条件与电视机的情况下才能观看电视节目；其次，电视媒介与受众缺乏即时互动，受众无法像在移动端或网络端那样，随着比赛的进行与视频内容产生丰富的互动活动。

2. 电视直播的特色

在电视直播电竞比赛中，节目主要通过：导演现场指挥、导播现场切换制作、主播现场解说以及观众现场互动的模式直接播出，具有最强的时效性与现场感。比赛直播以现场实地制作以及实时播出，能"零距离、零时差、原生态"地将比赛的真实感带给受众，通过声音、画面获取现场气氛和情绪把握，受众能深切地感受到影像叙事带来的节奏感和事件本身的吸引力（如图 6-3 所示）。

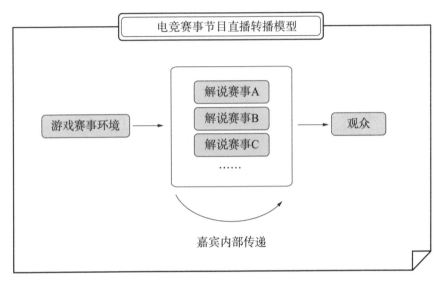

图 6-3　电竞赛事节目直播转播模型

电竞赛事直播是指以大型电竞赛事为内容的现场直播节目，电视台节目制作人会邀请主播或明星选手对比赛内容进行现场解说与直播，再传递给观众，如图 6-3 所示。这种传播方式是单一的、线性的传播，目的是在最短时间内，将赛事的相关信息完整地传递出去，只需要考虑单向传播的效果，不需要考虑信息反馈和信息保存的问题。

电竞赛事的电视直播节目相较于其他媒体而言有三大特征：图像质量"高"、技术后备"精"、人员配备"尖"。

图像质量"高"：电视作为三大传统媒体之一，由于媒体具有提供实时报导的属性，对于重大国际事件的进行可以承担内容的传输作用，譬如英国女王加冕礼、中国 G20 晚会直播、教宗出访等，这些内容受瞩目程度不仅仅局限于本国观众，同时还吸引了世界的关注。电视直播节目对图像质量的要求远比其他媒体严格。

技术后备"精"：电视的技术性要求与其他大众传媒的属性在一定程度上决定了电视台的建立和技术支持的发展必须要不断投入财力和物力。电视自1925年发明至今，不断地进行更新换代，从黑白电视发展到彩色电视，液晶屏电视发展到如今的网络电视、数字电视，其背后是电视信号系统、扫描系统、电源电路的不断更新与换代。

另外，摄像、编导人员通过技术抓取现场画面进行特效字幕处理必须以最快的速度，将丰富的电视画面送入荧屏呈现给观众，通过声画兼备、场景直观等优势，为观众带来较强的心理感受以弥补他们无法亲身介入的不足。随着技术的不断发展，现场直播已经由原先的单机画面报道发展到多机位的分布式，导演现场矩阵切换，使直播内容有多视角的呈现，带来强烈的现场感，观众在技术的支持和辅助下可以直接感受到现场的火热气氛。

人员配备"尖"：电竞赛事的电视直播从策划到落地布置，不可否认的是尖端人员的大量投入。无论是服务于电视直播的技术团队，还是进行画面解说的解说员或主持人，都需要具备一定的电竞专业知识和优秀的职业素养。此外，与一般棚内录播节目相比，电竞赛事的直播还要求幕后团队的所有人员具备强大的临场应变能力，以敏锐的预判应对实时的竞赛画面。

美国知名电竞组织IPL的创始人大卫·廷（David Ting）认为电竞比赛搬上主流电视台将是大势所趋。"有些观众可能从来都不看网络直播，但是一旦他在美国全国广播公司（NBC）上看到电竞比赛，他很可能从此就会爱上这个项目。"①

---

① 中关村在线. VSPN牵手电视大屏探索电竞新蓝海 [OL]. (2018-02-08). http://game.people.com.cn/n1/2018/0208/c4864829813767.html

（三）网络直播平台

中游环节产生的游戏视频和赛事内容需要经过媒体平台才能切实落户到下游环节，通过媒体平台进行实时传播或是二次内容创造。在互联网和计算机技术的支持下，这些媒体平台主要以新媒体和新新媒介组成。新新媒体是在新媒介的概念上建立起来的，带有以下四个特点：一是消费者即生产者，且多为非专业人士；二是自主选择匹配与自己能力和兴趣相符的新新媒体内容，使出版人、制作人和促销人大众化；三是新新媒体提供的内容一般是免费的，付费并非必须；四是新新媒体之间的竞争和促进关系是并存的。

根据这些属性，大致可以将下游环节的媒体平台分为两类：

一是以视频网站和在线游戏直播平台为主的新新媒体，例如 Twitch，这个直播平台嗅到"看别人打游戏"的庞大商机，打造出了让电竞实况转播与消费迈向大众化的直播平台；二是电视播出平台和电竞媒体组成的新媒体，比如，2016 年 Sky 入股 GINX eSports 并在英国设立首个 24 小时电竞频道。

游戏直播主要以游戏及电子竞技比赛为主，主播需要实时解说自己或他人的游戏过程，这是电子竞技最重要的流量入口。直播平台的出现解决了电竞产业的两个问题：第一个是电竞内容的传播，赛事内容从此可以有效触达用户，直播技术打破了这个限制，任何角落的观众都可以看到完整和精彩的赛事；第二是电竞产业的变现。

Twitch 是最早进入直播领域的电竞平台，这个平台供游戏玩家进行游戏过程的实况和游戏赛事的转播，Twitch 也提供聊天室，让观众之间进行简单的互动。2014 年亚马逊买下 Twitch，全力整合软硬件游戏资源。Twitch 单一电竞赛事全球最高累计观看人数曾达 7.5 亿人次，每个用户在 Twitch 的平均黏着时间是 106 分钟。2018 年 Twitch 取得了《守望先锋》联赛、《星际争霸 2》世界杯联赛、《风暴英雄》全球冠军赛、《反恐精英：全球总攻势》波士顿特级锦标赛、《反恐精英：全球总攻势》夏季公开赛、《反恐精英：全球总攻势》巅峰联赛等转播权，在美国成为了继Netflix、谷歌和苹果三大公司之后的第四大网络流量平台。[①]

谷歌也在 2015 年推出了专属的"YouTube Gaming"直播平台，这个平台为观众提供了可以观看电子竞技比赛直播或回放的功能。[②] 目前这些比赛的视频内容，包括英超电竞联盟，电子竞技联盟 Pro 系列，《守望先锋》联赛等，可以被打包成转播权出售给比赛主办方或第三方的频道。这些视频涵盖了一局、一场比赛，到 11 小时的全程现场直播，每个视频的观看次数可以从几百到几十万次不等。对广告商而言，他们不仅可以接触到不在直播现场的用户，还能与那些喜欢看直播比赛和比赛回放的用户建立新的联系。

艾瑞咨询发布的《2020 年中国游戏直播行业研究报告》指出，2019年中国游戏直播整体市场规模为 208.1 亿元，预计 2022 年将达到 497.1亿元。[③] 其中，57.3% 的观众表示直播内容首选电竞游戏直播。随着电竞游戏直播用户群体的扩大，在线游戏直播平台将成为未来电竞产业链中新的增长点。目前，游戏直播市场的行业格局已经初步定形，无论从用户规模还是平台活跃度来看，斗鱼 TV 和虎牙直播都已成为游戏直播市场的两大巨头，并且与其余游戏直播平台（企鹅电竞、触手直播等）保持着相当的差距。

尽管目前游戏直播一直是"烧钱换流量"的产业，上游的游戏公司也开始涉及产业下游的直播平台了。2018 年，腾讯投资 69 亿元同时入股

---

① Gamelook. SuperData：10% 的美国人观看电竞赛事 [OL]. (2015-03-30). http://www.gamelook.com.cn/2015/03/209608

② Stuart Dredge.Google launches YouTube Gaming to challenge Amazon-owned Twitch [OL]. (2015-08-26). https://www.theguardian.com/technology/2015/aug/26/youtube-gaming-live-website-apps

③ 艾瑞咨询. 2020 年中国游戏直播市场研究报告 [OL]. (2020-07-31). http://report.iresearch.cn/report_pdf.aspx?id=3625

斗鱼 TV 和虎牙直播两大直播平台，这使本身已拥有《英雄联盟》《王者荣耀》《皇室战争》等数个热门电竞游戏的腾讯，同时在赛事运营及内容制作，即产业的中游与下游两大链条中延伸出新的布局。①2019 年，排名第三的熊猫直播因为资金的问题退出市场。2020 年腾讯同时成为虎牙直播和斗鱼 TV 最大的股东，游戏直播平台之战似乎提前划下了休止符。②

另外，国内还有其他游戏视频网站，包括以哔哩哔哩为主的弹幕式视频网站，以及专注于游戏视频的网站，如 17173.com。这类视频网站一方面借助自身的用户流量，促进了电竞视频的传播，另一方面也为用户自行剪辑、制作电竞游戏相关视频提供上传、发布的渠道。以哔哩哔哩为例，《英雄联盟》赛事制作方和战队在该网站上都设有官方账号，赛事期间，网站上会有赛事相关视频发布，比如赛事精彩回顾、英雄"麦克疯"等。另外，RNG 战队定期在哔哩哔哩平台上发布"软泥怪电台"栏目，以风趣幽默的谈话节目和被称为"百万后期"的酷炫游戏赛事动画制作吸引流量。

直播平台上最受欢迎的直播主可以分为两类：顶尖的游戏玩家和游戏评论员。顶尖的游戏玩家，这些人在游戏中的出色表现，可以吸引其他玩家观看或学习一些顶级的游戏战略；另一类是游戏评论员，这类播主可能不是顶尖的游戏玩家，但他们"充满个性"的游戏评论会吸引许多用户的眼球。③另外，直播平台除了直播赛事和播放游戏视频，还会制作电竞娱乐综艺节目，2018 年 3 月，斗鱼 TV 直播的全国首档电竞综艺节目《我是电竞人》上线，节目邀请了 7 位王者段位的电竞女艺人与观

---

① 倪雪莹. 69 亿投资斗鱼 TV 虎牙直播腾讯棋局能否困住网易？ [OL]. (2018-03-21). https://www.bjnews.com.cn/detail/155152718014419.html

② 36 氪. 腾讯正式控股虎牙直播，虎牙直播斗鱼 TV 合并案或将推进 [OL]. (2020-04-03). https://36kr.com/p/1725218996225

③ 酸酸了. 目前各大直播平台各自有什么特点，以及各大平台的现状是怎样的？ [OL]. (2015-12-18). https://www.zhihu.com/question/38604841

众进行直播互动。

电竞直播的火爆直接带动了直播行业的粉丝经济效应，用户对于主播的依赖性强，且对喜爱的主播有较强的付费意愿。目前，电竞主播的收入来源包括平台签约费、虚拟道具分成、广告推广费用以及电商销售等。另外，美国最大的直播平台之一 Twitch，开发了用户订阅付费渠道，播主通过 Twitch 认证后会拥有订阅功能，如果用户想要持续关注他的视频，就要向 Twitch 支付订阅费，这笔收益的一大部分归播主所有，一小部分归 Twitch 所有，Twitch 里的顶级主播年收入能够达到 2000 万美元。[①]

直播平台取得游戏公司授权后，通过赛事直播主要有下列几种盈利方式：

广告收入：比赛间隔之间的广告、游戏视频之前的广告、网站主页投放的广告，与大部分网站类似，这些广告的收益大部分归平台所有。以虎牙直播为例，尽管直播打赏收入依然是主要收入，但在高速增长下，随着虎牙直播近几年的商业化，2018 年第一季度广告营收增长了 20 倍。[②]

网站的 VIP 用户：虽然看比赛直播本身不需要观众支付费用，但是用户如果想要获得更好的收视体验，比如免广告、个性化表情，则需要付费成为网站 VIP 用户才可以。

活动赞助：直播平台从与游戏设备厂商合作的产品推广活动，以及与知名游戏开发商合作的线下活动中能够稳定获得一部分收益。

从直播平台观看人次来看，热门电竞项目已经不输传统体育项目，比如 LOL 系列赛事全年观看人次总计已经超过 50 亿次，其他热门项目

---

① Influencer Marketing. How Much do Twitch Streamers Make?[OL]. (2021-04-26). https://influencermarketinghub.com/twitch-money-calculator/

② 窦轩，顾福昌.虎牙直播成游戏直播第一股：32 亿市值背后有着怎样的机遇和挑战[OL]. (2018-05-14). https://www.jiemian.com/article/2137772_qq.html

也有亿级的播放。美国研究机构 Sparks & Honey 发布报告称，截至 2017 年，电竞观众人数将超过北美最火体育赛事——NFL 超级碗（作为 NFL 旗舰赛事，超级碗场均收视人数达到了 1.144 亿）。2014 年，全球有 5500 万电竞粉丝观看了《DOTA2》《英雄联盟》《反恐精英：全球攻势》《神之浩劫》、和《坦克世界》等电竞赛事直播，收视率比 2012 年提升了 643%。Sparks & Honey 认为，随着电竞赛事转播渠道数量进一步增长、赛事组织逐渐规范化，电竞在全球范围内的潜在受众人群达到 14 亿人，赛事收视率将超过美国任何一项传统体育赛事。[①] 对于电竞行业来说，直播观赛人次无疑是衡量电竞热度和影响力的重要维度。

在国内赛事方面，2016 年由腾讯主办、量子体育 VSPN 承办的首届《王者荣耀》职业联赛创下了超过 3.5 亿观赛人次的收视记录，日观赛用户峰值超过 800 万。2018 年 LPL 赛区职业赛事直播观赛人次突破 150 亿，观赛总时长超过 25 亿个小时，相较 2017 年增长 50%，增长势头同样迅猛。[②] 这些数据也是目前全球电竞赛事已公开数据的最高记录。目前电竞赛事也开始受到非玩家群体的热捧，2017 年 Newzoo 在北美和欧洲 10 个国家中，抽取《英雄联盟》《反恐精英》和《DOTA2》等赛事观众作为样本，发现有 42% 的观众不会玩所观看的电竞项目。其中，《反恐精英》的非玩家群体占比是最高的，达到 57%。这主要是因为观看赛事本身没有竞技强度和反应速度的要求，参与难度大幅降低，这说明电竞产业的受众身份已不再只限于传统的玩家了。

由于观赛用户的规模整体扩张，过去单纯的线上观赛显然已无法满

---

① Sparks & Honey.The eSports User Manual [OL]. (2016). https://static1.squarespace.com/static/5b553895697a98cf2cef2bc6/t/5bb92582ec212d5199cd1218/1538860427188/s%26h_2015_eSports.pdf

② 新浪电竞. 腾讯互娱联合 VSPN 挖掘电竞赛事巨大商业价值 [OL]. (2017-03-10). http://dj.sina.com.cn/article/fychhus0430928.shtml

足日渐增长的用户需求，同时，随着用户年龄的成长和职业的更迭，用户身份已由过去主要的电竞游戏用户转变为电竞赛事观众了。基于互联网的属性以及科技优势，《英雄联盟》赛事直播从数据显示、直转播视角以及 AI 内容等应用方面，在过去几年里得到了突破和创新。[①] 根据企鹅电竞智酷和腾讯电竞《2017 年中国电竞发展报告》显示，有越来越多的观众愿意付费在线看比赛，用户付费意愿最高的部分，除了现场看比赛，还包括通过线上观看优质画面和去广告内容（见图 6-4 所示）。

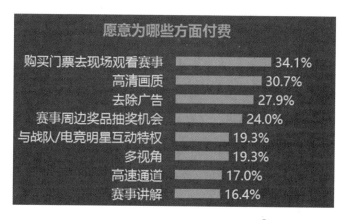

图 6-4　2017 年用户付费意愿调查 [②]

来源：企鹅智酷、腾讯电竞

　　网络平台的游戏直播，主要指针对网络游戏、单机游戏等比赛或项目进行直播并加入解说，是目前网络直播最重要的组成部分，也是推动网络直播迅速发展的重要因素。

　　早期网络媒体以 PPS（PP Stream）平台为代表，提供免费在线收看游戏竞技比赛。2005 年，上百万人通过该平台见证了李晓峰身披五星红

①　艾瑞咨询. 2019 年中国电子竞技行业研究报告 [OL]. (2019-04-04). http://report. iresearch.cn/wx/report.aspx?id=3352

②　企鹅智酷，腾讯电竞. 2017 中国电竞发展报告（完整版）[OL]. (2017-06-19). https:// tech.qq.com/a/20170619/002542.htm#p=2

旗，获得世界电子竞技大赛冠军的画面。随着网络带宽性能的提升和流媒体技术的运用，网络媒体从节目制作走向赛事直播阶段。

电竞直播平台 Twitch，由简彦豪（Justin Kan）和艾米特·希尔（Emmett Shear）于 2011 年 6 月在旧金山联合创立，是 Justin.tv 旗下专注于游戏相关内容的独立运营站点。在 Twitch 平台上，视频游戏的用户可以实时地观看其他玩家的游戏情况，这个平台也成为最受游戏玩家欢迎的聚集地，因为在 Twitch 上不仅可以看到游戏比赛的实况，还可以从其他玩家那里学习游戏战略，可谓是一举两得。

目前在国外市场中，其他互联网公司也纷纷跃跃欲试，最有能力和 Twitch 共同竞争的是 Google 的 YouTube Gaming 以及 Facebook 的 Facebook Gaming，它们各自挟带母公司的优势，是目前最有可能和 Twitch 竞争的黑马。根据 Streamlabs 的统计，2017 年 YouTube Gaming 每月活跃频道基数成长幅度达 343%，而 Twitch 同期仅成长 197%。[1] 2018 年 1 月，Facebook 推出游戏创作者前导专案（Gaming Creator Pilot Program），6 月再推出升级专案（Level Up Program），并同步推出游戏直播的专属网站 "fb.gg"，抢攻游戏直播的曝光度，提供直播平台。[2]

在国内市场中，游戏直播平台是电竞赛事内容的主要传播渠道，2014 年 1 月，斗鱼 TV 成立，同年，战旗直播 TV、虎牙直播 TV 先后上线。相较于电视直播，网络电竞直播的内容更为广泛和多元，包括主播日常游戏直播、大型赛事直播和平台自制赛事直播等。目前，游戏公司

---

① Antonio Hicks. Streamlabs Livestreaming Q4 Report: Tipping reaches $100M for the year; YouTube Dominates in Streamer Growth, increasing by 343% as Twitch rises 197% in 2017[OL]. (2018-01-26). https://blog.streamlabs.com/streamlabs-livestreaming-q4-report-tipping-reaches-100m-for-the-year-youtube-dominates-in-4bf450fae536

② John Imah, Nick Miller.Introducing the Facebook Gaming Creator Level Up Program [OL]. (2018-06-07). https://www.facebook.com/fbgaminghome/blog/introducing-the-facebook-gaming-creator-level-up-program

也开始投资直播平台。2018 年 3 月，腾讯同时入股斗鱼 TV 和虎牙直播两大直播平台，而腾讯本身已经拥有《英雄联盟》、《王者荣耀》、《皇室战争》等数个重要电竞游戏，这一系列的动作意味着腾讯在赛事运营及内容制作，即产业的中游与下游两大链条中，同时进行布局。尽管游戏直播平台目前还并不能为游戏商带来显著的收入，但是电竞赛事的举办，可以延长游戏生命周期，提高玩家活跃度及留存率，同时推动游戏销售平台的发展。

串流是指将一连串的影像压缩后，经过因特网分段传送数据，实现网络实时传输影音的一种技术。它并不是将多媒体数据实际拷贝一份存放在本机端，而是利用客户端缓冲存储器（Buffer）的概念，将数据不经实体储存，直接由缓冲存储器读取播放后丢弃，可节省本机端磁盘储存的空间。

流媒体有两种应用模式：实时与非实时。实时模式是指某处现场正在发生的事件，通过摄影录音成为影音内容，实时进行压缩编码处理后，经由服务器以网络上传现场的影音内容至播放器播出，例如直播、视频会议等应用。非实时模式是指预先录制的影音内容，同样经过压缩编码处理后，存放于服务器端，当客户端提出收看要求后，才从服务器内调出档案，通过网络传送到客户端的播放器中播出。[1]

网络媒体使用的方便性

电子竞技赛事的网络直播，是以电子竞技运动过程及其相关内容为播出主体，以互联网为传播渠道，随进程在现场同步制作和发布，是一种具有很强互动性的多媒体传播方式。

这些实时在线转播方式，是将实时影音数据压缩后，以稳定快速的传输渠道发送到客户端，通过播放程序解压缩开始播放，用户可以一边下载、一边观看，而不必先将所有数据都下载到硬盘上，再开启应用软

---

[1] 周遵儒. 串流媒体 stream media [OL]. (2012-10) http://terms.naer.edu.tw/detail/1678807/

件观看。

由于串流媒体播放时只需保留正在观看的影音片段，不需耗费庞大的硬盘空间储存完整的影音档案，让客户端的手机或计算机等节省了不少储存空间。相对而言，串流媒体本身通常为了配合有限网络带宽的限制，将影音内容进行非常高程度的压缩处理，使得画质受到影响，失真现象相对严重。

网络媒体的播放特性

这些提供实时播报电竞比赛的网站，可让无法到现场观赛的电竞迷实时追踪赛况。不同于电视的转播，对节目时间的安排有一定的要求，网络平台的视频播放可以涵盖一局比赛、一场比赛，甚至电竞赛事的全程现场直播。另外，在电竞比赛画面的选择和提供上，电视的转播考虑的是广大观众，而网络平台可以提供客制化内容，消费者可以定制指定选手的比赛画面或是指定主播讲解比赛。

在对比电视和流媒体的观看经验上，电视节目有特定的安排，观众可以预计观看时间，同时也给广告留出空间。观看流媒体的内容，消费者可以一气呵成地看完，也可以自行决定观看时间，流媒体由用户决定观看内容，是一种沉浸式的观看体验。由于流媒体的出现，这种新机制令电视节目和观众之间形成了一种新关系。传统电视——专家称其为"线性电视"——只占用你几个小时；流媒体服务可能占有你全部的空余时间，不管是旅行、度假还是周末，都可以带来五到十个小时的娱乐时间。

网络平台的直播特色

随着游戏直播平台的出现，赛事内容可以有效地触及用户，扁平化的内容制作模式大幅拉低了内容制作成本，也吸引了专业电竞主播、职业选手及电竞人投身直播行业。在直播平台进行直播行为的人叫做主播。最初从事电竞游戏网络直播的主播，通常是专业电竞选手。依托于软件技术，主播只需要有一台电脑、一副耳麦、一处空间就可以进行直播，这使得许多人进入这个行业。随着受众数量的上升和直播门槛的降低，一般大众也开始进入直播行业。虽然他们自身游戏技能不如专业电竞选手，但他们直播的目的不是为了教导别人如何提高技能，而是通过直播与他人交流。此外，由于草根主播的加入，电竞游戏直播也更多元化，从顶级赛事的实况直播到一般游戏的新手教学等，凸显了大众化的特质。

另外，在直播过程中，网络直播平台中的用户评论具有实时性，同时信息的多向性也在明显加强。主播在解说时，受众与受众之间也在实时交流，具有评论实时滚动的特性，使得受众间的互动也成为直播时的重要内容之一（见图 6-5）。

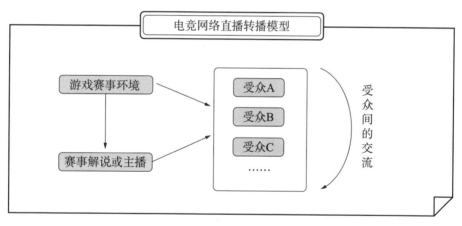

图 6-5　电竞网络直播转播模型

目前，Twitch 是全球最大的游戏直播平台。Newzoo 对 2015 年 7 月到 12 月 Twitch 视频的观看数据进行了分析，发现大约 21.3% 的观看量来自电竞赛事，其他各类型电子竞技的视频总观看时长为 4.755 亿小时，平均每个用户每月均观看时长超过了 7900 万小时。在 Twitch 平台上，内容观看时长最高的前五款游戏分别是：《英雄联盟》、《DOTA2》、《反恐精

英：全球攻势》、《炉石传说》以及《星际争霸2》。^①

在电竞直播中，主播扮演了关键角色。Twitch平台提供游戏直播内容与回看直播记录，主播通过直播与聊天室等互动机制的设计，不但拉近了观众与主播的距离，也让影音直播从专业电竞玩家的圈子，逐渐拓展到一般消费者的生活圈。另外，Twitch引人入胜之处在于社交互动性强，它拥有80%社群互动影响力，观众可以跟主播及其他观众互动。2021年2月，Twitch的活跃主播人数为950万，月均同时在线观众为290万。从年龄来看，41%的用户处于16至24岁间，32%处于25至34岁间。从性别看，65%为男性。^②这些人基本上属于电视台消失的观众群体。

国内现阶段，形成了以虎牙直播、斗鱼TV播、触手直播和龙珠直播等为代表的游戏直播平台，主要提供的内容为游戏直播，同时涉及综艺、娱乐等多种直播节目。智能手机发展至今，流媒体技术在移动端已成熟运用，移动直播可以通过为移动电子设备设计的第三方应用程序软件实现。通过应用程序，移动电竞直播平台能够根据用户需求，及时提供电竞短视频、电竞新闻资讯以及电竞直播赛事，将电竞信息搭载在智能移动设备中进行传播。同时，用户又可以通过移动端设备来制作和观看直播，全程参与直播的交互服务。

移动端的电竞赛事直播与网络直播类似，除了关注重大的赛事，休闲化、娱乐化的内容同样可以进行直播，如网络自制的个人直播平台。相较于传统电视直播和网络直播，移动直播仍有其特色。不同于西方市场的游戏直播多以端游为主，2013年起，国内手游市场迅速扩张，促进了移动直播平台的发展。特别是2015年腾讯推出MOBA类手游《王者

---

① NewZoo. Esports Drives 21.3% of Twitch Viewership [OL]. (2016-04-06). https://newzoo.com/insights/articles/esports-drives-21-3-of-twitch-viewership/

② Mansoor Iqbal. Twitch Revenue and Usage Statistics (2021) [OL]. (201-03-29). https://www.businessofapps.com/data/twitch-statistics/

荣耀》，2017 年 2 月，游戏用户量已突破 2 亿人。2019 年 5 月，腾讯推出大逃杀类手游《和平精英》，公测不到两个月，每日活跃用户就超过了 5000 万人。^① 目前，我国手游用户每月达 8.25 亿人，用户每月人均游戏使用时长达 879 分钟，其中，《王者荣耀》和《和平精英》两款手游用户规模最大，游戏时间最长。^②

随着观看手游直播的用户不断增多，各游戏直播平台的移动端应用相继投放市场。2015 年，游戏直播市场出现细分，专注于手游的移动直播平台开始出现。2017 年从各游戏直播平台的 App 下载量看，虎牙直播和斗鱼 TV 直播 App 下载量较高，分别为 4.03 亿次和 3.59 亿次，其余游戏直播平台的 App 下载量都少于 2 亿次。^③ 截至 2018 年 2 月，直播 App 的整体市场渗透率高达 21.4%，用户规模超过 2.2 亿人，移动直播平台强大的用户基数凸显了电竞更加大众化。渗透率最高的三款直播 App 为斗鱼 TV 直播、虎牙直播和 YY，其市场渗透率分别为 4.25%、3.61% 和 3.33%。其中，直播 App 用户以年轻男性为主，59.6% 的用户是男性，有 66.7% 的用户年龄低于 30 岁，《王者荣耀》是这些用户最偏爱的游戏。^④

从各游戏直播平台年均单日使用时长看，2017 年各个平台的使用时长差距较小，人均单日使用时长均维持在 80 分钟以上。虎牙直播和斗鱼 TV 直播人均单日使用时长分别为 130 分钟和 129 分钟，平均在 2 小时以

① 郑超前.《和平精英》要做电竞了，腾讯公布 6 款游戏电竞计划 [OL]. (2019-06-21). https://www.jiemian.com/article/3237229.html

② 极光大数据. 数据报告 | 2019 年手机游戏行业研究报告 [OL]. (2019-12-30). https://mp.weixin.qq.com/s/mU85TrHmGYN2nuDCDbSwBg

③ 前瞻产业研究院. 2018 年游戏直播平台对比分析虎牙直播和斗鱼 TV 竞争力最强 [OL]. (2018-09-08). https://www.qianzhan.com/analyst/detail/220/180907-8c70491b.html

④ 极光大数据.【图解】极光大数据：2018 年 3 月直播 app 行业研究报告 [OL]. (2018-03-13). https://www.jiemian.com/article/1986947.html

上，其他平台单日使用时长均在 1 小时以上，2 小时以下。^①

案例 6-1　美国游戏直播平台 Twitch

Twitch 是全球第一个针对游戏直播设立的流媒体平台，在全球有大量用户。尽管 YouTube 观众数比较多，但 Twitch 的获利却更胜一筹，它主要依靠来自频道订阅收取费用，同时，Twitch 的即时双向互动也吸引着庞大的粉丝社群，持续创造惊人的商机。

Twitch 来自直播项目丰富但功能简单的 Justin.tv。Justin.tv 的营运概念来自创始人简彦豪的一次实验，他随身携带摄像头，通过摄像头直播自己的生活，不论是工作、约会还是吃饭睡觉。当时最热门的视频网站还是 YouTube，但 YouTube 并不支持在线直播。而 Justin.tv 是一个专门针对在线直播的开发软件技术，不只可以运用网站向网民进行实时直播，网民自己也可以利用软件技术成为直播主。

Justin.tv 的直播内容五花八门，但是游戏直播却在众多项目中脱颖而出。2011 年，Justin.tv 将游戏直播从母网站中分离出来，创建了单独的网站 Twitch。2014 年，公司关闭 Justin.tv，将业务重心转移到 Twitch 上，Twitch 成为有史以来最大的游戏直播网站。目前 Twitch 全球员工中，七成是工程师，主要负责优化直播、降低延迟等关键技术。2012 年亚马逊成立了内部游戏工作室 Amazon Game Studios，2014 年，亚马逊公司以 9.7 亿美元收购 Twitch^②，亚马逊买下 Twitch 后全力整合软硬件游戏资源。同年亚马逊收购电玩工作室

---

① 中关村在线. VSPN 牵手电视大屏探索电竞新蓝海 [OL]. (2018-02-08). http://game. people.com.cn/n1/2018/0208/c4864829813767.html

② Michael McWhertor. Amazon confirms it's buying Twitch for \$970M [OL]. (2014-08-25). https://www.polygon.com/2014/8/25/6067061/amazon-confirms-acquisition-of-twitch-for-970-million

Double Helix Games，推出的机上盒 Fire TV 主打游戏功能。现如今，亚马逊已经成为仅次于维尔福公司的第二大游戏出版商了。

　　Twitch 直播的特点在于，主播不受控制，可以谈论任何主题，而且都是以现场直播的方式进行，讨论的主题也是可以不断变动的。Twitch 澳洲区负责人路易斯·米歇尔（Lewis Mitchell）："主播们能够代表 Twitch，他们是创造内容的一群人，是具有影响力的一群人，正是他们成就了今天的 Twitch。"如何把庞大的观众群体变成自己的粉丝，就需要考验直播者的创意了。Twitch 直播主的收入来源，除了粉丝的赞助，还有广告和频道订阅的分成，订阅的粉丝越多收入就越高。最初，频道订阅费用为每月 4.99 美元；2017 年，在原有基础上，增加了 9.99 美元和 24.99 美元两个档位[①]；2021 年 5 月，将固定费用更改为按地区收费[②]。根据 Newzoo 发布的数据，2015 年下半年，在 Twitch 用户观看的直播内容中，电竞内容占比 21.3%，其中，58% 的电竞内容为 MOBA 类；观看时间最长的赛事是《英雄联盟》，其次是《DOTA2》和《反恐精英：全球攻势》。[③]

　　据 Newzoo 2018 年发布的报告显示，在热门游戏观看量方面，Twitch 第一季度超越 YouTube Gaming。Twitch 在各大游戏平台中，Top 20 游戏的视频观看量占 82%，几乎每款游戏都占据绝对优势，只有博彩游戏、《坦克世界》、《我的世界》和《无尽对决》是例外。2018 年第一季度，YouTube Gaming 平台的游戏直播总观看时长

① Annie Berrones.Building Global Communities with Local Subscription Pricing [OL]. (2017-04-19). https://blog.twitch.tv/en/2017/04/19/everything-you-need-to-know-about-our-new-subscriptions-beta-4f7535749f2c/

② Twitch.Building Global Communities with Local Subscription Pricing [OL]. (2021-05-17). https://blog.twitch.tv/en/2021/05/17/building-global-communities-with-local-subscription-pricing/

③ Newzoo.Esports Drives 21.3% of Twitch Viewership [OL]. (2016-04-06). https://newzoo.com/insights/articles/esports-drives-21-3-of-twitch-viewership/

达到 4.81 亿小时，Twitch 平台的观看时长为 20.18 亿小时，是前者的五倍之多。其中，职业电竞赛事占 Twitch 观看时长的 11.6%，在 YouTube Gaming 平台的占比只有 8.2%。在职业电竞赛事直播观看时间方面，Twitch 平台也遥遥领先 YouTube Gaming 八倍之多（见图 6-6）。

2019年Twitch游戏直播主数量排行榜			
twitch	1月份用户总量：63700		
	游戏名称	游戏类型	直播主数量
1	堡垒之夜	射击	10000
2	英雄联盟	竞技	5200
3	绝地求生	射击	4100
4	反恐精英：全球攻势	射击	4000
5	生化危机2	冒险	2900
6	守望先锋	射击	2800
7	使命召唤：黑色行动4	射击	2300
8	DotA2	竞技	2300
9	旧学校的江湖	角色扮演	2200
10	彩虹六号：围攻	射击	1900

2019年YouTube游戏直播主数量排行榜			
YouTube	1月份用户总量：22000		
	游戏名称	游戏类型	直播主数量
1	堡垒之夜	射击	3500
2	绝地求生	射击	1700
3	我的世界	冒险	1600
4	我要活下去	射击	1200
5	反恐精英：全球攻势	射击	1100
6	生化危机2	冒险	1000
7	绝地求生（手游版）	射击	949
8	侠盗猎车手5	冒险	893
9	FIFA 19	体育	615
10	虚拟世界	角色扮演	539

图 6-6　2019 年 1 月 Twitch 和 YouTube 游戏直播主数量排行榜[①]

来源：Newzoo

① Jurre Pannekeet. More People Are Streaming on Twitch, But YouTube Is the Platform of Choice for Mobile Game Streamers [OL]. (2019-02-14). https://newzoo.com/insights/ articles/more-people-are-streaming-on-twitch-but-youtube-is-the-platform-of-choice-for-mobile-game-streamers/

案例 6-2：韩国游戏直播平台 Afreeca TV

　　素有电竞强国之称的韩国培养的电竞明星选手有《英雄联盟》中路大魔王 "Faker" 李相赫、辅助达人 "Wolf" 李宰晚等，他们所属的队伍 SKT 更是直播的收视保证。比起在全球有很高使用率的 Twitch、YouTube，韩国人更喜欢本国的平台 Afreeca TV，其原因是游戏社群的黏着度高，韩国的使用者更愿意在 Afreeca TV 上留言、互动，虽然 Afreeca TV 不是一个游戏专用平台，但至今仍是韩国专业主播们最常使用的平台。[①]

　　Afreeca TV 是一家影视直播平台，原名为 Nowcom，成立于 1994 年，于 2013 年更名为 Afreeca TV。平台的口号标榜 "连接全球 50 亿人"，旗下产品主要包括网络平台 Afreeca TV，电视频道 SBS Afreeca TV 以及播客应用 Podfreeca，业务包括直播服务，例如游戏、娱乐等。平台有超过 20 万名主播，每天有 3500 个频道同时进行直播，除直播外，平台内还开设了手游中心。[②]

　　2009 年 1 月，Afreeca TV 取得棒球、足球等专业体育赛事的转播权，两个月后，Afreeca TV 将音乐直播和游戏直播业务分离，2013 年 9 月 Afreeca TV 又推出手游中心，并开始部署海外业务，在日本、中国台湾、东南亚、美国建立了子公司。2015 年，Afreeca TV 平台最高线上观众数为 50 万人，每日线上观众数 15 万人，每日浏览次数达 2000 万，韩国智能手机用户中有 68％使用 Afreeca TV

---

① Nielsen. The Esports Playbook: Asia [OL]. (2018-01-22). https://nielsensports.com/wp-content/uploads/2021/01/nielsen-esports-playbook-asia.pdf

② 艾瑞咨询. 2014 年海外游戏视频直播平台案例研究报告——Afreeca TV [OL]. (2015-01-17). http://report.iresearch.cn/report/201501/2303.shtml

的 App。^① 到了 2017 年，Afreeca TV 最高线上观众人数达 125 万人。

4G 网络的使用无疑加快了韩国智能手机的快速普及，目前韩国智能手机普及率接近 70%，智能手机和 4G 网络的普及成为了 AfreecaTV 用户增长的动力。Afreeca TV 提供影音录制软体，玩家可以直接上传内容到 Afreeca TV 的网站供大家观赏。^②Afreeca TV 代表理事徐洙吉表示，"Afreeca TV 的经营理念是成为内容制造者与个人媒体的中心，任何人都可以马上自由地、不限场合地做直播节目，手机也可一键搞定，形成自由经济生态圈"。Afreeca TV 的优势在于，在韩国直播领域没有与之相较的竞争对手，平台游戏业务处于一家独大的状态。

2015 年 Afreeca TV 平台上活跃的主播每周约有 7000—10000 名，主播收入一个月最高可达 1 千万韩元。Afreeca TV 所有影片都可免费观看，而它却通过"礼物经济"（增值道具）营利，主要增值道具包括星星、贴纸和巧克力，观众可通过付费充值等形式，购买增值道具赠送给主播（如图 6-7 所示）。主播和平台再按一定比例变现分成，平台收取 30% 到 40% 的佣金。^③

Afreeca TV 付费的基础建立在广告多、限制多的制度设计上，平台的其他收费服务还有"快速观看"，使用者付费获得无广告版本，或是取得进入已经满座频道的资格。此外，粉丝也能赠送贴图给主播，主播能够使用贴图调整观看人数限制等播放选项。目前，Afreeca TV 的收入主要由两大部分构成，即广告和增值道具。广

① 艾瑞咨询. 2015 年中国游戏直播市场研究报告（行业篇）[OL]. (2015-02-05). http://report.iresearch.cn/report_pdf.aspx?id=2316

② 艾瑞咨询. 2014 年海外游戏视频直播平台案例研究报告——Afreeca TV [OL]. (2015-01-17). http://report.iresearch.cn/report/201501/2303.shtml

③ Albert De Venecia. How to Stream Mobile Games on Afreeca TV: A Beginner's Guide [OL]. (2020-03-02). https://cellularnews.com/mobile-games/how-to-stream-mobile-games-on-afreeca-tv-a-beginners-guide/

告收益与国内一般的视频网站较为相似，包括前视频贴片广告，网幅广告和直播中的贴片广告三大类，其中直播中的贴片广告模式是2013年推出的。[①]

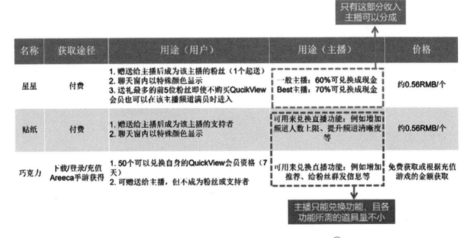

图6-7　AfreecaTV平台用户增值道具[②]

案例6-3　斗鱼TV

斗鱼TV是一家弹幕式直播分享网站，为用户提供视频直播和赛事直播服务。斗鱼TV的前身为AcFun生放送直播，2014年1月1日起正式更名为斗鱼TV，专注电竞直播业务。斗鱼TV以游戏直播为主，涵盖了娱乐、综艺、体育、户外等多种直播内容。为了拓展游戏直播市场，斗鱼TV加大了与电竞赛事的合作，并签约退役的职业选手，与此同时，斗鱼赞助电竞职业战队（见图6-8）。目前，斗

① 艾瑞咨询. 2014年海外游戏视频直播平台案例研究报告——Afreeca TV [OL]. (2015-01-17). http://report.iresearch.cn/report/201501/2303.shtml
② 艾瑞咨询. 2014年海外游戏视频直播平台案例研究报告——Afreeca TV [OL]. (2015-01-17). http://report.iresearch.cn/report/201501/2303.shtml

鱼TV版块主播排名前三均为游戏类，分别是《绝地求生》、《王者荣耀》和手游（包括休闲和大逃杀类手游）。

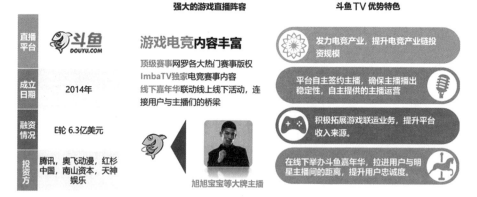

图 6-8　斗鱼 TV 信息[①]

来源：艾瑞咨询

　　斗鱼 TV 内容多样化，相继开通了鱼乐星天地、鱼秀、鱼教等直播项目，包括游戏、动漫、体育、娱乐等，个性化和多样化的直播间能满足不同用户的需求，斗鱼 TV 通过直播领域细分延长了用户使用时长（见图 6-8）。除了传统的直播业务，斗鱼 TV 还建立了视频平台、自有社群以及社交平台，建立以直播为核心的多元社交生态。首先，斗鱼 TV 以直播内容为核心汇聚用户，不断提供新创内容吸引用户；其次，斗鱼 TV 视频弥补了直播内容的实时性问题，将想要回看直播内容的用户留存在平台上；最后，平台自有社群的经营，平台拥有以主播为核心的论坛交流，通过让主播参与互动提升用户黏性，再连接外部社交平台对外导出内容，吸引其他平台的用户。[②]

---

① 艾瑞咨询. 2018 年中国游戏直播市场研究报告 [OL]. (2018-08-07). http://report.
iresearch.cn/report_pdf.aspx?id=3254

② 艾瑞咨询. 2018 年中国游戏直播市场研究报告 [OL]. (2018-08-07). http://report.
iresearch.cn/report_pdf.aspx?id=3254

2018 年，斗鱼 TV 计划在湖北武汉投资 50 亿建设电竞小镇聚拢直播的上下游产业，其中包括建设网红学院、电竞学院、电竞赛事直播中心、直播经纪产业区，引进与技术密切相关的大数据及云计算中心，筹建针对直播产业的创新创业孵化器，整体计划以斗鱼 TV 小镇为核心，打造一个网络视频直播平台的生态基地。[①]

2020 年，斗鱼总营收为 96 亿元，同比增长 31.8%。其中，第四季度收入为 22.7 亿元，月均活跃用户为 1.74 亿，移动端月活跃用户为 5820 万，付费用户为 760 万。[②]

案例 6-4　虎牙直播

虎牙直播成立于 2014 年，也是以游戏直播为主营业务的弹幕式直播互动平台。目前，电竞直播行业的竞争格局已初步定型，无论是从用户规模还是平台活跃度来看，斗鱼 TV 和虎牙直播都已成为游戏直播市场的两大巨头。

虎牙直播前身是 YY 直播，YY 直播当时的主要业务是语音服务，为"魔兽"提供语音对话讨论战术的平台。然而，YY 直播一直没有在电竞直播平台上运用自己在音频传输方面的技术优势，而是另外开启了秀场模式。2014 年，YY 直播改名为虎牙直播，以秀场模式积累人气资源，在电竞直播市场占据了一席之地。虎牙直播以游戏直播为主，涵盖娱乐、综艺、教育、户外、体育等多种直播内容。

虎牙直播在电竞专业化布局上，是通过签约职业战队、抢占赛事版权，自制赛事 IP 增加媒体曝光度，增强了用户黏性，同时打造

---

① 经济网.斗鱼 TV 成为直播领域首家盈利企业　总投资 50 亿元"斗鱼 TV 小镇"今年落子武汉 [OL]. (2018-01-18). http://www.ceweekly.cn/2018/0118/216441.shtml

② 赵艳艳.斗鱼 2020 年财报发布 净利润 5.4 亿元 [OL]. (2021-03-23). https://m.gmw.cn/baijia/2021-03/23/34710844.html

线上线下联动的电竞社区，催化多元化的商业变现模式。^①

签约职业战队：虎牙直播强调内容运营策略，启动全明星主播战略，签下了多支重量级职业战队和多位明星主播，比如 IG 战队、FPX 战队、韩懿莹、安德罗妮夫妇（本名王涛涛和王宁）、金允诚（ID：Dopa）等。2016 年，虎牙直播签下《王者荣耀》第一届 KPL 冠军战队仙阁，2017 年又签下 KPL 人气战队 YTG，培养了一批《王者荣耀》、《球球大作战》主播。2019 年，WE 战队和 TES 战队入驻虎牙直播平台。虎牙直播在移动竞技游戏直播市场取得了先发优势。^②

赛事布局：随着电竞赛事的蓬勃发展，虎牙直播引入了国内外赛事的直播版权，到 2018 年底，虎牙直播与超过 140 个电子竞技组织合作，主办或直播了 LOL 年终总决赛、LCK、LPL、NEST、LMS/MSI、LOL 洲际赛、天命杯等超过 760 场电竞赛事。^③同时，虎牙直播是国内唯一一个集齐 LPL、LCK、LCS（NA）、CS（EV）、LMS 五大 LOL 联赛版权的直播平台。此外，虎牙直播还拿下 NEST2018 PUBG 等 3 大版权，垄断了《绝地求生》赛事的直播权。^④另外，虎牙直播还筹办自家直播平台赛事，如自制《绝地求生》赛事 IP 天命杯，举办虎牙直播手游电竞大赛等。特别是虎牙直播的 YY 明星主播联赛（YY Star League，YSL），已经打造了 YSL《英雄

---

① 艾媒咨询.艾媒报告 |2018-2019 中国在线直播行业研究报告 [OL]. (2019-01-23). https://www.iimedia.cn/c400/63478.html

② 游戏城会玩.WE 之后虎牙直播再次签约重量级职业战队 TOP 战队将全员入驻虎牙直播 [OL]. (2019-04-23). https://xw.qq.com/cmsid/20190423A0209S/20190423A0209S00

③ 人民电竞.虎牙拿下 LCK 赛事未来三年独播权 [OL]. (2019-10-22). https://weibo.com/ttarticle/p/show?id=2309404430308538712212

④ 腾讯游戏.虎牙直播独揽 NEST2018 等 3 大版权赛事 构筑赛事直播壁垒 [OL]. (2018-12-04). https://games.qq.com/a/20181204/010150.htm

联盟》联赛和 YSL《王者荣耀》联赛，2013 年举行首届 YSL《英雄联盟》联赛时，吸引了超过 1000 万人观看比赛。[1]

直播技术：在赛事直播上，各家平台很难做出真正的差异化，新技术应用成为突围的重要条件。2014 年，虎牙直播推出 1080P 高清码率直播服务；2016 年，虎牙直播启用 HTML5 直播技术；2017 年，虎牙直播与英特尔合作推出蓝光画质。2019 年，虎牙直播在 PGI 推出双视角双蓝光 8M 直播，除直播画面更清晰外，传输速度也领先其他平台近 10 秒，其差异在于：用户可以一秒打开直播间，以及可以快人一步知晓比赛结果。[2]

在客制化内容上，虎牙直播提供多个战队第一视角，快人一步的直播体验以及互动氛围，使得虎牙直播积累了大量用户。据 2018 年数据统计，虎牙直播拥有近 2 亿注册用户，平均月度活跃用户超过 9900 万，行业排名第一，单个移动端用户平均日使用时长达到 110 分钟，移动端用户次月留存率超过 70%。虎牙直播以突出的流量优势迅速确立了在游戏直播中的地位。[3]

电竞直播的迅猛发展得益于游戏直播平台的建立。电竞直播平台包括电视直播平台和网络直播平台。本章讨论的平台不是传统的电视卫星直播平台，而是依托网络技术发展的流媒体平台，与传统媒体的不同之处在于，流媒体是通过硬、软件相结合的方式，配合网路播送收看的需求产生的。这种平台最初出现在计算机网站，后来又开发出

① 安信证券. 从小众到主流，全民电竞打开泛娱乐新蓝海 [OL]. (2018-01-22). https://fdc.fang.com/wenku/493449.html

② 腾讯网. 第三届直播与短视频峰会圆满落幕 虎牙直播斩获四项大奖 [OL]. (2019-03-25). https://new.qq.com/cmsn/20190325/20190325008491.html?pc

③ 艾媒咨询. 艾媒报告 | 2018-2019 中国在线直播行业研究报告 [OL]. (2019-01-23). https://www.iimedia.cn/c400/63478.html

移动端客户端。

由于我国广播电视发展需要及政策调整，2004 年开始禁止在电视上播放电脑网络游戏类节目，电竞游戏直播纷纷转向网络，促进了网络电竞直播及电竞游戏节目的兴起和蓬勃发展。2013 年底，美国游戏直播平台 Twitch 直播《英雄联盟》全球总决赛的冠军赛创下了在线观看人数高达百万的纪录。国内媒体跟随国际电竞直播浪潮。在之后的一两年内，随着流媒体技术在资本和政策的双重推动下日臻完善，2014 年 1 月，斗鱼 TV 成立。同年，战旗直播 TV、虎牙直播先后上线，我国游戏直播平台从无到有，逐步完善。

2018 年《英雄联盟》全球总决赛在韩国仁川文鹤竞技场举行，中国战队 IG 以 3：0 的成绩击败欧洲战队 FNC 取得冠军。根据拳头游戏公布的数据，全球总决赛最高峰时有 4400 万人同时观看，累积观众 9960 万人。除此之外，拳头游戏公布平均每分钟的观众数为 1960 万人，传统运动项目皆会用这项数据作为收视率的回报，拳头游戏认为《英雄联盟》赛事已经可以使用大型运动项目的标准来检视了。[①]

流媒体平台已经成为电竞用户观看比赛和相关内容最主要的渠道，根据 SuperData 统计，全球观看游戏类视频的观众有 6.5 亿人，比 Netflix、HBO、ESPN 和 Hulu 等影音平台的观众人数总和还要多。[②]

目前，全球两大电竞赛事直播平台是 Twitch 和 Youtube。根据 Newzoo 发布的报告，2018 年第一季度，两大平台的 Top 4 电竞赛事的播放量合计达到 1.9 亿小时，同比增长 6.9%。YouTube Gaming 平台的游戏直播观看总时长达到 4.81 亿小时，Twitch 平台同期观看时长为 20.18 亿

---

① LOL Esports Staff.2018 Events By The Numbers [OL]. (2018-12-10). https://nexus. leagueoflegends.com/en-us/2018/12/2018-events-by-the-numbers/

② Tyler Wilde. More people watch gaming videos and streams than HBO, Netflix, ESPN, and Hulu combined [OL]. (2017-04-21). https://www.pcgamer.com/more-people-watch-gaming-videos-and-streams-than-hbo-netflix-espn-and-hulu-combined/

小时，电竞内容占两大平台总观看时长的 11%，可见电竞用户渗透率仍有增长潜力。从游戏类型来看，竞技类游戏由于更具观赏性成为直播内容的主力。Top 3 游戏类型（动作 / 冒险、MOBA、射击）的观看时长占 Twitch 总时长的 61%，占 YouTube 总时长的 69%。尽管 Twitch 平台五大主播的平均观看人数是 3.54 万人，比 YouTube 平台同样位置的平均数 1.24 万人高出不少，但如果单从两个平台最热门的游戏来看，实际数据相差并不是特别大。①

中国游戏直播平台众多、竞争性强。根据易观数据，在游戏直播市场中，MOBA 类与 FPS 类的电子竞技内容用户渗透率最高，在 TOP 10 游戏直播内容中，除《地下城与勇士》外，其他均为 MOBA 与 FPS 类内容。②

根据 Newzoo 对北美、欧洲和拉丁美洲等 16 个国家的 10—65 岁玩家进行调研发现，全球竞技类游戏的整体付费率已经达到 75%，"大逃杀"类游戏的付费率一度高达 88%。根据 SuperData 数据，在 2018 年全球收入前十位的游戏中，其中 4 款竞技类游戏的收入占比接近 50%，位居第一的 FPS 竞技游戏《堡垒之夜》以 24 亿美元收入创下历史最高记录。另外，休闲卡牌游戏《炉石传说》在全球积累的用户数已经突破 1 亿大关。

① Jurre Pannekeet.Five Key Insights into Twitch and YouTube Gaming and the 2.4Bn Viewing Hours They Generated in Q1 2018 [OL]. (2018-04-18). https://newzoo.com/insights/articles/five-key-insights-into-twitch-and-youtube-gaming/
② 易观智库. 2019 年中国游戏直播平台年度综合分析 [OL/EB]. (2019-05-21). https://stock.finance.sina.com.cn/stock/go.php/vReport_Show/kind/search/rptid/611781001974/index.phtml

二、游戏直播平台

游戏直播即以游戏相关内容为主的直播，其中包括游戏解说和赛事直播等。游戏直播属于流媒体传播，将实时影音数据压缩后，以稳定快速方式的传输送到客户端，并通过播放程序解压缩开始播放，其优点包括：

档案大小不受限制：串流播放，用户可实时观赏到影像，无须等待较长时间下载；

多重广播：多位用户可以同时收看同一个串流图像文件；

随机播放：预先录制好的节目，用户可以随意暂停、快转、播放和互动。

游戏直播平台，指的是超过七成的直播内容为游戏直播内容的网络直播平台。其中，主播通过终端将目前进行的活动或事件，以视音频的方式实时传递给用户，同时，主播与用户可以利用聊天功能进行沟通互动。游戏直播平台的优势在于，一方面直播发展内容更加多元化，电竞内容可以快速渗入非职业玩家和大众群体；另一方面，网络平台上的游戏视频内容与电竞内容带来巨大的用户增量，推动了电竞赛事及电竞内容的版权和广告价值的不断增长。

相较于其他媒体，在直播平台观看电子竞技内容，呈现出三个特征：碎片化、互动性和沉浸式。

碎片化：传统媒体如电视具有大众媒体的特征，可以把内容在短时间内让广大用户接收到，形成强大的传播效果。如今，信息技术的飞速发展带动了视频行业的变化，直播网站或平台根据垂直栏目进行细分，对于网络视频的使用者而言，可以依照自己的兴趣，在任何时间进行点选，用户不必像过去那样在固定时间收到报纸或蹲守某个电视节目。

互动性：大型电竞赛事直播通过信号对接和服务器的设置保证用户顺利观看直播，使用户能够与现场观众同时观看比赛。除了使用户与现场观众一样，可以某种程度上见证选手的竞技，在互动方面，与电视等传统媒体相比，直播网站的一大优点在于其在传播上是双向的、畅通的、实时的，在互动形式上是多样的，在互动内容上是丰富的。

沉浸式：直播平台为受众提供了新的体验，从传统静态的观众转化为移动的用户，新媒体为媒体和用户提供了一个沉浸式的关系，新关系的形成有三个重要因素：远程呈现、虚拟性和模拟。远程呈现指的是通信技术改变了我们对空间和存在的感受，虚拟性指的是一系列短暂和不具象的意会和现实，模拟指的是建立了让观众体验虚拟世界的真实。

受国外游戏直播平台或频道发展的影响，2013 年起，我国游戏直播平台陆续上线，开始尝试电竞直播业务。据统计，2018 年 7 月开播数超过 100 万的直播平台包括虎牙直播、斗鱼 TV，其中斗鱼 TV 开播数超过 150 万，虎牙直播超过 250 万。[①] 同时，斗鱼 TV 和虎牙直播在日均活跃主播数及新增主播上均领先其他平台。前者侧重泛娱乐化策略，后者则深耕电竞赛事。[②] 国内游戏直播平台众多、竞争加剧，为此，各大平台除争取直播版权、明星主播进驻外，还致力于开发专业内容，例如内容上的"专业化"、"节目化"和"可持续化"。

---

① 安信证券.从小众到主流，全民电竞打开泛娱乐新蓝海 [OL]. (2018-01-22). https://fdc.fang.com/wenku/493449.html

② 腾讯. 2018 全球电竞运动领袖峰会暨腾讯电竞年度发布会 [OL]. (2018-06-14). https://daxue.qq.com/content/content/id/4072

（一）发展历程

根据艾瑞咨询发布的《2020 年中国游戏直播市场研究报告》[①]，中国游戏直播行业的发展可分为以下几个阶段：

萌芽期（2013 年以前）：随着游戏直播平台前身 YY 语音、AcFun 生放送、网易 CC 语音等的出现，逐渐设立起直播单元。

增长期（2013 年—2014 年）：大批游戏直播平台涌现，如斗鱼、虎牙、战旗、火猫等。与此同时，由于 Twitch 平台在全球范围内的火爆，国内直播平台获得了大量资本。

爆发期（2015 年—2018 年）：移动电竞兴起，腾讯投资斗鱼、虎牙，直播平台对人气主播和赛事版权展开争夺，抢占流量。近年来，《王者荣耀》《荒野行动》等多款热门手游抢占市场，是推升游戏直播快速发展的原因之一。[②] 2017 年，以《绝地求生》为代表的战术求生类游戏吸引了大量游戏直播用户，这类型游戏受到欢迎的原因如下：首先，该类游戏的直播具有较强观赏性，相较于其他对战类游戏，战术求生类游戏随机内容较多，观看体验更佳；其次，游戏观看较为直观，能够吸引手游玩家，甚至非玩家观看；最后，这类型游戏的电竞化速度极快，能够提供大量游戏直播内容，满足观众对对战直播内容的需求。[③]

成熟期（2019 年至今）：行业呈现"两超多强"格局，代表平台包括斗鱼、哔哩哔哩、快手等，游戏直播版权引发各界关注。随着一系列

[①] 艾瑞咨询. 2020 年中国游戏直播市场研究报告 [OL]. (2020-07-31). http://report. iresearch.cn/report_pdf.aspx?id=3625

[②] 易观智库. 2019 年中国游戏直播平台年度综合分析 [OL/EB]. (2019-05-21). https:// stock.finance.sina.com.cn/stock/go.php/vReport_Show/kind/search/rptid/611781001974/ index.phtml

[③] 前瞻产业研究院. 2018 年中国游戏直播行业发展现状及趋势分析 整体行业呈现五大发展趋势 [OL]. (2019-02-18). https://bg.qianzhan.com/report/detail/459/190218-691e52e0.html

直播行业法规的推出，行业整体朝着更加规范化的方向发展。早期在线直播平台的门槛设置低，大量"低俗"内容流入平台，相关监管部门通过出台条例、约谈负责人、查封平台、封停主播账号等措施加强监管。①一方面，行业高压监管促进直播平台建立正规化机制，形成行业内容规范；另一方面，部分中小违规平台退出市场，行业环境不断净化，推动平台向优质内容发展（如图6-9所示）。

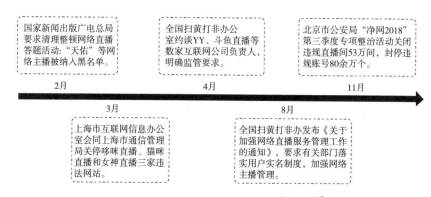

图 6-9　2018 年直播平台发展管理规范②

来源：艾媒咨询

2019 年，中国游戏直播平台的用户为 3 亿人，市场规模达到 208.1 亿元，同比增长 57.8%。预计到 2022 年，在快手、哔哩哔哩以外的中国独立游戏直播平台游戏用户将达到 3.8 亿人，直播市场规模将达到 497.1 亿元。③

---

① 艾瑞咨询. 2018 年中国游戏直播市场研究报告 [OL]. (2018-08-07). http://report.iresearch.cn/report_pdf.aspx?id=3254

② 艾媒咨询. 艾媒报告 |2018-2019 中国在线直播行业研究报告 [OL]. (2019-01-23). https://www.iimedia.cn/c400/63478.html

③ 艾瑞咨询. 2020 年中国游戏直播市场研究报告 [OL]. (2020-07-31). http://report.iresearch.cn/report_pdf.aspx?id=3625

（二）平台的构成

游戏直播平台出现后，赛事内容从此可以有效触及用户，除专业电竞主播外，职业选手及电竞人投身直播行业，吸引大量的人气并带来了可变现的渠道，扁平化的内容制作模式大幅拉低了内容制作成本。简言之，游戏直播平台有两个重要组成部分：主播和弹幕。

1. 主播

主播指的是在游戏直播平台上进行直播的播主。对于直播网站来说，其本身几乎不承担生产内容的工作，而是以开放的姿态，吸引有内容生产能力的主播进驻平台开播。在国外，主播的要求门槛很低，只要在 Twitch 上注册就可以获得主播资格，在国内则有一定的监督，斗鱼 TV 的主播需要接受实名验证。但无论是国内还是国外，主播的大门是向所有人敞开的。

根据 2019 年艾媒咨询布的数据显示，直播平台的男女主播占比分别为 50.8% 和 49.2%，主播性别比例相近。其中，43.3% 的主播为娱乐类主播，游戏主播和秀场主播也较受欢迎，占比分别为 27.3% 和 23.5%。[①] 在国内，虎牙直播与斗鱼 TV 稳居游戏平台前两位，因为这两个平台在资源与主播量级上都比其他平台更具独特优势。根据前瞻统计，2018 年人气排名前 1000 的主播，33% 在斗鱼 TV，29% 在虎牙直播（见图 6-10）。

---

① 艾媒咨询. 艾媒报告 | 2018-2019 中国在线直播行业研究报告 [OL]. (2019-01-23). https://www.iimedia.cn/c400/63478.html

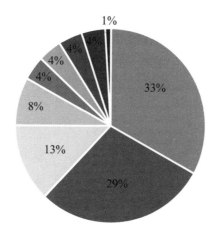

■斗鱼 ■虎牙 □熊猫 □哔哩哔哩 ■企鹅电竞 □战旗 ■龙珠 ■触手 ■全民

图6-10 截至2018年7月排名前1000位的游戏主播所在平台分布①

来源：前瞻产业研究院

除了提供具有可看性的直播内容，人气主播的价值在于可以带动粉丝的关注度，并在社交平台上引发一波波联动。过去，电视等传统媒体通过时段和频道的掌控，节目的收视热度很难在结束后延续下去，而直播平台上的人气主播在炒作话题上，可以通过粉丝的参与获得延续。粉丝的参与不仅是在直播时段的点击，还能发挥网络的社交延伸性，将讨论和热搜延伸到其他平台。2019年7月"旭旭宝宝"从龙珠直播跳槽到斗鱼TV，首场直播人气突破3000万，一度抢占微博热搜，微博话题"旭旭宝宝入驻斗鱼TV"阅读量达6711万次，讨论数66万条。②

与赛事直播的区别

直播主个人的直播，与上一章节对电子竞技的赛事直转播要有区分。

① 吴小燕. 2018年游戏直播行业竞争现状分析：行业成熟格局清晰，斗鱼虎牙独领风骚 [OL]. (2018-09-04). https://www.qianzhan.com/analyst/detail/220/180904-18c7c4c1.html

② 微舆情. 电竞直播头部竞争激烈 斗鱼TV大主播、明星粉丝收割流量 [OL]. (2018-08-16). https://www.zhihu.com/org/wei-yu-qing-77

虽然两者都是针对电子竞技，但赛事直播和个人直播在直播对象与直播形式上存在着明显的不同：

首先，直播形式的不同。赛事直播与直播主个人直播，在形式上的区别体现在视角上。一般而言，对于赛事直播，观众的视角是 OB 视角，可以看到赛场上全局的情况，不仅如此，对于一些精彩的操作，专业导播会进行慢动作的精彩回放。赛事直播中，导播会将画面切成选手的特写或赛场内观众的特写，本身并不参与比赛的解说员，也会对赛场全局了如指掌，并能够超越选手视角解说。而直播主个人直播，则是某个特定的主播直播自己进行游戏的过程，观众的视角是第一视角，看到的画面和主播看到的画面是一致的，主播并不能了解赛场的全局，在游戏过程中面对一些赛场上的突发情况，主播有时无法掌握。

其次，内容侧重点不同。赛事直播的是正规电子竞技赛事，而个人直播的内容较为随意。就直播主的内容来说，主要指的是主播进行游戏时所看到的画面，主播会根据个人喜好来增加附加的内容，有的主播会开启摄像头，在直播画面的一角开放一个小窗口，分享自己在直播中的动作和表情等。

个人直播主主要分为：职业玩家和高技能水平的业余爱好者。职业玩家有诸如 FPX 战队现役选手金相泰和 RNG 战队的退役选手刘志豪等。在草根高手中，比较具有代表性的主播为"指法芬芳张大仙"，张大仙主要在企鹅电竞和斗鱼 TV 平台进行直播，粉丝超过 1000 万，主要投放《王者荣耀》相关节目。与大型电竞赛事直播风格和解说要求不同，张大仙的直播方式风趣幽默，技术话语或调侃话语比较符合网络用户的口味，所以深得用户青睐。

直播主对游戏内容的解说风格也渐趋多元。一般来说，主播会一边进行游戏，一边对游戏的过程进行解说，解说风格因人而异，如肖旺（ID：Goodlike）等职业选手会偏重对竞技技巧的讲解，而张大仙等业余选手解说风格会偏娱乐幽默，会穿插大量的笑话、段子在解说中。另外，也有在直播过程中寡言少语的主播，例如韩国主播李秉权，因为语言不通，他在直播过程中并不会进行解说，而是仅仅展示游戏操作。

2. 弹幕

弹幕指的是直接在直播画面中显示的用户实时评论。在电视等传统媒体中，传播方式是电视台向观众传送节目，受众单向被动地接受信息，反馈的途径也较少，有较强的延迟，所以是一种弱反馈；同时，受众与受众之间以电视机为单位，也是被隔离的状态，彼此之间不能直接进行沟通。而游戏直播平台中，主播通常一边打游戏一边和观众聊天，用户可以通过类似于聊天室的公屏和弹幕发言。另外，由于用户发送的文字信息都是全直播间可见的，所以也可以知道其他用户对内容的反馈，并和他们在公屏或弹幕上对话。这个收看和互动的过程不同于传统媒体的单向传播，是社群的集体参与。

（三）平台服务

随着电竞赛事和流媒体直播的普及，越来越多的游戏内容借助多元化线上媒体渠道，触达更多电竞观众群体，游戏直播平台扮演的渠道角色也开始发生转变。国内直播平台数量众多，竞争激烈，核心竞争点在于平台内容的划分上。随着受众的细分，除了电竞赛事直播，电子竞技直播平台还开发出个人直播节目和平台主导的自制节目，其中，个人直播又因主播风格的不同，呈现出多样化的发展特点，为观众提供了更多具娱乐性的游戏直播体验。

1. 赛事转播

（1）平台购买转播权

电竞赛事版权即电竞赛事 IP，指的是在赛事主办方许可下，运营赛事的权利，电竞赛事版权具体可以分为以下四种，即：媒体转播权、商业赞助权、门票销售权以及衍生品开发权。

在电竞赛事版权中，最为重要的就是媒体转播权。媒体转播权指的是，赛事主办方或者电竞组织举办各类赛事的时候，允许其他人或者组织机构通过网络或者电视等平台进行直播、转播或录播，并从中获得利益的一种权利。从媒介形式上，媒体传播权可以分成电视转播权和新媒体转播权。电竞直播平台必须向赛事主办方取得转播权，才可在平台内转播赛事。

（2）转播赛事的流程

游戏直播平台的上、中游指的是游戏商和电竞赛事组织方，上游的内容决定了直播平台的用户数量、赛事火爆程度，大型电竞赛事可以直接为直播平台带来流量高峰。

平台转播赛事的执行流程包括：

游戏版权：一旦内容涉及游戏产品，理论上需要游戏厂商的授权。

举办权：赛事线下举办需要获得国家公安部、文化部及体育部等多部门审批。

制作权：视频制作内容需要获得《广播电视节目制作经营许可证》。

发行权：针对直播分发渠道而言，包括电视媒体和网络媒体，除了获得《影视节目制作发行许可证》、《信息网络传播试听节目许可证》，同时，还要获得赛事举办方授予的传播权利。

2. 主办赛事

目前，电竞直播平台已经不再单纯地提供电竞赛事直播服务，而是积极地投入平台资源，参与电竞赛事的打造、承办和建设等环节。以斗鱼 TV 为例，斗鱼 TV 超级联赛创立于 2018 年，每年分为春季赛和秋季赛两届，总奖金超 100 万元，超级联赛包含了《英雄联盟》、《绝地求生》、《王者荣耀》、《DOTA2》、《反恐精英：全球总攻势》等热门电竞游戏。

平台举办赛事，除请来知名战队制造名人效应，吸引粉丝流量外，还可从中发掘有潜力的战队或者选手。平台主办赛事有以下特点：

（1）可以发掘潜在的游戏项目，有利于平台热门游戏板块快速发展。

目前热门游戏直播都需要获得游戏版权方的授权，这意味着游戏公司可以通过授权的方式，决定游戏直播平台的内容。目前，国内的游戏直播平台，游戏公司腾讯的《英雄联盟》和《王者荣耀》占据了大部分的直播内容与流量，腾讯也通过投资斗鱼TV、虎牙直播，确立了游戏与直播上下游产业链的绑定，其他平台想要从中挖取商机相对困难。因此，平台开发竞技游戏比赛，有利于平台在游戏板块的发展。

（2）赛事的把控力度高，相关比赛制度有助于利益最大化。以《英雄联盟》和《绝地求生》赛事为例，目前官方的赛事规则逐步成型，形成一套竞技制度，但平台自身举办的赛事可以拥有自己的主导权，为了吸引粉丝、主播及战队，比赛不需要拘泥于传统比赛模式。不同于官方的正式比赛，平台自办赛事没有太多规定，可以通过有利于平台发展的方式来进行，不仅规则可控性较强，整体流程和奖金设置都能够得到把控。

（3）可以独揽直播权。直播平台的赛事直播权是平台自身决定的，多数都是平台独家直播，为了看到相关赛事，用户必须切入相关直播平台，无形中增加了流量和平台自身的影响力。有些平台赛事更是规定参赛队伍需要开启直播，不论队伍选手在哪家平台开播，都有利于平台扩大影响力。

（4）有利扩大平台影响力。相关赛事的举办，能够吸引媒体、社会各界的关注和积极参与。当相关赛事被媒体大量地报道时，可以增加赛事的影响力，也能扩大直播平台本身的影响力，强化平台在观众心目中的地位，增加观众对直播平台的忠诚度和黏合度，建立粉丝的信任感、增强粉丝效应。

3. 自制节目

电竞直播平台除了赛事直播，还可以开发个人直播节目和平台主导的自制节目。

（1）电子竞技主播主导的自制内容

电竞赛事和流媒体直播平台的普及，吸引了头部主播、职业玩家和高技能水平的业余爱好者参与各类型电竞赛事。电竞主播指的是在直播平台上直播电竞游戏的直播主，他们通常是直播游戏中的玩家。主播不仅需要对游戏进行解说，还要参与游戏的全过程。直播软件对主播游戏窗口画面或电脑全屏画面进行播放，观众在直播平台的直播间看到的画面即是主播进行游戏时的画面，观众可以将其作为"第一视角"进行观看。主播直播的内容，可以是主播个人的游戏行为，可以是主播日常的训练内容，也可以是主播和粉丝进行的较量赛。

（2）平台主导自制节目

一些平台开始打造自制赛事综艺 IP，由专业化的团队打造相对成熟的商业产品，促使直播平台迈向专业化、媒体化。平台主导的电竞节目为了适应市场需求而诞生，内容更加贴近观众。

2015 年直播平台自制节目的趋势已经出现，虎牙直播打造的游戏综艺《冲分吧！鹅》邀请了四位主播共同进行《英雄联盟》的直播。在直播频道内，粉丝们可以通过主会场了解四位主播的战况，随意切换画面。《冲分吧！鹅》为虎牙直播吸引了不少流量，拓宽了直播的内容。随后，虎牙直播又打造了一款狼人杀节目《God Lie》，这档节目通过竞技互动模式和明星主播的加入，吸引了广大受众观看。以往直播平台的专业生产内容（Professional generated content，PGC）多来自对于《王者荣耀》和"大逃杀"等游戏赛事的直播，虎牙直播自制综艺成为了游戏直播平台自制 PGC 节目的新试点，通过自制节目提高用户对平台的黏性，吸引观众的支持和喜爱，体现了直播平台在内容形式上的创新发展。

三、电竞直播的用户消费

（一）用户画像

根据《2018 年中国电竞运动行业发展报告》，在对电竞感兴趣的用户中，有 72% 的用户观看过电竞赛事，倘若对比 6.95 亿智能手机的网民规模，电竞潜在用户规模达 4.5 亿人次，显示出极大的商业空间。[①]

1. 平台用户市场特征

根据艾媒咨询发布的数据，我国游戏直播用户主要集中在移动端，大多数直播平台以男性为主，如虎牙（79.66%）、斗鱼（80.90%）、企鹅电竞（76.49%）（见图 6-11）。

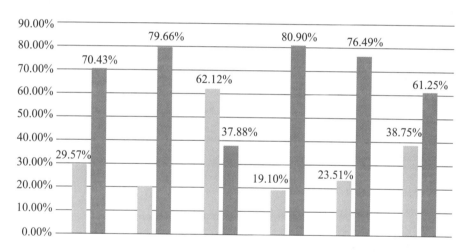

图 6-11　2018–2019 年国内主要直播平台用户性别分布 [②]

来源：艾媒咨询

---

① 企鹅智酷，腾讯电竞，电子竞技.企鹅智酷：2018 年中国电竞运动行业发展报告 [OL]. (2018-06-14). http://www.199it.com/archives/738097.html
② 艾媒咨询.艾媒报告 | 2018-2019 中国在线直播行业研究报告 [OL]. (2019-01-23). https://www.iimedia.cn/c400/63478.html

从年龄分布上看，2018 年的平台用户主要集中在 19 岁至 35 岁，这一群体占总用户人数的 74.6%，包括 19 岁至 24 岁这一大学生群体，18 岁及以下的用户占比 10.8%，36 岁至 40 岁用户占比 9.0%（见图6-12）。

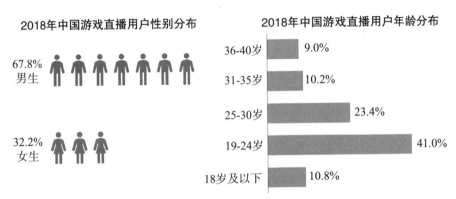

2018年中国游戏直播用户性别分布

67.8% 男生

32.2% 女生

2018年中国游戏直播用户年龄分布

36-40岁　9.0%
31-35岁　10.2%
25-30岁　23.4%
19-24岁　41.0%
18岁及以下　10.8%

图 6-12　2018 年中国游戏直播用户信息①

来源：艾瑞咨询

从地域分布看，游戏直播用户分布广泛，大量用户分布在东部地区，排名前三的省份是广东（11.1%）、江苏（8%）和四川（7%）。从经济水平分布来看，约半数用户的月收入在 5000 至 10000 元之间。从消费水平看，有超过六成的用户每月消费水平集中在 1000 至 5000 元。其中，每月消费超过 10000 元的用户约为 10%，每月消费低于 1000 元的用户占 7.2%。可见，游戏直播平台用户的经济水平以中等偏上群体为主（如图 6-13）。

2. 游戏类型用户分布

游戏种类多种多样，不同的游戏直播频道吸引了不同特征的用户。在年龄结构上，就《我的世界》、《球球大作战》、《英雄联盟》、《绝地求生》这四款游戏而言，收看《我的世界》直播的用户年龄层最低，有 71.1% 的用户在 18 岁以下，《球球大作战》也有超过一半的受众年龄在

①　艾瑞咨询. 2018 年中国游戏直播市场研究报告 [OL]. (2018-08-07). http://report. iresearch.cn/report_pdf.aspx?id=3254

18 岁以下，《英雄联盟》和《绝地求生》直播用户年龄层较高，集中在
19 岁至 25 岁（如图 6-14 所示）。

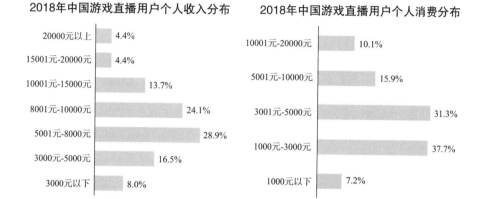

图 6-13　2018 年中国游戏直播用户个人收入和消费分布[①]

来源：艾瑞咨询

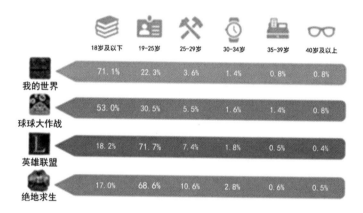

图 6-14　2018 年中国游戏直播平台主要直播频道用户年龄分布[②]

来源：艾瑞咨询

① 艾瑞咨询. 2018 年中国游戏直播市场研究报告 [OL]. (2018-08-07). http://report.
iresearch.cn/report_pdf.aspx?id=3254
② 艾瑞咨询. 2018 年中国游戏直播市场研究报告 [OL]. (2018-08-07). http://report.
iresearch.cn/report_pdf.aspx?id=3254

不同种类的游戏直播的受众性别结构也不同。比如，《DOTA2》、《地下城与勇士》和《绝地求生》以男性受众为主，《我的世界》和《王者荣耀》男女比例相对平均，《球球大作战》、《跑跑卡丁车》和《剑侠情缘3》以女性受众居多（如图6-15所示）。

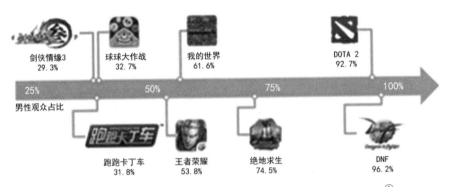

图6-15　2018年中国游戏直播平台部分直播频道男性观众占比 [①]

来源：艾瑞咨询

（二）消费习惯

詹金斯认为，在媒体融合的基础上，消费者被鼓励主动寻找新的信息，分享新的兴趣，同时进一步将他们对文化产品的体验生成新的内容。这些生产者可能是个人，也可能是集体，这种生产模式模糊了原有文化生产者和文化消费者之间的界限。[②]

1. 参与式文化

参与式文化的概念最早由亨利·詹金斯在1992年提出的，原先是用来展示粉丝、文本和创作者之间的关系，以及粉丝们创造出来的粉丝

①　艾瑞咨询. 2018年中国游戏直播市场研究报告 [OL]. (2018-08-07). http://report. iresearch.cn/report_pdf.aspx?id=3254

②　Jenkins H. Convergence Culture: Where Old and New Media Collide [M]. New York University Press, 2006.

圈能够相互交流、共享的小型社会关系。前人的研究认为，生产者和消费者并不是站在对等的地位上，生产者有控制的权力，粉丝的接收和响应往往依附于文本。詹金斯的粉丝研究推翻了这一观点，认为粉丝在文本的诠释上有选择性和专业性。由于媒介技术的发展，在 Web 2.0 时代受众对于媒介的应用从"观看"到"参与"成为可能，由于新媒介时代赋予受众互动和参与的能力，"粉丝文化"也不再局限于小众的"粉丝群"，逐渐演变成了一种参与式文化。如今，越来越多人使用参与式文化这个概念来描述由互联网所发展的文化生产和媒介共享的新形式。

电竞主播是直播平台的一级用户，主播进行画面、声音内容的创造。与此同时，观众在主播创造的画面上通过弹幕进行实时的意见反馈。电竞文化的生成，部分在于粉丝观看比赛并在过程中能够发表自己的看法，特别体现在弹幕上，用户的参与有以下特性[1]：

观点表达成为内容中重要的一部分：随着社交平台的普及，用户收看内容的同时，可以对内容发表看法或和其他人分享信息，收看不再是一种被动的消费行为，而成为大家一起分享、一起讨论、交换意见的参与行为。

社交媒体把媒体形式中的参与变成核心：受众对于媒体所提供的内容，会形成观点或情感的响应。传统媒体的受众被视为被动的媒介观众或见证者，而在当今的社交平台上，受众被视为信息的直接阐释者。

社交媒体模糊公与私交往的界线：人与人的沟通原来属于私人的行为，由于媒体融合的实现，个人发布的信息和意见也可以像报纸和电视一样，具有广泛的传播力。

参与式文化作为一种新型的媒介文化，有以下特点：

首先，参与式文化体现出对 Web2.0 等新传播科技的依赖性。以新科

---

① 金银美等.韩国社交媒体文化：SNS 的发展与韩国社会 [M].邢丽菊，刘英涛，译.上海：复旦大学出版社，2015.

技为发展基础的社交网站，跨越了时间地域的障碍，搭建起群众和公众参与的场所。新的社交平台成为个体思想和创造力的展示空间，为交换和连结文化提供了便利性，从而奠定了参与式文化的发展和传播。

其次，参与式文化的主体具有广泛性。复杂的信息技术创造出平易近人的个人出版工具。以 Twitch 的直播主为例，如今开设直播几乎不存在任何的技术壁垒，无需编写程序，无需注册域名、无需租用空间，几乎不必付出任何经济成本，需要投入的，是源于个人兴趣和共享的理念，以及个人的时间和精力，通过直播内容建立分享社群。同时，参与式文化的广泛性也来自科技降低了参与门槛。借助目前日益普遍的计算机和互联网技术，参与者只要使用入门技能，就能参与进交换和分享的环境之中。参与者之间的互动，以及参与者与自己或他人创作作品的互动，这些互动关系使参与式文化得以形成和维持。此外，参与式文化建立在众多的参与形式之上，参与者本身也具有多种角色，不仅仅是贡献者。

最后，作为一种新型媒介文化，参与式文化内化为一种能力。参与式文化让一般网络用户能够借助新科技，拥有编辑知识、解读知识和传播知识的能力。这种能力，可以从自身创作和与他人互动等行为中获得，掌握了这种能力有利于帮助自己融入群体。

弹幕

弹幕起源于日本的视频分享网站 NICONICO。弹幕式视频网站的特点在于，用户观看视频内容的同时可以看到其他用户的评论，这些评论像枪林弹雨一样，以滑动字母的形式从屏幕上滚过，这些评论就是弹幕。直播平台斗鱼 TV 是由弹幕视频网站 AcFun 生放送衍生而来。与海外的直播平台 Twitch 等相比，斗鱼 TV 的最大优势就是在游戏直播中增加了弹幕功能，这种模式进而被别的平台所效仿，弹幕便成了直播平台的标配。

弹幕的特色可以从两方面进行讨论：一方面，对不重要的画面镜头，通过弹幕引导的方式，分散观众的注意力，令受众在观看过程中不至于产生视觉疲劳；另一方面，弹幕本身也是直播内容的重要组成部分，直播画面展现的是主播的想法，弹幕传递的是观众对画面内容的补充。因此，观看弹幕也是受众获取信息的重要方式。弹幕文化加快了网络文化，尤其是流行语的诞生，电子竞技游戏中使用的词汇被迅速传播且大量运用到日常生活中。

直播平台的出现推动了传播内容的多元性，丰富了传播的形式，同时让观众的角色从旁观者变成了参与者，更成为内容的生产者。例如，网络流行语"666"常常被用来表示称赞，引申为一件事情做得很好，或者一个人某方面的能力出众。这个词源自于电竞游戏，在弹幕中经常可以看到。观众在屏幕上打"666"意味着主播玩得很精彩，操作水平很高，不过有时候也会被用作嘲讽和自嘲。在"人人都有麦克风"的直播平台上，观众不仅是信息内容的接收者，还是可以对直播画面内容进行二次创作的主体。来自不同领域、不同性格的观众，通过直播平台聚集在一起，利用弹幕进行内容的二次创作，有时会形成"评论比内容好看"的画面。

弹幕的特性

与传统视频相比，网络直播用户之间的关系有了明显的改变：由主客二分的关系变成了可以互相交流、理解的共在关系，主体间呈现出一种交互性的状态，网络直播从"传者为中心"变为"受者为中心"，在交流的过程中，受众成为"直播"中重要的组成部分。网络直播过程中观众具有主体性，传受双方对于事物的认知和对情景的定义，并不是从一开始就完全一致，所以直播时主体间可以通过弹幕等方式，实时交流并达成共识。由于网络直播的这种交互主体性使得信息的接受由被动变为主动，增强了观众的存在感，充分调动了观众参与的积极性。

2. 生产者和文化消费者

Web2.0 等新媒介平台的发展开创了新型媒介文化，这个概念是以Web2.0 为平台，以创作媒介文本、传播媒介内容、加强网络交往为主要形式，创造出的一种公开、包容、共享的新型媒介文化样式。新媒体模糊了生产者和文化消费者的界线，其原因是融合媒体的时代到来，信息渠道选择增加，个人生产能力增强，生产者霸权开始向消费者转移。[①]

网民和粉丝在参与文化内容的生产过程中具有以下特征：

主动创作和发布信息：在新媒介环境下，内容的创作和表达不再限于专业领域，它逐渐转化为一个更加宽泛、更为平民化的实践方式。只要有创作的愿望和需求，任何人都可以通过能支付得起的技术和设备进行内容创作，并借助互联网平台传播和展示出来。

强调集体智慧：集体智慧属于共享的或者群体的智慧，是从许多个体的合作与竞争中涌现出来的。通过社群协作，汇集集体智慧，最终实现问题的解决，是使用者参与力量的集中体现，也构成了参与式文化形成和发展的基本架构。依靠留言和链接，可以实现相互交流，增强使用者之间的互动性，资料和观点也可以不断地得到更正与补充。

哔哩哔哩（BiliBili，以下简称 B 站）是国内热门的网络文化社区，网站于 2009 年 6 月 26 日创建，被粉丝称为"B 站"。B 站的特色是悬浮于视频上方的实时评论，即"弹幕"；同时，B 站也是进行互动分享和二次创造的文化社区，是众多网络热门词汇的发源地之一。B 站良好的发展得益于独特的社区氛围以及丰富的内容生态，它之所以能够成为电竞文化发展的沃土，部分是因为它聚集了大量年轻用户，其中 18 到 35 岁用户占比达到 78%。游戏一直都是 B 站最受欢迎的头部内容品类之一。同时，电竞又是第一大垂直领域。新科技扩大了 B 站使用者的内容参与，使电竞文化能够辐射到更广泛的群体，对电竞赛事与电竞文化的推广有极大的作用。如今，用户不仅在 B 站观看电竞赛事内容，也更多地在社区中互动讨论，并通过视频、专栏文章等创作进行内容参与。

---

① 陆柯言. 虎牙发 2018 年 Q4 及全年财报：MAU 破 1.16 亿，直播收入同比增长 108.1% [OL]. (2019-03-05). https://www.jiemian.com/article/2917920.html

生产使用

生产使用，是指传统生产者和消费者在信息和内容方面的生产和使用，在网络上以公开的方式进行，因而信息和内容不再是个人的专有物，而是成为每个人都可以制作、使用和改变的对象。

社交媒体的用户不再只是单纯的消费者，而是集消费和生产于一身的生产使用者，非专业性用户生成的内容具有以下特点：

（1）用户生成内容呈现多样化的文本创作形式。在网络情境中，创作者、使用者都成为了"使用者"，他们无需诠释作者的文本，而是要在广大的叙事空间中寻找自我诠释的力量，哪一文本触动他们，便可取用之成为转载、重制、创作的素材。

（2）用户生成内容在制作方法和水平上参差不齐。由于有些内容为用户自行制作而成，因此内容的水平远远不及专业制作。就用户生成视频内容而言，有的视频只是PPT式的图片汇集，有的是图片加背景音乐简单组合而成，有的是图片或视频加上简单的配音解说整合而成。例如，粉丝自制视频集锦主要为用户生成内容，视频发布用户既不属于俱乐部官方也不属于赛事主办方。粉丝以二次剪辑的方式将所喜欢的选手或俱乐部的比赛、日常、直播等视频进行重构，凸显了粉丝追星或吐槽的娱乐性。2018年，OMG战队在基地集训备战德国《绝地求生》全球邀请赛时，有粉丝就通过自制视频投放至社交媒体，获得了俱乐部的点赞，并在粉丝圈内转发。

生产使用的流程

如果要进一步理解生产使用的特性，就要从参与式文化的文本和传播主体来谈了：

文本：用户生成内容。用户生成内容的出现改变了网络内容分布的格局。在数量上，大量由非专业人员制作而成的信息改变了网络信息的构成比例；在形式上，用户生成内容显示出Web2.0条件下的社交网站、视频网站等多种传播手段的应用。

在参与式文化所涉及的文本中，特别是用户生成内容，绝大部分来自草根用户。用户生成视频内容，指的是那些由用户自行摄制或编辑后上传到网络空间，任何人都可以公开获得这些数字视频的资源。具体包括了完全原创型内容、剪辑混搭型内容等，发布平台为博客、流媒体或一些专属社交网站。

传播主体：从混杂角色到积极受众。作为一种新型媒介文化，参与式文化将受众看作积极的、富有创造力的参与者。通过参与媒介文化生产，媒介文本的生产者和消费者之间的边界日益模糊，参与式文化中的文化个体获得了多重身份，具有混杂、流动性的特点。这些角色既是导演也是观众，既是文化生产者又是消费者，既是专业人士又是业余人士。

四、电竞直播平台的商业模式

电竞赛事由专业的经纪公司、赛事运营方承办，选手和俱乐部为参与方，产业链的下游为赛事的举行和转播。观众除线下买票入场外还可以通过电视、直播平台等媒体观看赛事内容。

影响力是赛事商业价值的体现，2011 年拳头游戏第一次举办以《英雄联盟》为主题的电竞大赛，将以往只在虚拟世界中相逢的玩家集合到现实的竞技场中，当时有超过 20 万观众在线观看。随着热门电竞赛事数量不断增加、奖金池屡创新高，2018 年电竞赛事奖金池 TOP 10 合计1.63 亿美元，较 2017 年增长 29%。目前全球各种电竞赛事加速推广，这些电竞赛事主要由"高额奖金"吸引玩家参加，让玩家们通过游戏彼此切磋与精进技术，从中获得更多成就和乐趣外，也能借此高强度赛事吸引游戏爱好者观看。这些游戏爱好者藉由观看赛事的体验，对游戏本身产生更多连结，进而带动商机。

目前，游戏公司正以最快的速度与媒体以及娱乐公司进行全方位接触，让玩家参与游戏的时间可以相应延长，确保游戏成为休闲的最佳选择。从产业融合的角度来看，游戏、媒体、互联网、电信和运动等产业的界线变得模糊，在全球市场上，这些产业间持续发生缔结伙伴关系、合并或并购等活动。2016 年，英国天空电视台（Sky）在英国设立首个24 小时电竞频道，播放各种电竞比赛。Sky 为知名的广播、宽带、电话服务供应商，同时，Sky 和英国独立电视台（ITV）入股 GINX eSports TV，ITV 是英国领先的商业网络电视供应商，GINX eSports TV 是国际电子游戏电视频道的供应商，三者的结盟将有助于电子竞技走向主流文化的同时，也让主流电视产业适应快速增长的电子竞技生态系统。①

盈利模式是各大直播平台一直探索的问题，目前平台的营收主要来自主播打赏、游戏联运、广告、会员增值服务等。2017 年游戏直播市场的增长主要来自于秀场化运营的推广，整体市场规模达到 87 亿元，其中，打赏占据平台收入的 90% 左右。未来随着广告以及游戏联运业务的开发，其他收入占比有望提升（如图 6-16 所示）。②

在线直播市场的核心是游戏直播，其中包括游戏解说和赛事直播等。2017 年游戏直播市场的增长主要来自于秀场化运营的推广，整体市场规模达到 87 亿元，其中，打赏占据平台收入的 90% 左右。未来随着广告以及游戏联运业务的开发，其他收入占比有望提升。

---

① GINX.Sky and ITV partner with Ginx to launch UK eSports channel [OL]. (2016-06-16). https://www.ginx.tv/en/ginx-esports-tv/sky-and-itv-partner-with-ginx-to-launch-uk-esports-channel

② 艾瑞咨询. 2018 年中国游戏直播市场研究报告 [OL]. (2018-08-07). http://report.iresearch.cn/report_pdf.aspx?id=3254

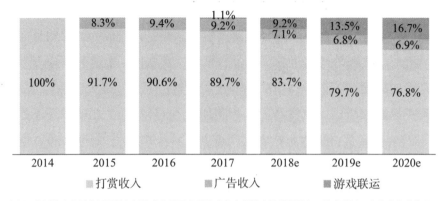

注释：中国游戏直播市场规模包括游戏直播平台及游戏内直播带来的增值服务、游戏联运、广告业务的收入。

图6-16　2014年至2020年中国直播市场规模分布①

来源：艾瑞咨询

（一）赛事转播

根据Newzoo发布的《2018全球电竞市场报告》，转播权是电竞产业营收中同比增幅最大的部分，2017年转播权的增长为81.5%，与此同时，电竞产业的整体营收增幅则为41.3%。目前全球44%的媒体转播权来自北美市场，这是因为与电竞相近的体育文化源自美国，同时，大的转播媒体多为美国公司，更重要的是电竞比赛粉丝对于广告商而言极具价值。②

2019年哔哩哔哩以8亿元取得《英雄联盟》全球总决赛中国地区3年的独家转播权③。《英雄联盟》S系列赛在国内是由多家平台共同直播的，因此在商业运作上，独家意味着哔哩哔哩在内容上有更多的权利，可以把赛事版权的商业价值和用户价值发挥到极致。与此同时，企鹅

---

① 艾瑞咨询.2018年中国游戏直播市场研究报告[OL].(2018-08-07).http://report.iresearch.cn/report_pdf.aspx?id=3254

② Newzoo.2018 Global Esports Market Report[OL].(2018-05-01).https://newzoo.com/insights/trend-reports/global-esports-market-report-2018-light/

③ 电子竞技.8亿买下三年LOL独播权，B站这笔买卖要怎么挣回来？[OL].(2019-12-05).https://www.bilibili.com/read/cv4101586/

电竞以 6000 万元人民币取得了 2020 年 LPL（S 级）独家转播权，包括 2020 年 LPL 全部场次版权及 2 路观察者（OB）制作权，创下了 LPL 的转播金纪录。①

Twitch 是全球最早的游戏直播平台，2018 年 Twitch 约有 21.3% 的播放量来自电竞赛事。2014 年 Twitch 首先与 ESL 合作，成为 ESL 电竞赛事的独家直播平台，双方合作的第一场赛事就是 2014 年的《DOTA2》ESL 法兰克福大赛。这场比赛处于峰值时，Twitch 的直播观众达到了 19 万人。2017 年，暴雪娱乐宣布与 Twitch 合作，Twitch 将独家播放超过 20 场以上暴雪娱乐旗下的电竞赛事，在合约中，暴雪娱乐几场知名的电竞赛事如《守望先锋》、《星际争霸》、《炉石传说》和《风暴英雄》皆榜上有名（见表 6-2）。

表 6-2　2017 年 Twitch 拥有转播权的电竞赛事一览表 ②

《风暴英雄》	全球冠军赛（Heroes of the Storm Global Championship）
《星际争霸 2》	世界杯联赛（StarCraft Ⅱ World Championship Series）
《炉石传说》	全球巡回赛（Hearthstone Championship Tour）
	世界大赛（Hearthstone Global Games）
《魔兽世界》	竞技场世界杯联赛（World of Warcraft Arena Championship）
《守望先锋》	APEX 职业联赛（Overwatch APEX League）
	职业系列赛（Overwatch Premier Series）

来源：Business Wire

① 人民电竞. 企鹅电竞六千万拍得 2020 年 LPL S 档直播版权，虎牙拍得 A 档直播版权 [OL]. (2019-12-04). http://finance.sina.com.cn/stock/relnews/us/2019-12-04/doc-iihnzhfz3634501.shtml

② Business Wire. Twitch and Blizzard Entertainment Team Up to Bring Epic Esports Content to Fans and Legendary Loot to Twitch Primes [OL]. (2017-06-20). https://www.businesswire.com/news/home/20170620005229/en/Twitch-Blizzard-Entertainment-Team-Bring-Epic-Esports

2018 年 Twitch 以 9000 万美元的价格买断了为期两年的《守望先锋》联赛和游戏相关活动的直播、转播权。协议包括《守望先锋》联赛所有常规赛和季后赛的内容，该直播包括韩语、法语和英语的版权。[①]这份协议的金额比拳头游戏和美国职业棒球大联盟旗下的流媒体视频部门（BAMTech）此前签订的每年 3 亿美元 7 年的协议金额还高。2016年《守望先锋》是 Twitch 上最受欢迎的直播内容，这款游戏在全球有着不俗的影响力。《守望先锋》联赛是全球第一个以城市为单位的大型电竞联赛，采用类 NBA 的传统体育联盟模式，由暴雪娱乐制定规则，并在全球范围内建设赛区和战队。据暴雪娱乐官方数据显示，截至 2018年 5 月，《守望先锋》的全球玩家已超过 4000 万人。同年，美国的电竞联盟 E-League 也选择与 Twitch 合作，授权其转播旗下所有赛事的内容，E-League 涉及的电竞赛事以《反恐精英：全球攻势》为主。通过与游戏公司的一系列的合作，Twitch 基本获得了大部分主流电竞赛事的转播权。

---

① Joe Skrebels.Twitch Buys Exclusive Overwatch League Streaming Rights for a Reported $90 Million [OL]. (2018-01-10). https://www.ign.com/articles/2018/01/10/twitch-buys-exclusive-overwatch-league-streaming-rights-for-a-reported-90-million

图 6-17 2018 年全球重要电竞赛事转播权[①]

来源：Newzoo

目前，电竞比赛的转播已进入全媒体时代，全球几家知名电视媒体已经着手布局赛事转播，ESPN 和迪斯尼频道从 2018 年开始转播《守望先锋》联赛的季后赛和总决赛，网络订阅用户可通过 ESPN 和 DisneyNOW 应用程序在线收看所有赛事的转播内容。同时，美国广播公司（ABC）也具有《守望先锋》联赛的转播权，这意味着《守望先锋》联赛将同时出现在 ESPN 电视网、ESPN2、迪士尼 XD（Disney XD）、ABC 和串流服务上。[②] 赛事内容除了比赛转播，也包括所有《守望先锋》联赛的回放和 ABC 的赛事精彩集锦。ESPN 因为取得大量的数位转播内容，可以充分发挥电视网络的优势，比赛除可以在数字平台播放外，还可以通过补充内容吸引对比赛不是那么熟悉的观众收看。

未来从转播权获益的部分应该还可延伸到定制化内容、独家节目集锦以及内容去广告化等项目。

---

① Newzoo.Understanding Media Rights in Esports | Newzoo & Esports BAR [OL]. (2018-09-11). https://resources.newzoo.com/hubfs/Reports/Newzoo_Esports_Bar_Understanding_Content_Rights_in_Esports.pdf

② ESPN. Overwatch League comes to ESPN, Disney and ABC [OL]. (2018-07-11). https://www.espn.com/esports/story/_/id/24062274/overwatch-league-comes-espn-disney-abc

定制化内容：定制服务的项目包括喜爱的选手的表现、比赛的观看视角、指定比赛讲解或特别的画面讯息等。对粉丝而言，他们可以选择对他们有价值的内容观看。定制化内容还可以做到指定观看某位选手的比赛路径，而非通过 OB 镜头设定观看，即使是像《绝地求生》这种第一人称射击类比赛也可指定观看选手的比赛路径。

独家节目集锦：不管是直播比赛或录播比赛，比赛的花絮都能够加深用户观看体验。独家花絮内容可以包括幕后花絮、选手专访或选手间其他形式的互动，这些内容对消费者而言都是有兴趣付费的，这些节目不仅可以结合比赛在网络上实时播放，还可以通过电视频道播出。

内容去广告化：去除广告的方式有利于吸引消费者付费，而这是数字化内容最常使用的策略。目前，Twitch 已经针对订阅用户做到了去广告化，这样的策略还可以扩大运用到其他形式的观看途径中，比如通过网红直播主观看或是以手机付费观看等。

电竞赛事转播虽然火爆，但是从媒体传播的角度来看仍然存在局限性。在国内，网络直播平台的兴起尽管为电竞赛事增加了传播渠道，但整体影响力有限。[1] 而且在开放的网络平台中，电竞赛事的媒体版权价值始终缺少充分的兑现渠道。企鹅智酷和腾讯电竞的《2017 年中国电竞发展报告》指出，在电子竞技产业链中，赛事播放是产业链的核心，价值占比最高，达 39.7%；电竞赛事解说，电竞明星 / 战队，相关小说、电影、漫画、音乐和周边为外延价值，分别占比 35%、31%、27%、22%和 19%。[2] 由此可见，电竞赛事解说、电竞明星 / 战队对电发竞发展的价值虽不及电竞赛事播放，但贡献也紧跟其后。

直播平台的商业营运包括成本支出和营收两个方面（如图 6-18 所

---

① 杨赫，杜友君. 电子竞技媒体传播引导力的现实问题与应对策略 [J]. 当代传播，2020（03）：106-109.

② 企鹅智酷，腾讯电竞. 2017 中国电竞发展报告（完整版）[OL]. (2017-06-19). https://tech.qq.com/a/20170619/002542.htm#p=2

示）。直播平台的成本支出主要包括向内容方提供主播及向经纪公司支付费用。2015 年网红等概念开始变得火热，许多直播平台斥巨资延揽当红游戏主播，邀请明星入驻直播平台。随着知识产权保护意识的提升，购买赛事版权、支付游戏版权费用也占据了成本支出的一部分。除此之外，平台的成本支出还包括带宽费用和运营成本等。随着国内各大云服务提供商持续下调内容分发网络（Content Delievery Network，CDN）价格，直播行业的带宽成本也在不断降低，2016 年虎牙直播带宽费用占比为32.7%，而 2017 年降为 21.3%。

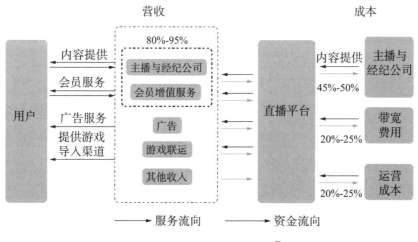

图 6-18　播平台运营思路[①]

来源：鲸准研究院

（二）主播打赏

目前，直播平台的大部分收入来自用户打赏，即用户通过购买虚拟物品馈赠主播。这些主播多属于艺人经纪公司，直播平台与经纪公司签约，取得旗下的艺人主播权。这些打赏收入，平台与主播和经济公司会

---

① 鲸准研究院. 2018 电子竞技行业研究报告 [EB/OL]. (2018-07-16). https://www.jingdata.com/report/411.html

各自分成，平台与经纪公司的分享收益占比约为40%—50%，比例依平台各不相同。

数据显示，2017年12月，中国游戏直播平台的主播订阅数集中在2000以下。直播用户打赏行为是一种小额高频的付费行为，绝大多数用户的绝对打赏金额并不高。在订阅数TOP 10000的主播中，单个粉丝给主播打赏的金额中超过91%的用户打赏金额低于10元（如图6-19所示）。

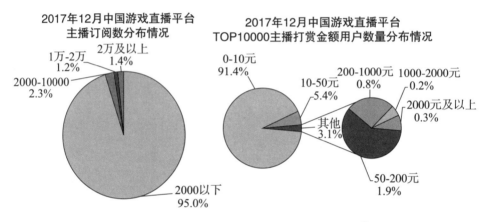

2017年12月中国游戏直播平台主播订阅数分布情况

2万及以上 1.4%
1万-2万 1.2%
2000-10000 2.3%
2000以下 95.0%

2017年12月中国游戏直播平台TOP10000主播打赏金额用户数量分布情况

0-10元 91.4%
10-50元 5.4%
200-1000元 0.8%
1000-2000元 0.2%
2000元及以上 0.3%
其他 3.1%
50-200元 1.9%

图6-19　2017年12月中国游戏直播平台信息[①]

案例6-5　游戏商逐步收紧电子竞技游戏版权

目前中国电子竞技市场收入主要包括游戏收入、直播收入、电竞赛事相关收入以及其他收入。2019年伽马数据发布《2019年中国电子竞技产业报告（直播篇）》，报告显示，中国游戏直播市场收入将突破100亿元。电竞游戏的版权是电子竞技商业化的核心，游戏商通过对版权的掌握，加强对旗下游戏相关赛事的控制，可以保证

① 艾瑞咨询. 2018年中国游戏直播市场研究报告 [OL]. (2018-08-07). http://report. iresearch.cn/report_pdf.aspx?id=3254

游戏品牌价值的最大化，其中包括直转播电竞赛事授权、游戏内容授权等。电竞游戏内容的直转播，实质上与电子竞技版权问题密切相关。随着中国电子竞技产业快速发展，游戏直播带来的收入不可小觑，背后所存在的知识产权等问题也逐渐显露。

早在 2016 年，上海知识产权法院对广州斗鱼 TV 网络科技有限公司（以下简称斗鱼 TV 公司）上诉上海耀宇文化传媒有限公司（以下简称耀宇公司）著作权侵权及不正当竞争纠纷的上诉案做出二审判决，驳回上诉，维持原判。斗鱼 TV 公司需赔偿耀宇公司经济损失人民币 100 万元和维权的合理开支人民币 10 万元，并在公司网站首页显著位置刊登声明，消除不良影响。这是中国首例电子竞技游戏赛事网络直播引发的著作权侵权及不正当竞争纠纷案。

2018 年 11 月，腾讯以侵犯其著作权、不正当竞争为由，将今日头条等三家公司向广州知识产权法院提起诉讼。腾讯认为"西瓜视频"App 中招募、组织游戏主播直播《王者荣耀》游戏内容的行为未获得腾讯授权许可，涉嫌侵犯《王者荣耀》著作权。[①]

腾讯相继对头条系产品提起 8 项诉讼，如下：2019 年 3 月 18 日，腾讯诉西瓜视频及今日头条，申请禁止其直播《英雄联盟》；2019 年 3 月 29 日，腾讯诉西瓜视频，申请禁止其传播《王者荣耀》视频；2019 年 5 月 5 日，腾讯诉西瓜视频及今日头条，申请禁止其传播《英雄联盟》视频；2019 年 5 月 5 日，腾讯诉抖音，申请禁止其直播《王者荣耀》；2019 年 5 月 10 日，腾讯诉西瓜视频及今日头条，申请禁止其传播《王者荣耀》视频；2019 年 5 月 27 日，腾讯诉火山小视频，申请禁止其直播《王者荣耀》；2019 年 5 月 27 日，腾讯诉西瓜视频及今日头条，申请禁止其直播《穿越火线》；2019 年 6 月 10 日，腾讯诉西瓜视频主播徐某某，要求其立即停止在第三方平台直播《英

---

① 张维. 法院裁定未获授权不得从事游戏直播业务 [N]. 法制日报，2019-02-18（003）.

雄联盟》。①

　　腾讯认为，这几个内容平台上有大量用户，未经腾讯公司授权许可，擅自传播腾讯公司游戏视频，涉嫌侵犯腾讯享有的游戏知识产权，损害了其合法权益，要求其采取一切有效可行的措施，屏蔽相关游戏作品的视频上传并删除相关视频。被告之一的字节跳动表示："相关游戏玩家对自己操作游戏形成的独创性游戏连续画面内容，理应享有著作权，或至少与腾讯共同享有著作权，用户有权在火山小视频、西瓜视频及今日头条等平台进行游戏直播。"对此，法院也认为："在某些提供创作工具供玩家发挥、玩家自由度高、具备一定创作空间的游戏中，可能需要考虑游戏运行过程中，形成的连续画面是否有玩家的独创性贡献。"由此可知，案件争议的焦点之一是：玩家对于操作游戏产生的视频、直播的连续性画面，是否有独创性贡献？如果认为玩家在操作游戏时产生的画面具有独创性贡献，可认为玩家享有相关视频、直播的著作权，反之，玩家则不享有相应的权利。

　　在目前宣判的案件中，腾讯的主张基本都得到了法院的支持。2019 年 7 月 23 日，广州知识产权法院应腾讯公司主张，发布两个行为保全禁令，要求火山小视频停止以直播方式传播《王者荣耀》，同时要求今日头条、西瓜视频停止以直播方式传播游戏《穿越火线》。

　　对上述案件争议，法院作出解释：《王者荣耀》并不属于"玩家自由度高、具备一定创作空间的游戏"，《王者荣耀》的玩家操作只是单纯调用资源库的内容，游戏运行过程中形成的连续画面，只是重现游戏创作者的预设内容。而火山小视频方面未能举证涉案游戏过程中形成的连续画面有玩家的独创性贡献，故该游戏运行中形成

---

① 新华报业网.广州知产法院支持腾讯禁令申请：玩家操作《王者荣耀》没有独创性贡献，游戏直播需获腾讯同意 [OL]. (2019-07-23). http://www.ce.cn/xwzx/gnsz/gdxw/201907/23/t20190723_32699695.shtml

的画面著作权，应该由游戏创作者（腾讯公司）所有。

    法院的裁决引起了业界广泛关注，禁令被业内称为"针对游戏直播平台的第一个知识产权禁令"，对游戏直播领域的版权保护具有示范性意义。从法院对游戏直播行为的定性来看，明确了直播平台在没有获得授权的情况下，不得进行游戏直播业务。此外，法院还列举了腾讯游戏的用户协议，其中规定：用户在使用腾讯游戏服务过程中，未经腾讯许可，不得以任何方式录制、直播或向他人传播腾讯游戏内容。

    这一系列有关知识产权的诉讼与判决，为国内正在火热发展的电子竞技产业敲响了警钟。知识产权作为电子竞技商业化的重点，只有当知识产权得到充分的保护与尊重，电子竞技行业才可持续地进行良性发展，这当然离不开相关的法律政策的支持与保护。

    值得一提的是，腾讯或与快手成立合资公司，其主要方向是游戏，其产品形态包括直播、短视频或社区。2019年3月，腾讯IEG成立了新部门——游戏直播业务部。对于腾讯来说，整合游戏直播赛道，可以发挥更强的游戏发行渠道优势，重整电竞产业链，巩固腾讯的高市场份额地位。可见，在电子竞技发展势头如虹的情况下，游戏发行方正在逐步收紧对版权的掌控，逐步寻求法律的保护，以捍卫其享有的知识产权及带来的可观收益。

（三）游戏联运

    游戏联运是一种资源合作的运营模式，即游戏研发商提供游戏资源，联运平台负责运营推广。早在2010年，国内游戏产业联合运营就已蔚然成风。^①游戏联运平台为游戏产品提供上架的渠道，同时也为游戏开辟了流量变现的通路。随着游戏市场竞争愈加激烈，如何将新开发的游戏产品介绍给用户成为游戏商的挑战，拥有一定受众群体的联运平台可以解决这个问题，同时平台也可以利用游戏产品增加用户黏度和收益。

游戏联运的主要方式是直播时嵌入游戏入口，观众在观看直播的时候如果通过入口点击下载游戏，平台和厂商再进行分成。游戏直播平台还可以在直播的同时，进行游戏周边商品及游戏道具商品的推荐，增加游戏平台营收。^②斗鱼 TV 为了提升平台收入，成为国内较早开展游戏联运业务的平台。

（四）广告

广告也是直播平台的重要商业模式，直播平台负责在 App 上，或直播室中，或直播礼物中植入广告，按展示率或点击率与广告主结算费用。电子竞技游戏直播平台的广告主以游戏开发商、硬件厂商为主，主要通过品牌广告展示，提高游戏玩家的品牌认知度。

尽管不同的平台有不同的运作模式，目前，游戏直播平台开始了对电竞赛事直播和版权的争夺，这是以传统体育的商业模式为标杆。2018年，斗鱼 TV 与《英雄联盟》赛事合作，获得 S8 赛季 LPL 全部赛事、MSI 赛事的分播版权以及德玛西亚杯的独播权等。2018 年，斗鱼广告占年度总收入的 9%，虎牙的广告收入占比为 5%；2019 年第一季度，斗鱼广告收入约为 1.35 亿元。^③随着平台的赛事运营渐趋成熟，将吸引更多

---

① 罗杰. 网页游戏：联合运营下的"前景"与"钱景"[N]. 中国文化报，2010-10-15（005）.

② 艾瑞咨询. 2015 年中国游戏直播市场研究报告（行业篇）[OL]. (2015-02-05). http://report.iresearch.cn/report_pdf.aspx?id=2316

③ 美股研究社. 一文读懂斗鱼上市：直播江湖风云再起，强行盈利背后的艰难上市路 [OL]. (2019-07-17). https://user.guancha.cn/main/content?id=144284

赞助商、广告商冠名投放。

广告及用户基于内容认可的礼物打赏，或将成为赛事直播的主要商业来源。直播平台除了要有充足的赛事资源，还要不断革新直播内容形态，增加与用户的互动，才能进一步扩大年轻用户群所辐射的消费领域，吸引不同类型的广告主上门合作。

（五）付费直播和会员增值服务

付费直播有两种模式：一种是主播开通直播需要付费，由直播平台提供更高级的直播服务；另一种是观众看直播需要付费，由主播设置入场费用，平台和主播分成。

2019 年 11 月，虎牙直播发布第三季度财务报告，财务数据显示虎牙直播连续 8 季度保持盈利。虽然直播业人口高红利期正在退潮，但虎牙直播仍能够保持稳定的增长，除了得益于广告收入，还有付费用户支出的增长。[①] 用户支出的增长，主要是因为内容吸引力的增强、用户体验的改善和产品功能的升级推动，才能成功将活跃用户转变为付费用户。例如，斗鱼 TV 直播平台在网游竞技类节目中开设了上百个栏目，在《DOTA2》的直播栏目中，又区分赛事直播、天梯新赛事、绝活大神等关键词，进一步按照用户兴趣、时间、收看行为进行了细分。

目前国内电竞生态不断完善，相关产业发展包括以下三个主要维度：

①内容提供：包括赛事（联赛、大型赛事）、俱乐部（战队、职业选手、管理人员）、游戏商（开发商、发行商、运营商），三者协同合作，共同完成电竞内容的提供；

②内容渠道：主要指传统媒体与新媒体平台，两者共同完成电竞内容的传播工作；

---

① 视听观察.虎牙直播发布 Q3 财报，连续 8 季度保持盈利，直播进入技术竞争 [OL]. (2019-11-20). https://www.sohu.com/a/355034227_421528

③内容接收：主体为电竞粉丝群体，即电竞内容的最终使用者。

直播平台位于电子竞技行业产业链核心地位，下游面对用户和流量需求商家，上游对接内容方和技术方。因此，直播平台需要在主播、赛事的直播版权以及软硬件设施服务方等三方面取得优势，才能在平台竞争上取得领先地位。2018 年，斗鱼 TV 领先其他电竞直播平台的态势明显，虎牙直播位列第二，企鹅电竞、熊猫直播、龙珠直播、触手直播、战旗直播直播、Imba TV、全民直播、火猫直播热度分列三到十位（熊猫直播在 2019 年 3 月已退出市场）。[①]

---

① 安信证券. 从小众到主流，全民电竞打开泛娱乐新蓝海 [OL]. (2018-01-22). https://fdc.fang.com/wenku/493449.html

第七章　泛电子竞技文化生态

电子竞技起源于 20 世纪 90 年代末，是以游戏产业为基础，利用这些数字内容进行竞技所衍生的商业活动，并在全世界范围内快速发展所形成的一个庞大的新兴产业。作为电脑通信产业、新科技产业、文化产业、体育产业和传媒产业的集合体，电子竞技产业的发展极具联动性，对相关产业的贡献率逐年扩大，为社会带来了丰厚的经济效益。

电子竞技产业主要包括核心赛事产业和电竞生态产业两部分：核心赛事产业指的是服务电子竞技赛事的上中下游相关产业链；电竞生态产业则指的是服务于核心赛事的相关产业，包括电竞直播、媒体、社群经营、电竞设备、大数据、电竞场馆等相关产业。[①] 电子竞技产业的核心是赛事经营和赛事内容生产，关键人员包括职业选手、赛事解说以及主播等。要支撑这个产业生态圈持续发展，上中下游必须有更多相关的专业人员，特别是上游的内容开发以及经营产业的管理人才等加入。

[①] 鲸准研究院. 2018 电子竞技行业研究报告 [EB/OL]. (2018-07-16). https://www.jingdata.com/report/411.html

一、泛电竞的娱乐休闲

对于文化产业在城市发展中的作用，思罗斯比总结了四点：文化活动产生的直接经济收入（门票、文化产品的购买等）、文化活动带动的间接消费（酒店、餐厅等消费）、创造就业，以及文化产业通过使本地经济基础多样化而对城市复兴产生的积极作用（帮助产业转型）。[①] 在电竞产业中，玩家是发展电竞的重要资产。通过举办比赛可以带动更多的消费，电竞旅游就是从文化产业中衍生出的概念。电竞比赛的运作除了可以被视为一种营销，也可以带动更多相关产业的参与，例如结合直播、观光、运动休闲、音乐、角色扮演等产业。

随着电竞产业的发展更趋成熟和电竞行业的规范化，电竞文化开始成为年轻人普遍的娱乐活动，有越来越多的年轻人愿意并且有机会去异地进行一场观赛玩乐两不误的电竞旅游。当电竞遇上旅游，该如何擦出火花、带动观光？随着电子竞技的发展愈来愈好，不同地方的政府开始研究拨款资助赛事举办。比尔·福克纳（Bill Faulkner）等学者指出，赛事对于主办国或主办城市带来的商业旅游效应，包括：

1. 建立和扩大城市竞争优势，包括对主办国家和城市提供品牌宣传，通过媒体的密集报导建立良好的形象；

2. 促进游客在当地消费，例如，赛事开展期间会涌入大批电竞爱好者，能够增加零售供应，提高当地相关商店的收入；

3. 增加当地文化旅游产品的供应，促使电竞粉丝延长停留时间，开展赛前、赛后旅游业务，提高当地旅游收益。[②]

---

① Throsby D. Economics and Culture [J]. Cambridge University Press, 2001.

② Faulkner B, Chalip L, Brown G, et al. Monitoring the tourism impacts of the Sydney 2000 Olympics [J]. Event management, 2000, 6(4): 231-246.

（一）电竞旅游

电竞旅游的概念是建立在粉丝对电竞大赛的热爱与狂热，以及能够带来巨大收益基础之上的。如果能充分利用电竞资源发展电竞旅游，将有助于促进当地的经济发展。

2019 年 4 月，马蜂窝旅游网对《英雄联盟》玩家进行了调研，发布了一份《电竞旅行数据报告》。调查数据显示，有 84% 的玩家有意愿前往异地进行电竞旅游，而 12% 的人已经有过电竞旅游的经历了。在观赛旅游人群中，年纪最大的玩家已经 54 岁，而年纪最小的，则是在家长带领下的 14 岁小朋友。值得注意的是，在前往比赛城市观赛、旅游的人群中，有 41% 为女性玩家，其中一大部分来自川渝地区。在愿意前往异地观赛旅游的原因中，"和朋友一起"，而非"有喜欢的选手"得票最高。有 76% 的被调查者认为，结伴观赛旅游能够有效提升朋友间的亲密度。同时，有 47% 的人认为，比起通过屏幕支持自己喜欢的队伍，感受现场的气氛更是促使他们前往现场的决定性因素。

目前，电竞旅游主要有三种方式：一是通过电竞大赛、大会、展会等聚集各地电竞爱好者，形成电竞会展旅游；二是通过电竞景区吸引旅游者前来观光，形成电竞景点旅游；三是通过电竞目的地旅游，如电竞旅游小镇，使旅游者前来观光、休闲、商务、会展等，形成集吃、住、行、游、购、娱为一体的电竞旅游消费系统。当前电竞旅游中最多的是电竞会展旅游，而将来最有发展潜力的或许是"电竞目的地旅游"。[①]

电竞会展旅游

电竞赛事作为文化活动带来的经济收益对城市发展具有很强的吸引力。英特尔极限大师赛（Intel Extreme Masters，IEM）每年都会选择在不同城市进行总决赛，2017 年在波兰卡托维兹举办的 IEM 大赛吸引了近

---

① 陈斌. 电竞旅游消费在玩中兴起 [N]. 中国青年报，2017-07-20（008）.

17 万名游客，超过了当地每年到访旅客数目的四分之一。^①IEM 的比赛日程只有 5 天，除了比赛本身知名度够高，当地政府也在进行积极动员，让电竞粉丝记得在观看比赛的同时也不忘领略这个城镇之美，确实达到一举两得的效果。2018 年 10 月，当地市政府重新与主办方 ESL 签订合约，把 IEM 未来 5 年的赛事继续留在卡托维兹举办，直接补助官方认可 Major 级赛事的《反恐精英：全球总攻势》项目。另外，作为众多赛事中极为重要的大师（Dreamhack）系列赛，从 2001 年开始在瑞典延雪平举办电竞嘉年华。这原本只是瑞典一群大学生利用假日租用学校场地，呼朋引伴玩游戏的聚会，延雪平政府抓住机会大力协助发展，使其逐渐成为全球知名的电竞嘉年华，并于 2018 年吸引了 26000 名玩家现场竞技，其中还不包括观众人数。

电竞景点旅游

目前，国内许多城市先后提出建设电竞小镇的计划，希望打造以电竞为主体的旅游景点。电子竞技作为体育项目之一，内容主要以数字化的形式产生和传播，但是，电子竞技产业赛事以线下场馆为重要载体，在赛事逐渐 IP 化的过程中，如何吸引受众线下观摩与互动并进一步产生消费，是商业化发展的重要步骤。

目前由游戏商主导，许多电竞游戏项目开始走向联盟化、推动不同城市的主客场制，主客场制给电竞文化和消费带来的意义，是让电竞融入城市文化，提升电竞形象，让电竞真正走入千家万户。同时，城市电竞文化的塑造也有利于电竞文化的进一步发展。但电竞产业在城市的落地化只是第一步，进一步建立电竞与地方的联结，把电竞融入地方文化才能扩大电竞地消费市场。粉丝在电竞生态中具有举足轻重的地位，许多观众只看比赛、不玩游戏，因此俱乐部入驻城市，增强属地性，可

---

① 彭新. 卡托维茨：能源城市的电竞之春 [OL]. (2018-07-16). https://www.jiemian.com/article/2912178.html

以带动当地的电竞文化，透过战队与选手的黏着度提升电竞行业的影响力。

电子竞技作为产业，拥有带动游戏、数字内容、硬件以及泛娱乐等环节的产业链能力，被众多地方政府视为产业升级重要驱动力之一。在电竞产业化、商业化以及地方政府的推动下，未来电子竞技将作为城市泛娱乐生态的重要内容，有望在商业、产业和社会文化三个方面深度融入城市发展。

电子竞技旅游小镇

电竞小镇与电竞旅游小镇在本质上有很大的区别。电竞小镇关注的是电竞产业本身，电竞旅游小镇关注的是通过电竞而产生的旅游消费。由于各种因素的限制，电竞会展旅游不可能涵盖某个地区旅游的全部。而电竞旅游小镇则可使电竞旅游在此持续发展下去。发展的关键是实现"电竞＋旅游"，按照旅游消费规律建设电竞旅游小镇。

首先，电竞旅游小镇要有足够的电竞特色景观，将现实中的景观和虚拟中的"游"结合起来，通过现实中的景观让旅游者在现实中看到电竞的虚拟世界。

其次，电竞旅游小镇要有充足的电竞特色住宿和足够的电竞特色活动。现今不同的游戏形态拥有不同的游戏群体，为了让更多人参与电子竞技的比赛，必须要举办更多种类、玩法的游戏项目，同时经常举办赛事才能抓住更多群众的目光。充足的电竞特色住宿，能让旅游者可以在房间里参与电竞；而足够的电竞特色活动则需要主办方在每天的各个时段安排各种电竞比赛、交流等活动。

最后，电竞旅游小镇要有足够的电竞特色商品。电竞特色商品不仅是电竞中的人物摆件，更应有电竞知识产权所带来的各种有趣的、有用的特色商品。

（二）电竞酒店

电竞行业的兴起催生了一系列分支产业，电竞酒店就是其中之一。所谓"电竞酒店"，其实就是将网吧和酒店住宿进一步结合起来，扩展了包间的形式，提供一个更舒服的游戏和住宿环境。随着《绝地求生》等一系列电竞游戏的火热，电子竞技逐渐成为人们生活中的一部分，而一种依托于电竞游戏的新型酒店也应运而生。电竞酒店的消费水平适中，90后是其消费主力军。

电竞房间的游戏设备配置通常较高。据统计，中国电竞酒店的电脑显卡多为 NIVIDA2060 系列和 2070，占总比重的 92.82%；有 75.16% 的电脑内存为 16G；近 60% 的 CPU 型号至少是 intel i5，约 30% 为 intel i7 及 intel i9。[①]

目前，郑州成为中国电竞酒店发展最快的地区之一。根据 DT 财经的统计，2018 年郑州云集了 121 家电竞酒店，位居全国之首，而"电竞之都"上海拥有的电竞酒店数量仅为郑州的十分之一。

目前电竞酒店仍处于野蛮生长时期，不少电竞酒店被视为网吧的替代品。电竞酒店究竟应归类于网吧还是酒店，各界尚无统一的说法，而且随着电竞酒店的经营形式愈发多元化，电竞酒店和网吧之间的界限也越来越模糊。现阶段，就有电竞酒店开辟公共区域，以"升级版"网吧的形式来经营。比如武汉绿地魔奇酒店在客房内并未设置电竞设备，反而在酒店五楼专门设置了一处面积超 400 平方米，高约 6.5 米的电子竞技比赛厅，场内配备有赛事级别的电竞设备及专业的灯光音响设备，比赛厅周围还含有导播厅、化妆间、选手休息室等配套赛事功能区。另外，在酒店六楼还开设有电子竞技区域，配备有多台可用于赛事队伍练习的电竞电脑。

---

① 智多云. 2020 年《中国电竞酒店年度数据分析报告》[OL]. (2021-02-03). https://www.meadin.com/yj/224508.html

根据我国现行《互联网上网服务营业场所管理条例》，网吧营业场所最低营业面积调整为不低于 20 平方米，计算机单机面积不低于 2 平方米，且需要符合《消防法》等涉及安全的法律规定。而电竞酒店的审批开设则是根据《旅馆业治安管理办法》相关规定开设的，两种行业标准之间存在一定区别。有专家表示，如果一个设施中同时具备酒店、网吧两种营业场所，就会造成标准交叉、监管职责难区分等问题。还有观点认为，与酒店相比，网吧明显有更高的用电量、更专业用电设施维护的要求，专业电竞设备大多都是高耗电的产品，而一般酒店的电容很难达到这一标准，如果只单方面参考普通酒店的标准建设电竞酒店，很可能会带来很多安全隐患。[1]

二、跨圈层的商业营销

（一）营销

1. 营销的定义

布兰达·皮茨（Brenda Pitts）与史托勒·大卫（Stotlar David）研究（2002）指出，产业的组成包括卖给消费者的各种相关产品，大部分的产业，特别是知名的全球品牌，包含了各式产品，也涵盖了多元的消费群体。因此，评估产业产值最好的方法是衡量各个产业项目提供给消费者的产品及服务。[2]何为营销？营销在定义上，就是利用公司资源，满足消费者的期待。因此，营销是为了达成组织的目标而采取的一连串活动，其中包含比竞争对手更有效率的资源运用，以确立及满足目标市场的需

---

① 蒋梦惟. "升级版网吧" 电竞酒店扩张路 [N]. 北京商报，2019-03-07（004）.

② Pitts B G., Stotlar D K. Fundamentals Of Sport Marketing (2nd ed.) [M]. Fitness Information Technology, 2002.

求及期待。

杰罗姆·麦卡锡（E. Jerome. McCarthy）早在 1960 年曾提出"4P"营销理论，"4P"的概念包含产品（Product）、价格（Price）、渠道（Place）、推广（Promotion）。该理论认为企业在做好市场调查的基础上，除了生产出品质好销量高的产品外，同时还需要制定合理的价格、注重经销商的培育和建立销售通路。最后，通过一定的推广手段实现交易，达成企业的营销目标。[①]

"4P"理论简化了营销的概念，促进了市场营销理论的普及和应用。"4P"理论是针对制造业对消费者的营销活动所提出的研究，对制造业较为适用，但是"4P"理论无法涵盖所有的营销变量，一旦超出了制造业的范畴，就会出现不适用的问题。随着时代的发展，市场从制造导向慢慢转为全面消费者导向，服务业的成长也随之突飞猛进，在消费者"4C"理论的基础上衍生出注重服务营销的"7P"理论。

近年来，不断有专家学者提出新的营销概念，最具影响力且被广泛采用的营销理论是布姆斯（Booms）与比特那（Bitner）提出的"7P"营销理论，两位营销学者认为，在服务行销行业中，除了必须对传统的"4P"的概念加以修改和补充外，应再加入人员（Participant/People）、实体展示 / 服务环境（Physical Evidence）、流程（Process）三个条件：

从营销过程来讲，"4P"注重的是宏观层面：从产品的诞生到价格的制定，再通过通路和推广使产品到达消费者手中。这样的过程是粗略的，并且没有考虑到营销过程中的细节。相较之下，"7P"理论是在宏观层面上，增加了微观的元素。"7P"理论开始注重营销过程中的一些细节问题，因此"7P"理论比"4P"更加细致和具体。"7P"理论考虑到了顾客在消费时的等待，顾客本身的消费知识，以及顾客在消费过程中对于所接触的服务人员的要求等。

---

① McCarthy E J. Basic Marketing: A Managerial Approach [M]. R. D. Irwin, 1960.

2. 营销的策略

营销策略，可以把观看电竞比赛的人群更有效地转换为品牌消费者，包括：

（1）贴片广告

大多数电子竞技赛事都在虎牙直播、斗鱼 TV、Twitch、YouTube 等主要的流媒体平台进行直播。各大品牌立刻抓住这一波趋势，锁定了流媒体平台例如横幅广告、品牌的节目冠名赞助、贴片短视频，以及在关键意见领袖（Key Opinion Leader，KOL）上传的内容里植入如开箱、测评和评论等广告。

（2）平台广告

大多数的网络平台会迎合观众的喜好来投放广告内容。根据 PageFair 发布的《2017 年广告拦截报告》，2016 年广告屏蔽软件 adblock 的全球用户为 6.15 亿[①]，大多数平台都没有复杂的广告定位选项，因此很容易被屏蔽，如果广告商通过直播平台购买特定广告栏位，就有利于锁定特定的目标群体。

（3）社交媒体营销

如果广告商想要利用社群媒体达到广告效果就必须要在对的时间锁定目标受众。目前，电竞的营销内容还是有些模糊，营销人员为了更贴近社群媒体的使用者，需要熟悉虎牙直播、斗鱼 TV 或 YouTube 等直播平台运作，或者对 Twitter 或 Reddit 上的相关赛事和话题进行了解。

（4）嵌入式和参与式营销

当一个品牌的名字处于活动中心或是选手的服装上时，商标就会变得鲜活和更加引人注目。嵌入性营销在消费者观看直播比赛时更具价值，不同于其他形式的娱乐节目，电子竞技活动中的实时互动驱使着观众更

[①] PageFair. PageFair 2017 Report: The State of the Blocked Web [OL]. (2017-02-01). https://blockthrough.com/blog/adblockreport/

愿意观看比赛直播而不是事后的录播。

（5）抽奖

赞助商适时为目标受众量身定制一些吸引人的抽奖活动有利于赞助商进行营销。

（6）活动合作伙伴

赞助商成为活动的合作伙伴可以使产品成为活动的焦点，有利于带来实质性的利益。特别是与电竞产业相关的品牌，如果能够成为赛事举办的合作伙伴，可以提升品牌或产品的知名度与销售额。同时，赞助商和观众的伙伴关系也不会随着活动结束而结束，可以持续拓展成为长期合作关系。

例如，vivo 是《王者荣耀》职业联赛早期的赞助商。不管是 2017 年 KPL 春季赛的指定用机 vivo Xplay 6，还是秋季赛的指定用机 vivo X20，在《王者荣耀》联赛的竞技舞台上，vivo 产品通过最顶尖选手的操作，将击杀等精彩画面印刻在大批粉丝心中，成功地将场景化传播转换成购买力。尽管 IDC 数据显示，2017 年中国智能型手机出货量呈现下滑趋势，但 vivo 的销售却能逆势增长，其中的原因离不开 vivo 卡位《王者荣耀》赛事指定用机的营销策略，这为主力旗舰机 vivo Xplay 6 新增了不少泛电竞用户、拉抬销售。①

目前，各大品牌开始改变营销策略，因为只有在电竞领域持续存在，才是获胜的关键。赞助的方法不应该只是在一场比赛中做一次活动，如果只是通过比赛在线直播跳出弹窗广告或是在比赛中曝光商标，这样对消费者造成的影响可能非常有限。如果观众看到一个品牌，可以在赛事中多个地方重复出现，那将有可能与观众建立长期的品牌关系，以及实现品牌商想要的知名度。

---

① 钛媒体.巨头赛事营销求变，KPL 的成熟化正引领电竞营销新"风口" [OL]. (2018-02-08). https://www.sohu.com/a/221603131_116132

西方各大品牌已经开始在电竞赞助市场进行策略布局。美国保险巨头 State Farm 是传统品牌进入电竞领域的的例子，2019 年，他们敲定了与环球公开火箭联盟（Universal Open Rocket League）的赞助合约，赞助第二赛季的赛事。2019 年 3 月，宝洁旗下的吉列（Gillette）品牌与直播视频平台 Twitch 合作，成立吉列游戏联盟（Gillette Gaming Alliance），11 家来自不同国家的流媒体平台为吉列打造专属内容。另外，红牛也推出了赞助活动，与知名职业玩家兼 Twitch 主播"忍者"泰勒·布莱文斯（Tyler Blevins）合作，活动内容包括推出限量版罐头和举办粉丝大赛。深入电竞赞助领域的大牌还包括联合利华，2019 年 4 月，联合利华旗下的男性保养品 Axe 与 Eleague 展开策略联盟，Eleague 是由特纳体育（Turner Sports）与经纪公司 IMG 合作的赛事，双方协议进行电子竞技营销和定制内容的合作。①

（二）赞助

2015 年，根据 IEG 咨询有关活动赞助的市场报告显示，全球赞助支出逐年增长，预测 2015 年北美市场营销者赞助花销达 214 亿美元，其中 70% 用于体育，10% 用于休闲娱乐，9% 用于公益营销，4% 用于节日、集市和年度活动，4% 用于艺术活动，3% 用于协会和会员组织。

赞助活动的数据有极大的可塑性，因为每一单赞助生意都需要单独谈判，特别是有经济压力时，价格可能会下降，同时也可能影响其表现形式。但尽管如此，赞助合同的数量还是呈现逐年成长态势。比起广告支出，赞助的费用相对较少，却也是对企业有利的广告，可以达到和广告一样的效果。全球企业在赞助方面的支出一直保持着稳定增长，较少

① 禹唐体育.品牌如何在电竞营销中取得杆位 [OL]. (2020-02-01). https://mp.weixin.qq.com/s?src=11&timestamp=1623727912&ver=3131&signature=u5llYFQWA*jMiRFG0jsq-vzPy09P3ioIwQWgcIucULQetrQJs60p*QboM3kapgDklYd2b98UK4wviBFOWdr1TMm5ZzT-FI9N1eC3ym6bWVGpHFz-EOGiVoaeFXVuWLlx&new=1

受到经济低迷的影响。根据 IEG 咨询调查报告显示，2018 年全球赞助花销达到 658 亿美元，较前一年增长 4.9%。

赞助还牵涉到"所有权"的概念，所有权指的是在一般赞助活动中，接受赞助的事件、活动、组织、个人，是法律术语对产权所有人的简略用法。该词语强调法人实体具有相应的权利，可以有效地保护标示、商标、产品或转播权，只有法人代表才有权利签署赞助协议。协议签订前，所有权方被称为赞助寻求者，签订协议后则被称为被赞助方。①

在电竞领域，所有权方包括赛事机构、游戏开发商以及俱乐部战队。据尼尔森对电竞赞助市场的调查显示，从 2014 年开始，北美的电竞赞助市场已经可以看到红牛和麦当劳等大品牌开始试水。到了 2016 年，电竞的赞助合约超过 600 个，其中大半来自 IT 和计算机产业，赞助商超过 360 个，另外还有 100 多个合约来自零售业，60 多个合约来自在线服务业，50 多个合约为饮料业，在线媒体有 40 多个合约。② 同时，全球电子竞技产业持续扩张，品牌对电子竞技的兴趣也体现在广告收入的增长上，以美国为例，2020 年美国电子竞技广告收入高达近 2 亿美元，同比增长 12%。③

2016 年中国电竞用户突破亿人次大关，其中有 6000 万人曾有与电竞相关活动的消费④，他们是集中在 15 岁到 25 岁的年轻群体，与部分快消产品的目标消费群体高度重合。因此，电竞行业开始成为各大品牌的必争之

① 贝蒂娜·康韦尔. 活动赞助：体育、艺术活动中的营销传播 [M]. 蒋昕，译. 重庆：重庆大学出版社，2017.

② 吴晨飘. Jordan 品牌合作 WE 选手兮夜，电竞成体育营销大势 [OL]. (2017-11-13). http://www.lanxiongsports.com/?c=posts&a=view&id=8207

③ Blake Droesch .The Pandemic Puts the Spotlight on a Rising Esports Industry [OL]. (2020-08-10). https://www.emarketer.com/content/pandemic-puts-spotlight-on-rising-esports-industry

④ 艾瑞咨询. 2020 年中国电竞行业研究报告 [OL]. (2020-04-30). http://report.iresearch.cn/report_pdf.aspx?id=3573

地。比如运动饮料魔爪就对 VG、NB 等多个知名电竞俱乐部提供赞助。

随着产业的专业化发展和赛事体系渐趋成熟，电竞行业对资金的需求也相对提高。对电竞队伍和赛事单位来说，只有开发稳定的收入来源和争取更多资源的支持，才能确保选手可以全身心投入练习。同时，优化赛事的质量也是至关重要的一环。因此，企业赞助和广告收入往往是电竞队伍和赛事单位最大的收入来源。对赞助商来说，为俱乐部提供队员训练所需物资，让俱乐部能够培养选手，有机会获得更好的成绩。与此同时，俱乐部也能为赞助商提升品牌势能，带动产业发展。因此，在电竞团体的商业运作上，如何获取赞助、培养营销价值将成为持续发展的关键因素。

1. 赞助的定义

赞助是企业为了提升品牌形象和知名度，寻求赞助者以"赞助"的名义获得曝光度行为。黄振红（2007）认为一家成功的公司，除了强化管理外，提高产品价值是扩大企业利润的必要途径。[①]

在赞助发展的早期阶段，企业的赞助通常被视为慈善活动，如今赞助被视为一种投资，企业希望通过这种行为获得相应的回报。托尼·米那格汉（Tony Meenaghan）将赞助定义为"为达到商业目标，以资金或是物质的形式向活动或商业组织提供支持，赞助所得的回报是经由这些活动所产生的商业机会"[②]，这个定义就是将赞助视为投资的一种，企业通过利益及资源交换以获得回报。贝蒂娜·康韦尔（Bettina Cornwell）将赞助定义为"为了向赞助对象传递品牌联想而设计并且执行的营销活动"，赞助企业获得的收益并非自动产生，赞助所产生的联想收益，必须通过品牌的推广获得，这个解释侧重于营销活动与赞助行为的关联性。[③]

---

① 黄振红.企业参与运动赞助之效益探讨 [J].淡江体育，2007（10）：183-194.
② Meenaghan J A. Commercial sponsorship [J]. European Journal of marketing, 1983, 17(7): 174.
③ Cornwell T B, Roy D P, Steinard E A. Exploring managers' perceptions of the impact of sponsorship on brand equity [J]. Journal of advertising, 2001, 30(2): 41-51.

总的来说，企业赞助是一种透过联想，赞助者与被赞助者之间进行资源交换的行为。赞助者达到了营销与提升形象的目的，被赞助者获得了资源，双方通过互利合作最终实现商业目标。

活动赞助是营销传播的一种方式，它不同于大众化形式的广告，营销传播能够强化顾客忠诚度，提高顾客资产。具体而言，营销传播是公司或企业试图向消费者直接或间接地告知、劝说和提醒其销售的产品和品牌信息的活动。在某种意义上，营销传播代表着公司及其品牌的声音，是公司或企业与消费者进行对话和建立关系的桥梁。

活动赞助是一个组织对一项活动或个人的投资。一般来说，这些投资行为都伴有品牌认知或品牌合作的期望，能够支撑投资者的目标市场。每年活动赞助就是把大量的组织或个人基于契约周期的利益诉求联系在一起。因此，赞助活动应被视为文化、社会和商业现象的复合体。

2. 赞助的目的

企业为什么要对电竞战队或是电竞赛事倾注资源，他们赞助的目标或是动机是什么？米那格汉将赞助目标分为三类：媒体目标，为了有效达到媒体成本效益或接触目标市场；营销目标，进一步推广品牌，引发购买意愿或促进销售成长；广泛的企业目标，通常以形象为基础，创造或维持一个有信用、受欢迎企业的形象。[①]

郑惠文（1992）认为，企业赞助公益活动的动机与目的可分为下列五大类：塑造、提升或改进企业形象、促销或提升商品销量、承担企业的社会责任、节税且长期自利、纯公益动机。[②]黄淑汝（1999）指出，企业选择赞助职业运动的五大动机为：提升企业形象、提高企业知名度、弥补广告及公共关系不足之处、直接接触目标观众、吸引电视或广播等

---

①　Meenaghan J A. Commercial sponsorship [J]. European Journal of marketing, 1983, 17(7): 174.

②　郑惠文. 企业赞助公益活动与企业形象之研究 [D]. 中兴大学企业管理研究所，1992.

媒体的大幅报导。[①]综合上述观点，企业赞助的动机主要可以归纳为：提升企业形象、促进商品销售、提升品牌知名度、节税及自利、获取潜在商业利益。

赞助所带来的效益

（1）赞助者的效益

赞助本身对企业所带来的效益可回归到企业赞助本身的动机上[②]，赞助者期望通过赞助行为对企业产生正面的效益与价值，如商业利益、消费者好感度、知名度等。另外，观众对于赞助者的态度，以及赞助者与活动之间连结的强度也能够成为赞助者评价预期效果的重要标准，包括被赞助者为赞助企业带来品牌知名度、正面的认同感以及更强烈的购买意愿等。

（2）被赞助者的效益

程绍同（1998）认为，体育组织或事件从赞助活动中获得的效益，可分为经费、产品与服务和媒体三类[③]：

经费：在体育竞赛活动中，有 65%—80% 的经费来自企业赞助，例如，从奥运会的赞助总金额中就可以看出运动赞助对运动组织以及竞赛活动的重要性了。

产品与服务：体育组织或事件可从赞助中获得赞助方提供的产品、人力支持、宣传管道，有利于活动的执行。另外，被赞助方还能获得与企业优良形象结合的非实体性利益。

媒体：活动或事件的举行如果能够获得大众传播媒体的注意，即可借由媒体的力量扩大活动的知名度与效果。通过媒体的报导宣传活动，一方面可以增加活动的曝光率，另一方面也能为被赞助者带来的赞助资源。

韩国企业对于电竞产业的赞助是非常积极的，不管是电竞队伍的成

---

① 黄淑汝. 台湾地区职业运动赞助管理之研究 [D]. 交通大学经营管理研究所，1999.

② 马克·普里乍得. 商业体育的品牌打造 [M]. 谌莉，译. 北京：清华大学出版社，2017.

③ 程绍同. 运动赞助策略学 [M]. 台北：汉文书店，1998.

立、选手的栽培，还是赛事的举办，处处可以看到韩国企业的身影。韩国企业很早就开始对电竞比赛投入大量资源，其中最知名的例子就是三星电子连续 12 年都是 WCG 最主要的赞助商。近年来，韩国电竞市场蓬勃发展，除了本国企业之外，还吸引了许多跨国品牌加入，整体市场不断扩大。

相关研究表明，赞助活动确实会为赞助企业带来正向效果。例如，在消费者印象中建立更优质的品牌形象，使消费者产生更强烈的购买欲望。在北美市场，企业的赞助支出保持着持续增长，即使是在经济不稳定的 2011 年，美国 4 个主要体育联盟的赞助收入还是增长了 7.9%。目前，全球领先企业为了寻求竞争优势，非常重视客户满意度、重复购买以及销售升级等基础层面，这些企业要的不是"一次性"的销售，而是将重点放在客户与企业在业务关系的成熟和深化方面。

在这种情况下，北美市场的体育组织获得的利益包括每年延续的赞助，赞助级别的提高以及赞助品牌带来的正面效应，但是，赞助品牌从赞助协议中获得了什么收益，可以促使赞助商持续提供赞助资源呢？事实上，赞助商会根据满意度的调查决定是否延续赞助，也就是通过赞助活动，检验被赞助方是否能够达成原先定下的商业目标。在决定赞助体育赛事或是任何活动时，赞助品牌通常希望达成多个目标，但是品牌也有可能出于利他动机或是社会责任提供赞助，例如特殊奥运会、乳腺癌活动等。目前，有越来越多的赞助商试图在帮助慈善组织的同时进行品牌推广。[1]

赞助商对赛事提供资金或资源支持，主要目的是与赛事建立关联。根据米那格汉的看法[2]，成功创造关联只有被活化或利用后才会产生效果。但事实上，只要赞助品牌愿意投入预算，就可以利用多种方式进行活化活动。所谓活化，是指为支持和强化赞助关系而设计的一系列战略行为，包括通过广告宣传赞助关系、在品牌包装中加入赛事标志、在赛事中免

①　程绍同. 运动赞助策略学 [M]. 台北：汉文书店，1998.

②　Meenaghan J A. Commercial sponsorship [J]. European Journal of marketing, 1983, 17(7): 174.

费发放产品或礼物，有效的活化通常是赞助费的1—3倍。

企业赞助赛事活动，通过赞助产生联想，将体育赛事的形象从赛事转化到品牌身上，这种形象的传递是基于品牌形象的"联想记忆"。这个概念认为，品牌形象是由消费者对该品牌的所有联想构成的，比如阳光、清新、优质等，这些联想是来自各个方面，如售价、对品牌的体验、设计包装、广告等。同样地，企业对体育活动提供赞助，知名体育赛事地形象联想也能转移到赞助品牌上。

3. 赞助的效能

公司投资赞助活动的重要考虑之一是赞助的"有效性"。研究已经证实赞助可以为企业或品牌带来正面效应，包括强化品牌回忆、更高的知名度、消费者对赞助商的正面态度以及增加购买意愿等。尽管赛事赞助商对消费者会产生预期作用，意思是赞助商认为只要赞助赛事，便会使消费者产生联想，但从现场测试中发现，观众的回忆并不是很强烈，但是随着赞助品牌出现的频率与次数增加，观众的回忆就会增强。根据吉塔·V. 乔哈尔（Gita V. Johar）与米歇尔·T. 范（Michel T. Pham）等学者在2006年的研究指出，当观众无法确认哪些企业是赞助商时，会根据赞助商与赛事的关联性，也就是所谓的"匹配度"来做相应的确认。[1]

（1）匹配利益

品牌在选择名人代言时，会多方考虑哪一位名人更适合该品牌，如吸引力、专业性、热度等都在考虑范围内。同时，代言人与品牌的"匹配度"也是品牌方考虑的要素之一。代言人对于该领域或是产品的了解程度越高，匹配程度也就越高，如果代言的匹配度较好，则代言的有效性也就越高。同样地，赞助商为体育赛事提供资金支持，赞助商和赞助对象互相

---

[1] Johar G V, Pham M T, Wakefield K L. How Event Sponsors Are Really Identified: A (baseball) Field Analysis [J]. Journal of Advertising Research, 2006, 46(2): 183-198.

关联，观众、观察者和参赛者就会自动判断两者之间的匹配度。

赞助的"有效性"有时会直接反映在企业收益上。有研究指出，当体育联盟的赞助商宣布成为"官方产品"的赞助商后，股价会呈现上涨趋势。举例来说，场馆冠名也是一种赞助形式，当这些企业宣布获得馆场冠名赞助时，股价也同时上涨，例如慕尼黑安联球场、洛杉矶斯台普斯中心、休斯顿丰田中心等。①

赛事和赞助品牌的高度匹配可以为品牌带来可观的收益。当企业或品牌进行慈善营销时，向高度匹配的慈善机构捐款，创造的价值会比低匹配度的机构多5—10倍。经调查研究发现，与低匹配度的品牌和赛事相比，消费者对与赞助对象匹配度高的品牌更具好感，对品牌的态度越正面，购买的意愿也相对更高。这种通过匹配程度提高消费者对品牌产生积极态度的现象，在网站和赞助商匹配性的研究上也出现了同样的结果。②

品牌和赛事之间的良好匹配度，除了可以优化消费者对品牌的态度外，还可以带来其他收益。当品牌与赛事关联度高时，对赞助品牌的回忆会更加频繁。有研究发现，如果消费者个人对赛事具有强烈的喜好，匹配度的影响力会扩大。另外，通过教育导向的沟通、解释赞助行为等方式，也可以为品牌和赛事或体育组织之间制造匹配性。

有关赞助和赛事匹配可以用多种方式定义，埃里克·L.奥尔森（Erik L. Olson）和汉斯·马蒂亚斯·提奥莫斯（Hans Mathias Thjømøe）提出了整体匹配的基本组成要素，包括：用途类同、规模类同、受众类同、地理区位类同、态度类同、形象类同、持续时间（见表7-1）。③

---

① 程绍同. 运动赞助策略学 [M]. 台北：汉文书店，1998.

② 程绍同. 运动赞助策略学 [M]. 台北：汉文书店，1998.

③ Olson E L, Thjømøe H M. Explaining And Articulating The Fit Construct In Sponsorship [J]. Journal of Advertising, 2011, 40(1): 57-70.

表 7-1　匹配类型的范例

匹配类型	定义
用途类同	观众或参赛者在赛事期间使用赞助品牌的产品
规模类同	赞助商和赞助对象的声望相当
受众类同	赞助品牌的目标观众与赛事的目标观众类同
地理区位类同	赞助品牌和举办赛事的地理区位相同
态度类同	赞助品牌和赛事在消费者中受欢迎程度一致
形象类同	赞助品牌形象和赛事形象相似
持续时间	赞助品牌长期支持赛事

如前文所述，赞助商和赛事之间的良好匹配能为品牌带来巨大优势，公司应该赞助匹配度高的赛事，从而获得相应利益。赞助的作用较为被动，需要依赖观众或消费者将赛事与赞助品牌关联起来。

（2）核心要素

对品牌或企业来说，要达成有效的赛事赞助或活动赞助，必须有以下考虑：

曝光率：在签署任何电子竞技赛事赞助合约之前，必须确保有明确的协议保证品牌 / 产品的曝光度。

代价：对赞助商来说，越早进入越有利。目前，大多数电子竞技组织和赛事组织仍处于早期的盈利阶段，如果赞助商能够在这个时候为赛事举办或俱乐部战队提供资金支持，就有利于赞助商抢占先机、建立长期的商业合作关系。

参与性：这个概念与曝光率有密切关联。赛事赞助或活动赞助可以让品牌或相关产品与电子竞技赛事的观众进行直接接触，这是成功赞助的关键因素，因为随着与消费者互动的增加，品牌 / 产品的销售可以得到有效提升。

匹配度：年轻的电竞观众通常被归类为科技控，但事实上，电竞观众的组成和兴趣远比我们想象的要多而且复杂，赞助商想接触到适合公司品牌／产品的消费者，细分市场和定位是非常重要的。

留下正面的附属连结：为了确保品牌或产品可以被消费者记住或是产生正面联想，赞助商需要尽可能多地了解受众内心的想法，并尽可能满足消费者的相关需求。①

在中国电竞市场中，外设厂商，显卡、显示器等，这些与电竞行业息息相关的 PC 硬件厂商是最早一批电竞赞助商。以宏碁为例，2016 年开始连续四年成为《英雄联盟》联赛的赞助商，宏碁聚焦电竞市场的策略是想要锁定电子竞技爱好者，快速拓宽旗下系列产品，包括电竞台式机、电竞显示器、VR 眼镜、电竞配件等。此外，宏碁通过对《英雄联盟》的赞助，在全球赛事转播上，大概每两分钟就有 30 秒的品牌曝光，让全球玩家牢牢记住"PREDATOR"（掠夺者）这个产品。2017 年，宏碁与电竞相关的产品在中国市场中呈现近 15 倍的增长。②

取得企业赞助是电竞赛事创造收入的重要手段，在电竞赛事中，包括职业战队队服赞助商标志、解说台上的饮料以及赛事的冠名，都可以看到越来越多赞助商的加入。根据 Newzoo 发布的《2017 年全球电竞市场报告》数据显示，2016 年电子竞技的大部分收入都来自品牌运营，赞助、广告和媒体转播权的收入分别为 2.66 亿美元、1.55 亿美元和 9500 万美元，赞助商的赞助几乎占据了电竞收入的一半。③

赞助并非捐赠，是双方以商业利益为主要目的进行的合作。对于双方而言，赞助追求的是双赢：一方面，赞助可以强化或改变企业与品牌

① 程绍同. 运动赞助策略学 [M]. 台北：汉文书店，1998.
② 网易科技. 中国市场 15 倍增长 Acer 赞助《英雄联盟》背后的商业逻辑 [OL].(2017-11-08). https://www.163.com/tech/article/D2NSD6DI00097U7T.html
③ Newzoo. 2017 Global Esports Market Report [OL].（2017-02-14）. https://newzoo.com/insights/trend-reports/global-esports-market-report-2017-light/

形象，提高知名度，最终增加产品销售量和品牌权益；另一方面，受赞助者通过为企业带来的营销价值，获得金钱、商品或服务。近年来，随着电子竞技受众群体扩大，不只是电子周边厂商投入赞助，其他主流产业也跃跃欲试，厂商赞助的对象包括选手个人、职业电竞队伍和赛事单位。例如，企业对职业电竞战队的赞助内容，分成产品赞助、交通费用赞助、薪水或金钱赞助，选手或战队则需要根据厂商的需求来代言产品、出席活动或参与活动等。[①]

在电子竞技发展早期，只有极少数的外设厂商愿意投资这个行业，特别是对赛事的赞助，以期换来更多的曝光。例如外设厂商，显卡、显示器等与电竞行业息息相关的 PC 硬件制造厂商，电竞座椅等电竞衍生品牌成为最早的一批电竞赞助商。[②]

随着电竞行业的发展，各类职业联赛渐趋成熟完善，电竞与传统体育的差距逐渐缩小。对于传统体育来说，各大品牌对球星和赛事提供赞助，看中的都是体育粉丝对品牌的认同并能够给予回报。无论是阿迪达斯赞助的曼彻斯特联足球俱乐部，还是耐克赞助的巴塞罗那足球俱乐部，看中的都是潜在粉丝经济，电竞赛事亦是如此。据统计，2016 年涉足电竞赞助的 50 大品牌，已经涵盖各大行业和品类，包括埃克森美孚、福特、阿迪达斯、可口可乐等世界巨头，都曾赞助或投资过电竞相关领域。目前，有越来越多的传统品牌选择与电竞合作。对于年轻人而言，电竞不仅是一种娱乐，更是一种生活方式，对于品牌而言，除了寻求与年轻人沟通，也意味着品牌向年轻化转型。[③]2018 年，《英雄联盟》S8 全球总决赛吸引了 2 亿人观看比赛，赛事的 50 位赞助商也备受关注，其中包括

① EZSC. 什么是电竞赞助？ [OL]. (2014-05-30). https://www.cool3c.com/article/81233
② 游戏葡萄. 2017 电竞赞助收入达 2.66 亿你了解多少 [OL]. (2017-02-27). https://www.sohu.com/a/127416545_204824
③ 媒介 360. 传统大品牌缘何纷纷开始赞助电竞？ [OL]. (2017-12-27). https://www.sohu.com/a/213113957_505816

28 家中资企业。[①]

　　根据鲸准报告显示，2017 年中国电竞市场规模已达 766 亿元，比 2016 年增长 46%，电竞赛事赞助商的层级和量级也在不断增加，食品饮料、快销、汽车、电子等诸多传统行业纷纷入局，2020 年的产值达千亿元。[②]2018 年艾瑞咨询《中国电竞行业研究报告》显示，中国电竞用户在 2019 年达 3.5 亿人，绝大部分集中在 19 至 30 岁的人群中。同时，有接近 2/3 的电竞用户会注意到选手或俱乐部的赞助品牌，多数用户表示赞助品牌与电竞概念相契合。[③]

图 7-1　2016 年涉足电竞的 50 大品牌[④]

来源：The Next Level

① 有饭研究. 28 家中资全赛区撒钱，英雄联盟 S8 最大赢家叫"中国电竞" [OL]. (2018-11-02). https://www.sohu.com/a/272919408_793466

② 鲸准研究院. 2018 电子竞技行业研究报告 [EB/OL]. (2018-07-16). https://www.jingdata.com/report/411.html

③ 艾瑞咨询. 2018 年中国电竞行业研究报告 [OL]. (2018-02-02). http://report.iresearch.cn/wx/report.aspx?id=3147

④ The Next Level.2016 eSports Review: The 50 Brands [OL]. (2017-01-11). https://tnl.media/esportsnews/2017/1/11/2016-esports-review-the-50-brands

4. 赞助广告

广告营销是一种低成本高效益的信息传播方式，广告营销是指企业通过广告对产品展开宣传推广，促成消费者直接购买，扩大产品的销售，提高企业的知名度、美誉度和影响力的活动。广告营销主要以户外广告和媒体广告为主，户外广告包括在大型商场、地铁站、电影院等人口密集、人流量较大的场所投放广告。媒体广告主要是指在报纸、广播、电视、网络等媒介上投放广告。企业主要借助以上两种方式宣传品牌形象，从而在激烈的市场竞争中取得优势地位。目前，广告营销活动朝着整合营销方向发展，把品牌打造成活动或节目的一部分，分享行为以及生活体验的一部分。

（1）什么是赞助广告

赞助广告是指企业在完全自愿的情况下，有计划、有目的地向有益于社会公益的项目或商业组织、商业活动提供赞助。赞助广告是企业经常采用的广告宣传形式，例如国际大企业赞助奥运会，从而取得当期某类商品的垄断使用权。当一个典型事例或活动获得赞助时，通常会给予赞助单位一定的广告活动补偿，广告的形式有两种：

①企业出资赞助某项活动，接受赞助的单位为赞助者提供宣传机会，如以出资企业的名称或其产品名称为所举办的活动冠名；通过一定的媒介形式向公众宣布赞助者的企业名称。

②企业把印制有企业名称的产品提供给受助单位，使其在活动中使用或作为奖品，以扩大企业的影响。

根据 NJ Games 调查数据显示，2019 年电子竞技观众人数将达到 3.8 亿人，到了 2021 年，观众人数预计将达到 5.57 亿人，男性占比 62%、女性占比 38%，其中，有超过半数观众的年龄在 21 岁至 35 岁之间。[①] 外

---

① Marketing Dive. How Brands Can Score With Esports Marketing Shane Schick [OL]. (2019-04-08). https://www.marketingdive.com/news/how-brands-can-score-with-esports-marketing/551759/

界一般以为，电子竞技爱好者会抵触赞助商进驻，但有趣的是，尼尔森发布的关于电子竞技粉丝的报告显示，50%—60% 的受访者支持品牌参与电子竞技活动和流媒体直播，只有不到 10% 的受访者对品牌活动表现出负面情绪。[1]

在争取电竞比赛赞助方面，营销人员的思维模式有时需要跳脱过往的习惯，但是电子竞技营销仍然离不开营销的本质，其中，投资回报率和目标回报率是衡量活动成功与否最可靠的指标。

在电竞领域进行营销，最有效的解决方案就是赛事组织方和赞助方协作预先设定期望。举例来说，假设在北美地区有一个赛事活动的赞助机会，作为主要赞助商可以预期得到如下效益：

赛事规模：观众 100 万人。

赞助商期望：将 0.5% 的观众转化为付费客户。

公司客户的生命周期价值（Customer Lifetime Value，CLTV）：500 美元。

如果赞助商的期望是通过赞助最终可以获得 250 万美元的收益（0.5% 的转化率 *100 万观众 *500 美元 CLTV），那么，投资 100 万美元赞助该活动意味着赞助商的有效投资回报率为 150%。[2]

（2）广告赞助的手法

在电竞活动的营销中，基于广告定位营销策略的赞助有四种类型：赞助、场地冠名、代言和权限。

赞助：赞助分为单纯赞助和内容赞助，有研究指出内容赞助与广告之间存在区别，广告改变消费者对特定商品的认知，内容赞助改变消费者对赞助商的认知。

---

① Nielsen. E-Sports Playbook for Brands 2019[EB/OL]. (2019-04-26). https://nielsensports.com/wp-content/uploads/2021/01/Esports_Playbook_for_Brands_2019_Intro_rev-1.pdf

② Tobias Seck. 7 Marketing Strategies to Monetize. The Esports Audience [OL]. (2018-09-18). https://esportsobserver.com/7-marketing-strategies-to-monetize-the-esports-audience/

单纯赞助指的是人们能够在电视和互联网中看到的赞助，与广告非常相似。目前，外设厂商不断地寻找自己心目中的"最强战队"、"最强选手"，并为其提供赞助，这已经成为电竞赞助稳定且精准的品牌营销方式。另外，游戏衍生行业也是电竞的主要赞助商，傲风（Autofull）、迪锐克斯（DXRacer）、阿拉丁等几大电竞椅品牌先后赞助了《英雄联盟》、《DOTA2》、《守望先锋》的俱乐部。

内容赞助指的是有部分内容特别针对赞助商的目标受众制作，重点是节目广告中的曝光度，这些赞助影响将通过病毒式营销和其他市场宣传品得以强化，它们就像整合营销传播计划一样，主要依托大众传播而得以实现。一项检验网络内容赞助对提升知名度的研究发现，当一个品牌作为内容赞助者出现在网页上，并且没有其他相关广告出现时，消费者考虑选择该品牌的意愿有显著变化。①

哈尔滨啤酒 2016 年开始赞助《DOTA2》LGD 战队（绰号"老干爹"），2017 年持续布局电竞市场、进行电竞营销，除了扩大赞助五支《DOTA2》职业战队外，还在《DOTA2》流量最大的火猫直播平台投放全站广告，通过优惠码、加油包、线下观战等营销策略，高频渗透年轻用户群。②

代言：名人代言是体育营销中的惯例，它看中的是名人能直接带动体育品牌的销售。随着电竞产业蓬勃发展，有越来越多出色的选手受到瞩目。2018 年，耐克篮球与三位代言人签约，包括北美篮球巨星勒布朗·詹姆斯、新生代男演员白敬亭以及 RNG 战队的 ADC 选手简自豪（ID：Uzi），旨在彰显不同领域中同样追求卓越的精神。

电竞比赛的观众多半为年轻人，谷歌通过调查发现，有 70% 使用 YouTube 的青少年用户表示，如果品牌想要针对青少年用户进行营销，

① 程绍同.运动赞助策略学 [M].台北：汉文书店，1998.
② 简书.电竞营销：品牌商的新战场 [OL].(2018-03-28). https://game.china.com/news/news3/507/20180328/32241720.html

找网红会比传统名人更为直接和有效。①

　　冠名：冠名是在某种事物的名称前面加上赞助单位的名号。冠名权通常是指在各项活动的举办过程中，由于赞助单位提供了赞助，组织者将某种实物或活动冠以该单位名称，体现该单位的形象或确定其为协办单位的一种回报形式。这种形式可以加强企业及品牌的宣传，提升企业的知名度和形象。

　　权限：赞助单位通过资金赞助，取得相关组织活动的权限，包括：赛事、场地或参加队伍的冠名权，场内外横幅和标牌的广告宣传，在赛事活动、选手服装以及相关宣传文件上嵌入赞助单位的商标等。另外，赞助单位在赛事期间可以推出独家限量商品或提供促销方案以及商品折价券等。通过一系列权限的运作，可以为赞助单位的形象或商品的销售带来实质性的利益。②

案例 7-1　电子竞技产业广告投入的流量与声量的关系？

　　2018 年《王者荣耀》观看量达 170 亿次，但电竞市场规模仅有 85 亿元，为什么巨大流量无法产生经济效能，电竞产业至今发展已有二十年，一直没有解决的问题就是流量与声量的转换。③

　　从营销的角度来说，传统的广告处理两者的关系很直接，就是声量对流量，再转化为销量。但是电竞目前没有办法处理这个概念，也就是说，电竞产业者在和广告商沟通的时候，无法回答中国或者世界范围内到底有多少电竞用户，只能说有多少游戏玩家，但是游戏玩家并不一定是电竞用户。这充分反映在《王者荣耀》的例子

---

① Tobias Seck. 7 Marketing Strategies to Monetize. The Esports Audience [OL]. (2018-09-18). https://esportsobserver.com/7-marketing-strategies-to-monetize-the-esports-audience/

② Leoisaac.com. Get a sponsor template [OL]. http://www.leoisaac.com/funding/top300.htm

③ 李成东.《王者荣耀》去年观看量达 170 亿，但电竞市场规模仅 85 亿元，巨大流量能否产生经济效能 [OL]. (2019-01-28). https://www.shobserver.com/staticsg/res/html/web/newsDetail.html?id=129901

上，在中国拥有这么多玩家的情况下，《王者荣耀》职业联赛的票价：2019 年的 KPL 春季赛常规赛门票，最高票价仅需 88 元人民币。所以，电竞领域中流量与声量的计算方式是什么，转化和销量以什么样的比例去计算，一直让电竞广告组和营销人员疑惑。

核心粉丝与普通粉丝的区别？如何实现流量变现？

根据拳头游戏统计，2014 年《英雄联盟》有 6700 万玩家，其中十分之一，也就是 670 万左右为电竞观众。从网友的统计数据来看，从 2015 年开始，总积分玩家的账号数呈上升趋势，但是增长的幅度却从 2017 年初开始下降，到 2018 年积分账号开始持平。随着这批从 2014 年起加入《英雄联盟》的用户年龄渐长，他们从原来的玩家开始转向看比赛的用户。[①]

相对来说，观看《英雄联盟》的赛事用户在这几年从 600 万发展到了 1500 万—2000 万左右。这些用户应该符合八二分的市场比例，其中，300 万是赛事的核心用户。这 300 万的核心用户到了 2019 年已经不再是青少年了，假设他们是 2015 年观看 EDG 战队夺冠比赛的用户，《英雄联盟》正火热的时候可能开始读大学一年级的话，2019 年他们已经初入社会，开始拥有稳定的收入了，能够为直播平台带来收益。

如果俱乐部收割的是普通粉丝，那么数据公司主要收割的就是核心粉丝，核心粉丝愿意花费更多的收入在电竞赛事上。以 PentaQ 为例，假设说 PentaQ 的年度收益在未来能够持续成长，在 PentaQ 成为用户信赖的品牌，有消费者愿意为这个品牌买单，并且愿意购买公司每个月的数据报告的情况下，那就代表公司已经成为品牌 IP 了。PentaQ 粗估核心粉丝中：如果有 40 万人一年愿意付出 10 元购

---

① 新浪游戏.《英雄联盟》S8 想要继续走更远需要注意这五个问题 [OL]. (2018-11-04). http://games.sina.com.cn/y/n/2018-11-04/hnknmqw6747370.shtml

买产品，公司一年就有 400 万元的收益，足够一个小公司解决财务问题了；其中，如果还有百分之一的人愿意花更多钱，就足够支撑小公司持续运营了。与电竞产业相关的公司规模不需要扩大，只需要服务好这批核心顾客就可以了。

上述一切都是在完美的假设下，但是就目前情况来说，大部分用户的画像是面貌不清的，品牌商、俱乐部都知道有一大张饼，但还不知道如何分割，毕竟中国的电竞产业商业化还不成熟，大部分企业还没有实现盈利，也还没有实现流量变现的商业模式。

三、全球电竞文化产业的新趋势

（一）中国电竞文化日益凸显

根据 Newzoo 发布的数据，2020 年，全球电竞收入约为 11 亿美元，其中，中国的收入为 3.85 亿美元，是全球最大的电竞市场。[1] 2019 年，中国的电子竞技产业创造了 2.103 亿美元的营收，在收入方面超过西欧成为全球第二大电竞区域。[2] 2020 年，全球核心电竞用户为约 2.2 亿，中国电竞用户为 1.8 亿。预计到 2024 年，中国电竞用户将增长至 2.1 亿，成

---

① Newzoo.Global Games Market Report 2020 ｜ Light Version [OL]. (2020-03-01). https://newzoo.com/insights/trend-reports/newzoo-global-games-market-report-2020-light-version/

② Newzoo. 2019 Global Esports Market Report [OL]. (2019-02-19). https://newzoo.com/insights/trend-reports/newzoo-global-esports-market-report-2019-light-version/

为全球电竞用户人数最多的国家。① 根据国内机构发布的数据，中国电竞用户主要集中在 25 岁到 30 岁，男性占七成，而在"年轻人指数"这一指标中，中国 24 岁以下用户达到 100％。② 2017 年，移动电竞游戏市场占比已经与端游电竞市场占比持平，在 2018 年后超过了端游电竞市场。同时，电竞生态市场的比重也有明显增长，从 2015 年到 2019 年增长约 10％（见图 7-2 ）。

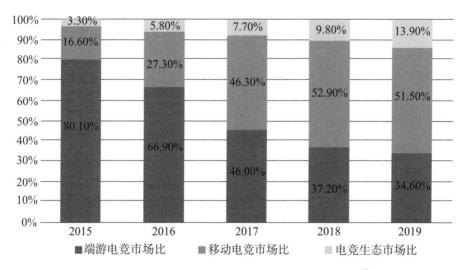

图 7-2　2015—2019 年中国电竞整体市场规模占比 ①

来源：艾瑞咨询

　　自 2017 年起，随着几款移动电竞游戏产品在国内的推广与普及，电

① Newzoo.Global Esports & Live Streaming Market Report 2021｜Free Version [OL]. (2021-03-09). https://newzoo.com/insights/trend-reports/newzoos-global-esports-live-streaming-market-report-2021-free-version/?utm_campaign=GEMR%202021&utm_source=older%20content%20to%202021%20free%20report&utm_content=free%20report

② Newzoo. 2019 Global Esports Market Report [OL]. (2019-02-19). https://newzoo.com/insights/trend-reports/newzoo-global-esports-market-report-2019-light-version/

① 艾瑞咨询. 2018 年中国电竞行业研究报告 [OL]. (2018-02-02). http://report.iresearch.cn/wx/report.aspx?id=3147

竞用户呈现增长趋势，且主要是来自未有电竞游戏经历的新用户（如图7-3所示）。用户的爆发式增长也给电竞衍生市场带来巨大的增长空间。2016年，腾讯推出MOBA类游戏《王者荣耀》，由于单次使用时间短，所以用户单日使用次数增加了一倍。[①] 同时，《王者荣耀》的赛事分布广泛，除了极具观赏性的职业联赛，不同品牌的赛事分为：线下赛事，包括《王者荣耀》城市赛、《王者荣耀》高校赛、《王者荣耀》全民赛；渠道赛事，包括《王者荣耀》世界冠军杯（Honor of Kings World Champion Cup，KCC）、《王者荣耀》微信游戏菁英赛（Wechat Game Champions，WGC）和《王者荣耀》职业联赛。除此之外，网易旗下移动MOBA类游戏《决战！平安京》也拥有众多玩家。腾讯、网易两家游戏巨头公司对以国产游戏为基础的电竞行业发展起到了重要的推动作用。

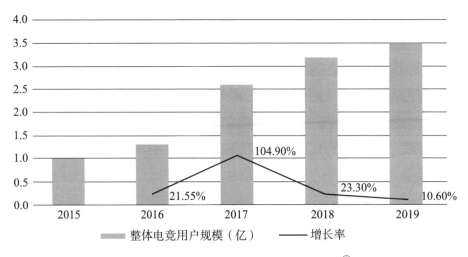

图 7-3　2015—2019 年中国电竞用户规模 [②]

来源：艾瑞咨询

① 艾瑞咨询. 2018 年中国电竞行业研究报告 [OL]. (2018-02-02). http://report.iresearch. cn/wx/report.aspx?id=3147
② 艾瑞咨询. 2018 年中国电竞行业研究报告 [OL]. (2018-02-02). http://report.iresearch. cn/wx/report.aspx?id=3147

2018 年，中国游戏直播平台商业化发展趋于稳定，平台多元化经营促使直播市场规模达到 376.5 亿元。① 根据易观数据显示，随着电子竞技发展火热，电子竞技属性的产品内容在游戏直播市场占比超过八成，达到 87.6%。② 根据 2019 年艾瑞咨询报告，中国电竞用户以大学本科学历为主，占比达 36.2%；用户从事的职业，以企业普通员工居多，占比 21.4%；中国电竞用户中，个人月收入在 3000 元以下的占比最高，达到 45.3%；在个人消费上，月消费在 1000 元—3000 元的占比最高，达到 54.2%，高收入的用户在一定程度上也促进了电竞消费（如图 7-4 和图 7-5 所示）。

在电竞文化的消费行为上，有接近 76% 的中国电竞用户会观看电竞短视频内容。用户最常观看的短视频内容，包括游戏教学内容、赛事集锦以及主播日常等，其中，有超过 80% 的用户通过直播平台关注俱乐部及选手。③ 对于一款火热的游戏，用户从接触游戏到观看职业化赛事的期待时长是 6 至 12 个月。另外，有超过七成的电竞用户愿意为电竞赛事付费，在俱乐部周边付费方面，有 41.2% 的用户愿意消费金额为 100 到 500 元（如图 7-6 和图 7-7 所示）。另外，根据企鹅电竞智酷发布的报告显示，电竞用户最能接受的赞助广告品类排名前三的是：游戏硬件设备、电子产品、运动健身。

① 艾瑞咨询. 2018 年中国电竞行业研究报告 [OL]. (2018-02-02). http://report.iresearch.cn/wx/report.aspx?id=3147

② 易观智库. 2019 年中国游戏直播平台年度综合分析 [OL/EB]. (2019-05-21). https://stock.finance.sina.com.cn/stock/go.php/vReport_Show/kind/search/rptid/611781001974/index.phtml

③ 企鹅智酷，腾讯电竞，电子竞技. 企鹅智酷：2018 年中国电竞运动行业发展报告 [OL]. (2018-06-14). http://www.199it.com/archives/738097.html

图 7-4 2019 年中国电竞用户教育水平和职业分布 ①

来源：艾瑞咨询

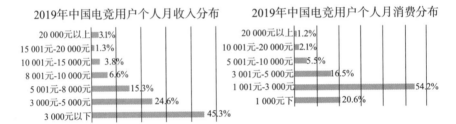

图 7-5 2019 年中国电竞用户个人月收入和消费水平 ②

来源：艾瑞咨询

图 7-6 2019 年中国电竞用户短视频观看情况 ③

来源：艾瑞咨询

① 艾瑞咨询. 2019 年中国电子竞技行业研究报告 [OL]. (2019-04-04). http://report. iresearch.cn/wx/report.aspx?id=3352

② 艾瑞咨询. 2019 年中国电子竞技行业研究报告 [OL]. (2019-04-04). http://report. iresearch.cn/wx/report.aspx?id=3352

③ 艾瑞咨询. 2019 年中国电子竞技行业研究报告 [OL]. (2019-04-04). http://report. iresearch.cn/wx/report.aspx?id=3352

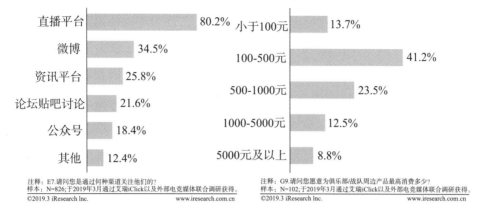

2019年中国电竞用户关注俱乐部及选手来源　　2019年中国电竞用户俱乐部周边付费情况

注释：E7.请问您是通过何种渠道关注他们的？
样本：N=826;于2019年3月通过艾瑞iClick以及外部电竞媒体联合调研获得。
©2019.3 iResearch Inc.　　www.iresearch.com.cn

注释：G9.请问您愿意为俱乐部/战队周边产品最高消费多少？
样本：N=102;于2019年3月通过艾瑞iClick以及外部电竞媒体联合调研获得。
©2019.3 iResearch Inc.　　www.iresearch.com.cn

图 7-7　2019 年中国电竞用户关注俱乐部及选手、周边付费情况[①]

来源：艾瑞咨询

（二）电竞与传统体育的互动

北美电竞产业的特色主要有三点：该地区有成熟的体育产业、强劲的粉丝经济和强大的游戏内容制作能力。首先，北美在足球与篮球等传统体育运动中积累了丰富的规模化体育赛事运营经验，如赛程设定、赞助商机制、转播权收益等，都十分值得借鉴。其次，成熟的体育产业培养了观众的付费习惯，北美的电竞粉丝也有很强的付费意愿，2500 万的电竞粉丝每人平均每年要贡献 10.36 美元的营收。[②] 最后，除了产业在商业实现上的优势外，北美在游戏内容制作领域也更为成熟，主要的电竞游戏开发商总部都在美国，如《英雄联盟》的拳头游戏和《守望先锋》的暴雪娱乐。

---

① 艾瑞咨询. 2019 年中国电子竞技行业研究报告 [OL]. (2019-04-04). http://report. iresearch.cn/wx/report.aspx?id=3352

② 前瞻产业研究院. 2018 全球电竞市场成绩单：北美、韩国表现亮眼 [EB/OL]. (2018-12-06). https://www.qianzhan.com/analyst/detail/220/181205-35f49f39.html

2019 年美国《英雄联盟》春季联赛总决赛在密苏里圣路易斯的
Chaifetz 竞技场举行，现场观众超过 1 万名，在四个小时的比赛中，还有
60 万人同时通过 Twitch 和 YouTube 平台在线观看。有数据显示，2020
年美国单项电子竞技决赛的观众有 7000 万人，这比美国职业棒球，足球
和曲棍球决赛的收视率都要高，观看电竞比赛的消费时长达 30 亿小时，
占所有体育节目观看时长的 10%[1]。除了美国橄榄球联盟比赛之外，美国
观看电竞比赛的人数超过所有的专业运动联盟比赛（如图 7-8 所示）。

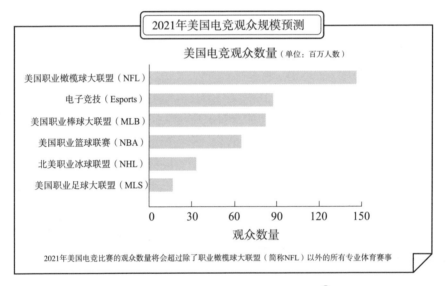

图 7-8　2021 年美国电竞观众规模预测 [2]

来源：Syracuse University

电竞娱乐在欧美市场趋向成熟，特别是电竞文化可以与游戏和体育

① Annie Pei. This esports giant draws in more viewers than the Super Bowl, and it's
expected to get even bigger [OL]. (2019-04-14). https://www.cnbc.com/2019/04/14/
league-of-legends-gets-more-viewers-than-super-bowlwhats-coming-next.html
② Syracuse University. With Viewership and Revenue Booming, Esports Set to Compete
with Traditional Sports [OL]. (2021-05-30). https://onlinegrad.syracuse.edu/blog/esports-
to-with-traditional-sports/

产生连结。目前，电竞文化已经走出小众群体，成为年轻人的重要娱乐内容。根据 Activate 调查数据显示，与传统体育运动相比，美国的 Z 世代更愿意接受电子竞技这类非传统的体育运动。2017 年有 56% 的美国 Z 世代男性（13—21 岁）表示，非传统体育与"自己这一代"相关性很强，而只有 44% 的人表示对传统体育与非传统体育体育接受程度相同。[①] 根据 Esports Ad Bureau, Magid Advisors 发布的报告，美国电竞用户以白种人男性为主，年龄层分布比较均匀，收入水平在 3500 到 5000 美元之间。其中，有超过 50% 的电竞观众，至少每周一次会参与关于电竞的活动，包含观看电竞比赛、阅读电竞运动相关的文章、与朋友或家人讨论电竞以及在社交媒体讨论电竞运动等。[②] 2020 年，传统体育项目开始尝试电竞，以应对全球疫情为行业带来的影响。例如，NBA 联赛的多名球员积极参与 NKA2K 球员锦标赛，杜兰特还与该电竞项目签署了终身合约[③]。

中国电竞赛事的影响力已经能够比肩传统体育赛事了。2016 年 4 月，已逝的篮球明星科比·布莱恩特谢幕战刷新了 NBA 中国网络收视记录，该场比赛的直播播放量超 3890 万。2017 年，英雄联盟国内职业赛事在中国的全年累计观赛人次首次突破 100 亿，LPL 单场最高观赛人次破 1.4 亿，超过 NBA 在中国互联网赛事直播的收视人数峰值。2018 年，《英雄联盟》LPL 赛区职业赛事观看量突破 300 亿。[④] 移动电竞《王者荣耀》

① Kevin Tran. Why the esports audience is set to surge——and how brands can take advantage of increased fans and viewership [OL]. (2018-11-08). https://www.businessinsider.com/the-esports-audience-report-2018-11

② Esports Ad Bureau, Magid Advisors.Esport brand integrations and the US audience [OL]. (2017-10-12). https://strivesponsorship.com/2017/10/12/esport-brand-integration-us-esports-audience/

③ Jason Marges. Kevin Durant has signed a lifetime deal with NBA 2K [OL]. (2020-12-04). https://www.oneesports.gg/nba2k/kevin-durant-has-signed-a-lifetime-deal-with-nba-2k/

④ 腾讯. 腾竞体育：2019 英雄联盟中国电竞白皮书 [OL]. (2019-06-28). http://www.199it.com/archives/898700.html

2018年全年一共举办了335场赛事，观看量达170亿人次，较2017年提升65%，单日直播观看量峰值一度达3亿人次，较2017年提升26%，观赛规模已经超过许多传统体育赛事，凸显了电竞赛事在中国市场具有可持续挖掘的用户价值和商业价值。①

根据调查，有接近97%的用户认同《英雄联盟》赛事是专业的电竞项目，还有超过89%的用户认同该赛事是专业的体育项目，表明《英雄联盟》这类竞技性游戏近年来通过赛事推广及赛事的成熟发展获得了广大用户的认可。② 在电竞用户的认知和运动行为上，由于电竞运动获得多个国际体育组织认可，再加上国家层面政策的支持，国人对于电竞的认知正在不断深化。根据用户调查显示，不同于以往"宅"、"玩物丧志"的刻板印象，电竞爱好者在体育运动、动漫二次元上的兴趣普遍要高于总体人群。在对比总体人群、电竞用户、NBA球迷、世界杯关注者四类人群的日常运动情况后发现，电竞用户经常运动的比例为19%，高于总体人群的16%。整体而言，电竞用户的健身运动频次更高，更接近NBA球迷和世界杯关注者的运动习惯。③

（三）非核心电竞用户的增长

在《2018年全球游戏市场报告》中，Newzoo引入"游戏爱好者"一词取代游戏玩家，把这些游戏参与者依据偏好的不同进行定义。"游戏爱好者"主要分成四类：一是拥有专业硬件和设备者，比如职业选手、业余玩家；二是创造独特内容的影响者，比如游戏解说；三是分享者，比

---

① 李成东. 王者荣耀去年观看量达170亿，但电竞市场规模仅85亿元，巨大流量能否产生经济效能 [OL]. (2019-01-28). https://www.shobserver.com/staticsg/res/html/web/newsDetail.html?id=129901

② 艾瑞咨询. 2019年中国电子竞技行业研究报告 [OL]. (2019-04-04). http://report.iresearch.cn/wx/report.aspx?id=3352

③ 企鹅智酷，腾讯电竞，电子竞技. 企鹅智酷：2018年中国电竞运动行业发展报告 [OL]. (2018-06-14). http://www.199it.com/archives/738097.html

如游戏主播；四是观看由他人创作游戏内容或是专业游戏场景视频者，比如游戏直播观众、游戏赛事观众等。[①] 值得注意的是，通过电竞赛事举办的过程，玩家的社交属性也进一步具象化，有利于电竞产业链的延伸和发展。以观看游戏视频者（游戏观众）为例，观众群体已经逐步壮大，并成为电竞产业消费的中流砥柱。随着电竞赛事和直播的普及，电竞娱乐内容的注意力和付费价值正在不断提升，非职业电竞玩家群体将成为全球电竞市场保持活跃的主要动力（如图7-9所示）。

图7-9 2019年到2024年不同类型电竞观众规模变化趋势[②]

来源：Newzoo

根据统计，由于电竞的认知度提升、上网也变得更加方便。以Twitch和YouTube等平台用户的增长为例，2020年全球非核心电竞爱好

---

①　Newzoo. 2018 Global Esports Market Report [OL]. (2018-05-01). https://newzoo.com/insights/trend-reports/global-esports-market-report-2018-light/

②　Newzoo.Global Esports & Live Streaming Market Report 2021｜Free Version [OL]. (2021-03-09). https://newzoo.com/insights/trend-reports/newzoos-global-esports-live-streaming-market-report-2021-free-version/?utm_campaign=GEMR%202021&utm_source=older%20content%20to%202021%20free%20report&utm_content=free%20report

者为 2.7 亿人，比核心电竞用户还多 4900 万人。① 对欧美电竞业者而言，每款电竞游戏就像不同类型的体育项目，能够吸引不同的粉丝群，比如《守望先锋》更吸引男性玩家，《反恐精英》的玩家年龄层较大，平均在 25 岁到 35 岁之间。② 由于对电竞玩家的商业定位明确，欧美电竞业者一方面可以借助与传统产业跨界合作，提高游戏品牌价值、快速扩大受众群；另一方面，依托线下建立的品牌影响力和流量导入，电竞娱乐内容在线上得以迅速传播，并建立用户黏性，例如，通过 Twitch 流媒体平台生产内容，以玩家互动、体验和会员订阅等方式扩大变现空间。③

大多数千禧一代的游戏迷，对品牌赞助商持开放的态度。有越来越多的企业正借助电子竞技增长的趋势拓宽品牌知名度，例如，全球知名电脑惠普选择赞助《守望先锋》联赛，剃刀品牌吉列锁定《英雄联盟》大批年轻男性观众。2017 年 Activate 调查显示，美国电竞比赛的观众有 62% 在 18 到 34 岁之间，其中，有 58% 的人对品牌参与电子竞技表现出积极的态度（如图 7-10、图 7-11 和图 7-12 所示）。④ 使观众产生印象的大部分赞助商都是跟电竞行业相关的企业，特别是像微软、苹果、三星游戏设备企业或是功能饮料红牛等（如图 7-13 和 7-14 所示）。另外，有超过 40% 的电竞观众表示，希望得到免费的电竞周边产品以及尝试新的电竞产品（如图 7-15 所示）。⑤

① Influencer Marketing. The Incredible Growth of eSports [OL]. (2021-05-13). https://influencermarketinghub.com/growth-of-esports-stats/

② Lucy Koch . Esports Playing in the Big Leagues Now [OL]. (2019-02-05). https://www.emarketer.com/content/esports-disrupts-digital-sports-streaming

③ Charlotte Rogers. Understanding the eSports community:What brands need to know [OL]. (2018-05-08). https://www.marketingweek.com/understanding-esports-community/

④ Kevin Tran. Why the esports audience is set to surge——and how brands can take advantage of increased fans and viewership [OL]. (2018-11-08). https://www.businessinsider.com/the-esports-audience-report-2018-11

⑤ Charlotte Rogers. Understanding the eSports community:What brands need to know [OL]. (2018-05-08). https://www.marketingweek.com/understanding-esports-community/

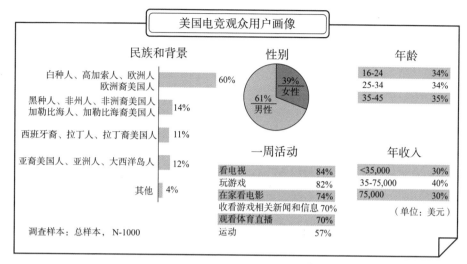

图 7-10　电竞观众用户画像[①]

来源：Esports Ad Bureau, Magid Advisors

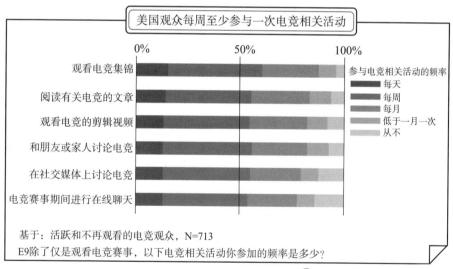

图 7-11　参与电竞相关的活动[②]

来源：Esports Ad Bureau, Magid Advisors

①　Esports Ad Bureau, Magid Advisors.Esport brand integrations and the US audience [OL]. (2017-10-12). https://strivesponsorship.com/2017/10/12/esport-brand-integration-us-esports-audience/

②　Esports Ad Bureau, Magid Advisors.Esport brand integrations and the US audience [OL]. (2017-10-12). https://strivesponsorship.com/2017/10/12/esport-brand-integration-us-esports-audience/

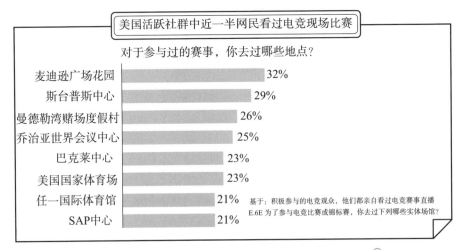

图 7-12　活跃社群中将近一半网民亲临过电竞比赛现场①

来源：Esports Ad Bureau, Magid Advisors

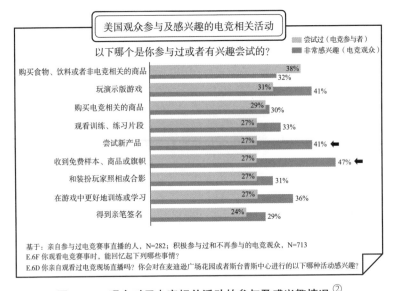

图 7-13　观众对于电竞相关活动的参与及感兴趣情况②

来源：Esports Ad Bureau, Magid Advisors

① Esports Ad Bureau, Magid Advisors.Esport brand integrations and the US audience [OL]. (2017-10-12). https://strivesponsorship.com/2017/10/12/esport-brand-integration-us-esports-audience/
② Esports Ad Bureau, Magid Advisors.Esport brand integrations and the US audience [OL]. (2017-10-12). https://strivesponsorship.com/2017/10/12/esport-brand-integration-us-esports-audience/

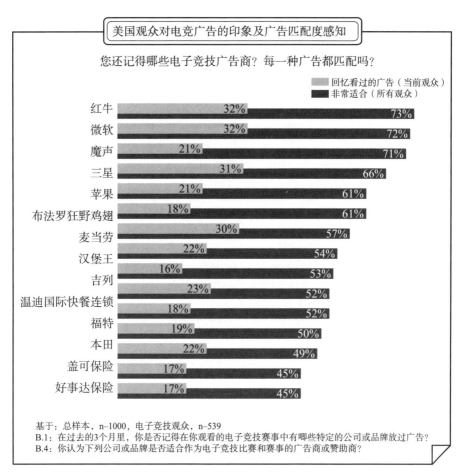

美国观众对电竞广告的印象及广告匹配度感知

您还记得哪些电子竞技广告商？每一种广告都匹配吗？

回忆看过的广告（当前观众）
非常适合（所有观众）

	回忆看过的广告	非常适合
红牛	32%	73%
微软	32%	72%
魔声	21%	71%
三星	31%	66%
苹果	21%	61%
布法罗狂野鸡翅	18%	61%
麦当劳	30%	57%
汉堡王	22%	54%
吉列	16%	53%
温迪国际快餐连锁	23%	52%
福特	18%	52%
本田	19%	50%
盖可保险	22%	49%
好事达保险	17%	45%
	17%	45%

基于：总样本，n–1000，电子竞技观众，n–539
B.1：在过去的3个月里，你是否记得在你观看的电子竞技赛事中有哪些特定的公司或品牌放过广告？
B.4：你认为下列公司或品牌是否适合作为电子竞技比赛和赛事的广告商或赞助商？

图 7–14 观众观看电竞广告品牌类型及广告匹配度感知 [①]

来源：Esports Ad Bureau, Magid Advisors

---

① Esports Ad Bureau, Magid Advisors.Esport brand integrations and the US audience [OL]. (2017-10-12). https://strivesponsorship.com/2017/10/12/esport-brand-integration-us-esports-audience/

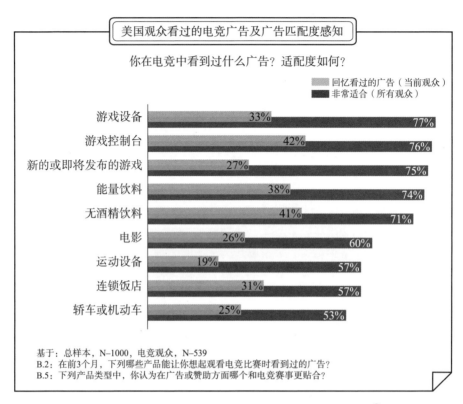

图 7-15　观众观看电竞广告商品类型及广告匹配度感知 [1]

来源：Esports Ad Bureau, Magid Advisors

从 2016 年开始，有 36.6% 的用户关注电竞，这时《王者荣耀》、《球球大作战》等手游开始推出电竞职业联赛，移动电竞赛事拉新（招募新用户）效果明显。据统计，2008 至 2016 年期间，有 45.7% 的用户开始关注电竞，这时以《DOTA2》、《英雄联盟》等为代表的网游开始流行，成熟的电竞赛事体系逐渐形成，涌现出了 LPL、DNF、TGA 等职业赛事。[2]

---

①　Esports Ad Bureau, Magid Advisors.Esport brand integrations and the US audience [OL]. (2017-10-12). https://strivesponsorship.com/2017/10/12/esport-brand-integration-us-esports-audience/

②　企鹅智酷，腾讯电竞，电子竞技 . 企鹅智酷：2018 年中国电竞运动行业发展报告 [OL]. (2018-06-14). http://www.199it.com/archives/738097.html

（四）高水平电竞人才的需求

电子竞技行业是一个专业复合程度很高的行业，各类教育背景的人才都有机会进入。目前，电竞行业从业者年龄普遍偏小，30岁以下从业者占比70%，不少相关从业人员未经过专业训练，对管理、组织、策划等专业能力相对欠缺。在性别比例分布上，电竞行业从业者的男性从者比重为78.1%。[①] 从地区分布情况看，从业者更多集中在北京、上海和广东这些经济发达地区，这些地区经济发达，常住人口多，由于电竞行业的垂直细分发展，深度融合了"电竞概念＋传统技能"的模式，催生了企业对于能够同时了解电竞以及掌握专业技能的复合人才的需求。

1. 电子竞技的人才缺口

目前，电子竞技行业的人力资源结构仍在发展初期，随着产业规模发展，专业化要求程度提高，预计在2021年开始出现主要的人力资源市场，形成有主次区分的二元人力资源市场结构。截至2018年底，中国电竞相关从业者中，生态从业者7.1万人，行业仍然处于发展初期，劳动力需求规模预期巨大，只有26%的岗位处于人力饱和状态，有近15万劳动力缺口仍未补足，到2019年底，行业从业者整体劳动力需求规模达到33.15万人。[②]

在以赛事内容为核心的概念下，赛事服务类和技术服务类的岗位仍然是中国电子竞技行业最为重要的两类岗位，也是在过去两年时间里扩张较为迅速的两类岗位（如图7-16所示）。2018年，国内两大联赛《英雄联盟》和《王者荣耀》达到了内容体量上的高峰，为了适应联赛的快速发展，赛事内容制作公司的整体扩张明显，赛事服务类岗位和技术服

[①] 伽马数据，完美世界教育. 2018年电子竞技产业人才报告 [OL]. (2019-01-29). http://www.199it.com/archives/738097.html

[②] 伽马数据. 2019游戏产业半年度报告：市场强势回暖，总收入1163亿，用户增速三年最高 [OL]. (2019-07-30). https://36kr.com/p/1724099919873

务类岗位基本处于饱和状态，赛事制播和配套内容制作岗位成为赛事公司新的缺口。另外，随着赛事职业化程度的提高，俱乐部经营走向专业化，赛事支持类岗位的需求随之增加，优秀赛事支持类工作者可以获得更高的议价权利。

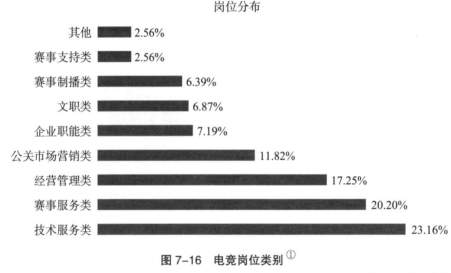

图 7-16　电竞岗位类别[1]

来源：腾讯电竞

据我国电竞行业专业人才缺口超过 200 万人[2]，电竞教育有可能成为电竞产业链中最重要的一部分。2020 年，中国电子竞技用户规模达到 5 亿[3]，粉丝经济的发展空间巨大。在电子竞技产业中受粉丝关注的主要为职业选手、赛事解说以及主播等，其中电竞职业选手受粉丝关注度最高。

目前，以赛事为核心的人力市场不再出现新的爆发增长点，内部迭代是主要的人力资源流动模式，但是围绕赛事衍生内容，市场公关类、

① 腾讯电竞.腾讯电竞：2019 年度中国电竞人才发展报告 [OL]. (2019-05-30). http://www.199it.com/archives/884390.html

② 人社部.新职业——电子竞技员就业景气现状分析报告 [OL]. (2019-06-28). http://www.mohrss.gov.cn/SYrlzyhshbzb/dongtaixinwen/buneiyaowen/201906/t20190628_321882.html

③ 艾瑞咨询. 2020 年中国电竞行业研究报告 [OL]. (2020-04-30). http://report.iresearch.cn/report_pdf.aspx?id=3573

专业内容制作类和赛事支持类三大人才缺口明显。从需求端来看，赛事策划执行、赛事内容的制作和宣传、平台的运营维护和商务推广等是稀缺岗位。从供应端来看，根据市场调查，对电竞感兴趣的人中，有近半数希望进入产业核心的俱乐部和赛事执行公司，有近三分之一的人希望进入直播平台，从事策划执行和运营维护工作。

根据《2019 年度中国电竞人才发展报告》调查显示，有 47.76% 的电竞从业者认为电竞行业目前最缺乏经营管理类人才，同时，电竞从业者中有 88.66% 的受访者认可岗前培训的必要性，但只有 24.44% 的从业者接受过相关的职业教育或者岗前培训。目前，这类人才主要来自高职开设的《电子竞技运动与管理》专业的学生。未来在经营管理岗位上还需要更多来自高等学府的毕业生加入。除此之外，公关 / 市场销售类、专业内容制作类、技术服务类和赛事支持类是受访者反映最为紧缺的人才，赛事服务类由于流动性较大，与前四类需求也十分接近。更重要的是，企业未来对人才的要求可能会从由兴趣爱好驱动逐步转为专业能力驱动的模式，紧缺的四类人才都是技术驱动型（如图 7-17 所示）。

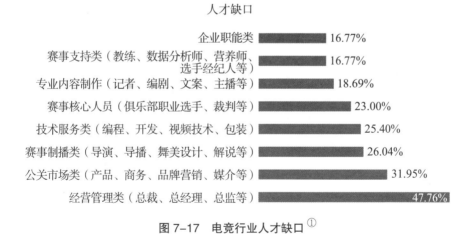

人才缺口

企业职能类	16.77%
赛事支持类（教练、数据分析师、营养师、选手经纪人等）	16.77%
专业内容制作（记者、编剧、文案、主播等）	18.69%
赛事核心人员（俱乐部职业选手、裁判等）	23.00%
技术服务类（编程、开发、视频技术、包装）	25.40%
赛事制播类（导演、导播、舞美设计、解说等）	26.04%
公关市场类（产品、商务、品牌营销、媒介等）	31.95%
经营管理类（总裁、总经理、总监等）	47.76%

图 7-17　电竞行业人才缺口 ①

来源：腾讯电竞

① 腾讯电竞. 腾讯电竞：2019 年度中国电竞人才发展报告 [OL]. (2019-05-30). http://www.199it.com/archives/884390.html

此外，完美世界首席执行官萧泓博士在 2020 年北京国际电竞创新发展大会上指出，作为数字产业的核心之一，电竞本身就与 5G、AI 人工智等新技术有着天然的融合性。尤其是在后疫情时代，电竞赛事由线下转至线上，技术创新是中国电竞产业发展和升级的源动力，能吸引并培养更多未来的电竞用户。[①] 因此，技术驱动型的电竞从业者将在电竞文化产业中更具竞争力，并成为推动行业开放性创行的核心群体。

2. 高水平电竞教育的需求

相关数据显示，在对电竞感兴趣的人群中，有 58.65% 的人会主动寻求电竞教育培训，这一比例极高。随着时代的发展和人们对电竞认知的提高，有 78.80% 的社会人士和 72.20% 的高校生也表明了有主动接受电竞教育或培训的意愿（如图 7-18 所示）。

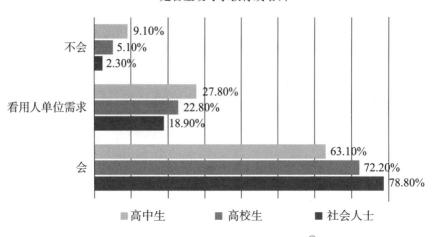

是否主动寻求教育或培训

图 7-18　主动寻求教育或培训的比例[②]

来源：腾讯电竞

①　完美世界. 完美世界萧泓：电竞正加速线上迁移和生态繁衍 [OL]. (2020-08-15). https://new.qq.com/omn/20200815/20200815A0EZWK00.html
②　腾讯电竞. 腾讯电竞：2019 年度中国电竞人才发展报告 [OL]. (2019-05-30). http://www.199it.com/archives/884390.html

值得注意的是，电竞教育所要培养的不是职业电竞选手，高质量的电竞教育是围绕电竞产业各环节开展的终身教育，如电竞产业链上游的游戏开发、游戏发行；中游的职业俱乐部和战队的管理和经营、电竞馆的规划、赛事的商务合作和赛事的执行；以及下游和周边产业如艺人经纪、媒体发行等。另外，在电竞教育的培养体系中，除了专业知识的传授外，实践也非常重要（如图 7-19 所示）。

电竞教育产业的主要目的是以就业及提升职场竞争力为导向，目前可以分为学历教育、企业与学校合作以及私人职业培训等。根据调查显示，电竞教育产业中学历教育的需求最高（如图 7-20 所示）。发展电子竞技教育是解决电子竞技从业者发展不平衡，以及满足电子竞技产业需求的必要途径。

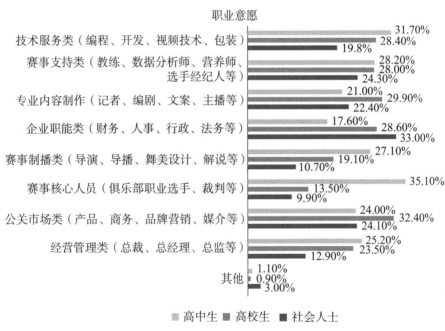

图 7-19　电竞人才职业意愿[①]

来源：腾讯电竞

---

① 腾讯电竞. 腾讯电竞：2019 年度中国电竞人才发展报告 [OL]. (2019-05-30). http://www.199it.com/archives/884390.html

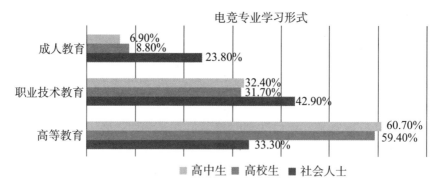

图 7-20　电竞专业学习形式

来源：腾讯电竞

学历教育：2016 年 9 月，电子竞技运动与管理被教育部确立为 13 个增补专业之一，全国各地先后有多所高校开设了电竞相关专业，包括山西体育职业学校、锡林郭勒职业学院和中国传媒大学等。2018 年，全国有 51 所高职高专院校开设"电子竞技运动与管理"专业。学校培养的方式仍然是在传统专业基础上加上电竞方向的拓展，培养体系沿用体育、数字文化或者商业等领域，输出一专多能性的毕业生。目前，除了学校提供相关专业课程外，岗位资格认证已经开始实施，但是评价体系和审核体系仍有待完善。

校企合作：校企合作是目前许多高校和高职院校开展电竞教育的普遍方式，四川电影电视学院、上海戏剧学院等分别与当地电竞教育培训企业建立了合作。

短期培训：想要提高电竞专业知识的从业者，短期培训是最快速的方式。目前，职业技能培训占据了电竞教育市场 90% 的份额。职业培训教育为短期教育，时间为 2 到 3 个月，主要针对市场上电竞公司人才需求的培养。生源可以来自社会招聘，也可以来自高职院校的高年级学生。短期培训的优势：一方面职业培训时间较短，电竞行业需求紧俏，这种方式能够更快满足电竞机构对人才的需求。另一方面，产业的特殊性也制约着跨界人才的引入，专业的技术性人才可能缺乏对电竞的了解，而了解电竞的人则可能缺乏专业知识，短期培训可以弥补两者的需求。尽管短期职业教育的成本偏高，而且培训效果难以保障，但这是目前行业中最常见的培训方式。

整体来看，中国电竞教育起步较晚，市场中的人才、课程、师资等资源稀缺。历届教育的资源有限，需要国家电竞协会这样的官方组织规范，如学校的教育课程体系设置、教师人员配备、教材开发，以及相关教学器材支持等方面建立统一的标准，以确保学习的专业性。

为了电子竞技行业的可持续发展，电竞教育是解决人才供需矛盾的关键所在。电竞专业知识和技能培养体系的建立，需要打破传统高校课程与电竞这一新行业间的鸿沟。只有依托现有高校教育体系，将电竞教育融入传统学科中，推动"传统学科＋电竞通识"的模式，为学习者提供跨学科的电竞教育资源，同时在高校实现深度产教融合，才能建立高水平的电竞教育体系，培养高水平电竞从业者，并推动电竞文化产业的良性发展，最终让中国的电子竞技文化产业成为承载中国文化的一种媒介，走向世界。

参考文献

图书

1. Appadurai, A. Modernity at large: Cultural dimensions of globalization [M]. University of Minnesota Press, 1996.

2. Castells, M. The Rise of the Network Society [M]. Blackwell Publishers: Oxford, 1996.

3. David, H. The Cultural Industries(2nd ed.)[M]. SAGE, 2007.

4. DeMaria, R., Wilson, J. High score! The illustrated history of electronic games [M]. McGraw-Hill, Inc., 2002.

5. Frank, J. Role-playing Game and Collectible Card Game Artists: A Biographical Dictionary [M]. McFarland, Incorporated, Publishers, 2012.

6. Fullerton, T. Game Design Workshop. A Playcentric Approach to Creating Innovative Games [M]. CRC Press, 2008.

7. Hartley J. Creative industries [M]. Blackwell Publishing Ltd, 2005.

8. Howkins, J. The creative economy: How people make money from ideas [M]. Penguin UK, 2002.

9. Jenkins, H. Convergence Culture: Where Old and New Media Collide [M]. New York University Press, 2006.

10. Loguidice, B., Barton, M. Vintage Game Consoles:An Inside Look at Apple, Atari, Commodore, Nintendo, and the Greatest Gaming Platforms of All Time [M]. CRC Press. 2014.

11. McCarthy, E. J. Basic Marketing: A Managerial Approach [M]. R. D. Irwin, 1960.

12. Pitts, B. G., Stotlar, D. K. Fundamentals Of Sport Marketing(2nd ed.)[M]. Fitness Information Technology, 2002.

13. Power, D, Scott, A J. Cultural industries and the production of culture [M]. Routledge, 2004.

14. Rollings, A. Adams E. Andrew Rollings and Ernest Adams on Game Design [M]. New Riders Games,2003.

15. Ryan, M. L. Narrative As Virtual Reality 2: Revisiting Immersion And Interactivity In Literature And Electronic Media [M]. JHU Press, 2015.

16. Salen, K, Tekinbaş, K. S, Zimmerman, E. Rules of Play: Game Design Fundamentals [M]. MIT press, 2004.

17. Taylor, T. L. Watch me play: Twitch and the rise of game live streaming [M]. Princeton University Press, 2018.

18. Throsby, D. Economics and Culture [M]. Cambridge University Press, 2001.

19. 程绍同. 运动赞助策略学 [M]. 台北：汉文书店，1998.

20. 崔保国. 中国传媒产业发展报告（2018）[M]. 北京：社会科学文献出版社，2018.

21. 丹尼尔・J. 布鲁顿. 体育营销：行业专家的观点 [M]. 史丹丹，译. 北京：清华大学出版社，2017.

22. 菲利普・科特勒，凯文・莱恩・凯勒. 营销管理 [M]. 何佳讯等，译. 上海：格致出版社，2016.

23. 金银美等. 韩国社交媒体文化：SNS 的发展与韩国社会 [M]. 邢丽菊，刘英涛，译. 上海：复旦大学出版社，2015.

24. 李思屈. 中国文化产业政策研究 [M]. 杭州：浙江大学出版社，2012.

25. 李天铎. 文化创意产业读本：创意管理与文化经济 [M]. 台北：远流出版社，2011.

26. 理查德・佛罗里达. 创意阶层的崛起 [M]. 司徒爱勤，译. 北京：中信出版社，2010.

27. 罗伯特・G. 皮卡德. 媒介经济学：概念与问题 [M]. 赵丽颖译. 中国人民大学出版社，2005.

28. 马克・普里乍得. 商业体育的品牌打造 [M]. 谌莉，译. 北京：清华大学出版社，2017.

29. 山北笃. 电竞必备作战指南：游戏原创战斗＆战略事典 [M]. 赵鸿龙，译. 台北：枫树林出版社，2017.

论文

1. Cornwell, T. B., Roy, D. P., Steinard, E. A. Exploring managers' perceptions of the impact of sponsorship on brand equity [J]. Journal of advertising, 2001, 30(2): 41-51.

2. Ermi, L., Mäyrä F. Fundamental components of the gameplay experience: Analysing immersion [J]. Worlds in play: International perspectives on digital games research, 2005, 37(2): 37-53.

3. Faulkner, B., Chalip, L., Brown, G., et al. Monitoring the tourism impacts of the Sydney 2000 Olympics [J]. Event management, 2000, 6(4): 231-246.

4. Friedman, H. H., Friedman, L. Endorser Effectiveness By Product Type [J]. Journal of advertising research, 1979:19(5), 63-71.

5. Frösén, J., Tikkanen, H., Jaakkola, M., et al. Marketing performance assessment systems and the business context [J]. European Journal of Marketing, 2013, 47(5/6): 715-737.

6. Funk, D C, Pizzo, A D, Baker, B. J. eSport Management: Embracing eSport Education And Research Opportunities [J]. Sport Management Review, 2018, 21(1): 7-13.

7. Johar, G. V., Pham, M. T., Wakefield, K. L. How Event Sponsors Are Really Identified: A (baseball) Field Analysis [J]. Journal of Advertising Research, 2006, 46(2): 183-198.

8. Marshall, D., Coyle, D., Wilson, S., et al. Games, Gameplay, and BCI: The State of the Art [J]. IEEE Transactions on Computational Intelligence and AI in Games, 2013, 5(2): 82-99.

9. Ohanian, R. The Impact of Celebrity Spokespersons' Perceived Image on Customers Intention to Purchase [J]. Journal of advertising Research, 1991, 31(1): 46-54.

10. Olson, E. L., Thjømøe, H. M. Explaining And Articulating The Fit Construct In Sponsorship [J]. Journal of Advertising, 2011, 40(1): 57-70.

11. Paradox. 从网吧到电竞馆换的不只是名字 [J]. 电子竞技，2016(15):70-73.

12. Potts, J., Cunningham S, Hartley J, et al. Social network markets: a new definition of the creative industries [J]. Journal of cultural economics, 2008, 32(3): 167-185.

13. Stewart, D. W. Marketing Accountability: Linking Marketing Actions to Financial Results [J]. Journal of Business Research, 2009, 62(6): 636-643.

14. Wishart, T., Lee, S. P., Cornwell T. B. Exploring The Relationship Between Sponsorship Characteristics And Sponsorship Asking Price [J]. Journal of Sport Management, 2012, 26(4): 335-349.

15. 本刊编辑部. 政策——文化产业发展的驱动力 [J]，体育世界，2013（09）：3.

16. 电子竞技. 上海市实行电竞运动员注册制 [J]. 电子竞技，2018(22):14.

17. 电子竞技. 英超与艺电公司（EA）合作打造英超电竞联盟 [J]. 电子竞技，2018(20):13-13.

18. 董晓燊. 专访金亦波 | 见证职业赛事的精彩，勿忘非职业赛事的沉淀 [J]. 电子竞技，2017(23):46-51.

19. 和肖毅. 文化产业的内涵、特点、发展趋势研究 [J]. 产业与经济论坛，2017（04）：12-13.

20. 贺依婷. 我国文化产业发展现状、问题与对策 [J]. 经营与管理，2019（03）：111-113.

21. 黄振红. 企业参与运动赞助之效益探讨 [J]. 淡江体育，2007（10）：183-194.

22. 孔芳菲. 论大型游戏中角色动画的艺术魅力——以《英雄联盟》为例 [J]. 西部皮革，2018, 40(18):135.

23. 李树. 双边效应：我国电子赛事运营产业商业模式初探 [J]. 中国网络传播研究，2016（1）：255-264.

24. 李义杰. 理论建构与实用立场——中国文化产业政策研究现状与问题 [J]. 创新，2014（06）：93-97.

25. 杨赫，杜友君. 电子竞技媒体传播引导力的现实问题与应对策略 [J]. 当代传播，2020(03):106-109.

26. 张斌，马斌，张剑渝. 创意产业理论研究综述 [J]. 经济学动态，2012（10）：87-90.

27. 张蔷. 中国城市文化创意产业现状、布局及发展对策 [J]. 地理科学进展，2013（08）：1227-1236.

28. 钟令青. 论即时战略游戏的平衡性 [J]. 中国校外教育，2012(09):59.

学位论文

1. Chen, L. C. The value chain in the Asian online gaming industry：A case study of Taiwan [D]. University of Westminster, 2009.

2. 白雪冰. 文化产业发展中的政府角色研究 [D]. 中国人民大学，2009.

3. 黄淑汝. 台湾地区职业运动赞助管理之研究 [D]. 交通大学经营管理研究所，1999.

4. 李昌隆. 电子竞技选手培养问题与对策研究 [D]. 山东师范大学，2018.

5. 谢丽君. 我国文化产业政策推进与发展研究 [D]. 辽宁大学，2013.

6. 杨家耀. 电子竞技行业从业人员培养的研究 [D]. 武汉体育学院，2018.

7. 郑惠文. 企业赞助公益活动与企业形象之研究 [D]. 中兴大学，1992.

会议论文

1. Wagner, M. G. On the Scientific Relevance of eSports [C]. International Conference On Internet Computing. 2006: 437-442.

报纸

1. 陈斌. 电竞旅游消费在玩中兴起 [N]. 中国青年报，2017-07-20(008).

2. 程佳. 把脉电竞产业发展 [N]. 中国文化报，2019-08-02(004).

3. 丁俊杰. 发挥政府对文化产业的推动作用 [N]. 人民日报，2009-11-17(007).

4. 杜文娟. 利用网游赌博将被查禁 [N]. 人民日报，2007-02-27(011).

5. 关于加快本市文化创意产业创新发展的若干意见 [N]. 解放日报，2017-12-15(005).

6. 蒋梦惟. "升级版网吧" 电竞酒店扩张路 [N]. 北京商报，2019-03-07(004).

7. 李成东. 国内前 20 电竞俱乐部，超过半数选择落户上海 [N]. 解放日报，2018-10-09(005).

8. 李金霞. 全力推动电子竞技运动健康规范发展 [N]. 中国体育报，2015-06-11(001).

9. 刘姝君. 8 名电竞选手进大学深造 [N]. 新京报，2020-09-30(A11).

10. 罗杰. 网页游戏：联合运营下的 "前景" 与 "钱景" [N]. 中国文化报，2010-10-15(005).

11. 沈杰群. 2017，电竞文化电竞少年初养成 [N]. 中国青年报，2017-12-26(008).

12. 文化部关于支持和促进文化产业发展的若干意见 [N]. 中国文化报，2003-10-18.

13. 夏然. 电竞产业迎爆发游戏市场空间巨大 [N]. 证券时报，2018-11-14(A07).

14. 姚勤毅. 电竞陪练，正逐渐成为一份 "正经工作" [N]. 解放日报，2020-09-30(010).

15. 张维. 法院裁定未获授权不得从事游戏直播业务 [N]. 法制日报，2019-02-18(003).

网络资料

1. 17173. LOL 瑞兹重做：大招五人传送海量新皮肤曝光 [OL].（2016-06-29）. http://news.17173.com/content/2016-06-29/20160629110228271_1.shtml

2. 17173 游戏网 .16 岁的富翁！TI5 冠军 Sumail 宣布辍学专心 DOTA [OL].（2015-08-30）. http://news.17173.com/content/2015-08-30/20150830095033562.shtml

3. 178 游戏网 .《英雄联盟》夏季赛引入全新观赛体验 ProView 可阅读比赛实时数据 [OL].（2019-05-28）. https://www.sohu.com/a/316969809_268907

4. 36 氪. 腾讯正式控股虎牙直播，虎牙直播斗鱼 TV 合并案或将推进 [OL].（2020-04-03）. https://36kr.com/p/1725218996225

5. Aggro 电竞 . "断气解说" 很火？海尔兄弟应该才是 LPL 目前最优秀的解说组合 [OL].（2017-06-30）. https://www.sohu.com/a/153374508_430858

6. Albert De Venecia. How to Stream Mobile Games on Afreeca TV: A Beginner's Guide [OL].（2020-03-02）. https://cellularnews.com/mobile-games/how-to-stream-mobile-games-on-afreeca-tv-a-beginners-guide/

7. Alex Galuzin. CS:GO 6 Principles of Choke Point Level Design [OL].（2013-12-17）. https://www.

worldofleveldesign.com/categories/csgo-tutorials/csgo-principles-choke-point-level-design.php

8. Alfred Hermida. Japan Leads Mobile Game Craze [EB/OL].(2003-08-28) http://news.bbc.co.uk/2/hi/technology/3186345.stm

9. Andrew Hayward. The 10 Biggest Esports of 2018 by Total Prize Pool [OL]. (2018-12-25). https://esportsobserver.com/10-biggest-prize-pools-2018/

10. Annie Berrones.Building Global Communities with Local Subscription Pricing [OL/EB]. (2017-04-19). https://blog.twitch.tv/en/2017/04/19/everything-you-need-to-know-about-our-new-subscriptions-beta-4f7535749f2c/

11. Annie Pei. This esports giant draws in more viewers than the Super Bowl, and it's expected to get even bigger [OL]. (2019-04-14). https://www.cnbc.com/2019/04/14/league-of-legends-gets-more-viewers-than-super-bowlwhats-coming-next.html

12. Antonio Hicks. Streamlabs Livestreaming Q4 Report: Tipping reaches $100M for the year; YouTube Dominates in Streamer Growth, increasing by 343% as Twitch rises 197% in 2017[OL]. (2018-01-26). https://blog.streamlabs.com/streamlabs-livestreaming-q4-report-tipping-reaches-100m-for-the-year-youtube-dominates-in-4bf450fae536

13. Augustine Rob. Introducing League of Legends' 100th champion: Jayce, the Defender of Tomorrow [OL]. (2012-07-03). https://www.pcgamer.com//uk/introducing-league-of-legends-100th-champion-jayce-the-defender-of-tomorrow/

14. BBKinG. 为什么大多电竞组织和赛事都在上海？ [OL]. (2017-03-03). https://zhuanlan.zhihu.com/p/25551392.

15. Behrmann M.,et al. Mobile Games Architecture: State of the Art of the European Mobile Games Industry [EB/OL]. (2011-12-21) https://cordis.europa.eu/docs/projects/cnect/2/288632/080/deliverables/001-MobileGameArchD3121122011PU.pdf

16. Blake Droesch .The Pandemic Puts the Spotlight on a Rising Esports Industry [OL]. (2020-08-10). https://www.emarketer.com/content/pandemic-puts-spotlight-on-rising-esports-industry

17. Blizzard Entertainment.Blizzard Arena Opens In Log Angeles [OL]. (2017-09-07). https://news.blizzard.com/en-us/blizzard/21045530/blizzard-arena-opens-in-los-angeles

18. Bruce Geryk. A History of Real-Time Strategy Games [OL]. GameSpot. (2008-03-11). https://web.archive.org/web/20110427052656/http://gamespot.com/gamespot/features/all/real_time/

19. Business Wire. Global Market for Esports Video is Booming, with China Leading the Way, IHS Markit Reports [OL]. (2017-5-9). https://www.businesswire.com/news/home/20170509005380/en/Global-Market-Esports-Video-Booming-China-Leading

20. Business Wire. Twitch and Blizzard Entertainment Team Up to Bring Epic Esports Content to Fans and Legendary Loot to Twitch Primes [OL]. (2017-06-20). https://www.businesswire.com/news/

home/20170620005229/en/Twitch-Blizzard-Entertainment-Team-Bring-Epic-Esports

21. Charlotte Rogers. Understanding the eSports community:What brands need to know [OL]. （2018-05-08）. https://www.marketingweek.com/understanding-esports-community/

22. Corebrand. 2014 CoreBrand's Top 100 Most Powerful Brands [OL]. (2014). https://www.rankingthebrands.com/PDF/CoreBrand%20Brand%20Power%20Ranking%202014,%20Corebrand.pdf

23. Datavideo. 火爆电竞赛事需要怎样的现场制作与直播方案？[OL].（2018-12-14）. https://xw.qq.com/amphtml/20181214A0WGVU00

24. David W. Noughts And Crosses — The oldest graphical computer game. Pong Story [EB/OL]. http://www.pong-story.com/1952.htm

25. DoNews. 英雄联盟 S7 总决赛成为韩国内战背后的推手——KeSPA [OL].（2017-11-13）. http://www.donews.com/news/detail/3/2973120.html

26. Dota2Freaks. DOTA 2 Ranks List The Ultimate MMR Table.[OL].（2021-05-28）. https://dota2freaks.com/ranks/

27.《DOTA2》官方 .Ti9 赛事概览 [OL]. https://www.dota2.com/international/overview/

28.《DOTA2》官方微博 . DOTA2 官方回应 "为什么 DOTA2 人数下滑 Ti 奖金池上涨"[OL]. https://weibo.com/3083660057/GgUSovRLg?from=page_1006063083660057_profile&wvr=6&mod=weibotime&type=comment

29.《DOTA2》官网 . 2019DOTA2 国际邀请赛门票答疑 [OL].（2019）. https://www.dota2.com.cn/international/2019/tickets

30.《DOTA2》官网 .TI9 解说名单今日公布 33 位中文解说伴你欣赏美妙比赛 [OL].（2019-08-08）.https://www.dota2.com.cn/wapnews/article/details/20190808/206991.html

31. DUG 出海研究院 . DUG：2019 全球手游 APP 市场报告——中国篇 [OL].（2020-01-14）. https://www.cyzone.cn/article/571517.html

32. Ericsson ConsumerLab. 10 hot consumer trends for 2016[OL].（2016）. https://www.ericsson.com/en/reports-and-papers/consumerlab/reports/10-hot-consumer-trends-for-2016

33. ESCL 赛车电竞联盟 . 浅析韩国电竞发展历史 | 中国电竞任重道远 [OL].（2019-01-28）. https://buzzly.net/p/Q2jnJwvG/

34. ESPN Stats & Info. Average age in esports vs. major sports [OL].（2017-09-17）. https://www.espn.com/esports/story/_/id/20733853/the-average-age-esports-versus-nfl-nba-mlb-nhl

35. ESPN. Overwatch League comes to ESPN, Disney and ABC [OL].（2018-07-11）. https://www.espn.com/esports/story/_/id/24062274/overwatch-league-comes-espn-disney-abc

36. Esports Ad Bureau, Magid Advisors.Esport brand integrations and the US audience [OL].（2017-10-12）. https://strivesponsorship.com/2017/10/12/esport-brand-integration-us-esports-audience/

37. Esports Charts.The International 2018 statistics [OL].（2018-08-27）. https://escharts.com/blog/stats-international-2018

38. ESports Charts.Worlds 2018 — 200 million viewers at once [OL]. (2018-11-04). https://escharts.com/blog/worlds-2018-final

39. Esports Earnings. Overall Esports Stats For 2017[OL]. (2017). https://www.esportsearnings.com/history/2017/games

40. Esports Earnings. Overall Esports Stats For 2018[OL]. (2018). https://www.esportsearnings.com/history/2018/games

41. EZSC. 什么是电竞赞助？[OL].（2014-05-30）. https://www.cool3c.com/article/81233

42. Gamelook. MOBA 发展简史：从游戏地图到现象级成功 [EB/OL].（2014-09-02）. http://www.gamelook.com.cn/2014/09/178508

43. Gamelook. SuperData：10% 的美国人观看电竞赛事 [OL].（2015-03-30）. http://www.gamelook.com.cn/2015/03/209608

44. GINX.Sky and ITV partner with Ginx to launch UK eSports channel [OL].（2016-06-16）. https://www.ginx.tv/en/ginx-esports-tv/sky-and-itv-partner-with-ginx-to-launch-uk-esports-channel

45. Graham Corking. Fox Sports & Caffeine secure FIFA 19 broadcast rights [OL]. (2019-04-12). https://esportsinsider.com/2019/04/fox-sports-caffeine-secure-fifa-19-broadcast-rights/

46. Influencer Marketing. How Much do Twitch Streamers Make?[OL]. (2021-04-26). https://influencermarketinghub.com/twitch-money-calculator/

47. Influencer Marketing. The 5 Step eSports Marketing Strategy Every Brand Marketer Should Know [OL].（2019-02-25）. https://influencermarketinghub.com/esports-marketing-strategy/

48. Influencer Marketing. The Incredible Growth of eSports [OL].（2021-05-13）. https://influencermarketinghub.com/growth-of-esports-stats/

49. Interbrand. Best global brands out methodology [OL]. (2021-06-03). https://interbrand.com/thinking/best-global-brands-2020-methodology/

50. IT 世界 .《DOTA》演变历史你不知道的地图元素 [EB/OL]. (2010-06-09). https://games.qq.com/a/20100609/000530.htm

51. IT 之家 .LV 推出《英雄联盟》定制手表，S9 冠军 FPX 战队每人一个 [OL].（2019-11-17）. https://www.sohu.com/a/354372312_114760

52. Jason Marges. Kevin Durant has signed a lifetime deal with NBA 2K [OL].（2020-12-04）. https://www.oneesports.gg/nba2k/kevin-durant-has-signed-a-lifetime-deal-with-nba-2k/

53. Joe Skrebels.Twitch Buys Exclusive Overwatch League Streaming Rights for a Reported $90 Million [OL].（2018-01-10）. https://www.ign.com/articles/2018/01/10/twitch-buys-exclusive-overwatch-league-streaming-

rights-for-a-reported-90-million

54. John Imah, Nick Miller.Introducing the Facebook Gaming Creator Level Up Program [OL]. （2018-06-07）. https://www.facebook.com/fbgaminghome/blog/introducing-the-facebook-gaming-creator-level-up-program

55. Josh Calixto. Proving Grounds: The Geography of the MOBA Map [EB/OL]. https://killscreen.com/themeta/proving-grounds-geography-moba-map/

56. Jurre Pannekeet. More People Are Streaming on Twitch，But YouTube Is the Platform of Choice for Mobile Game Streamers [OL]. （2019-02-14）. https://newzoo.com/insights/articles/more-people-are-streaming-on-twitch-but-youtube-is-the-platform-of-choice-for-mobile-game-streamers/

57. Jurre Pannekeet.Five Key Insights into Twitch and YouTube Gaming and the 2.4Bn Viewing Hours They Generated in Q1 2018[OL]. （2018-04-18）. https://newzoo.com/insights/articles/five-key-insights-into-twitch-and-youtube-gaming/

58. Kevin Tran. Why the esports audience is set to surge——and how brands can take advantage of increased fans and viewership [OL]. （2018-11-08）. https://www.businessinsider.com/the-esports-audience-report-2018-11.

59. Killer List of Video Game （KLOV）[EB/OL]. https://www.arcade-museum.com/

60. KPL. 2018KPL 春季赛 3.21 开幕，东·西赛区队伍名单出炉 [EB/OL]. （2018-03-21）. https://pvp.qq.com/webplat/info/news_version3/15592/22661/22664/25563/25661/m14538/201803/696062.shtml

61. Leoisaac.com. Get a sponsor template [OL]. http://www.leoisaac.com/funding/top300.htm

62. LOL Esports Staff. 2019 World Championship Hits Record Viewership [OL]. (2019-12-18). https://nexus.leagueoflegends.com/en-us/2019/12/2019-world-championship-hits-record-viewership/

63. LOL Esports Staff.2018 Events By The Numbers [OL]. （2018-12-10）. https://nexus.leagueoflegends.com/en-us/2018/12/2018-events-by-the-numbers/

64. Lucy Koch . Esports Playing in the Big Leagues Now [OL]. （2019-02-05）. https://www.emarketer.com/content/esports-disrupts-digital-sports-streaming

65. Mansoor Iqbal.Twitch Revenue and Usage Statistics (2021)[OL]. （201-03-29）. https://www.businessofapps.com/data/twitch-statistics/

66. Marketing Dive. How Brands Can Score With Esports Marketing Shane Schick [OL]. （2019-04-08）. https://www.marketingdive.com/news/how-brands-can-score-with-esports-marketing/551759/

67. Matthew Handrahan.Washington D.C. pushing to be "the capital of eSports"[OL]. （2017-03-13）. https://www.gamesindustry.biz/articles/2017-03-13-washington-d-c-pushing-to-be-the-capital-of-esports

68. Michael McWhertor.Amazon confirms it's buying Twitch for $970M [OL]. （2014-08-25）. https://www.polygon.com/2014/8/25/6067061/amazon-confirms-acquisition-of-twitch-for-970-million

69. Newzoo. 2017 Global Esports Market Report [OL]. （2017-02-14）. https://newzoo.com/insights/trend-reports/global-esports-market-report-2017-light/

70. Newzoo. 2018 Global Esports Market Report [OL]. (2018-05-01). https://newzoo.com/insights/trend-reports/global-esports-market-report-2018-light/

71. Newzoo. 2019 Global Esports Market Report [OL]. (2019-02-19). https://newzoo.com/insights/trend-reports/newzoo-global-esports-market-report-2019-light-version/

72. NewZoo.Esports Drives 21.3% of Twitch Viewership [OL]. (2016-04-06). https://newzoo.com/insights/articles/esports-drives-21-3-of-twitch-viewership/

73. Newzoo.Global Esports & Live Streaming Market Report 2021 | Free Version [OL]. (2021-03-09). https://newzoo.com/insights/trend-reports/newzoos-global-esports-live-streaming-market-report-2021-free-version/?utm_campaign=GEMR%202021&utm_source=older%20content%20to%202021%20free%20report&utm_content=free%20report

74. Newzoo.Global Games Market Report 2018 | Light Version [OL]. (2018-06-14). https://newzoo.com/insights/trend-reports/newzoo-global-games-market-report-2018-light-version/

75. Newzoo.Understanding Media Rights in Esports | Newzoo & Esports BAR [OL]. (2018-09-11). https://resources.newzoo.com/hubfs/Reports/Newzoo_Esports_Bar_Understanding_Content_Rights_in_Esports.pdf

76. Nick Wingfield.E-Sports at College, With Stars and Scholarships [OL]. (2014-12-08). https://www.nytimes.com/2014/12/09/technology/esports-colleges-breeding-grounds-professional-gaming.html

77. Nielsen. E-Sports Playbook for Brands 2019[EB/OL]. (2019-04-26).https://nielsensports.com/wp-content/uploads/2021/01/Esports_Playbook_for_Brands_2019_Intro_rev-1.pdf

78. Nielsen. The Esports Playbook: Asia [OL]. (2018-01-22). https://nielsensports.com/wp-content/uploads/2021/01/nielsen-esports-playbook-asia.pdf

79. Nielsen.The Esports Playbook: Maximizing Investment Through Understanding The Fans [OL]. (2017-03-10). https://www.nielsen.com/wp-content/uploads/sites/3/2019/04/nielsen-esports-playbook-1.pdf

80. PageFair. PageFair 2017 Report: The State of the Blocked Web [OL]. (2017-02-01). https://blockthrough.com/blog/adblockreport/

81. Paul Mozur. For South Korea, E-Sports Is National Pastime [OL]. (2014-10-19). https://www.nytimes.com/2014/10/20/technology/league-of-legends-south-korea-epicenter-esports.html

82. PentaQ. 韩国电竞的强大！看看 SKT 俱乐部的管理 [EB/OL]. (2016-11-11). http://www.gamemei.com/yxlm/41520.html

83. Radu Muresan.The International 2019 prize pool distribution revealed – And it's not what we were expecting![OL]. (2019-08-09). https://www.esports.net/news/dota/the-international-2019-prize-pool-distribution/

84. Sam Cooke. VR platform SLIVER.tv partners with ESL & DreamHack for 14 events [OL]. (2017-01-17). https://www.esportsinsider.com/2017/01/vr-platform-sliver-tv-partners-esl-dreamhack-14-events/

85. Sergey Yakimenko. Most popular tournaments of 2018[OL]. (2018-12-25). https://escharts.com/blog/top-tournaments-2018

86. Seth Suncho. What is an eSports Observer? Everything You Wanted to Know [OL].(n/a) https://esportslane.com/esports-observer-job/

87. Shine. LCS 明确限制外援每队 3 名该地区国籍选手 [OL]. (2014-09-07). http://lol.17173.com/content/2014-09-07/20140907161804934.shtml

88. Sparks & Honey.The eSports User Manual [OL]. (2016). https://static1.squarespace.com/static/5b553895697a98cf2cef2bc6/t/5bb92582ec212d5199cd1218/1538860427188/s%26h_2015_eSports.pdf

89. Stoyan Todorov. SuperData Sums Up 2018 in Gaming & Interactive Media [OL]. (2019-01-208).https://www.esportswizard.com/news/industry/superdata-sums-up-2018-in-gaming-interactive-media/

90. Stuart Dredge.Google launches YouTube Gaming to challenge Amazon-owned Twitch [OL]. (2015-08-26). https://www.theguardian.com/technology/2015/aug/26/youtube-gaming-live-website-apps

91. Syracuse University. With Viewership and Revenue Booming, Esports Set to Compete with Traditional Sports [OL]. (2021-05-30). https://onlinegrad.syracuse.edu/blog/esports-to-with-traditional-sports/

92. Terlanks. 如何在 MOBA 类游戏中制作一个 "英雄"？要考虑哪些要素？ [EB/OL]. (2017-07-07). https://www.zhihu.com/question/59917752/answer/194808581

93. The Next Level.2016 eSports Review: The 50 Brands [OL]. (2017-01-11). https://tnl.media/esportsnews/2017/1/11/2016-esports-review-the-50-brands

94. Tobias Seck. 7 Marketing Strategies to Monetize. The Esports Audience [OL]. (2018-09-18). https://esportsobserver.com/7-marketing-strategies-to-monetize-the-esports-audience/

95. Twitch.Building Global Communities with Local Subscription Pricing [OL/EB]. (2021-05-17). https://blog.twitch.tv/en/2021/05/17/building-global-communities-with-local-subscription-pricing/

96. Tyler Wilde .More people watch gaming videos and streams than HBO, Netflix, ESPN, and Hulu combined [OL]. (2017-04-21). https://www.pcgamer.com/more-people-watch-gaming-videos-and-streams-than-hbo-netflix-espn-and-hulu-combined/

97. u/TrobbyTrobs. Ryze changes coming![OL]. (2019-05-17). https://www.reddit.com/r/RyzeMains/comments/bprrxk/ryze_changes_coming/

98. Visitseoul. 在这里体验全真的电子竞技！'首尔 e-Stadium' [OL]. (2018-09-21). https://chinese.visitseoul.net/hallyu/Everything-about-eSports-Seoul-e-Stadium-ch_/26703

99. Voxel. 电竞赛事转播最佳的选择：NeweTek TriCaster 8000 MS [OL]. http://www.avideo.com.tw/newsite/article/articale0028_TriCaster8000MS.htm

100. VPGAME.2019 年 LPL 春季赛常规赛数据报告：前八无弱旅 [OL]. (2019-04-04). http://lol.dj.sina.com.cn/2019-04-04/hvhiewr3196520.shtml

101. VPGAME.TI8 大数据回顾：共 110 个英雄登场，每分钟产生 1.6 次击 [OL].（2018-08-26）. https://dota2. sgamer.com/news/201808/169222.html

102. VSPN 官网 . 赛事 OB [OL].（2021-03-16）. https://vspn.zhiye.com/zpdetail/620484648?k=ob

103. Woo "Ready" Hyun.The Importance of Esports Coaches in League of Legends: Their Role within a Team [OL].（2018-12-13）. https://www.invenglobal.com/articles/7010/the-importance-of-esports-coaches-in-league-of-legends-their-role-within-a-team

104. 艾媒咨询.艾媒报告|2018-2019 中国在线直播行业研究报告 [OL].（2019-01-23）. https://www.iimedia.cn/ c400/63478.html

105. 艾瑞网.2021 年中国电竞研究报告 [OL].（2021-4-30）. http://report.iresearch.cn/report_pdf.aspx?id=3770

106. 艾瑞咨询.2014 年海外游戏视频直播平台案例研究报告——Afreeca TV [OL].（2015-01-17）. http://report. iresearch.cn/report/201501/2303.shtml

107. 艾瑞咨询.2015 年中国游戏直播市场研究报告（行业篇）[OL].（2015-02-05）. http://report.iresearch.cn/ report_pdf.aspx?id=2316

108. 艾瑞咨询.2018 年中国电竞行业研究报告 [OL].（2018-02-02）.http://report.iresearch.cn/wx/report. aspx?id=3147

109. 艾瑞咨询.2018 年中国移动电竞行业研究报告 [OL].（2018-12-17）. http://report.iresearch.cn/report_pdf. aspx?id=3311

110. 艾瑞咨询.2018 年中国游戏直播市场研究报告 [OL].（2018-08-07）. http://report.iresearch.cn/report_pdf. aspx?id=3254

111. 艾瑞咨询.2019 年中国电子竞技行业研究报告 [OL].（2019-04-04）. http://report.iresearch.cn/wx/report. aspx?id=3352

112. 艾瑞咨询.2020 年中国电竞行业研究报告 [OL].（2020-04-30）.http://report.iresearch.cn/report_pdf. aspx?id=3573

113. 艾瑞咨询.2020 年中国游戏直播市场研究报告 [OL].（2020-07-31）. http://report.iresearch.cn/report_pdf. aspx?id=3625

114. 安信证券.从小众到主流，全民电竞打开泛娱乐新蓝海 [OL].（2018-01-22）. https://fdc.fang.com/wenku/493449. html

115. 北京晨报.电竞成全球"联赛"新老大奖金超美国四大豪门赛事 [OL].（2017-06-15）https://games.qq.com/ a/20170615/023646.htm?pacclick

116. 北力.重庆忠县："成为"电竞小镇的 938 天 [OL].（2019-11-08）.https://new.qq.com/omn/20191108/20191108A0PNDH00. html

117. 比夫电竞.品牌齐向电竞发力，背后看准的是庞大的年轻消费者市场 [OL].（2019-11-21）. https://new. qq.com/omn/20191121/20191121A0KLMN00.html

118. 蔡姝凝. 2050 年的世界什么样？花旗提出十大值得投资的颠覆性创新技术 [OL].（2018-08-24）. https://36kr. com/p/5149893

119. 产业发展司. 文化部"十三五"时期文化产业发展规划 [OL].（2017-04-20）https://www.mct.gov.cn/whzx/ ggtz/201704/t20170420_695671.htm

120. 陈均. 电竞选手千万转会费堪比中超，父母：你当初的选择没有错 [OL].（2021-01-21）. https://www. thepaper.cn/newsDetail_forward_10885223

121. 陈均. 上海电竞生态圈再升级：立足高校教育，完善人才产业链 .[OL].（2018-12-21）. https://www.thepaper. cn/newsDetail_forward_2748900

122. 成都商报. 省电竞协会：主要是为保障电竞从业者权益 [OL].（2018-12-06）.https://e.chengdu.cn/html/2018- 12/06/content_639273.htm

123. 磁维电竞教育. 成为电竞职业选手的最佳年龄是多少岁？ [EB/OL].（2020-10-15）. https://www.sohu.com/ a/424857059_120062980

124. 电竞世界. 本届 MSI 收看人数最高达 1.27 亿，1.26 亿来自中国 | 电竞头条 [OL].（2018-05-21）. https:// www.sohu.com/a/232388005_385920

125. 电竞世界. 电竞假赛现象频发，莫让赛场成为赌场 [OL].（2019-04-25）. https://mp.weixin.qq.com/s/ FwhOOka9WK3lvugwOMZXWg

126. 电竞与赛事. 17Team 电竞俱乐部新基地曝光，LGD 成员直呼羡慕 [OL].（2018-12-18）. https://xw.qq.com/ amphtml/20181218A14PVE00

127. 电子竞技. 8 亿买下三年 LOL 独播权，B 站这笔买卖要怎么挣回来？ [OL].（2019-12-05）. https://www. bilibili.com/read/cv4101586/

128. 电子竞技. 电竞博彩与假赛风波买外围的钱被谁赚了？ [OL].（2018-04-11）. https://sports.qq.com/ a/20180411/022786.htm

129. 窦轩，顾福昌. 虎牙直播成游戏直播第一股：32 亿市值背后有着怎样的机遇和挑战 [OL].（2018-05-14）. https://www.jiemian.com/article/2137772_qq.html

130. 伽马数据，完美世界教育. 2018 年电子竞技产业人才报告 [OL].（2019-01-29）. http://www.199it.com/ archives/738097.html

131. 伽马数据. 2018 电子竞技产业报告（赛事篇）[EB/OL].（2018-8-27）.http://www.199it.com/archives/765208. html

132. 伽马数据. 2019 游戏产业半年度报告：市场强势回暖，总收入 1163 亿，用户增速三年最高 [OL].（2019- 07-30）. https://36kr.com/p/1724099919873

133. 伽马数据. 联众布局抓住全球电竞机会潜力或被低估（一）[OL].（2019-02-23）. http://ir.lianzhong.com/ article_498.html?lang=zh

134. 观研报告网. 2020 年中国电竞俱乐部市场调研报告 [OL].（2020-12-23）. http://baogao.chinabaogao.com/

wentiyule/526209526209.html

135. 郭潭泓. 2018 年 Twitch 直播平台每月平均直播人数超过 300 万 [OL]. (2018-12-19). https://www.donews. com/news/detail/3/3031619.html

136. 郭芝榕. 看别人吃饭也能变成一门生意！南韩 AfreecaTV 积极扩张亚洲市场 [OL]. (2015-02-10). https:// www.bnext.com.tw/article/35347/BN-ARTICLE-35347

137. 国家发展改革委. 关于印发促进消费带动转型升级行动方案的通知 [OL] (2016-04-15). http://www.ndrc. gov.cn/fzggw/jgsj/zhs/sijudt/201604/t20160426_973746.html

138. 国家统计局设管司. 文化及相关产业分类（2012) [OL]. (2012-07-31). http://www.stats.gov.cn/tjsj/tjbz/201207/ t20120731_8672.html

139. 果壳网. 23 岁电竞选手 Uzi 因病退役：他们巅峰短暂，却职业病缠身 [OL]. (2020-06-03). https://www. sohu.com/a/399556005_119097

140. 红星新闻. 电子游戏打得好也能拿奖学金 美国多所高校推出电竞奖学金 [EB/OL]. (2018-11-13). https:// k.sina.com.cn/article_6105713761_16bedcc6102700ddwy.html

141. 环球网.《DOTA2》国际邀请赛开票，数十万人在线套票一抢而空 [OL]. (2019-05-24). https://tech. huanqiu.com/article/9CaKrnKkId4

142. 黄嬿. 年轻人梦想成为电竞选手，CNN：不成名便迷失 [OL]. (2019-12-31). https://technews.tw/2019/12/31/ e-sports-athletes-life/

143. 火猫.《DOTA》发展简史：混沌时期的百花齐放 [EB/OL]. (2017-7-17). http://DOTA2.uuu9.com/201707/548856. shtml

144. 霍翟羿，柳景春. 下城区跨贸小镇和电竞数娱小镇“两镇合一”为杭州数字经济发展播种“实验田”[OL]. (2019-08-04). https://tsxz.zjol.com.cn/xwdt/201908/t20190804_10725721.shtml

145. 极光大数据.【图解】极光大数据：2018 年 3 月直播 app 行业研究报告 [OL]. (2018-03-13). https://www. jiemian.com/article/1986947.html

146. 极光大数据. 数据报告 | 2019 年手机游戏行业研究报告 [OL]. (2019-12-30). https://mp.weixin.qq.com/s/ mU85TrHmGYN2nuDCDbSwBg

147. 简书. 电竞营销：品牌商的新战场 [OL]. (2018-03-28). https://game.china.com/news/ news3/507/20180328/32241720.html

148. 金承舟. 电竞俱乐部主场制终于亮相，我们去成都、重庆和杭州都体验了一遍 [EB/OL]. (2018-03-12). http://www.lanxiongsports.com/posts/view/id/9610.html

149. 金磊. DOTA2 国际邀请赛明年首次落地中国，今年总奖金已超 2500 万美元 [OL]. (2018-08-26). http:// www.lanxiongsports.com/posts/view/id/12813.html

150. 经济日报 - 中国经济网. TI9 圆满落幕 中国电竞迎来腾飞契机 [OL]. (2019-08-26). http://www.ce.cn/xwzx/ gnsz/gdxw/201908/26/t20190826_33003385.shtml

151. 经济网. 斗鱼 TV 成为直播领域首家盈利企业总投资 50 亿元 "斗鱼 TV 小镇" 今年落子武汉 [OL]. (2018-01-18). http://www.ceweekly.cn/2018/0118/216441.shtml

152. 鲸准研究院. 2018 电子竞技行业研究报告 [EB/OL]. (2018-07-16). https://www.jingdata.com/report/411.html

153. 久游网. 中国电竞价值排行榜 [OL]. (2019-06) https://rank.uuu9.com/player/ranking

154. 绝地求生官方. 绝地求生 2019 全球电竞计划 [OL]. (2018-12-05). https://www.pubg.com/zh-hans/2018/12/05/%e7%bb%9d%e5%9c%b0%e6%b1%82%e7%94%9f2019%e5%85%a8%e7%90%83%e7%94%b5%e7%ab%9e%e8%ae%a1%e5%88%92/

155. 李成东. 王者荣耀去年观看量达 170 亿, 但电竞市场规模仅 85 亿元, 巨大流量能否产生经济效能 [OL]. (2019-01-28). https://www.shobserver.com/staticsg/res/html/web/newsDetail.html?id=129901

156. 李果. 争夺电竞之都, 消费升级背后的城市吸引力大战 [OL]. (2019-06-29). http://www.21jingji.com/2019/6-29/zNMDEzODFfMTQ5NTMzNQ.html

157. 刘国亮. 花钱只为了好玩? 电竞战队背后的厂商为何打响品牌 [OL]. (2018-07-23). http://www.pcpop.com/article/4560202.shtml

158. 刘姝君. 韩国电竞战队多数难盈利, 只能靠情怀生存? [EB/OL]. (2019-07-01). https://www.bjnews.com.cn/detail/156197481714102.html

159. 刘姝君. 专访｜世界冠军喻文波: 如果回到 15 岁, 还会选择电竞 [OL]. (2020-05-07). https://www.bjnews.com.cn/detail/158883534814599.html

160. 流媒体网. 电竞＋大屏电视打造游戏娱乐新时代 [OL]. (2018-01-05). https://news.znds.com/article/28876.html

161. 陆柯言. 虎牙发 2018 年 Q4 及全年财报: MAU 破 1.16 亿, 直播收入同比增长 108.1%[OL]. (2019-03-05). https://www.jiemian.com/article/2917920.html

162. 吕洲翔. 游戏与社会｜中国电竞运动极简史 [OL]. 澎湃新闻. (2018-12-18). https://www.thepaper.cn/newsDetail_forward_2746367

163. 马莲红. WESG 电竞赛场再现五星红旗: 电竞距离入奥还有多远? [OL]. (2017-09-13). https://www.jiemian.com/article/1619609.html

164. 媒介 360. 传统大品牌缘何纷纷开始赞助电竞? [OL]. (2018-01-02). https://www.sohu.com/a/213113957_505816

165. 每日经济新闻. 电竞之都 "攻城略地", 电竞小镇却在洗牌 [OL]. (2019-11-27). http://www.nbd.com.cn/articles/20191127/1389494.html

166. 美股研究社. 一文读懂斗鱼上市: 直播江湖风云再起, 强行盈利背后的艰难上市路 [OL]. (2019-07-17). https://user.guancha.cn/main/content?id=144284

167. 米店. 2018 最受欢迎电竞赛事 TI8 观看人数第二 [OL]. (2018-12-26). https://dj.sina.com.cn/article/hmutuee2886449.shtml

168. 米店. V社更新赛季安排表 公布两个新 Minor 赛事 [OL].（2018-11-18）. http://dota2.17173.com/news/11182018/142430358.shtml

169. 秒针系统. 2017年电子竞技行业研究报告 [OL].（2017-07-11）. http://www.199it.com/archives/610910.html

170. 倪雪莹. 69亿投资斗鱼TV虎牙直播腾讯棋局能否困住网易？ [OL].（2018-03-21）. https://www.bjnews.com.cn/detail/155152718014419.html

171. 彭新. 卡托维兹：能源城市的电竞之春 [OL]. (2018-07-16). https://www.jiemian.com/article/2912178.html

172. 澎湃新闻. 中国电竞选手转会费破千万！"国服第一中单"老帅换战队了 [OL].（2018-02-16）. https://www.thepaper.cn/newsDetail_forward_1985131

173. 蒲垚磊. 中国电竞看上海！初具规模的电竞之都为何有如此吸引力 .[EB/OL].（2018-11-05）.https://www.thepaper.cn/newsDetail_forward_2601560

174. 企鹅智酷，腾讯电竞，电子竞技. 世界与中国：2019 电竞运动行业发展报告 [OL].（2019-6-20）. https://tech.qq.com/a/20190626/005223.htm#p=1

175. 企鹅智酷，腾讯电竞，电子竞技. 企鹅智酷：2018 年中国电竞运动行业发展报告 [OL].（2018-06-14）. http://www.199it.com/archives/738097.html

176. 企鹅智酷，腾讯电竞. 2017 中国电竞发展报告（完整版）[OL].（2017-06-19）. https://tech.qq.com/a/20170619/002542.htm#p=2

177. 前瞻产业研究院. 2018 年游戏直播平台对比分析虎牙直播和斗鱼 TV 竞争力最强 [OL].（2018-09-08）. https://www.qianzhan.com/analyst/detail/220/180907-8c70491b.html

178. 前瞻产业研究院. 2018 全球电竞市场成绩单：北美、韩国表现亮眼 [EB/OL].（2018-12-06）. https://www.qianzhan.com/analyst/detail/220/181205-35f49f39.html

179. 前瞻产业研究院. 2020 年中国电子竞技赛事行业发展现状与趋势分析 [OL].（2020-04-08）. https://www.qianzhan.com/analyst/detail/220/200407-51e074d2.html

180. 青年参考. 日本手机玩疯了 [EB/OL].（2003-09-03）. http://japan.people.com.cn/2003/9/4/200394133734.htm

181. 青山资本. 电竞到底是如何吸金的？ [OL].（2018-08-24）. https://36kr.com/p/5149898

182. 饶贤君.【吾国吾民】中国电竞第一人 SKY 李晓峰：做职业选手的"最强王者" [OL].（2019-09-27）. http://www.eeo.com.cn/2019/0927/366551.shtml

183. 人民电竞. 企鹅电竞六千万拍得 2020 年 LPL S 档直播版权，虎牙拍得 A 档直播版权 [OL].（2019-12-04）.

184. 人民电竞. 虎牙拿下 LCK 赛事 未来三年独播权 [OL].（2019-10-22）. https://weibo.com/ttarticle/p/show?id=2309404430308538712212

185. 人民网. 蓝洞公布《绝地求生》2019 全球赛事计划 [OL].（2018-11-08）. http://game.people.com.cn/n1/2018/1108/c40130-30388663.html

186. 人民网. 上海出台电竞产业发展意见：全面建成"全球电竞之都".[OL].（2019-06-13）. http://game.people.

com.cn/n1/2019/0613/c40130-31135337.html

187. 人民网游戏频道. 2018 全球电竞奖金排行 DOTA2 以 4126 万美元蝉联榜首 [OL]. （2018-12-27）. http://www.xinhuanet.com/ent/2018/12/27/c_1123911903.htm

188. 人社部. 新职业——电子竞技员就业景气现状分析报告 [OL]. （2019-06-28）. http://www.mohrss.gov.cn/SYrlzyhshbzb/dongtaixinwen/buneiyaowen/201906/t20190628_321882.html

189. 任玩堂. 职业电竞选手因为这个手势，不仅遭批还要被罚款 6000 块 [OL]. （2018-01-26）. https://www.sohu.com/a/219106294_204810

190. 桑梓. 2019 中国移动电竞市场发展概况与前景分析 [OL]. （2019-05-25）. https://www.iimedia.cn/c460/64524.html

191. 视听观察. 虎牙直播发布 Q3 财报，连续 8 季度保持盈利，直播进入技术竞争 [OL]. （2019-11-20）. https://www.sohu.com/a/355034227_421528

192. 宋昱恒. 全民电竞时代 | MOBA 游戏研究报告 [EB/OL]. (2018-01-17). https://36kr.com/p/5112767

193. 搜狐体育. 电竞史上最严厉处罚！韩国选手打假赛被判入狱 18 个月 [OL]. （2018-04-12）. https://sports.sohu.com/20180412/n534638674.shtml

194. 酸酸了. 目前各大直播平台各自有什么特点，以及各大平台的现状是怎样的？ [OL]. （2015-12-18）. https://www.zhihu.com/question/38604841

195. 孙一鸣. FPS 游戏设计入门 [OL].（2018）. https://gameinstitute.qq.com/course/detail/10148

196. 钛媒体. KPL 开启双城主客场模式，赛事运营的规范化、职业化更进一步 [OL]. （2017-09-26）. https://www.sohu.com/a/194639743_116132

197. 钛媒体. 巨头赛事营销求变，KPL 的成熟化正引领电竞营销新"风口" [OL]. （2018-02-08）. https://www.sohu.com/a/221603131_116132

198. 钛媒体. 走访北京、成都、天津，我们发现了多家"伪"电竞馆 [OL]. （2018-09-07）. https://www.tmtpost.com/3461986.html

199. 覃澈. "世界第一 ADC" Uzi 退役 简自豪开启人生下半场？ [EB/OL]. （2020-06-03）. https://www.bjnews.com.cn/detail/159117929215963.html

200. 唐舒畅. 剖析电竞玩家特征：喜欢花钱看别人打比赛 [OL]. （2015-03-17）. http://dota2.dj.sina.com.cn/2015-03-17/1003608632.shtml

201. 腾讯. 腾竞体育：2019 英雄联盟中国电竞白皮书 [OL]. （2019-06-28）. http://www.199it.com/archives/898700.html

202. 腾讯大学. 2018 全球电竞运动领袖峰会暨腾讯电竞年度发布会 [OL]. （2018-06-14）. https://daxue.qq.com/content/content/id/4072

203. 腾讯电竞.《腾讯 2018 电子竞技运动标准》——赛事领域标准完整版 [OL]. （2017-12-25）. https：//www.sohu.com/a/212624630_535207

204. 腾讯电竞.腾讯电竞：2019 年度中国电竞人才发展报告 [OL].（2019-05-30）. http://www.199it.com/archives/884390.html

205. 腾讯互动娱乐 FUN 营销.春节营销的内容解析 [OL].（2018-12-28）. https://mp.weixin.qq.com/s/V2vHqcockIIUayBEYUyhQg?

206. 腾讯体育.王思聪将注册成为电竞职业选手有望 19 日出战 LPL 夏季赛 [EB/OL].（2018-08-17）. https://sports.qq.com/a/20180817/016333.htm?pgv_ref=aio2012

207. 腾讯网.第三届直播与短视频峰会圆满落幕 虎牙直播斩获四项大奖 [OL].（2019-03-25）. https://new.qq.com/cmsn/20190325/20190325008491.html?pc

208. 腾讯游戏.PCPI 完美收官！PUBG 官方赛事合作伙伴 VSPN 展现一流办赛水准 [OL].（2018-06-05）. https://games.qq.com/a/20180605/031898.htm

209. 腾讯游戏.Valve 宣布推出 DOTA2 四大联赛：春夏秋冬锦标赛 [OL].（2015-04-22）. https://games.qq.com/a/20150425/019419.htm

210. 腾讯游戏.耗资 8600 万 韩国最大电竞馆 2016 年落成 [OL].（2015-06-15）. https://games.qq.com/a/20150615/037273.htm

211. 腾讯游戏.虎牙直播独揽 NEST2018 等 3 大版权赛事 构筑赛事直播壁垒 [OL].（2018-12-04）. https://games.qq.com/a/20181204/010150.htm

212. 腾讯游戏.可口可乐与拳头公司合作，影院将直播 MSI 决赛 [OL].（2015-04-20）. https://games.qq.com/a/20150420/048508.htm?tu_biz=v1

213. 腾讯游戏.主客场上座率超 9 成 英雄联盟 2018 上半年直播观赛人次突破 70 亿 [EB/OL].（2018-06-15）. https://games.qq.com/a/20180615/020980.htm

214. 体育产业生态圈.中国电竞价值几何？腾讯电竞首个俱乐部 TOP 榜揭晓答案 .[EB/OL].（2019-02-01）. https://k.sina.com.cn/article_5497953930_147b41e8a00100h762.html.

215. 体育大生意.NIKE 入局电竞赞助 LPL 四年英雄联盟 10 亿营收目标更进一步 [OL].（2019-02-28）. https://www.sohu.com/a/298316981_138481?sec=wd

216. 体育头条速递.电竞圈热衷借鉴传统体育赛制，背后原因何在？ [OL].（2018-04-04）. https://www.sohu.com/a/227290192_498573

217. 兔玩网.从 S1 到 S7 赛季：LOL 全球总决赛发展大事件回顾 [OL].（2018-10-01）. http://lol.tuwan.com/188002_all/

218. 兔玩网.雪碧宝马赞助王者荣耀 KPL 抢占移动电竞新蓝海 [OL].（2017-04-01）. http://www.tuwan.com/shouji/wzry/356228/

219. 陀螺电竞.2018 年电竞产业总共获得了 6.55 亿美元的直接收入 [OL].（2018-11-15）. https://www.sohu.com/a/275751175_100057771

220. 完美世界.完美世界萧泓：电竞正加速线上迁移和生态繁衍 [OL].（2020-08-15）. https://new.qq.com/

omn/20200815/20200815A0EZWK00.html

221. 玩加电竞.从 TI7 看赛制：带你了解赛制的秘密 [OL].（2017-06-27）.https://www.sohu.com/a/152391371_338155

222. 玩加电竞.逐帧解析：Faker 瑞兹毕业论文 [OL].（2015-11-24）.https://www.wanplus.com/article/328.html

223. 玩加赛事.LOL：2019 LPL 战队赞助商总结盘点 [OL].（2019-01-18）.https://www.sohu.com/a/289844445_120044784

224. 玩加赛事.腾讯 MOBA 手游举办最高级别国际赛事领跑全球移动电竞 [OL].（2017-12-04）.https://sports.qq.com/a/20171204/029415.htm

225. 王德培.这个逾 10 亿美元的产业将改变城市 [OL].（2019-04-18）.https://www.yicai.com/news/100165318.html

226. 王者运营团队.移动电竞全球化的开始，KRKPL 首尔正式启动 [OL].（2018-10-22）.http://pvp.qq.com/webplat/info/news_version3/15592/24091/24092/24097/m15241/201809/763618.shtml

227. 网易科技.中国市场 15 倍增长 Acer 赞助《英雄联盟》背后的商业逻辑 [OL].（2017-11-08）.https://www.163.com/tech/article/D2NSD6DI00097U7T.html

228. 网易游戏.职业战队招收绝地求生选手 明码标价月薪五万！[OL].（2018-03-16）.https://ent.163.com/game/18/0316/10/DD0SVKSQ003198EF.html

229. 网易游戏频道.为什么 DOTA2 玩家数连续三年下滑，但 Ti 奖金池却越来越高？[OL].(2018-05-17).https://ent.163.com/game/18/0517/11/DI0MDVRH003198EF.html

230. 微舆情.电竞直播头部竞争激烈斗鱼 TV 大主播、明星粉丝收割流量 [OL].（2018-08-16）.https://www.zhihu.com/org/wei-yu-qing-77

231. 唯电竞.韩国电竞选手 Faker 天价工资曝光，年薪 2000 万堪称印钞机 [EB/OL].（2018-04-13）.http://www.wanplus.com/article/128540.html

232. 文化部关于鼓励和引导民间资本进入文化领域的实施意见 [OL].（2012-06-28）.http://www.gov.cn/gongbao/content/2012/content_2245515.htm

233. 吴晨飘.Jordan 品牌合作 WE 选手兮夜，电竞成体育营销大势 [OL].（2017-11-13）.http://www.lanxiongsports.com/?c=posts&a=view&id=8207

234. 吴小燕.2018 年游戏直播行业竞争现状分析：行业成熟格局清晰，斗鱼虎牙独领风骚 [OL].（2018-09-04）.https://www.qianzhan.com/analyst/detail/220/180904-18c7c4c1.html

235. 小圆球.设计师公布 S9 赛段段位徽章新增黑铁和宗师共九个 [OL].（2018-10-05）.https://lol.qq.com/news/detail.shtml?docid=6301030838002417256

236. 新华报业网.广州知产法院支持腾讯禁令申请：玩家操作《王者荣耀》没有独创性贡献，游戏直播需获腾讯同意 [OL].（2019-07-23）.http://www.ce.cn/xwzx/gnsz/gdxw/201907/23/t20190723_32699695.shtml

237. 新华网.KPL 第三届了，将推"世界赛"升级国际赛区 [OL].（2019-03-07）.http://www.xinhuanet.com/

sports/2019-03/07/c_1124203875.htm

238. 新华网. 人社部、市场监管总局、统计局三部门联合发布数字化管理师等 13 个新职业 [OL]. (2019-04-03).
     http://www.xinhuanet.com/tech/2019/04/03/c_1124322854.htm

239. 新华网体育 .KPL 东西赛区主客场正式开启，未来将推固定席位制与国际赛 [EB/OL]. (2018-03-22).http://
     www.xinhuanet.com/sports/2018-03/22/c_1122575364.htm

240. 新京报."打游戏"专业趋热 电竞教育面临课程、师资难题 [OL]. (2018-09-17). http://www.xinhuanet.
     com/tech/2018/09/17/c_1123438698.htm

241. 新浪财经. 美 16 岁少年《堡垒之夜》决赛夺冠赢 300 万美元大奖 [OL]. (2019-07-29). http://finance.sina.com.
     cn/stock/usstock/c/2019-07-29/doc-ihytcerm6978690.shtml

242. 新浪电竞. 腾讯互娱联合 VSPN 挖掘电竞赛事巨大商业价值 [OL]. (2017-03-10). http://dj.sina.com.cn/
     article/fychhus0430928.shtml

243. 新浪科技. 华硕砸 1600 万美元在内地成立游戏公司，专注电子竞技 [OL]. (2018-01-03). http://tech.sina.
     com.cn/i/2018-01-03/doc-ifyqkarr6861969.shtml

244. 新浪游戏. GDES·澳门·2019| 对话阿里体育电子体育部总经理张锐：阿里巴巴的新电竞经济形态 [OL].
     (2019-11-21). http://games.sina.com.cn/y/n/2019-11-21/ihnzahi2406428.shtml

245. 新浪游戏. TI9 落幕：OG 两连冠、LGD 获季军 [OL]. (2019-08-27). http://games.sina.com.cn/y/n/2019-
     08-27/hytcitn2237908.shtml

246. 新浪游戏. 暴雪电竞取消参赛年龄限制 天才少年或将成为现实 [OL]. (2018-01-21). http://games.sina.com.
     cn/wm/2018-01-21/doc-ifyqtycx1211548.shtml

247. 新浪游戏. 从寒武纪到黄金时代 MOBA 游戏发展浅述 [EB/OL]. http://games.sina.com.cn/r/yyt002/index.
     shtml

248. 新浪游戏. 韩国电竞圈再爆大型假赛丑闻：12 人涉案被逮捕 [OL]. (2015-10-21). http://games.sina.com.cn/
     y/n/2015-10-20/fxivsce6962971.shtml

249. 新浪游戏. 那些曾经收入千万的电竞职业选手，退役之后都在干些什么？ .[OL]. (2018-06-29). http://
     games.sina.com.cn/g/g/2018-06-29/heqpwqy7787680.shtml

250. 新浪游戏. 英雄联盟 S8 想要继续走更远需要注意这五个问题 [OL]. (2018-11-04). http://games.sina.com.
     cn/y/n/2018-11-04/hnknmqw6747370.shtml

251. 新三板智库. 中国电子竞技赛事运营研究报告 [OL]. (2016-09-25). https://www.sohu.com/
     a/115030422_481756?qq-pf-to=pcqq.group

252. 央视国际. 保护未成年人 国家禁播电脑网络游戏类节目 [OL]. (2004-05-31). http://www.cctv.com/teleplay/
     special/C12312/20040531/101150.shtml

253. 杨亮. 湮没的历史：掌上游戏机兴衰史 [OL]. (2014-06-13). http://tech.sina.com.cn/i/2014-06-13/00349433743.
     shtml

254. 杨虞波罗. 2018 全球电竞奖金排行 DOTA2 以 4126 万美元蝉联榜首 [OL]. http://game.people.com.cn/
n1/2018/1227/c40130-30490748.html

255. 易观分析. 2020 年中国游戏直播市场发展分析 [OL]. （2020-11-03）. https://www.sohu.com/
a/429235939_120610664

256. 易观智库. 2019 年中国游戏直播平台年度综合分析 [OL/EB]. （2019-05-21）. https://stock.finance.sina.com.
cn/stock/go.php/vReport_Show/kind/search/rptid/611781001974/index.phtml

257. 易豪成. 为啥电子竞技需要实时胜率——肯德基 KI 上校 S8 之旅的思考 [OL]. （2018-10-06）. https：//
mp.weixin.qq.com/s/791kd25TbdTZfy5d9HWF-Q

258. 英雄联盟官方. 进一步推动联盟化和主客场 2019 年 LPL 将扩充至 16 支战队 [EB/OL]. （2018-08-06）.
https://lpl.qq.com/es/news_detail.shtml?nid=25432

259. 英雄联盟赛事官博.《英雄联盟》LPL 春季赛规则修改：允许双教练登台 BP [OL]. （2020-01-19）. https://
ol.gamersky.com/news/202001/1258209.shtml

260. 英雄联盟赛事官方. 2019 英雄联盟全球总决赛打破收视纪录 [OL]. （2019-12-17）. http://lol.qq.com/news/
detail.shtml?type=1&docid=732224787671649938

261. 英雄联盟运营团队. 英雄联盟音效背后的故事 [OL]. （2018-07-06）. https://lol.qq.com/webplat/info/news_
version3/152/4579/4580/m3106/201807/740480.shtml

262. 英雄体育. 电竞综合体 [OL].(2021-05-51). https://www.vspn.com/#/business

263. 游久电竞.TI8 快讯：VGJ.S 因双教练参与 BP 被 V 社重罚主赛事首场教练不得进场 [OL]. （2018-08-19）.
https://www.sohu.com/a/248745038_534322

264. 游久电竞. 探访 LGD 总部独家揭秘 如何加入俱乐部 [EB/OL]. （2017-05-02）https://www.sohu.com/
a/137791207_535061

265. 游戏茶馆. 2 亿用户 5413 万 DAU 1.63 亿 MAU 王者荣耀交出答卷 [OL]. （2017-06-17）. https://www.sohu.
com/a/149465579_116126

266. 游戏茶馆. KPL 春季总决赛：新设备新技术 21 亿次网络总播放量 [OL]. （2017-07-11）. https://www.sohu.
com/a/156162113_116126

267. 游戏城会玩 .WE 之后虎牙直播再次签约重量级职业战队 TOP 战队将全员入驻虎牙直播 [OL]. （2019-04-
23）. https://xw.qq.com/cmsid/20190423A0209S/20190423A0209S00

268. 游戏大观. 观察 | 行走于灰色地带的电竞博彩 [OL]. （2017-07-19）. http://www.nadianshi.com/2017/07/176531

269. 游戏多. 电竞和游戏的区别究竟是什么？让 Uzi 来告诉你答案！.[EB/OL]. （2018-08-30）. https://www.sohu.
com/a/250960724_115729

270. 游戏品说家.《绝地求生》PAI 如何与时间赛跑，VSPN 首次对外公开 [OL]. （2019-01-22）. https://www.
sohu.com/a/290778062_100292633

271. 游戏葡萄.《绝地求生》将举办首场线下赛事，奖金高达 35 万美元，但他们可能另有目的 [OL]. （2017-

07-26）. https://www.sohu.com/a/160167704_204824

272. 游戏日报. 全球电竞选手收入排行榜出炉，Uzi 收入仅 44 万美元排在 157 名 [OL]. (2018-06-05). http://baijiahao.baidu.com/s?id=1602396337851746930&wfr=spider&for=pc

273. 游资网. 浅谈两类 moba 游戏的差异与利弊 [OL].（2018-10-15）. https://www.gameres.com/824490.html

274. 有饭研究. 28 家中资全赛区撒钱，英雄联盟 S8 最大赢家叫"中国电竞" [OL].（2018-11-02）. https://www.sohu.com/a/272919408_793466

275. 俞凯. 可容 6000 人同时竞技，65 万平方米电竞综合体将落户上海 .[EB/OL].（2018-07-13）. https://www.thepaper.cn/newsDetail_forward_2260449

276. 禹唐体育.多视角直播颠覆整个行业，你离比赛"现场"还有多远？ [OL].（2015-11-16）https://www.jiemian.com/article/440973.html

277. 禹唐体育. 品牌如何在电竞营销中取得杆位 [OL].（2020-02-01）. https://mp.weixin.qq.com/s?src=11&timestamp=1623727912&ver=3131&signature=u5llYFQWA*jMiRFG0jsq-vzPy09P3ioIwQWgcIucULQetrQJs60p*QboM3kapgDklYd2b98UK4wviBFOWdr1TMm5ZzT-FI9N1eC3ym6bWVGpHFz-EOGiVoaeFXVuWLlx&new=1

278. 禹唐体育. 万事达与《英雄联盟》携手，这是整个电竞生态系统的胜利 [OL].（2018-09-25）. https://www.sohu.com/a/256019351_115533

279. 詹子娴. 台湾想发展电竞却"三缺一" [OL].（2016-12-05）. https://www.bnext.com.tw/article/42095/gaming_esport

280. 张子龙. 电竞产业 20 条出炉：布局电竞，上海为何如此"着急"？ [OL].（2019-6-13）. https://www.sohu.com/a/320394995_226897

281. 赵挪亚. 得益于品牌赞助攀升，2019 年全球电竞产业收入首超 11 亿美元 [OL].（2019-02-13）. https://www.jiemian.com/article/2860959.html

282. 赵艳艳. 斗鱼 2020 年财报发布 净利润 5.4 亿元 [OL].（2021-03-23）. https://m.gmw.cn/baijia/2021-03/23/34710844.html

283. 郑超前.《和平精英》要做电竞了，腾讯公布 6 款游戏电竞计划 [OL].（2019-06-21）. https://www.jiemian.com/article/3237229.html

284. 郑超前. LGD 战队在杭州建了座 17000 平米的电竞影视文化中心 [EB/OL].（2017-12-20）. https://www.jiemian.com/article/1826443.html

285. 执行者 No.II. MOBA 游戏的起源与发展 [EB/OL]. (2018-10-11). https://gameinstitute.qq.com/community/detail/127814

286. 执行者 No.II. 多维度深入分析：DOTA 与 LOL 的设计区别 [EB/OL]. (2018-03-29). https://www.gameres.com/799354.html

287. 智多云. 2020 年《中国电竞酒店年度数据分析报告》[OL].（2021-02-03）. https://www.meadin.com/yj/224508.html

288. 中关村在线. VSPN 牵手电视大屏探索电竞新蓝海 [OL].（2018-02-08）. http://game.people.com.cn/n1/2018/0208/c864829813767.html

289. 中国互联网上网服务行业协会. 英特尔和电子竞技公司 ESL 签署为期 3 年、价值 1 亿美元协议 [OL].(2018-12-17). https://www.sohu.com/a/282550748_99934757

290. 中国江西网. 拿下广告营销大奖的英雄联盟和 KFC 到底做对了什么 [OL].（2019-04-18）. https://k.sina.com.cn/article_2341087142_8b8a27a602000hgrf.html

291. 中国日报网.《2016 体育创业白皮书》发布健身、电竞和足球项目成"吸金王"[OL].（2016-05-18）. http://china.chinadaily.com.cn/2016-05/18/content_25347157.htm

292. 中国体育场馆协会.《电竞场馆建设标准》过审 6 月 1 日正式发布施行 [OL].（2017-05-13）. https://www.sohu.com/a/140338199_503564

293. 中国网信网. 第 45 次《中国互联网络发展状况统计报告》[OL].（2020-04-28）.http://www.cac.gov.cn/2020-04/27/c_1589535470378587.htm

294. 中国游戏工委. 2018 年中国游戏产业报告（摘要版）[OL].（2018-12-20）http://www.cgigc.com.cn/gamedata/20752.html

295. 中国游戏工委. 2020 年中国游戏产业报告 [OL]. (2020-12-18). http://www.cgigc.com.cn/gamedata/22132.html

296. 中国运动文化教育网. 电子竞技场馆与传统体育场馆的区别 [OL].（2018-11-24）. http：//www.univsport.com/index.php?m=index&c=new&a=news_detail&d=6168

297. 中华人民共和国文化部. 文化部关于支持和促进文化产业发展的若干意见（文产发〔2003〕38 号）[OL].（2003-09-04）. https://www.doc88.com/p-99416742128511.html?r=1

298. 中华游戏网. 韩国电竞圈再爆假赛丑闻：12 人涉案逮捕 [OL].（2015-10-20）. http://games.sina.com.cn/y/n/2015-10-20/fxivsce6962971.shtml

299. 中商产业研究院. 2019 年中国电子竞技产业市场现状分析及发展趋势预测（附产业链）[OL].（2019-07-31）. https://www.askci.com/news/chanye/20190731/1036561150629.shtml

300. 中商情报网. 2019 年中国电子竞技产业市场现状分析及发展趋势预测 [OL].（2019-07-31）.https://finance.sina.cn/stock/relnews/hk/2019-07-31/detail-ihytcitm5880202.d.html?from=wap

301. 周一帆. 国际电子竞技联合会成立，电竞"进入奥运会"迈出关键一步 [OL].（2019-12-19）. http://www.eeo.com.cn/2019/1219/372206.shtml

302. 周遵儒. 串流媒体 stream media [OL].（2012-10）http://terms.naer.edu.tw/detail/1678807/